CONTENTS

Science of Environmental Law

Economic Jurisprudence

Litigation System

法学理论

人的发现

——古希腊人权思想的萌芽

薄振峰 *

[摘　要]　古希腊尚无人权概念，但在古希腊思想的深处却早已产生了人权因素的萌芽，这种萌芽深深扎根于自然法传统之中。古希腊思想家对人权概念的主要贡献是"人"的发现，人从他所依附的神、自然、城邦中解放出来，成为一个类的个人，这就产生了人权概念中最核心的要素——人的尊严与价值，这为后世人权概念的孕育与成长提供了重要的理论资源。

[关键词]　人　神　自然　城邦　解放　类的个人

"人是生而自由的，但却无往不在枷锁之中。"①人类社会的历史就是一个不断挣脱束缚寻求解放的历史，是一个不断追求自由与人权的历史。人权概念是近代的产物，但在古希腊思想的深处却早已产生了人权思想的萌芽，这种萌芽深深扎根于自然法传统之中，而这种传统"不仅可以追溯到格劳秀斯……甚至可以推溯到西塞罗、斯多葛派、古代的大道德家和诗人，尤其是索福克勒斯"。② 古希腊思想家对人权理论的主要贡献是"人"的发现，人权概念中最核心的要素——人的尊严与价值就是在古希腊奠定的。希腊思想家把人置于宇宙秩序与社会秩序之中去思考人在其间所处的位置。在思考中，他们意识到个人与神的对立、个人与社会的对立、个人与国家的对立，在对立中体现出对个人价值的尊重。从荷马与赫西俄德的神话与史诗，经过自然哲学家、智者学派、苏格拉底、柏拉图、亚里士多德到斯多葛学派，个人逐渐从他所依附的神、自然与城邦中得到解放。到希腊化时期，斯多葛学派确立了人人自然平等和人的精神自由两大新观念。此时，人已从各种束缚与依附中解放了出来，成为一个类的个人，人被"发现"了。就这为后世人权概念的出现孕育了必不可少的基质与基因。

---

* 薄振峰，中国人民公安大学法学院。

① [法]卢梭：《社会契约论》，何兆武译，商务印书馆 2003 年版，第 4 页。

② [法]马里旦：《人和国家》，霍宗彦译，商务印书馆 1964 年版，第 79 ~ 80 页。

一、从神中解放

在所有文明的早期,“对于持续不变的或定期循环发生的一些活动只能假用一个有人格的代理人加以说明”。[①] 由此便产生了神的观念。人们通过神话来解释宇宙的生成,解释宇宙与人的关系,解释人们的世间生活、他们的社会制度与政治法律制度。按照神话观念,人间秩序是宇宙秩序的组成部分,通过古希腊《荷马史诗》和赫西俄德的长诗以及其他的神话与史诗对宇宙秩序与社会秩序的描述,我们可以得见古人所构建的神人关系、人与人之间关系的大体样貌,这种对神人关系、人与人关系的早期构建,已经包含一些人权因素的萌芽,这为后世人权的出现孕育了基因并为其后权利、人权等更为具体的观念奠定了基础。

在古希腊的创世神话中,宇宙和众神并非上帝随意所造而是在自身的运动中形成的,它以神人同形同性为基础,以人类的生殖力比拟自然的生成,这对后来希腊哲学的宇宙生成论发生了直接的影响。古希腊神话表达的是自然神的多神崇拜观念:宙斯是奥斯匹斯山的主神,另有各神专司一种自然现象,如日、月、星、河、海、雷诸神,后来又发现了执掌人类活动和代表人类特征的神。这种对自然神的崇拜诱发了希腊哲学探索自然奥秘的兴趣,这种自然神的多元化则奠定了希腊哲学的包容性与开放性。希腊众神的重要特征是与人同形同性,神与人有相同的体貌特征与七情六欲,神与英雄也具有人的一切恶行。“神祇们完全是人性的,并具有超人的威力,在道德上他们并没有值得称述的。”[②]在东方和后来的基督教中,神是至善至美而人则是渺小又罪孽深重的,而在古希腊,人们对神的信仰并没有将人挤压到微不足道的地步。另外,诸神虽然与人同形同性,但却是人最美、最健全、最有智慧和力量的典范。神性和人性之间是互相辉映而非不可逾越的,诸神的形象乃是一种包含缺陷的生动完美,是人的完善典型,体现着人的美与智慧可以达到的最高境界。由此可以看出,希腊人在崇拜神的同时,他们也相信人的智慧和力量。修昔底德在《伯罗奔尼撒战争史》中说:“人是第一重要的,其他一切都是人的劳动成果。”[③]在这里,修昔底德通过伯里克利之口表达了希腊在文明早期就已出现的一种古典人本主义,这种古典人本主义认为人是衡量一切的尺度,人乃世界之本。可以看出,在希腊文明之初,就表现出了一定程度的人类崇拜或人文主义。直到今天,西方人仍是人类集体力量的崇拜者,尤其是崇拜自己通过现代科学家的种种发现而征服人类之外的自然界的力量。溯其源头,这种传统在古希腊的神话之中已现端倪。

在神与神的关系上,在希腊的神话与史诗中没有出现专制君主式的主宰宇宙的神,即便是作为主神的宙斯,也非至高无上的君主。众神各有自己的自由空间和势力范围,由此形成了 12 位主神系列,他们和宙斯之间也并非命令与服从的关系。神的主脉是复合的、集体性的而非单一的、专制的,其中妥协精神成为众神相处的基本原则,众神之间

---

① [英]梅因:《古代法》,沈景一译,商务印书馆 1959 年版,第 2 页。

② [英]罗素:《西方哲学史》,何兆武、李约瑟译,商务印书馆 1963 年版,第 33 页。

③ [古希腊]修昔底德:《伯罗奔尼撒战争史》,谢德风译,商务印书馆 1960 年版,第 103 页。

的关系因此也带有一定的贵族民主制的色彩。[①] 在神与人的关系上,每个城邦都有自己的保护神,世人供奉神,而神则有义务用自己的神力打退敌人以保证城邦的安全,二者是一种契约的关系。《伯罗奔尼撒战争史》中希腊人的祈祷词说:"神啊,我们以前经常将贡献给你,你今天必须答应我们的请求,对敌人射出箭去。"[②]这已经内含最初的契约意识,非常接近于希伯来人认为人类与上帝订有契约的思想了。

《荷马史诗》以神话的形式反映了希腊早期的正义观。在宇宙秩序(包括人类社会和城邦秩序)中,神是人间正义的制定者和监护人,是正义的化身。正义所要保障的是"荣誉",诸神的统治范围也是根据拈阄而获得的"荣誉"。[③] 荣誉本身也就意味着管理一定领域的事务和关系的权利。[④] 而每一个英雄的"荣誉"有高有低,如女神的儿子阿喀琉斯的"荣誉"就高于凡人赫克托耳的"荣誉"。神和英雄都为自己的"荣誉"而战。在特洛伊战场,阿伽门农多占了本属于阿喀琉斯的战利品,阿喀琉斯认为此举损害了自己的"荣誉"而退出战斗,致使联军遭受了巨大伤害。当阿喀琉斯因为自己的密友帕特洛克鲁斯被杀而返回战场时,他所关注的也并非后者的死亡而是"未能保护他自己的侍从而表现出来的软弱"。[⑤] 特洛伊王子赫克托耳明知不敌,但"他认为理所当然的是——并且没有人反对他——荣誉与名声要求他站在自己的土地上,面对阿喀琉斯,死个痛快。"[⑥]在荷马时代,"荣誉"分配的特征是:"在一个得到明确界定并具有高度确定性的角色和地位系统里,每个人都有既定的角色和地位……一个人是通过认识到他在这个系统中的角色来认识他是谁的;而且,通过这种认识他也认识到他应当做什么,每一其他角色和位置的占有者应把什么归于他。"[⑦]每个人只能在既定的社会结构框架内做出选择,"而框架本身是不能选择的"。[⑧] 可见在古希腊已经产生了一定的权利意识,但这里的权利仅仅是特权,因为每个人的权利是因其拥有者的不同而不同的,此时"不仅没有权利平等的思想,而且也没有把权利看作是衡平的基础和标准的观点,相反,那个时代的权利的意思恰恰在于要求不平等,但不是要求专横的不平等,而只是要求一种在当时被理解为与正义和惯例相符合的不平等"。[⑨]

---

① 黑格尔说:"宙斯是希腊各神的父亲,但是各神都能根据自己的意志行事;宙斯尊重他们,他们也尊重他;……宙斯大体上把诸事处理得使众人满意——向这个让步一些,又向那个让步一些。"参见[德]黑格尔:《历史哲学》,王造时译,三联书店 1956 年版,第 275 页。

② [古希腊]修昔底德:《伯罗奔尼撒战争史》,谢德风译,商务印书馆 1960 年版,第 361 页。

③ 如波塞冬说:"雷神宙斯、我、冥王哈得斯;世界三分,我们拈阄各得一份,在其中建立自己的王国;我永远主宰波涛汹涌的海洋,哈得斯永远是阴曹地府的阎君,宙斯得到了乌云与闪电之间的广阔天空;大地和奥林匹斯群山共属于我们。"

④ 如阿瑞斯主管战争,雅典娜负责城市的建筑和守卫,阿佛洛狄忒掌管婚配等。

⑤ 参见[美]特伦斯·欧文:《古典思想》,覃方明译,辽宁教育出版社 1998 年版,第 9 页。

⑥ 同上书,第 13 页。

⑦ [美]A. 麦金太尔:《德性之后》,龚群等译,中国社会科学出版社 1995 年版,第 153 页。

⑧ 同上书,第 159 页。

⑨ [苏]涅尔谢相茨:《古希腊政治学说》,蔡拓译,商务印书馆 1991 年版,第 12 页。

在自然界、人界和神界这三个世界交叉组成的自然——人、英雄——人、神——人的秩序中,荷马试图为其寻求"统一性、规律和秩序,这就开始了一种支配希腊——还不仅是希腊——的哲学与科学思想的探索"。[①] 这种规律,"并不是奥林匹克的神祇们,而是连宙斯也要服从的'运命''必然'与'定数'这些冥冥的存在。运命对于整个希腊的思想起了极大的影响,而且这也许就是科学之所以能得出对于自然规律的信仰的渊源之一。"[②] 这种主宰世界的"定数"逐渐演化为后来的至善理念与自然法一类的自然律信仰,这种内含正义观的超验精神,创造出一种作为衡量人间善恶的基本尺度的理想参照系。另外,无论是《伊利亚特》还是《奥德赛》,史诗的全部内容都带有强烈的宿命论色彩。英雄们对于命运的认同体现了希腊人的宗教情感,他们认为掌握着人的命运的神的意志是不可抗拒的。英雄们虽然知道自己的命运但却无法抗拒,这种服从表现出对于神的意志的畏惧和认同。在这种混合的宗教观下,《荷马史诗》及稍后的《神谱》,把世界之初的权威给予了神,这种世界观不要求学问只要求信仰,不允许思考只需要服从,人被牢牢地束缚于神的秩序之中。

随着社会的发展和思想的进步,自然哲学家在突破这种宗教式世界观的基础上,开始了他们关于世界始原的思考,这种思考就成为希腊科学与哲学思考的出发点。

公元前 6 世纪是希腊人理性开始觉醒的时代。泰勒斯及其以后的哲学家创立了一种新的思维方式,他们打破了希腊人关于世界起源的神秘观念而代以纯理性的解释。他们以自然作为对象,对世界的起源、构造和组织提出了与古代的神谱和宇宙谱的戏剧性形象完全不同的解释,在世界起源和构成中,已没有各种原始神力与各种超自然的原动者,除了自然,什么也没有,实在性占据了全部存在。人、神、世界是同一自然的部分或方面,三者处在同一个层次,共同构成统一而均质的宇宙。他们设法寻找同一的一,即所有元素都以之为基础并由之产生的单一的物质始基,他们把种这一单一的物质始基称为自然。自然哲学家思考的"自然"(physis)并非现在自然一词所指称的作为事物总和的自然界,它特指事物运动变化的本性,其意义接近于现代西文中的"本性"(nature),所以亚里士多德将"自然"定义为"运动和变化的本原"。[③] 自然哲学就是对世界本原和宇宙整体的探讨。

---

① [美]特伦斯·欧文:《古典思想》,覃方明译,辽宁教育出版社 1998 年版,第 17 页。

② [英]罗素:《西方哲学史》,何兆武、李约瑟译,商务印书馆 1963 年版,第 33 ~ 34 页。

③ "本原"的本义是"太初"。最早提及"自然"一词的是荷马。在《奥德赛》中,奥德修斯讲述了他在女巫喀尔刻的一座小岛上的遭遇。喀尔刻把奥德修斯的同伴变成猪关进了猪圈。在去喀尔刻家营救同伴的路上,奥德修斯遇到了愿意保护他的神赫尔墨斯,赫尔墨斯答应送给奥德修斯一棵奇草以对付喀尔刻的巫术。"赫尔墨斯从地下拔起一棵草,并让我观察它的自然——根是黑色的,花是乳白色的,神称之为摩利。凡人很难把它拔下来,但神却无所不能。"然而,如果神不首先了解这根草的自然——它的外观和力量,他轻易拔下这棵草的能力也不会有丝毫的用处。神如此无所不能,并非因为他们真的无所不知,而是因为他们知道事物的自然——并非由他们创造的东西。这里所谓"自然"指的是某物或某类物的特征,外观和活动方式,同时也指某物不是由神或人创造的。所以,亚里士多德把最早的哲学家称为"论述自然的人",以区别于论述神的人。参见[美]列奥·施特劳斯、克罗波西主编:《政治哲学史》,李天然等译,河北人民出版社 1993 年版,第 2 页。

摆脱了神的束缚的希腊人，在好奇心与求知欲的驱使下，开始探索宇宙的起源和万物的本原。在自然哲学家眼里，宇宙本原的原动力已不是超自然的至高神——宙斯，而“支配世界的伟大法则是内在于自然的，它应该以某种方式存在于那个最初的元素中，世界就是从这个元素中逐渐产生的”。[①] 这个最初的元素就是万物从中产生最终又复归于它的“始基”。古希腊第一个哲学派别米利都学派从具体确定的实体出发探究世界的本原。被认为是西方哲学史上第一位哲学家的泰勒斯首先提出“什么是世界本原”这一哲学问题，他认为万物的本原是水。其后的阿那克西曼德认为世界的本原是“无际”，即充斥上下四方的一种无限的物质，这种基本物质不同于水或其他特殊元素，它比这些特殊元素更为根本，所有的特殊元素都以这种基本物质为基础，万物由此而生，最终又回归其中。与阿那克西曼德一样，阿那克西美尼也认为存在一种基本物质，这种基本物质是“气”，不同形式的事物都是通过气的凝缩和稀散而产生的。米利都学派对世界本原的探索标志着哲学和科学的诞生，这“并不是因为它的成就，而是因为它所尝试的东西。——他们的思考可以认为是科学的假说，而且很少表现出夹杂有任何不恰当的神人同体的愿望和道德的观念”。[②] 毕达哥拉斯认为“数”是万物的来源，量度、秩序、比例和一致的循环都可以用数字来表示，没有数字就不存在这样的关系和一致性，没有秩序和法则，所以数是万物的基础，一切事物都是数的表现。赫拉克利特认为万物的本原是“火”，并且与其前人不同的是，他不仅注意到了万物的构成要素问题，而且注意到了万物的“变化”问题，他说万物“过去、现在、未来永远是一团燃烧的活火，在一定的分寸上燃烧，在一定的分寸上熄灭”。[③] 恩培多克勒认为，宇宙是由土、气、火、水四种元素构成的，这四种元素以不同比例的混合就产生了种种变化着的复杂物质，它们被爱结合起来，又被恨分离开来。阿那克萨戈拉认为构成万物的细小颗粒是“种子”，在元素之外他又设定了“心灵”(nous)作为能动性的本原。留基伯和德谟克利特创立了“原子论”，认为世界的本原是原子和虚空。原子在旋转中相互碰撞，世间万物在原子的碰撞中产生或消失，它们因原子在碰撞中的结合而产生，因原子在碰撞中的分离而消失。

自然哲学家对宇宙本原的探讨，对提出它们的人而言，它们解开了宇宙之谜。人是宇宙的组成部分，“关于物理自然的元素及其相互关系的结论，也包含了关于人类道德元素及其联系的类似结论”。[④] 这些结论也像适用于地球生命一样适用于人类生活。自然哲学家对宇宙秩序的构建，完成于留基伯和德谟克利特在单个原子集合的基础上构成物质的原子论思想。在社会心理上，自然哲学家也逐渐实现了个体意识的独立性。在初期，米利都学派的水、气等还不能实现个体化，它们还是一种弥漫的东西。随着哲学的发

---

① [法]让·皮埃尔·韦尔南：《希腊思想的起源》，秦海鹰译，生活·读书·新知三联书店 1996 年版，第 102 页。

② [英]罗素：《西方哲学史》，何兆武、李约瑟译，商务印书馆 1963 年版，第 54 页。

③ 北京大学哲学系外国哲学史教研室编译：《西方哲学原著选读》(上卷)，商务印书馆 1981 年版，第 21 页。

④ [英]厄奈斯特·巴克：《希腊政治理论》(上)，卢华萍译，吉林人民出版社 2011 年版，第 51 页。

展,宇宙的构成元素就越来越个体化了。阿那克萨戈拉批评了米利都学派和恩培多克勒的气、水、火、土"四根说",他认为事物多种多样,本原不可能只有四个,万物的本原是"种子",世界万物各有各的"种子",事物有多少种性质,构成它的种子就有多少类。这个"种子"就体现出了个体化的倾向。德谟克利特提出了原子论,原子以不同形式的排列组合构成万物,原子是构成世界的基本成分,是一个个独立的、有自己刚性界限的东西,原子是不可入的,它们离散地存在于"虚空"之中,只要机械结合就可以构成万物,这就是西方的机械宇宙观。自然如此,社会也是如此,自然是由原子组成的,社会是由个人组成的。每个个人都是一个原子,都不可入,每一个人都是单一的、独立的,这就为西方的个体主义、个体意识提供了哲学上的根据。

自然哲学家对宇宙本原的纯理性的解释,搭起了哲学由天上通向人间的舷梯。自然哲学家的宇宙观是多元的,但在所有的思想中,以天人相分宇宙观为主导的科学学派成为其中的主流。这种宇宙观把物质存在与人类思维分开,在天人关系上,以人为核心,人类的思维统摄整个宇宙,如巴门尼德认为只有通过思想才能认识:"你不能知道什么是不存在的——那是不可能的——你也不能说出它来;因为能够思维的和能够存在的是同一回事。"①阿那克萨戈拉用"心灵"作为表示世界的单纯本质的纯粹概念。阿那克萨戈拉"看到了主观性这个基础——虽则还是完全一般性的基础"。② 阿那克萨戈拉"心灵"概念的提出标志着希腊哲学已经开始了向关照心灵、审视人自身的转向。

自然哲学家对人权理论的另一贡献是发明了"自然正义"观念。自然哲学家通过对自然的探究,找到了自然与社会联系的中介,发现了用以规范人类生活、城邦生活的权威尺度。如卡西尔所说:"新的自然观念成了关于人类个人生活和社会生活的共同基础。"③自然哲学家发现自然的规律是均衡与和谐,他们把这一规律运用于人类生活,这就是自然正义。

自然哲学家对自然规律和人类生活规律的把握是相互影响与渗透的。他们在观察自然的时候,很自然地将他在观察他所熟悉的社会、城邦秩序时形成的表象投射到自然界,形成某种关于自然秩序的观念,并用政治、法律和伦理的术语来表达他们对自然的认识。耶格尔在谈到阿那克西曼德宇宙正义思想时也指出:阿那克西曼德的宇宙正义概念,是从城邦生活扩大到宇宙中去的。他认为阿那克西曼德是在为宇宙"立法",他制定的是道德律,而不是物理上的自然律,自然现象是受道德准则支配的;永恒正义的力量统治着自然力量和整个宇宙。④ 因此,自然哲学家们关于宇宙正义的观念在一定程度上就体现了他们的社会正义观。另外,自然哲学家把对自然本原与秩序、规律的把握同时运用于他们对人类生活和城邦生活的理解。阿那克西曼德认为万物的本原是"无际","万

---

① [英]罗素:《西方哲学史》,何兆武、李约瑟译,商务印书馆 1963 年版,第 79 页。

② [德]黑格尔:《哲学史讲演录》(第 1 卷),贺麟、王太庆译,商务印书馆 1959 年版,第 347 页。

③ [德]E. 卡西尔《国家的神话》,张国忠译,浙江人民出版社 1988 年版,第 57 页。

④ 参见汪子嵩等:《希腊哲学史》(第 1 卷),人民出版社 1997 年版,第 205 页。

物所由之而生的东西，万物消灭后复归于它，因为万物按照时间的秩序，为它们彼此间的不正义而互相偿补。”[①]“世界上的火、土和水应该有一定的比例，但是每种元素都永远在企图扩大自己的领土。然而有一种必然性或自然规律在永远地校正着这种平衡：例如，只要有了火，就会有灰烬，灰烬就是土。这种正义的观念即不能逾越永恒固定的界限的观念——是一种最深刻的希腊信仰。神祇正像人一样，也要服从正义。”[②]在阿那克西曼德的宇宙图景中，他把宇宙放在一个由纯粹的几何关系构成的、数字化的空间里，这样，等级世界的神话形象就被抹去了。几何使宇宙具有了与神话赋予的结构不同的新结构：世界的任何元素或部分都不再享有损害其他部分的特权，任何自然力量都不能占据支配一切的统治地位。“新的自然秩序的特点在于，组成宇宙的各种力量是相互平等和对称的，最高权力只属于一种平衡的互动的法则，在自然中如同在城邦中，‘法律面前人人平等’的制度取代了‘个人统治’。”[③]直到柏拉图，依然十分重视自然宇宙的结构和社会宇宙的组织之间的对应关系，他的学园门口刻着“非几何学家勿进”。他把对“几何平等”这种自然宇宙基础的认识与“正义”“节制”这些城邦新秩序赖以建立的政治价值紧密联系在一起，这也是对阿那克西曼德“自然正义”思想的继承与发展。

毕达哥拉斯认为万物的本原是数，“整个宇宙就是按一定的数的比例组成的科斯摩斯。”[④]适当的数的比例关系就构成和谐。毕达哥拉斯把这种从自然界发现的正义原则运用于人类社会，使它同时成为政治和伦理原则。希腊格言中的“万物皆有定分”“不要过分”反映的就是这种正义观。赫拉克利特认为，变化着的火的尺度决定着世界的命运，这一尺度是奠定世界万物之基础的永恒的逻各斯。[⑤] 这一永恒的逻各斯也是宇宙的普遍规律。世界上的一切都根据这个逻各斯而生成，即经过斗争和根据必然而生成。正义和法是为了遵循普遍的神圣的逻各斯而存在。赫拉克利特在人类历史上第一次发现了自然法，即理性或自然之道，人类生活也要服从这种理性或自然之道，人类制定的法律是理性“散发出来的东西”并要靠其维系。人类的法律要“服从那唯一者的意志”，也就是服从自然的理性或法律。永远变化的事物的对立面的转化和统一所遵守的神的、宇宙的、火的尺度，就是“自然正义”。赫拉克利特的“自然法”和“自然正义”思想对后世产生了深远的影响。他承认真正的正义（根据正义的神的本性和世界的逻各斯）和认为可以从哲学上认识正义的看法，被苏格拉底和柏拉图所发展，成为西方正义理论的源头。

自然哲学家的理性精神使希腊人对自然的思考由神话转向哲学，实现了人从神的束

① ［英］罗素：《西方哲学史》，何兆武、李约瑟译，商务印书馆 1963 年版，第 52 页。

② 同上书，第 53 页。

③ ［法］让·皮埃尔·韦尔南：《希腊思想的起源》，秦海鹰译，生活·读书·新知三联书店 1996 年版，第 109 页。

④ 汪子嵩等：《希腊哲学史》（第 1 卷），人民出版社 1997 年版，第 460 页。

⑤ “逻各斯”一词的原意是“话语”，赫拉克利特用它特指“说出的道理”。就“逻各斯”是人所认识的道理而言，它可以被理解为“理性”“理由”等；就“逻各斯”是世界的本原而言，它又可以被理解为“道”“原则”与“规律。”参见［英］罗素：《西方的智慧》，戴俐秋译，中国画报出版社 2012 年版，第 40 页。

缚中的解放。但他们有关人类社会的思考“不过是其宇宙论的衍生物,是他们在寻求流变之世界由以发源的物质实体时的偶然所得”。[①] 他们的哲学思考缺少人文关怀,他们仅把视线投向自然世界,人仅是自然界的一部分,他们仅仅从自然中理解人,人被束缚于自然之中。把人从自然的束缚中解放出来,对人的存在意义进行人文思考,是到“智者”学派出现之后才真正开始的。

二、从自然中解放

约公元前 5 世纪中叶,希腊开始了一场以“智者”为中心的智力革命。其发生的原因是,当时希腊的城邦制度已最终形成,人定法已成为法律的主要形式,这意味着人类已经最终脱离自然界而获得独立。个人与城邦关系的变化导致了平民地位一定程度的上升,这促生了反对旧思想的运动。哲学家的视野从对物质世界的研究转向对人的研究,他们开始了“从现象和问题的客观的神的综合到主观的人的综合的转变”。[②] 涅尔谢相茨在评价智者运动时说:“他们开始了用人的眼光去观察世界的有益尝试,并从自己的新方法中得出与以往不同的结论。智者的启蒙作用在于对自然、社会、国家、政治、法律、道德、人类社会的形式和规则以及人在世界中的地位和作用的认识明显地合理化了。宣告人是万物的尺度,是这个古代启蒙运动的根本原则。”[③]

英国学者阿伦·布洛克说:“古希腊思想最大的魅力在于以人,而不是以上帝为中心。”[④]前已述及,在荷马时代就已出现了个体观念与个体意识,赫拉克利特牢记德尔裴神庙的铭文:“认识你自己”并声称“我研究过我自己”。到普罗泰戈拉提出“人是万物的尺度”,古希腊对人的主体性的反思发展到了一个新的阶段。普罗泰戈拉说:“人是万物的尺度,是存在者存在的尺度,也是不存在者不存在的尺度。”[⑤]因为人是万物的尺度,人也就是事物与真理的基础。在人面前,一切事物都是相对的、易变的、可以怀疑的,个人(体)才是真理和价值的裁决者。这样,人就是一切,你自己就是一切。这种角度的转换,意味着哲学从早期的面向自然,回答“世界是什么”,转向面向社会,回答“人在世界中的位置怎样”,他从人与物的关系中确立人的主体性地位,是哲学家反思人的社会行为的开始以及人的自我觉醒的标志。有学者评价说:“无论这个学说具体意指什么,它都是值得重视的人道主义哲学的最早宣言。”[⑥]“人是万物的尺度”被黑格尔称为“一个伟大的命题”。普罗泰戈拉方法论上的相对主义对权利理论的发展也有重大意义,相对主义在本

---

① [英]厄奈斯特·巴克:《希腊政治理论》(上),卢华萍译,吉林人民出版社 2011 年版,第 59 页。

② [苏]涅尔谢相茨:《古希腊政治学说》,蔡拓译,商务印书馆 1991 年版,第 85 页。

③ 同上。

④ [英]阿伦·布洛克:《西方人文主义传统》,董乐山译,群言出版社 2012 年版,第 15 页。

⑤ 北京大学哲学系外国哲学史教研室编译:《西方哲学原著选读》(上卷),商务印书馆 1981 年版,第 54 页。

⑥ [美]布尔克:《西方伦理学史》,黄慰愿译,华东师范大学出版社 2016 年版,第 7 页。

质上反对唯我真理的绝对主义认识，这导致了对不同意见和观点采取一种更为宽容的态度。

普罗泰戈拉的“人是万物的尺度”和苏格拉底的“认识你自己”不仅确立了人在客观存在中的主体地位，而且确立了人在城邦及以后发展出来的国家中的地位和身份，这就为人的解放及西方的人权理论提供了最基本的理性依据。

智者从自然中解放了人，他们把思考的目标转向了人，由物理自然法转向了道德自然法。在自然哲学家那里已经发轫的自然法思想，通过智者们对 phisis（自然、正义）和 nomos（习俗、约定法律）[①]的研究而推向了一个新的阶段。最先区分自然法和人定法的是自然哲学家赫拉克利特，但他只看到了人的法律与神或自然的法律的一致而没有看到二者的冲突或背离。最先认识到这种冲突的是索福克勒斯，在他的经典悲剧《安提戈涅》中，安提戈涅冒着被处死的危险挑战国王的法令，以宗教的仪式安葬了自己的兄弟。博登海默指出，在这里提出了两种法律秩序的冲突，而“焦点在于这两种法律秩序都试图要求人们对它们表达排他性的绝对效忠”。[②] 与悲剧作家以隐约的手法揭示出自然法和人定法之间的冲突不同，智者学派则用直白的方式表达了二者的冲突，并将二者的关系上升为截然的对立。早期的自然哲学家把自然法和国家法律当作外在的必然性和权威来服从，却很少质疑他们可靠性的程度或权威性的根据。就像杜兹纳所说：“古希腊对法律与制度、权利与习俗没有做过区分。习俗是一种强力胶，将家庭与集体紧紧粘在一起，近乎麻木，没有外在标准，发展对传统权威的批判几乎不可能，神赋不能怀疑，奴隶依旧成群。”[③]智者派认为法律、城邦等人事的东西并非自然的事物而是某种“人为”或参与者共同“约定”的东西。这样“过去的关系倒过来了，自然遵循一种规律，人则徘徊于许多规律

① “nomos”最初是指“习俗惯例”与“约定俗成”。如杜兹纳指出：“习俗是一种强力胶，将家庭与集体紧紧粘在一起，近乎麻木。”参见［美］科斯塔斯·杜兹纳：《人权的终结》，郭春发译，江苏人民出版社 2002 年版，第 25 页。而最初的成文法不过是习俗的一部分，成文法的出现是一种渐进的过程，成文法旨在平衡贫富差距，“一旦法律被刻在青铜或石头上公开颁布，所有人都可以知晓和运用”。参见［爱尔兰］J·M·凯利：《西方法律思想简史》，王笑红译，法律出版社 2002 年版，第 9 页。当城邦的立法民主化、程序化后，“nomos”的含义扩展到法律领域，它既指习俗惯例，又指制定法。亚里士多德在《尼各马可伦理学》中明确地将自然与习俗、法律作了区分，他指出：“政治的公正，或者是自然的（phusikon），或者是约定的（nomikon）。”而“哪一些是由于自然，哪一些不是由于自然，而是法定的，是由于习俗，这是显而易见的”，“出于自然的东西是不能改变，对一切都有同等效力，正如火焰，不论在波斯还是在希腊都同样燃烧”，“而约定的公正在开始时，是既可以这样也可以那样，然而一旦制定下来，就只能这样了。”参见［古希腊］亚里士多德：《尼各马可伦理学》，苗力田译，中国社会科学出版社 1999 年版，第 109～110页。

② ［美］E·博登海默：《法理学——法律哲学与法律方法》，邓正来译，中国政法大学出版社 2004 年版，第 5 页。

③ ［美］科斯塔斯·杜兹纳：《人权的终结》，郭春发译，江苏人民出版社 2002 年版，第 25 页。

之间。自然哲学和人类学相互反对;它们的对立导致自然规律和人类习俗的对立”。[①] 在自然(正义)和约定(法律)的关系上,智者之间又存在分歧,一部分智者认为,人是万物的尺度,法律、城邦也就不是来自神创也非来自自然的赐予,而是为了协调社会公共利益由智慧创造出来的东西。他们认为:“正义无异于合法的东西,即城邦的法律或惯例所规定的东西。”“如果正义等同于合法,那么正义的源泉就是立法者的意志……他们制定法律时唯一关心的是他们自己的利益。”[②]另一部分智者则把“自然”和“约定”对立起来,他们对“人为”持怀疑和批判态度,认为“自然”代表永恒的普遍正义,是人类和宇宙所固有的,是恒久不变的;而“约定”则是人为的、多变的、靠不住的。他们强调“自然”才是判定人为东西正确与否的标准。[③] 此时,“自然与习俗或法令之间的这种矛盾是希腊启蒙时期最有代表性的概念结构。”[④]而这里所说的“自然”,不是赫拉克利特时代所指的作为客体的自然,不是宇宙或逻各斯所揭示给人类的永恒自然秩序,而其中心成了作为主体人本身的“自然”,即人的本性。

智者以自然法为理论依据表达了人人平等的观念。他们把自然与法律对立起来,如希比亚认为,自然是与人定法对立的,只有它才是真正的自然法。安提丰也发展了自然法的观念,他认为所有人都具有同样的自然需求,因此所有人在本性上都是平等的,人们之间的不平等并非来自自然而是起源于人为的法律。他说:“根据自然,我们大家在各方面都是平等的,并且无论是蛮族人,还是希腊人,都是如此。在这里,应该适时地注意,所有人的自然需求都是一样的。”[⑤]他认为,自然的指示是源于自身的,而法律则是人们相互约定的产物,自然的指示给人带来自由,而法律(即使是有益的法律)是控制人的本性的枷锁。吕科弗隆认为,人人生来平等,所谓高贵的出身不过是一个空名,根据自然人们生来平等,这也包括他们的“个人权利”。而“法律不过是一种简单的契约”,“只是个人权利的相互保证”。[⑥] 阿尔基达马则更为激进,他提出了一切人既包括自由民也包括奴隶都平等的思想。他以自然法的名义要求释放奴隶,他说:“神使人人自由;自然也不曾使任何一个人成为奴隶。”[⑦]

智者将视野从外在自然转向人自身,哲学从天堂回到了人间。他们唤醒了思想,向哲学、宗教、习俗、道德和以其为基础的制度提出了挑战,要求它们用理性为自己提供辩护。他们批判人定法,而评判尺度就是人的普遍本质,由于人的普遍本质,一切人在自然法中是自由与平等的。智者们区分了自然和法律,“自然现在是同法律相反对的,并且自

① [英]厄奈斯特·巴克:《希腊政治理论》(上),卢华萍译,吉林人民出版社 2011 年版,第 63 页。

② [美]列奥·施特劳斯、克罗波西主编:《政治哲学史》,李天然等译,河北人民出版社 1993 年版,第 35 页。

③ 参见占茂华:《自然法观念的变迁》,法律出版社 2010 年版,第 30 页。

④ [德]文德尔班:《哲学史教程》(上),罗达仁译,商务印书馆 1987 年版,第 104 页。

⑤ [苏]涅尔谢相茨:《古希腊政治学说》,蔡拓译,商务印书馆 1991 年版,第 105 页。

⑥ [德]策勒尔:《古希腊哲学史纲》,翁绍军译,山东人民出版社 1996 年版,第 96 页。

⑦ [美]乔治·萨拜因:《政治学说史》(第 4 版),邓正来译,上海人民出版社 2008 年版,第 61 页。

然被推崇到高于法律的地位。尊她为最高者的最终结果将是个人从国家及法律的教育性看管中解放出来,因为那些东西被视作纯粹的束缚"。① 后世人权中的某些必备理念如自由的个体意识、自然平等、契约观念等现在已包含在智者的"自然"观念之中了,此时,"法律的批判、自由的个体和以自我为中心的个体与智者派一道进入了历史舞台"。②

在肯定智者派在思想史上的作用的同时,我们也应看到其理论自身的缺点。他们夸大了人类制度中的差异性而忽视了其间的一致性,智者的怀疑主义和相对主义与希腊哲学家爱智慧、求真理的传统格格不入,这种相对主义对希腊哲学尤其是晚期哲学起到了相当大的破坏作用。对于人的认识来说,他们只看到个人而忽视人类,没有认识到人身上的普遍性元素,他们所强调的自然更多地与人的欲求、放纵和冲动而不是与理性、约束与和谐相联系,他们的"自然法"更多的是生物自然法而不是理性自然法。而历史也将发现理性自然法的任务赋予了苏格拉底及后来的思想家了。

智者运动开始了希腊哲学从研究自然到研究人和社会的重大变革,开始从以宇宙为本位转向以人为本位,以自己的智慧来解除"命运"的禁锢,从而"在'自然'概念中,在物质世界上加上了一个道德世界"。③ 但智者所说的"人"还只是感性的个人,以"我的"或"你的"好恶作为价值判断的标准,必然成为相对主义并且最后陷入怀疑论。因此必须将人这个主体作更深入地研究,这个任务是由苏格拉底完成的。苏格拉底将人自身作为理性思维的对象,从此开启了人类真正的"认识你自己"的历史,标志着人类历史上最有意义的一次转折。黑格尔评价苏格拉底说:"在古代哲学史中,苏格拉底的特殊贡献,就是他建立了一个新的概念,亦即他把伦理学加进了哲学,而过去哲学是只考察自然的。"④ "苏格拉底的原则造成了整个世界史的改变,这个改变的转折点便是:个人精神的证明代替了神谕,主体自己来从事决定。"⑤施特劳斯把苏格拉底称为政治哲学的创立者和整个自然权利学说传统的始作俑者,因为他"是第一个将哲学从天上召唤下来,并且迫使它对人生和礼俗以及善恶之物进行研究的人"。⑥

苏格拉底的哲学转变突出了对作为认知主体的人的研究,他建立了一种融贯认识论和道德哲学为一体的人的哲学。他将这种思想归结为德尔斐神庙的箴言"认识你自己",也就是要察看"自己对于作为人的用处如何,能力如何,才能算是认识自己"。⑦ 苏格拉底不仅把研究从自然转向人和社会,而且要深入地研究人本身。他要审察人,主要是将人从当时流行的、也是智者们所肯定的物质利益和肉体欲望中解脱出来去追求灵魂的善。苏格拉底的口号是"深入内心,认识自我,客观真理即自然法则居于胸中,灵魂给人道德

---

① [英]厄奈斯特·巴克:《希腊政治理论》(上),卢华萍译,吉林人民出版社 2011 年版,第 72 页。

② [美]科斯塔斯·杜兹纳:《人权的终结》,郭春发译,江苏人民出版社 2002 年版,第 26 页。

③ [英]梅因:《古代法》,沈景一译,商务印书馆 1959 年版,第 31 页。

④ [德]黑格尔:《哲学史讲演录》(第 2 卷),贺麟、王太庆等译,商务印书馆 1960 年版,第 42 页。

⑤ 同上书,第 89 页。

⑥ [美]列奥·施特劳斯:《自然权利与历史》,彭刚译,三联书店 2003 年版,第 121 页。

⑦ [古希腊]色诺芬:《回忆苏格拉底》,吴永泉译,商务印书馆 1984 年版,第 149 页。

标准,即使外在权威已动摇,人保护这个标准不变”。[①] 人生的真理(正确或错误)和价值(善与恶)是一个远比自然真理或宇宙意义复杂而深奥的问题,它需要反复不断乃至无穷的推理、辨谈和驳难才能接近,正如难产的婴儿需要助产婆的助产才能顺利诞生一样,这就是苏格拉底的知识“助产术”。辩理是为了寻求真知,而真正的知识必定是有益于人生完善的知识,求知的过程也一定是完善人生、成就美德的过程。他将哲学上的“真”与伦理学上的“善”结合起来,提出“美德即知识”。他告诫人们唯有理智的生活才是有价值的,“没有经过理性检验的生活不值得过”,在苏格拉底这里,道德与理智、知识理性与行为价值、真与善被内在地统一起来了。

继普罗泰戈拉提出“人是万物的尺度”之后,苏格拉底提出了西方思想上的著名命题“认识你自己”。在苏格拉底看来,自然的最后根源不在自然本身,而在人,在人的理性,在于人必须遵守一种理性的强制性,在于人的本质——德性。苏格拉底一生呼吁人们“对灵魂操心”,目的就在由关心灵魂而体现人的德性。苏格拉底的这一命题把古希腊的个体意识提高到了一种精神高度。认识你自己,就是认识自己的灵魂,认识心灵中的善、真、正义、真理。所以,个体被提升为一种伦理根据,伦理的根据就在个体的灵魂之中,灵魂又是自由的、自决的、自己决定自己的。由于人的行为受自己灵魂的指引,在灵魂指引下作出的行为选择就是最好的、最善的,又由于“美德即知识”,知行合一、真善一体,所以苏格拉底在面对死亡时才能从容就义。苏格拉底由于把个体提升到个体的灵魂,提升到一种新的伦理高度,所以黑格尔把“认识你自己”称为“精神的法则”。[②] 苏格拉底本人也就视为“古希腊道德理论化的第一人”。[③]

接续苏格拉底衣钵的是柏拉图和亚里士多德,二者生活的时代正是希腊城邦制度衰落与崩溃的时期,他们的思想中也不可避免地带有那个时代的印迹。城邦制度在荷马时代就已出现,到伯里克利时期达到辉煌,但不久后的伯罗奔尼撒战争标志着希腊民主政治及整个城邦政治开始走向败坏。面对已成明日黄花的城邦制,怀着对其繁荣胜景的缅怀,希腊的思想家们对城邦生活进行了根本的批判,试图为新的文化价值目标,“为城邦立法”,所以希腊城邦制的衰败恰好是城邦政治哲学的全盛时期。柏拉图和亚里士多德的思想中缺乏个人观念和权利意识,也正与强调公民对公共生活的深度参与、维护和热爱以培养和训练公民的美德和正义感的城邦生活直接相关。

被阿奎那称为“古代希腊思想史的丰碑”[④]的柏拉图对以前的希腊哲学,包括早期自然哲学、智者的思想和方法以及苏格拉底的原则和方法进行了创造性综合,他和亚里士多德一起,标志着从苏格拉底开始的对宇宙的机械论解释到目的论解释过渡的完成。在

① [德]阿图尔·考夫曼、温弗里德·哈斯默尔主编:《当代法哲学和法律理论导论》,郑永流译,法律出版社 2002 年版,第 59 页。

② [德]黑格尔:《哲学史讲演录》(第 2 卷),贺麟、王太庆等译,商务印书馆 1960 年版,第 96 页。

③ 万俊人:《寻求普世伦理》,商务印书馆 2001 年版,第 151 页。

④ [意]托马斯·阿奎那:《亚里士多德十讲》,苏隆编译,中国言实出版社 2003 年版,第 4 页。

苏格拉底那里，柏拉图学到了从研究心灵入手来认识外部世界的基本原则，学到了以普遍定义来认识目标的对话方法，也学到了反对智者相对主义和诡辩的基本立场。他试图克服诡辩派的主观主义，以建立一套以那种能在客观上得到证明的价值理论为基础的实质性的理论体系。柏拉图认为，纯粹科学或知识的任务是发现隐藏在事物背后的真正本质，这种方法就是波普尔所称的"方法论本质主义"。① 受毕达哥拉斯学派影响，柏拉图也认为宇宙是由关于数字和几何的基本理论组织起来的，其学园的大门上刻着："非几何学家勿进"，以强调数学方法训练的重要性。所以，"数学是柏拉图所寻求的绝对确定知识的例证，但这种知识无法源于我们平常的经验"。② 与苏格拉底从人的心中去发掘客观真理不同，柏拉图更加深入到理念中去寻找事物的普遍定义。在柏拉图哲学里，理念是超越于可感觉的、变化着的现象世界的永恒不变的存在，是不变的、永恒的、非物质的本质或原型。③ 理念自身只是一种形态，同样的状态永远保持。无论什么场合，无论从哪点来说，无论怎样的状态下都是不会变化的。因此它是一种"本质存在"(ontoson = 真实存在)或者存在自身。它存在于事物的本质之中，只有人的理性才能企及。事物的本质因为"模仿"或者"分有"了"理念"所以才有了与其相似的事物存在。人们对事物的探索和学习都是回忆，也就是灵魂把关于美德以及其他曾经拥有过的知识回忆起来。理念世界构成了一个相互联系的有机统一体，这些理念按照逻辑次序排列，处在最高理念之下。善的理念是最高理念，是所有理念的源泉。"给予知识对象以真理，给予知识的主体以认识能力的东西，就是善的理念，它是知识和认识中的真理的原因。"④柏拉图还认为，事物是真、善、美的统一，因此，人们把握了事物的知识(真)，也就有了良好的品德，所以他说"美德即知识"。

柏拉图认为，善是人与自然共同的最高理想和应该遵循的最高的"逻各斯"，而理念世界中各种不同的理念按照逻辑秩序的排列就是正义。柏拉图赞同德谟克利特的名言"幸福不在于占有畜群，也不在于占有黄金，它居住在我们的灵魂之中"。⑤ 他认为德性的改善取决于灵魂的安宁，灵魂由理性、激情和欲望三个部分所构成。三者具有明确的分工和不同的职责。其中理性起着领导作用，而激情和欲望接受理性的领导，"心灵的各部分各起各的作用"，不至于相互干涉，从而达到"自己主宰自己，自身内秩序井然……这些

① [英]卡尔·波普尔:《开放社会及其敌人》(第1卷)，陆衡等译，中国社会科学出版社1999年版，第67页。

② [英]凯伦·阿姆斯特朗:《轴心时代:人类伟大宗教传统的开端》，孙艳燕、白彦兵译，海南出版社2010年版，第331页。

③ 希腊语的"理念"(eidos)并非现代英语意义上的"观念"(idea)。它来自动词"看"(ide)，原意是"看到的东西"。在荷马和早期自然哲学家恩培多克勒、德谟克利特等人的著作中，这个词都指有形事物的"显相""形状"等。一个理念不是个人主观思想的构成物而是一种"形式""模式"或本质。理念是原型，即原始的模式，它赋予每一个单独的实体以特殊的形态和地位。

④ [古希腊]柏拉图:《理想国》，郭斌和、张竹明译，商务印书馆1986年版，第267页。

⑤ 北京大学哲学系外国哲学史教研室编译:《古希腊罗马哲学》，商务印书馆1961年版，第118页。

部分由各自分立而变成一个有节制的和谐的整体时……这样的人便是正义之人"。[①] 在城邦时代,个人与城邦是一体的,个人是缩小的城邦,城邦是扩大的个人,城邦的品质和结构来自个人,善的境界的达成就不仅在于个人正义的实现和自身灵魂的安宁圆满,而且更重要的是整个社会等级秩序的和谐公正。柏拉图正是通过个人的正义来类比国家的正义,通过个人的灵魂结构及其相互联系来论证和构建理想城邦等级结构之正当性与合理性。城邦也和个人一样具有智慧、勇敢和节制等良好的品质和美德,这些品质和美德分别体现在城邦的组成人员智者、勇士和生产者三个不同等级的人身上。理想的城邦必须按照个人灵魂素质的不同进行社会分工:热爱智慧的人统治城邦,崇尚勇敢的人防止城邦的外侵和内乱,需要以"节制"约束其低级欲望的人构成生产阶段,为社会创造物质财富。以上各个阶层顺其本性而在等级秩序中充当适当的角色,互不越位也互不干涉,实现正义的理想社会,实现国家和谐与个人和谐的一致。

为了实现善,柏拉图设计了一个完善的城邦,即正义的理想国。在《理想国》中,他以对话的形式构想了一个最早的乌托邦。"与其他乌托邦一样,柏拉图构思乌托邦是为了展示现实城邦的不足之处。他是否曾经计划,甚至希望看见自己的理想国建立起来,我们不得而知。"[②]在国家起源上,柏拉图反对智者和苏格拉底的"契约"论,他认为,哲学家服从城邦的义务不是来自任何契约。雅典城邦和它的民主制是最乏善可陈的,《理想国》中的城邦是最好的、合于自然的城邦。柏拉图的国家起源说是一种带有心理学色彩的"互助"论。人们各有不同的需求,这就需要相互间的互助,于是"就按各自的愿望而联合成团体,所有这样的团体集结在一起,就称之为国家"。[③] 他认为国家的目的就是以自己的所能和所有进行交易。从他的国家起源论和国家目的论来看,已很少有契约主义的成分而包含有团体主义和社会连带主义的因素。在个人和国家的关系上,柏拉图认为国家高于个人,他的理想国服从于"整体美学:整体美学是建立理想城邦的最高标准"。[④] 公民个人是国家的不完善摹本,而理想国家则因其自给自足性所以是一个完善的个体。波普尔将这种把国家理解为一种超个体或利维坦式政体的观点,视为西方有机体的或生物学的国家理论的源起。[⑤] 在理想国中,每个等级都必须将其活动限于灵魂的品质适于履行的本等级的具体职责,统治者、辅助者和劳动者都固守天职而不越界,各守本分、各司其职,就是正义。在这里,正义被视为整个国家的一种性能而不是个人之间的关系,个体是秩序的组成部分而非仅为孤立的自我,他的使命是履行其所处秩序中的特定职责而不是追求孤立之自我的幸福,国家只有具备了健全、强大、统一与稳定才能算是正义的。柏拉

---

① [古希腊]柏拉图:《理想国》,郭斌和、张竹明译,商务印书馆 1986 年版,第 172 页。

② [美]萨拉·B. 波默罗伊等:《古希腊政治、社会和文化史》(第 2 版),周平等译,上海三联书店 2010 年版,第 405 页。

③ [古希腊]柏拉图:《理想国》,郭斌和、张竹明译,商务印书馆 1986 年版,第 58 页。

④ [苏]涅尔谢相茨:《古希腊政治学说》,蔡拓译,商务印书馆 1991 年版,第 138 页。

⑤ 参见[英]卡尔·波普尔:《开放社会及其敌人》(第 1 卷),陆衡等译,中国社会科学出版社 1999 年版,第 160 页。

图的整体论中存在一种感情强烈的唯美主义，一种对美的渴求："每一个艺术家……为了整体牺牲局部，而不是为了局部牺牲整体。……你们为了整体而存在，而不是整体为了你们而存在。"①

柏拉图认为最高善的理念是正义，正义就是各尽所能、各守其职，由于天赋不平等，人类的不平等是天然合理的。由于知识是国家的最高品德，所以由哲学家掌握的国家就是最符合正义的国家，即他心目中的理想国。他为其理想国进行了一系列的制度构想，其中有两项最重要的制度，一种是国家公共教育体制，另一种是共产主义的社会安排，其中的措施有限制财产私有与共妻共子以生育优秀的子女等。柏拉图的理想国是以斯巴达为蓝本的，但也带有原始共产主义的遗迹。马克思说，他的"理想国只是埃及种姓制度在雅典的理想化"。② 在理想国的构想中，他使用了一种整体的社会蓝图，自由和至善的主体不是个人而是整个社会和国家。这就要求强有力的集权统治，这种对少数人集权统治的强调就很有可能导致独裁。柏拉图在政治领域中整体高于部分的思想，被后世具有国家主义倾向的思想家如卢梭、黑格尔等直接或间接接受并给予了特殊的发展。

柏拉图生处希腊城邦制度急剧衰落之际，他以"理念论"为基础，试图通过乌托邦式的设计，构建心目中的理想国，重建城邦制度。而其后的亚里士多德则目睹了城邦制度的崩溃和马其顿对希腊的征服，他冷静地面对事实，不再梦想回复城邦制的光荣，他继承并批判柏拉图的思想路线，探求人的行为及其国家生活的道德性，构建城邦生活的理想模式。亚里士多德批判了柏拉图在现实世界之外寻求事物的本质和自然本性的"理念论"。他指出，实物存在于人的意识之外，一切实物都是由四种元素或原因构成的，即质料因、形式因、动力因、目的因。把四因说运用于城邦或国家问题的思考，亚里士多德认为国家是人的集合体，因而其质料是人；人的目的是过一种最优良的生活，而这只有遵循正义原则来组建城邦才能实现，所以正义是它的目的因；城邦的形式即政治体制是它的形式因；政治活动是城邦的动力因。他认为"自然对每一事物各赋予一个目的"，它决定了事物"最精当的形性"。③ 国家的目的就是至善，城邦就是追求至善的社会组织。

亚里士多德《政治学》论述的逻辑起点是"人"，人是城邦或国家的质料。而"人是天生的政治动物"或"自然趋向于城邦生活的动物"，④城邦起源于人类本性（自然起源论）而非社会契约：男女的结合组成夫妻与家庭，由家庭聚合而形成村落，由村落联合形成城邦。城邦是人的潜在性的自然展开，正如橡树种子自然会成长为橡树一样，人也会自然地组成城邦。在城邦中，人类的生活可以实现完全的自足。"由此可以明白城邦出于自然的演化，而人类自然是趋向于城邦生活的动物（人类在本性上，也正是一个政治动物）。凡人由于本

---

① [英]卡尔·波普尔：《开放社会及其敌人》（第1卷），陆衡等译，中国社会科学出版社1999年版，第163页。

② 《马克思恩格斯全集》（第23卷），人民出版社1965年版，第405页。

③ 参见[古希腊]亚里士多德：《政治学》，吴寿彭译，商务印书馆1965年版，第5页。

④ 同上书，第7页。

性或由于偶然而不归属于任何城邦的,他如果不是一个鄙夫,那就是一位超人。"①因为"就本性而言,全体必然先于部分"。② 所以,城邦在本性上是先于个人和家庭的,尽管它在发生程序上后于个人和家庭。在亚里士多德看来,家庭、村落是城邦的动力因,城邦是家庭、村落的目的因,城邦一开始就存在于家庭和村落之中,不能把城邦视为家庭与村落的扩大,家庭和村落是城邦发展中的一个阶段和过程。城邦具有完全的独立性、自我满足性和自我生存性。城邦的存在是为了"优良的生活",③人只有在城邦中才能达到完善的道德生活状态,城邦不仅能满足人过一种群居的或社会的生活,而且能带领人们追求最高的善,即正义的实现。

亚里士多德"人是政治的动物"的命题意指人的目的只有在城邦中才能实现,没有城邦,人类的自我实现是无法完成的。同时也要看到,亚里士多德在把城邦看作人类个体的价值时,并没有完全否定个体的价值。"他的目的论框架在国家和个人之间建构一种更为共生性的关系,表明了它们之间存在着相互依赖的复杂形式。"④社会是由个体构成的,社会的目的是使得个体公民能够过一种有美德和幸福的生活。梯利认为:"与柏拉图相比,亚里士多德可能更为成功地在国家主义和个人主义之间找到了一条中间道路。"⑤但仔细分析亚里士多德的理论,和柏拉图一样,其全体主义倾向是相当明显的。他多次强调城邦在本性上先于个人,全身在本性上先于手足。这种全体主义倾向对后世的影响是不可忽视的,近代的国家主义、集体主义、极权主义等在本质上与亚里士多德的全体主义倾向是一脉相承的。作为"政治动物"的人不仅是指自然人,而是指城邦内自由而平等的公民,妇女、奴隶和异邦人是被排除在外的,因为"他们绝不具有完全启发了的'本性',而只具有发育迟缓的或生长停滞的本性"。⑥ 他还基于奴隶制是一种自然制度因而认为奴隶制度是合理的;在希腊由外国人构成的奴隶阶级是公正的,因为外国人不如希腊人优秀,不应享受和希腊人相同的权利。

城邦把个人从自然的束缚中解放出来。但到柏拉图、亚里士多德时代,城邦又成为对个人解放与自由的新的束缚。把个人从对城邦的依附中解放,并赋予一切人以同等价值的理论任务就落到希腊化时期的伊壁鸠鲁学派和斯多葛学派肩上了。

三、从城邦中解放

古希腊最重要的政治组织形式是城邦,"希腊历史就是关于'politai'——城邦公

---

① 参见[古希腊]亚里士多德:《政治学》,吴寿彭译,商务印书馆 1965 年版,第 7 页。

② [古希腊]亚里士多德:《政治学》,吴寿彭译,商务印书馆 1965 年版,第 6 页。

③ 同上书,第 8 页。

④ [美]克里斯托弗·希尔兹:《亚里士多德》,余友辉译,华夏出版社 2015 年版,第 345 页。

⑤ [美]弗兰克·梯利:《西方哲学史》,贾辰阳、解本远译,光明日报出版社 2014 年版,第 105 页。

⑥ [奥]阿·菲尔德罗斯:《自然法》,黎晓译,西南政法学院法制史教研室 1987 年编译,第 9 页。

民——如何生活,在哪里居住,或隶属哪个联盟的历史”。[①] 因为大多数希腊城邦是在海外移民过程中建立起来的,这导致了“原始社会萎缩”并且使其政体具有“契约”基础和人为建构的性质。[②] 因此,城邦在本质上是自由公民的自治团体,它的特点是自治、自给和主权在民。“对古希腊人来说,城邦就是一种共同生活……城邦的宪法乃是一种生活的模式而不是一种法律的结构。”[③]城邦将个人从自然崇拜的束缚中解放出来,为他们提供个人空间。另外,城邦也把个人从特殊家庭形式的自然崇拜的严格束缚中解放了出来。雅典作家埃斯库罗斯的著名悲剧《俄瑞斯忒斯》(Orestes)[④]体现的正是“一个个体绝望而努力地摆脱家庭义务带来的心灵困境,而城邦的善意干预也解脱了他不该有的苦痛”。[⑤] 恩格斯在《家庭、私有制和国家的起源》的序言里引用了这一悲剧,用以说明雅典在进入文明时代以后,社会的纽带已不是血缘而是法律,个人从家庭和家族中解放,他们已不再是家庭和氏族的附庸了,他们是城邦的公民。

城邦、城邦的法律把个人从自然与家庭的束缚中解放,但代价是落入了城邦的新束缚。在城邦中,他们所具有的公民身份或公民资格才是雅典人至高无上的光荣。参与政治生活是公民的本质性规定,所以,伯里克利在阵亡将士国葬典礼上的演讲中说:“一个不关心政治的人,我们不说他是一个注意自己事务的人,而说他根本没有事务。”[⑥]城邦是他们最有价值的财富,是他们为之献身的最高利益。“城邦耸立于一切小派别之上,耸立于各种较小的群体之上,因为它赋予了一切派别以意义和价值。最高之善乃在于参与雅典城邦本身的生活和活动。”[⑦]希腊人把城邦不是单纯视为公共机构,而是当作神来膜拜的。每一个人都应当像热爱宗教一样,“完全服从祖国,死心塌地地追随她,对她尽忠”。[⑧]这也就是说,个人什么都不是,而城邦就是一切。“个人以某种方式被国家所吞没,公民

---

① [美]萨拉·B.波默罗伊等:《古希腊政治、社会和文化史》,周平等译,上海三联书店2010年版,第396页。

② 参见顾准:《顾准文集》,贵州人民出版社1994年版,第115~117页。

③ [美]乔治·萨拜因:《政治学说史》,邓正来译,上海人民出版社2008年版,第41页。

④ 希腊统帅阿伽门农率军远征特洛伊,在此期间他的妻子忒吕泰墨斯特拉与人私通。阿伽门农凯旋后,忒吕泰墨斯特拉联合情夫将阿伽门农谋杀。阿伽门农的儿子俄瑞斯忒斯为报父仇,将其母忒吕泰墨斯特拉及其情夫杀掉。复仇女神因俄瑞斯忒斯弑父而要追究其刑责。在审判中,智慧女神雅典娜将关键的一票投给了主张俄瑞斯忒斯无罪的阿波罗一方,解救了俄瑞斯忒斯,并说服复仇女神接受雅典法庭陪审团的裁定。

⑤ [英]阿诺德·汤因比:《希腊精神:一部文明史》,乔戈译,商务印书馆2015年版,第40页。

⑥ [古希腊]修昔底德:《伯罗奔尼撒战争史》,谢德风译,商务印书馆1960年版,第132页。

⑦ [美]乔治·萨拜因:《政治学说史》,邓正来译,上海人民出版社2008年版,第40页。

⑧ [法]库朗热:《古代城邦——古希腊罗马祭祀、权利和政制研究》,谭立铸等译,华东师范大学出版社2006年版,第186页。

被城邦所吞没。”[①]柏拉图和亚里士多德理论的重心是善及其在城邦中的实现。他们的兴趣都不是以个体为中心的。相反,他们在谈论善的时候都倾向于国家和社会主义或极权主义。当城邦成为对自由的束缚,当公民权变成了一种负担而不是激励时,“马其顿人对城邦主权的抑制便是对个人的解放”。[②]

经过雅典和斯巴达之间的伯罗奔尼撒战争,希腊城邦日益衰败。北方的马斯顿人在亚历山大率领下于公元前338年征服希腊。随后,亚历山大率军东征,向南征服埃及,向东直抵印度河流域,建立了横跨亚非欧的世界帝国。而这一庞大帝国随着亚历山大的去世(公元前323年)而旋即分裂,历史进入了希腊化时代。从总体上来看,希腊化时代的总的特征是屈服与混乱:强大的帝国建立不久就很快崩溃了,帝国的继承人又为争夺霸权而争战不休,当时的人们由此而深感世事无常。和古希腊时代哲学家所抱持的大无畏的欢愉态度相比,希腊化时代弥漫的则是普遍的悲观主义以及不安全感。随着城邦的崩溃,个体的公民对把握自己的命运感到无能为力,人们普遍存在一种失败主义的态度和幻灭的情绪,一种退隐去建立一种私隐生活的意愿,不是关注公共事务而是转向个体的那个更加直接的世界,“当政权转入马其顿人手里的时候,希腊哲学家不再问:人怎样才能创造一个好国家?而是问:在一个罪恶的世界里,人怎样才能有德;或者,在一个受苦受难的世界里,人怎样才能够幸福?”[③]个人伦理此时成为最重要的事务,形而上学退隐到幕后,而哲学“不再是引导着少数一些大无畏的真理的追求者们前进的火炬;它毋宁是跟随着生存斗争的后面在收拾病弱与伤残的一辆救护车”。[④]

随着城邦的解体、亚历山大帝国的兴起与分裂,个人与城邦的关系也发生了根本的变化。在城邦时代,善的生活意指参与国家的生活,公民资格或公民身份就是对共同生活的一种分享,城邦之外的人非神即兽。而此时,由多民族组成的希腊帝国,摧毁了人们世世代代生活的共同体纽带。“作为一种政治动物的人,已经随着亚里士多德的去世而终结了,作为一个个人,则始于亚历山大。”[⑤]随着帝国的崩解,社会陷入更大的分裂而更难以形成思想上的认同,“城邦的公民精神和社会内聚力为自私自利和阶级斗争所取代。”[⑥]公民与城邦之间的联系渐渐疏远,“人们不得不学会过单独生活,而这是他们从来没有经历过的,而且他们还不得不学会以一种新的社会联合体的形式生活在一起”。[⑦] 于是,以伊壁鸠鲁为代表,出现了从政治生活到独立而平等的私人生活的隐退,并建立了个

① [法]邦雅曼·贡斯当:《古代人的自由与现代人的自由》,阎克文等译,商务印书馆1999年版,第28页。

② [英]阿诺德·汤因比:《希腊精神:一部文明史》,乔戈译,商务印书馆2015年版,第119页。

③ [英]罗素:《西方哲学史》,何兆武、李约瑟译,商务印书馆1963年版,第29页。

④ 同上书,第291页。

⑤ [美]乔治·萨拜因:《政治学说史》,邓正来译,上海人民出版社2008年版,第183页。

⑥ [美]斯塔夫里阿诺斯:《全球通史——1500以前的世界》,吴象婴、梁赤民译,上海社会科学院出版社1999年版,第222页。

⑦ [美]乔治·萨拜因:《政治学说史》,邓正来译,上海人民出版社2008年版,第184页。

人先于国家的契约观。斯多葛派哲学家也从一个新的角度来审视人,它从人与整个宇宙的关系以及个人与人类的关系中来定义人,强调人首先是人类的一员,是一个普遍抽象的类,其次才是某一群体的成员。另外,它由人的精神特征来确定人的价值,从人的精神素质中发现了人类的同质性和人的精神价值的平等。

希腊城邦向帝国的转变是西方政治史上的一次断裂,"希腊城邦只为西方文明的诞生提供了一个暂时的条件;它的消失导致了中断,也创造了机会"。[①] 它把个人从对城邦的依附中解放出来,这就为自然权利学说打下了坚实的基础,就如罗素所说:"像十六、十七、十八世纪所出现的那种天赋人权的学说也是斯多葛学说的复活,尽管有着许多重要的修正。"[②]

在隐退的哲学氛围中,个人与城邦的关系开始疏离。最先表达这种疏离的是犬儒学派。犬儒学派宗奉苏格拉底的思想并将其推向了极端,将善视为人的唯一本质,"美德即知识",美德是内在的,外在的东西对美德来说不仅无益而且是美德实现的障碍,一个人应当抛弃所有的东西而追求美德,只有它才是自由的。"自足"是犬儒学派的精神追求。自足即在理性指导下自我满足,独立无待。任何外在于他的东西都于已无关,他们把个人主义作为他们的体系的核心,声称没有城邦,没有家也没有国。智者是自足的,他的美德对他来说就是法律,他既不需要家庭也不需要国家,既不需要城邦也不需要法律,这样,犬儒学派就把人从城邦的法律和惯例中解放了出来。另外,因为智慧是取得公民身份或公民资格的必要条件,所有人都是平等的,所有的智者组成了一个单一的共同体,一座世界城市。可以看出,"从犬儒学派到斯多葛派,再从斯多葛派到早期的教父,可以追索出一条连贯的思想路线——沿着这条路线,个体灵魂的独立性和一切灵魂的世界联合这两个概念一并发展起来了"。[③] 犬儒学派的思想也就成了斯多葛学说得以产生的母体结构。

亚里士多德以后整个希腊哲学的主旨是"自足",但亚里士多德的自足属于一个社会性的个人,犬儒学派、伊壁鸠鲁学派、斯多葛主义者则属于一个孤立的自我。从理论渊源来看,伊壁鸠鲁学派和斯多葛学派都是苏格拉底道德哲学经过犬儒学派后的传承者。与苏格拉底不同的是,他们思考的中心是"自我",而不是"世界"。伊壁鸠鲁哲学的中心是人生问题,而人生的目的是追求快乐,所以快乐是最高的善。他说:"快乐是幸福生活的开始和目的,因为我们认为幸福生活是我们天生最高的善,我们的一切取舍都从快乐出发,我们的最终目的乃是得到快乐。"[④]伊壁鸠鲁所指的快乐,是指"身体的无痛苦和灵魂的无纷扰",它主要是指持久的、不伴随或较少伴随痛苦的快乐,是心灵的快乐而并非奢

---

① [英]韦恩·莫里森:《法理学:从古希腊到后现代》,李桂林等译,武汉大学出版社 2003 年版,第 54 页。

② [英]罗素:《西方哲学史》,何兆武、李约瑟译,商务印书馆 1963 年版,第 34 页。

③ [英]厄奈斯特·巴克:《希腊政治理论》(上),卢华萍译,吉林人民出版社 2011 年版,第 120 页。

④ 周辅成编:《西方伦理学名著选辑》(上卷),商务印书馆 1987 年版,第 103 页。

侈放荡的快乐。幸福实际上在于避免一切痛苦、烦恼和忧虑,这就意味着从毫无益处的公共生活的烦恼中退隐出来。这和柏拉图、亚里士多德对善的追求具有根本的不同。柏拉图主张为了公共幸福而放弃个人幸福,亚里士多德认为个人只有参与到公共的政治生活中去才能实现自己的"至善",因为"人是天生的政治动物"。伊壁鸠鲁的思想具有强烈的个体主义特征,"他的伦理学关心的只是个人的快乐,而不是社会的幸福,达到个人快乐的途径也与社会服务和利他无关"。①梯利在评价伊壁鸠鲁时说:"伊壁鸠鲁的哲学本质上是一种启蒙的自我利益的学说;个人被要求将个人幸福作为其所有努力的目标,这样一种人生理论可以用来为对其他人的自私漠视进行辩护。"②按照伊壁鸠鲁的思想,社会和国家必须建立在个人主义之上,否则便没有价值。于是,亚里士多德国家先于个人的命题,就被个人先于国家的命题代替了。

伊壁鸠鲁继承了德谟克利特的原子论并对其作了重要的补充。他认为,原子在运动中因其重量而在无限的虚空中垂直下落,在下落中碰撞那些偏离垂直线的原子而产生原子团,大大小小的原子团无序碰撞的结果产生了宇宙万物。伊壁鸠鲁的思想推翻了对神和外在必然性的宿命论,在希腊民族精神发展的重要时期提出了"能动性"原则。他赋予原子以自发性,在一定程度上解释了物理世界,使人具有了自由意志,肯定了人的主动性和独立性。除非构成人的原子具有自由行动的能力,否则自由意志就是不可能的。伊壁鸠鲁在其哲学中把个体从最后的限制中解放了出来,马克思正是从伊壁鸠鲁的原子偏斜理论中引申出独立个体打破一切束缚的自由。③伊壁鸠鲁因此被马克思视为普罗米修斯的再现,是"最伟大的希腊启蒙思想家"。④

在社会政治观上,伊壁鸠鲁提出了"社会契约"的主张。伊壁鸠鲁认为,所有人都是自私的,都在谋求自己本身的利益。为了避免利益的相互侵害,人们之间达成了契约:既不损害别人,也不受别人损害。人们为了"避免相互伤害和受害"才相互约定组成了社会和国家。"公正没有独立的存在,而是由相互约定而来。"⑤在伊壁鸠鲁之前,普罗泰戈拉曾经提出过契约论思想,柏拉图也借格劳孔之口设想过这样的社会契约,但伊壁鸠鲁第一次从理论体系上系统地阐述了社会契约论,由此打开了西方两千年契约论巨流的源头。马克思指出:"国家起源于人们相互间的契约,起源于社会契约,这一观点就是伊壁鸠鲁最先提出来的。"⑥

伊壁鸠鲁以原子论为理论基础,以个体的快乐哲学颠覆了以城邦为核心的德性论,以契约论颠覆了宇宙秩序的神性,他将国家和正义建立在利己和效用之上而不是理性和实在结构之上,这同柏拉图和亚里士多德的理论形成了鲜明的对比,国家并不重于、先于

① 赵敦华:《西方哲学简史》,北京大学出版社2001年版,第98页。
② [英]弗兰克·梯利:《西方哲学史》,贾辰阳、解本远译,光明日报出版社2014年版,第115页。
③ 参见罗晓颖:《马克思与伊壁鸠鲁》,华东师范大学出版社2010年版,第54页。
④ 《马克思恩格斯全集》(第40卷),人民出版社1982年版,第242页。
⑤ 北京大学哲学系外国哲学史教研室编译:《古希腊罗马哲学》,商务印书馆1961年版,第347页。
⑥ 《马克思恩格斯全集》(第3卷),人民出版社1960年版,第147页。

个人,国家的一切必须落实到个人的幸福之上才有意义和价值。伊壁鸠鲁学派的思想因其在哲学史上最早具有的“自我意识”而成为“罗马精神的原型”,[①]并且成为西方个人主义和自由主义的思想源头之一。努斯鲍姆甚至说:“不仅古代晚期以及大部分基督教的思想,而且如笛卡尔、斯宾诺莎、康德、亚当·斯密、休谟、卢梭、美国的国父们、尼采和马克思等那样不同的现代作家的作品都在相当程度上得益于伊壁鸠鲁派、斯多亚派和怀疑论派的作品,其影响甚至远远超过了亚里士多德和柏拉图的作品。”[②]

与伊壁鸠鲁学派同时存在的是斯多葛学派。如前所述,亚里士多德之后自然法思想的主调是:按照自然而生活即是独立而平等地过着私人伦理生活,犬儒学派、伊壁鸠鲁学派、斯多葛学派分别从不同的方向反映了这一主调。与前两者不同,斯多葛学派主张经由严格的意志训练来教人学会自足,它提倡果敢、坚忍、忠于职守和不受享乐的诱惑,试图探求一种相对比较文明体面的适合于智者生活的社会方案。

斯多葛学派的核心概念是“自然”。他们所理解的“自然”,就是遍及整个宇宙的神圣理性。在宇宙论方面,斯多葛学派的创始人芝诺的思想受到前苏格拉底时期的思想家特别是赫拉克利特、阿那克萨戈拉、恩培多克勒的影响,他认为,宇宙的本原是火,其他的元素逐渐从火中分离出来,最终在一次大火之后,所有的事物都回归原始的火中,一切又重新开始。整个世界运转所需要的法则来自某种最高权威,这个至高权威控制着所有历史细节。万物都按预先规定的方式发生与运转以便达到某种目的。“斯多葛派用一个理性与自然之神取代万神殿,这个神的命令施及一切生物。”[③]按照斯多葛学派泛神论的理解,神同理性、自然、命运、宙斯和逻各斯是同一的,自然法是神出于善良而理性地制定的,是神的理性的体现而非仅是作为盲目力量的自然律,它是自然秩序与道德秩序的融合,所以“自然法本身既是自然的事实,又是理性的绝对命令”。[④]

宇宙是一个统一的有组织的整体,每一组成部分都发挥着与这一整体相关的功能,所有的事物都为了共同善而运转。人类是宇宙秩序的一部分,是神圣之火的火花,是一个小的宇宙,它反映了大的宇宙,人也必然受宇宙普遍法则的支配。对斯多葛学派而言,人的理性并非仅意味着人能够对事物加以思想或进行推理。相反,人的理性意味着人的本性参与到理性的结构和整个自然的秩序之中,人的理性代表了我们对事物的实际秩序以及我们在这种秩序中的地位的意识。万物都须遵循法则,这种万物都须遵循的“神”或“理性”就是自然法,它是人的行为的最高准则,贯穿于一切事物之中。芝诺指出:“自然法是神圣的,拥有命令人正确行动和错误行动的力量。”[⑤]自然法与人的本性是一致的,服从自然法就是服从自己的本性。斯多葛学派的著名代表克吕西波说:“所以最高的生活,

---

① 《马克思恩格斯全集》(第40卷),人民出版社1982年版,第14页。

② M. Nussbaum, The Therapy of Desire. 转引自孙磊:《古希腊罗马政治哲学史纲》,中国社会科学出版社2016年版,第209页。

③ [美]约翰·麦克里兰:《西方政治思想史》(上),彭淮栋译,海南出版社2003年版,第103页。

④ [苏]涅尔谢相茨:《古希腊政治学说》,蔡拓译,商务印书馆1991年版,第222页。

⑤ 同上书,第215页。

是按照自然生活,即按照自然的本性和普遍的本性生活,决不做共同法所禁止的事情,即决不做贯穿于一切事物之中的正确理性所禁止的事情。"①理性是人类行为的最高准则,人们应当"按照自然而生活",也即按照宇宙的自然法则,过诚实的、道德高尚的生活。关于自然法的性质和作用,斯多葛学派的晚期代表西赛罗说:"真正的法律乃是正确的规则,它与自然相吻合,适用于所有的人,是稳定的、恒久的,以命令的方式召唤履行责任,以禁止的方式阻止犯罪。"②这种自然法本身就是正义的同义语,是衡量人定法的唯一标准。任何人定法如果违背了自然法,则不能算作"真正的法律"。至此,在斯多葛学派的思想中,整个西方思想上绵延不绝的自然法传统得以奠定。梅因指出:"如果自然法没有成为古代世界中一种普遍的信念,也就很难说思想的历史,因此也就是人类的历史,究竟会朝哪一个方向发展了。"③德国思想家科殷也指出:"如果说法国的革命是在'自由、平等、博爱'的口号下跨上其征途的,那么这些思想的根子就在斯多葛派的自然法里。"④

斯多葛学派提出了明确的自然法概念并建构了较为明确的自然法学说,这为此后的自然权利理论奠定了基础,罗素在评价斯多葛学派的历史贡献时指出:"他们的教导有两个方面在其他的领域里是产生了结果的。一方面是知识论,另一方面是自然律和天赋人权的学说。"⑤与此前的思想相比,斯多葛学派以自然法为基础,在人权思想方面催生了两个新的观念:一是人的精神自由,二是人的自然平等。

1. 人的精神自由。斯多葛学派关心的核心问题是人如何才能过一种善的和有德行的生活。和柏拉图、亚里士多德在城邦中实现"至善"不同,斯多葛学派提出了"按自然生活"的口号。人之所以要"按自然生活",是因为人具有与上帝共同的理性,人的理性是上帝理性(逻各斯)的同质部分。爱比克泰德认为,人都是从神那里流溢出来的一颗微粒,人与神同在。每一个人应了解到"你随身带着一个上帝""在你本身中带着神"。⑥ 人的理性与神的理性是一致的,人服从于自己的本性而不是一种异己的外部力量,服从于自己本性和理性的人是自由的。这里的自由是认识和服从必然的命运,与自然的理性相一致。这种自由根源于精神本身的结构而不受制于其所处的外在境遇和社会地位。"除了精神之外,任何东西都不值得羡慕。"⑦奴役不会及于整个人身,即使是奴役性的制度也无法压制个人的精神自由,只要个人理性地思考和生活就不会丧失自由,"因为人的最好部分是不会被奴役的,只有肉体才会服从且属于主人,而精神则是完全自主的"。⑧

---

① [苏]涅尔谢相茨:《古希腊政治学说》,蔡拓译,商务印书馆1991年版,第215页。

② [古罗马]西赛罗:《论共和国·论法律》,王焕生译,上海三联书店1997年版,第120页。

③ [英]梅因:《古代法》,沈景一译,商务印书馆1959年版,第45页。

④ [德]H.科殷:《法哲学》,林荣远译,华夏出版社2003年版,第16页。

⑤ [英]罗素:《西方哲学史》,何兆武、李约瑟译,商务印书馆1963年版,第340页。

⑥ 徐大同主编:《西方政治思想史》,天津教育出版社2000年版,第51页。

⑦ [古罗马]塞涅卡:《幸福而短促的人生——塞涅卡道德书简》,赵又春、张建军译,上海三联书店1989年版,第21页。

⑧ [苏]涅尔谢相茨:《古希腊政治学说》,蔡拓译,商务印书馆1991年版,第221页。

2. 人的自然平等。斯多葛学派认为,所有人都从神中流溢出来,因此具有普遍和共同的人性,他们相互之间是平等的。奥勒留指出,人都是有理性的动物,"如果是这样,那么,命令我们做什么或不做什么的理性也将是共同的;如果是这样,那么法律也是共同的;如果是这样,那我们也都是公民。"①他从人的自然本性——理性的平等中推出作为公民的平等,平等也就成为自然法的内涵。塞涅卡也从自然平等出发,认为奴隶也具有其他一切人所具有的精神品质。西赛罗认为:"人类不存在任何差异……那独一无二的,使我们超越于其他动物的理性,毫无疑问是大家共同具有的。"②这种人人平等的思想修正了柏拉图、亚里士多德人生而不平等的"天赋特权"观,为后世人权理论的产生和发展提供了理论上的资源和养料。

斯多葛学派从人类共同的理性和宇宙的普遍秩序观念推出了世界主义理想。前已述及,城邦时代结束以后,希腊人走出城邦,在新的更大的联合体中生活,面对礼崩乐坏而感到孤立无助的他们产生了退隐的情绪,在退隐过程中产生了原来不曾有过的个人隐私和内在性意识,一种自觉或自我意识,这种自我意识使人意识到自己是一个人(a human being)亦即人类中的一员,是一个普遍抽象的类,他具有与其他人相同的人性。当把公民紧密维系在共同体的城邦被摧毁后,公民也就成了一个人。

另外,希腊化使希腊人的心灵突破了狭隘的城邦界限,感受到普世间人类的共同性:人性平等、精神自由。并且,"在归属相似性上,还加上了思想的相似性,也就是把人类结合成一个共同的大家庭或兄弟般关系的心心相映"。③ 此时,有关个人的理念和有关普世性或普遍性的理念就在共同的价值框架之中产生了。"普世主义有否定与肯定两个意义:在否定方面,它意指民族宗教与文化的崩溃;在肯定方面,它意指当时把人类作为一个整体而意识到的观念。"④

最先提出世界主义思想的是犬儒学派的第欧根尼,他认为所有的智者组成一个单一的共同体,一个世界城市,智者是一个"世界主义者"和"世界公民"。斯多葛学派摒弃了犬儒学派弃世的一面,选择了一种平静、理智的个体主义。按自然生活,按自然的指示去寻找真我,"但这真我已不是公民之我,现实之我,而是人类之我,'世界公民'的我。纯粹个体'自我'的价值已在萌芽……自我已不再与自己的'外在之物'等同"。⑤ 由于所有的人本性相同,精神平等,共同受自然法支配,因此,人类构成一个情同手足的整体,一个世界国家。斯多葛学派的世界主义突破了亚里士多德等人强调的人与人之间道德上的差别,真正的国家应是理性人的联合体,这一理想的帝国是没有民族界限的。在世界国家中,任何人都可以取得公民权,因为公民权的取得依靠的是作为人类共同特征的理性。

---

① [苏]涅尔谢相茨:《古希腊政治学说》,蔡拓译,商务印书馆1991年版,第220页。

② [古罗马]西赛罗:《西塞罗论法律》,王焕生译,上海人民出版社2006年版,第43页。

③ [美]乔治·萨拜因:《政治学说史》,邓正来译,上海人民出版社2008年版,第180页。

④ [美]保罗·蒂利希:《基督教思想史——从其犹太和希腊发端到存在主义》,尹大贻译,东方出版社2010年版,第10页。

⑤ 包利民:《生命与逻各斯——希腊伦理思想史论》,东方出版社1996年版,第326页。

“世界主义”和“世界公民”思想揭示了一个新的时代和新的哲学立场的诞生。

四、结　　语

“人是生而自由的,但却无往不在枷锁之中。”①人类社会的历史就是一个不断挣脱枷锁与束缚寻求解放的历史。人权概念的形成也正是在社会、国家与个人的关系中,个人逐渐从社会和国家中独立出来的结果。在古希腊的思想谱系中,从他们最初“试图把自己设想成为独立自足的某种存在,大胆地把自己同经验分离开来,并在判断中站在它的对立面”②时起,就开始了摆脱各种束缚的艰辛历程。从荷马与赫西俄德的神话与史诗开始,人逐渐从各种依附中获得解放。到希腊化时期,斯多葛学派突破城邦的狭隘视野,把人置于宇宙及全体人类的关系中进行重新定义,人摆脱了束缚他的城邦,产生了从未有过的自我意识,他第一次意识到自己是一个人,至此,人被“发现”了。斯多葛学派关于“一般人”的观念,他们对种族、身份、性别、财富等差别的超越以及对人作为一个类的同质性的发现,是当代人权思想的最初源头。斯多葛学派的平等观念通过塞涅卡被引入了基督教,为上帝面前人人平等奠定了基础,并催生了后世的基督教人道主义。在世俗方面,它经过西塞罗的努力转变为罗马的法律实践。失去城邦的人需要的是自我保护,需要的是私法保护,这就大大促进了罗马私法的发展,也促进了希腊的“jus”由“自然正义”向“权利”概念的孕育与转变。③ 这就为后世人权概念的出现准备了重要的理论资源与思想基础。从此“有关人权和有关普世有效的正义和人性的规则这两个孪生的观念,被深深地植入了欧洲各民族的道德意识之中。不论这两个观念在文字中遭到了多大的忽视或破坏,它们已经深深地扎根于欧洲各民族的道德意识之中而无从摧残了”。④

The Discovery of Human
—The Germination of Human Rights in Ancient Greece

Bo Zhenfeng

Abstract: There was no concept of human rights in ancient Greece, but in the depths of ancient Greek thought, there was already a germination of human rights, which was deeply

① [法]卢梭:《社会契约论》,何兆武译,商务印书馆 2003 年版,第 4 页。

② [英]厄奈斯特·巴克:《希腊政治理论》(上),卢华萍译,吉林人民出版社 2011 年版,第 2 页。

③ 在罗马法中,“自然正义”概念开始向“权利”概念过渡,其突出表现是“jus”这一概念已部分地含有个人享有权利之意(当然,“jus”在罗马人的词汇中还含有“法律”“义务”“审判”等,并不简单地等同于现代的“权利”概念)。此外,罗马法中还创造了“概括的权利”概念。中世纪后期,通过阿奎那、苏尔雷兹、格劳秀斯对“jus”的诠释,“权利”概念才正式形成。

④ [美]乔治·萨拜因:《政治学说史》,邓正来译,上海人民出版社 2008 年版,第 187 页。

rooted in the natural law tradition. The main contribution of the ancient Greek thinkers to huaman rights is the discovery of "human". It means human is liberated from the gods, nature, and is considered as a subject. This leads to the central element of the idea of human rights, dignity and value of human being, which provides important theoretical resources for the gestation and development of idea of human rights in later generations.

Key Words: human god nature polis liberation human as a subject

（责任编辑：郭俊义）

《圣经·士师记》中的法官伦理与英国普通法法官精神

——从柯克爵士到曼斯菲尔德伯爵

杜如益*

[摘　要]《圣经·士师记》记载了以色列法官时代的一系列正面法官形象,他们既是以色列的拯救者、部落首领,也是裁判案件、维护社会秩序的法官。他们虔诚、公正、正义、怜悯、正直的形象和勇于挑战王权、着眼社会秩序、注重价值关怀的事迹构成了《圣经》对于法官伦理的丰富遗产。英国普通法法官制度本源自圣职,在普通法初步形成和工业化初期的16世纪至18世纪,出现了柯克、黑尔、霍尔特、曼斯菲尔德等多位秉承着《士师记》法官精神的伟大法官,他们在著作、审判和社会活动中确定了英国的普通法之路,奠定了英国普通法发展的基础和信条,在法律创新与继受、法学研究和法律哲学等多个层面取得了成就。论文着重探讨上古法官精神对普通法法官的直接影响,及其对普通法的间接影响。

[关键词]　圣经·士师记　法官伦理　英国普通法　王座法院首席法官

依照马克斯·韦伯的观点,宗教改革之后,新教伦理深刻地影响了西方资本主义的发展。当代资本主义从萌蘖到初期发展,都曾极大地受到新教伦理的鼓舞。① 伯尔曼在《法律与革命》一书中,更是提出了英国的清教主义对于英国法律人和普通法的6点具体意义。② 然而,在司法视野中,不可忽视的是,《圣经》旧约中的法官伦理,其实对于16~18世纪的英国普通法法官有着更为直接的浸润。本文试探讨上古的"法官时代"的法官伦理与英国普通法和法官精神之间的关系。

---

* 杜如益,汉堡大学私法学博士候选人,马克斯·普朗克比较与国际私法研究所访问学者。

① Max Weber, Die protestantischeEthik und der, Geist des Kapitalismus, Springer Fachmedien Wiesbaden, 2016, S. 78ff.

② "6. 清教神学巩固了普通法很多分支的重要变化——这被认为根源于其历史发展的变化。"参见[美]哈罗德·J. 伯尔曼:《法律与革命:新教改革对西方法律传统的影响》(第2卷),袁瑜琤、苗文龙译,法律出版社2008年版,第278~279页。

一、旧约中的法官与“法官时代”：概念源流

（一）法官的概念

本文讨论的是《圣经》中的法官伦理及其影响，首先需要解决两个问题：一个是历史问题，《圣经》中的所谓“法官”，是否可以作为现代意义上的法官来讨论？另一个是翻译问题，英文上的“judges”是否就是直接对应着汉语的“法官”？而鉴于英语和汉语语义的丰富性，以及英文版《圣经》与德文版《圣经》之间的亲缘关系，本文希望通过引入德文路德版《圣经》作为参照，以明晰此二问题。

1. 英文和德文中“法官”的概念

英语的法官：“judge”一词，通常意思指基于任命或选举，在法庭上处理法律纠纷（legal matters）的公共长官（public officer）。①《元照法律辞典》强调美国法官总是与一定的法院相对应。而英国法上，并非所有法官在字面上都叫“judge”，而且不同类别的法官其实可以追溯到不同的法令：比如，依照1361年的《非职业治安法官法》而产生的“非职业的治安法官”就称为“justices of the peace”。②

德语中的法官：“richter”一词，意指执行司法权力、为当事人作出判决的人。③ 他们受国家委托针对法律争议作出决定，④单独或共同地以法院工作为职业。每一位法官都有其所隶属的、确定的法庭，并在此履行法官职务。依据每个法院的受案范围和工作，作出判决。⑤

2. 中西之分：汉语中的“法官”与《和合本》中的“士师”

汉语中的“法官”一词，是对审判人员的通称。⑥ 我国实质意义上的法官更可以追溯到五帝时期，辅佐舜帝的贤臣皋陶，任“大理”，⑦历来被奉为法官的鼻祖。“法官”这一称谓最早见于⑧《商君书》“吏民（欲）知法令者，皆问法官”。⑨ 在《新唐书》中作为司法人员的称呼使用过，在中国古代还可以作为对道士的敬称。⑩ 在古代，“士师”是法官

① See Bryan A. Garner edited in chief, *Black's Law Dictionary*, 9th Edition, West Publishing, 2009, p. 917.

② See Smith, Bailey & Gunn, *on the Modern English Legal System*, 4th Edition, London: Sweet & Maxwell Press, 2002. p. 209, p. 240.

③ Duden: Das Bedeutungswöterbuch, Band 10, 4. Auflage, Duden Verlag, 2013, S. 765.

④ Duden: Das große Wöterbuch der deutschen Sprache Band 5, Dudenverlag, 1980, S. 2161.

⑤ Deutsches Rechts-Lexikon, Verlag C. H. Beck, 2001, S. 3573.

⑥ 参见《辞海》，“法官”词条，上海辞书出版社1999年版，第1484页。

⑦ 参见《史记·五帝本纪第一》，中华书局1959年版，第38~39、43页。

⑧ 参见《辞海》，“法官”词条，上海辞书出版社1999年版，第1484页。

⑨ 参见《辞源》，“法官”词条，商务印书馆1988年7月版，第946页。

⑩ 同上注。

的通称。[①] 现代汉语中通常所说的“法官”,其实是清末沈家本以来进行法律现代化改革,以及延安政法传统的遗产。我党较早地使用法官的称谓。[②] 新中国成立后,虽然官方喜欢称法官为审判员,但是“法官”的称谓在民间渐渐流行,第一次在法律文件中使用是 1995 年出台的《法官法》。[③] 所以,“法官”一词从内涵上,虽然有别于英美、欧陆政治架构下的“法官”,但是现代“法官”的概念主要地还是源于西方的。故而,从一定意义上,“法官”可以视为“judge”和“richter”对应词。

然而,《圣经·和合本》将“judge”一词翻译成“士师”,[④]是否意在突出《圣经》中的“士师”与现代“法官”存在古今差别?这需要回到当时的语境中。

其一,《圣经》采用“士师”这一称谓,并非和合本的独创,而是 1854 年完成的、英国“委办译本”的传统。[⑤] 这一译本的特色在于文笔优美,而且对中国传统文化和儒家思想中的一些概念有所借鉴。当时的社会还是清末,西学未兴。不借用中国人熟悉的概念,不足以在中国立足,尤其是在知识阶层中流行。故采用“士师”未必是最准确的翻译,却应该是最贴近中国读者的翻译。1919 年的《圣经·文理和合译本》[⑥]《圣经·和合本》都沿用之,其实也有翻译惯性的问题。《圣经》的翻译者最初多是外国传教士,并非以汉语为母语者,准确度难免有所欠缺。[⑦]

其二,对于 judge 或者 richter 的汉语翻译,其实在当时的翻译界并无定论。1833 年,德国传教士郭实腊在广东创办了第一份内地中文刊物《东西洋考每月统记传》将法官翻译为“臬司”,其实是与清朝的司法官员相衔接的。丁韪良 1864 年的《万国公法》,将 judge 译为“法师”或“公师”。[⑧] 民国初期通常将法官称为“推事”。“法官”都不是主流的称谓。

其三,中国古代“士师”的真实含义,显然与现代汉语中的“法官”,以及圣经中的“judges”或者“richter”有别。“士师”作为中国古代意义的法官有几个特点不同于现代司法体系中的法官:首先,中国古代的法官多是掌管刑典;[⑨]其次,在地方常常是由行政官员兼任,表现为二权合一;最后,司法的形式是多样的,有浓厚的儒家伦理性、弱程序化、主动性

---

① 我国古代通称法官为“士师”。其源于《周礼》,在其中为秋官司寇的属官。参见《辞海》,“士师”词条,上海辞书出版社 1999 年版,第 2534 页。

② 参见毛泽东:《必须制裁反动派》,载《毛泽东选集》(第 2 卷),人民出版社 1991 年版,第 576 页。

③ 参见石文龙:《法伦理学》,中国法制出版社 2006 年版,第 157 页。

④ 参见中译和合本《圣经·士师纪》(双语修订版),中国基督教协会 2000 年编校,第 371 ~ 410 页。

⑤ 参见《文理旧/新约圣书》,上海圣书公会印发,1858 年版,第 221 ~ 232 页。

⑥ 参见《文理和合译本旧新约全书》,上海大英圣书公会印发,1919 年版,第 203 ~ 224 页。

⑦ 参见《摩西五经》,冯象译注,牛津大学出版社 2006 年版,第 9 页。

⑧ 参见何勤华:《法律翻译在中国近代的第一次完整实践——以 1864 年〈万国公法〉的翻译为中心》,载《比较法研究》2014 年第 2 期。

⑨ 参见张晋藩:《中国法律的传统与现代转型》,法律出版社 1997 年版,第 303 ~ 335 页。

的特点。当然,从社会功能上,“士师”也是定分止争、调处纠纷,可以说与西方的法官相仿。

综上而言,圣经译者采用“士师”的翻译,并非为了突出汉语中古代“士师”与现代“法官”的古今差别,更非突出士师的儒家化、中国传统化的一面;而是意在谋求西方古代意义上的法官在汉语中的对应称谓。笔者认为,这一翻译并非语义上的完全对应,而是追求一种表达的文雅和“神似”。故而,译本中与“judge”对应的“士师”相当于现代汉语中的“法官”。

(二)古今之辩:《圣经》中的“法官”与现代的“法官”

作为历史文献的《圣经》中的法官,在何种程度上等同于现代的法官?10 卷本《牛津英语大辞典》将圣经中的法官单独作为一个意向:“约书亚与列王纪之间的希伯来历史中、具有暂时性的权威的长官(officer),也通常是战争领袖。”[①]而德文词典,却未见“richter”有类似语义上的区分。

一方面,“身份混同”造成认识《旧约》中法官的难度。法官以审判案件为其基本职能。有些法官本身是部落首领,有些又是先知。但是,法官的身份更多是从其代表耶和华、对是非作出评判的功能上着眼的。比如,耶和华给所罗门王启示,所罗门王也成为裁判耶路撒冷的法官,这时候可以说他是以王的身份兼职做法官。毋宁说,国王是一种身份,而法官是一种职业。著名的圣经学者 Carenboim 曾引用多位权威学者的研究成果,证明旧约多次用到的“judge”与现代英语中“judge”是同义词。[②] 而《牛津大辞典》里面的单独解释,不妨视为一种提高精确性补充说明。

另一方面,《圣经》英德译本的成书年代也具有重要参考价值。对比马丁·路德的德文版的《圣经》,几乎在与英文版《圣经》里的“judge”同样的位置用了“richter”[③]一词,即德文里“法官”的意思。[④] 马丁·路德翻译完成《新约》是在 1522 年,这时现代德语的很多语意都相对确定,却未明确区分古今之别;1535 年,第一部完整的英文版科夫代尔《圣经》在英国出版,很多方面都归功于路德《圣经》的影响;[⑤]而钦定英文版的 KJV(King James Version)《圣经》则是更晚的 1611 年完成的;[⑥]当时英国的法官制度初步形成,普通

---

① See the Oxford English Dictionary: Being a Corrected Re-issue with an Introduction, Supplement, and Bibliography of a new English Dictionary on Histrorical Principles, Vol. V, p. 617, Oxford, Clarendon Press, 1978.

② See Peter Barenboim, *Biblical Roots of Sepration of Powers*, Moscow, Letny Sad, 2005, p. 53, p. 57, p. 76.

③ Die Bibel, NML(Nach Martin Luther), Das Buch der Richter, Stuttgart, Deutsche Bibelgesellschaft, 1999, pp. 245 – 271.

④ 法文版圣经用的是“juges”,也正是现代法语中使用的“法官”一词,可资佐证。

⑤ See Marvin W. Anderson, *Evangelical Foundations: Religion in England*, 1378 – 1683, Perter Lang, 1987, pp. 69 – 93.

⑥ 参见《摩西五经》,冯象译注,牛津大学出版社 2006 年版,第 394 页。

法和衡平法的许多重要原则也都得到了确立,[①]而这些译本都坚持了在现代语境下,仍然使用"法官"一语。可见这些文献并未将《圣经》中的法官与现代语义上的法官作严格区分。

综上而言,《圣经》的英、德译本并未着眼于法官的古今之辩,故其在《士师记》中使用"法官(士师)"一词,虽无像现代这么完备的法院体系,却不妨视为早期意义的"法官"。

二、旧约中的法官形象

(一)旧约法官的繁荣期:以色列历史上的"法官时代"

摩西是先知,也是古代以色列法官制度的创立者,而后,约书亚是大法官,此后直到撒母耳作为最后一位法官。撒母耳以后,以色列进入"王制时代"。而在约书亚和撒母耳之间,亦即《圣经》的第七章至第九章,包括约 150 ~ 200 年的历史。主要记录了其间的"法官",被研究者称为以色列的"法官时代"(Epoch of Judges)。[②] 这时国家缺乏统一的指挥,又遭遇了外来的入侵,耶和华派出了大量的拯救者(savior),其记录的绝大多数人物,都被称为"法官"(和合本所译的"士师"),这是《圣经》中"法官"的繁荣期。但是在他们承担了拯救职能以后,国家恢复平静,往往又复归法官身份。[③]《圣经》对于法官们处理日常案件的简略化处理,也决定了《士师纪》的法官伦理对后世的影响,更多的是精神层面的,而非具体的审判规则上的。

(二)法官的品格特点

1. 虔诚与对神及神的法律的绝对服从:摩西、约书亚为例

如《圣经》所说,摩西是以色列先知中独一无二的,同时他是与上帝立约者,从此以色列遵从摩西的律法,他又是一位法官,以神意裁判案件,并建立常设法官制度、解决以色列的法律纠纷和缓和社会矛盾。他的坎坷身世和命运历练,造就了他圣人的品质,而他对耶和华意志是决对的服从。摩西临事必求问耶和华的意见,耶和华的灵伴着他。[④]

约书亚本为祭司,但是在摩西死后,耶和华的灵如与摩西一样,与约书亚相伴,他也成为了先知;同时,他也裁判案件,也是法官。他的虔诚体现在严格按照神的应许,给剩下的九个半部族分地,将摩西的法律一字不落地抄在石头上。他裁判亚干私藏财物一案中,大义灭亲,完全执行神意,把亚干的儿女、牛、驴、羊、帐篷,以及他所有的都带到亚割谷去,众人投石打死亚干,烧掉一切财物。这一事件中,也反映了早期教律的严苛和早期刑罚的残酷。[⑤] 基甸也是以色列的士师,为了维护以色列人对耶和华的虔诚,冒生命危险

---

① See John H. Langbein et al., *History of the Common Law: the Development of Anglo-American Legal Institutions*, Aspen Publisher of Wolters Kluwer, 2009, pp. 207 - 329.

② SeeReinhard Gregor Kratz, *The Composition of the Narrative Books of the Old Testament*, p. 188.

③ 参见和合本(双语修订版)《圣经 · 士师纪》,中国基督教协会 2000 年编校,第 376 页,第 391 页。

④ 摩西的生平,散见于《圣经 · 旧约》的《出埃及记》《利未记》《民数记》《申命记》。

⑤ 参见和合本(双语修订版)《圣经 · 士师纪》,中国基督教协会 2000 年编校,第 334 页,第 338 ~ 340 页。

拆毁了异教的神巴力的坛。

2. 公正、智慧：耶弗他、所罗门为例

耶弗他是一位传奇人物，虽然为妓女之子，被弟兄赶出家门，结草为寇。但是能知大义，在以色列危急之时，挺身挂帅，守土安民。而在与敌人亚扪人的交涉中，先礼后兵、据理力争，使亚扪人限于理屈，体现了他讲究斗争策略的特点。① 而他应许得胜之后，将回家遇到的第一件东西献给耶和华，结果却是自己未嫁的女儿，他仍然忍痛执行，可见其公正无私的一面。② 这戏剧的一幕，倒是有些希腊神话的味道了。

所罗门虽然是王，但是他也在裁判中充当法官的角色。他不仅判案公正，更是有超人的智慧。其评判两个妓女谁是婴儿的生母时的方法，是利用常识侦查实验、当场取证的发端，千百年来为人所称颂。③ 他向耶和华求智慧，④也是为了能够更好地履行治理之责。所以《圣经》说，这以前和以后，没有人的智慧比得上所罗门的。

3. 怜悯、正直：便雅悯战争、耶弗他等为例

基比亚人强暴了利未人的妾，从而导致了一场以色列内部的战争，十一族攻击便雅悯人，消灭了他们的妻子和儿女，并宣誓不将女儿嫁给剩下的便雅悯人为妻。可是战争刚刚结束，追溯祖考，法官们觉得本是同根生，为什么要灭掉此一族呢？于是又想尽办法帮残存的便雅悯人支派寻找配偶，⑤这说明法官时代，神权和刑罚无疑是严酷的，执行起来不可以打折扣，但是作为决策者法官们却是悲悯的。

从正直来说，恐怕也是共性了。比如，米迦作为一位大财主，不惜重金为上帝立像；耶弗他不计前嫌临危受命；撒母耳虽然不提倡王制，但是还是依照百姓的要求和上帝的应许先后立扫罗和大卫为王。

4. 不畏强权、懂得变通：以笏、参孙、撒母耳为例

以笏有勇有谋，借献宝之机，只身刺杀蹂躏以色列的摩押王，并且刺杀后紧闭各门，为自己全身而退赢得了时间。他成为以色列的法官，此后以色列享 80 年太平。⑥

参孙是一位颇具个人英雄主义的法官，他天生神力，撕裂狮子，当时非利士人蹂躏以色列，他用驴腮骨杀掉一千个非利士人。而在他被俘、被挖去双眼之后，在非利士人首领的大殿上，掀翻殿柱子，与非利士首领并众人同归于尽，表现了一种真正的勇敢和牺牲精神。《圣经》于是说，他的这一举动比他生前杀死的非利士人还要多。⑦

撒母耳虽然是万民敬仰的大法官，但是扫罗在被他膏王之后，势力迅速膨胀。耶和华

---

① 参见和合本(双语修订版)《圣经·士师纪》，中国基督教协会 2000 年编校，第 393 ~ 394 页。

② 参见和合本(双语修订版)《圣经·士师纪》，中国基督教协会 2000 年编校，第 394 页。

③ 参见和合本(双语修订版)《圣经·列王纪上》，中国基督教协会 2000 年编校，第 524 页。

④ 参见和合本(双语修订版)《圣经·列王纪上》，中国基督教协会 2000 年编校，第 523 ~ 524 页；亦见于同书《圣经·历代记下》，第 667 ~ 668 页。

⑤ 参见和合本(双语修订版)《圣经·士师纪》，中国基督教协会 2000 年编校，第 410 页。

⑥ 参见和合本(双语修订版)《圣经·士师纪》，中国基督教协会 2000 年编校，第 375 ~ 376 页。

⑦ 参见和合本(双语修订版)《圣经·士师纪》，中国基督教协会 2000 年编校，第 401 页。

离弃扫罗,让撒母耳去膏大卫为王,撒母耳说:“扫罗会杀了我的。”于是,撒母耳悄悄地跑到耶西的家,秘密膏大卫为王。[①] 而大卫所以能成以色列的王,还是后来权力斗争的结果。这一事件可以看出撒母耳不仅不畏强权,而且懂得变通,确实是以色列变革时代的伟人。

(三)法官的行为方式

1. 独立于族权和王权

法官的权利自摩西建制之始就是为了调处争讼,而当时的以色列是神权与族权结盟的权力结构。而法官的责任就是依靠神法,解决社会纠纷。从性质上来说,它是一种神权的延伸,但是从制度上来说,至少是一种与行政权相独立的权力了。到了法官时代,实际上当时的神权已经衰落,族权在外族入侵的条件下也已经被削弱。许多法官同时又是先知,他们承担起拯救以色列的任务,从这个意义上说,他们是拯救者。而他们成功之后,又回到原有的权力结构中,他们继续做法官。这种状态维持了两百多年。

撒母耳是列王前的最后一位法官,他对原有制度是向往的,但是以色列的内忧外患需要一个强大的中央政府,王制不可避免。他两次膏王,成为变革时期的伟大人物,开启了“扫罗—大卫—所罗门”这样一个以色列最为辉煌的时期。而他在立王之初就奠定了法官与王权的分权,被学者认为是“西方分权的源头”。[②]

2. 着眼于以色列的长治久安

摩西将法律法条化并明文公布,并建立常设法官制度,实际上就是非常有远见的举措。当然,这种明文化的创新,有著作称是得自埃及人的启示。[③]

王制以前,法官阶层是以色列的精英,在以色列初期的政治结构中承担着重要的角色。而他们中的很多人都是高瞻远瞩的。约书亚对亚干的审判,一方面是战事的需求,另一方面是一个政治决策:要严肃纪律,整治贪吝之风。在《士师纪》中,亚米比勒称王,而有“荆棘王”之喻,[④]即像橄榄树、无花果树、葡萄树这些高大、美丽、有用的树木不愿称王,只有荆棘这种丑陋、无所事事、又自高自大的角色才愿意称王。《士师纪》相传为撒母耳所作,[⑤]此一譬喻无疑是对当时迷信“王制”的最好规劝和讽刺。王制是当时社会的需要所致,可是王制以后,并不代表以色列就会越走越好。撒母耳的忧虑可以看出当时法官阶层的高瞻远瞩和胸襟视野。

3. 价值关怀高于权力欲望

《士师纪》记录了多位法官拯救以色列的故事。可是,这些人承担拯救任务后,多走回了法官的位置。撒母耳非常勤勉,每年在伯特利、去甲、米斯巴和自己的家乡拉玛巡行

---

① 参见和合本(双语修订版)《圣经·士师纪》,中国基督教协会 2000 年编校,第 400 ~ 401 页。

② Peter Barenboim, *Biblical Roots of Sepration of Powers*, Moscow, Letny Sad, 2005, pp. 145 – 160.

③ Rafael Chodos, *the Jewish Attitude towards Justice and Law*, Los Angeles, Rafeal Chodos self-edition, 1984, pp. 6 – 31.

④ 参见和合本(双语修订版)《圣经·士师纪》,中国基督教协会 2000 年编校,第 388 ~ 389 页。

⑤ See James Wood, *a Dictionary of Holy Bible*, volume II, New York, Published by D. Hitt & T. Ware, 1813, p. 403.

审判。[①] 此外,类似的例子可谓比比皆是:比拉多之妻底波拉的献计、参孙的献身、米迦在神像被但(Danites)人掠去后的痛苦、撒母耳的大局为重、所罗门的不求金银财帛、只求智慧,构成了以色列法官精英的群像。其璀璨夺目,照烁古今。

(四)以色列法官阶层的衰落

王制以后,法官在人事上成为王权的附庸。例如,犹大国王约沙法的改革中,他任命了法官,并且训诫法官要敬畏耶和华、谨慎办事、不偏颇、不受贿,为神好好办案。而且将耶和华的事交给祭司,将王的事交给犹大支派的族长,并有利未人作官长。[②] 法官的裁判权已经被分化。

随着法官的常态化和职业化,他们渐渐淡出了以色列的权力核心,成为维护王权的一个螺母。因而也渐渐淡出了《旧约》的视野,虽然他们仍然发挥着解决争讼的作用。约西亚王 18 年发现《法律书》,他只召见了祭司、大臣和女先知,而后来在耶和华的圣殿宣布法度这样的大场面,亦未发现法官加入的记载。[③]

到了后来的耶稣时期,法官的称呼已经难以在法律审判中发现了。在一个罗马帝国征服下的以色列,祭司从某种程度上成为了依据摩西以来的习惯法和神法裁判的法官,而且法利赛人和律法师成为"罗马(殖民)统治权——神权"政治模式下的附庸。他们掌握法律,是实际上的法官,服务于罗马总督的铁蹄,标志着以色列法官传统的彻底衰落。而审判耶稣就是这种衰落的最好诠释。

(五)小结

从上文可见,《旧约》中的"法官时代"其实是以《士师纪》为中心的,而《士师纪》其实刻画了一组上合耶和华的要求、下承百姓呼声的以色列拯救者群像。这些人的人生往往分为两段,前段完成民族拯救事业,后段回归法官的位置,他们对神虔诚、对民爱怜、对事公正、智慧正直又懂得变通、高瞻远瞩、寡于权欲。而当时各种形式的法官也在这些人的引导下日趋职业化和独立化,但是王制以后,法官在以色列权力架构中地位下降,人事上渐渐依从于王权,影响力减弱。而到了罗马殖民统治时期,反动的祭司、法利赛人、律法师利用陈旧的律法鱼肉百姓,法官风骨已荡然无存。

三、英国普通法法官精神

英国普通法的法官有几个特色,其一,法官是从律师中选任的,这使得尤其是上层法

---

① 参见和合本(双语修订版)《圣经·撒母耳记上》,中国基督教协会 2000 年编校,第 430 页。

② 参见和合本(双语修订版)《圣经·历代志下》,中国基督教协会 2000 年编校,第 691 页。

③ 参见和合本(双语修订版)《圣经·列王纪下》,中国基督教协会 2000 年编校,第 609 ~ 611 页;另见于同书《圣经·历代志下》,第 716 ~ 720 页。

官往往是著名律师,而非考试成绩优秀的法学院毕业生(如德国、法国等)。① 其二,早期英国普通法的教育主要是在律师会馆,是一种学徒式的教育。② 学生通过听审、参与诉讼、讨论,以及私下研习早期英国法学家的拉丁文作品,来完成法学教育。其三,英国的法学学术也主要是由法官完成的,虽然一些律师也写一些著名的问题研讨,而得到法学生的关注。但是更主要地,早期知名和权威的法律著作都是由法官完成的,而非大学教授。③ 其四,遵循先例原则④作为普通法的核心原则,是对“法官造法”的承认。普通法的造法任务基本地是由高级别法院的法官们完成。⑤ 综上所述,英国法官其实扮演了法律的实践者、法律的理论家、法律的塑造者等多重身份。

(一)英国法官的宗教角色

1. 选任机制:从牧师到律师

虽然直到 1535 年才有第一部完整的英文版《圣经》出版,但是由于古罗马帝国的影响,在公元 314 年的阿尔勒会议上,已经有不列颠主教的身影。蛮族入侵后,来自罗马和爱尔兰传教士的大力传教,基督教重新得到了大众的拥护。⑥ 然而,在盎格鲁—撒克逊时代,司法的专业性尚不明显,被记录的审判都是具有宗教法意义的。⑦ 1066 年诺曼征服以后,英国的教会被重组。⑧ 其影响力仍然举足轻重。当时,拉丁文的《圣经》代表着宗教权威,拉丁文的罗马法代表着法学权威,而无疑拉丁文是被知识阶层所掌控的。英国法官从其教育来看,可以视为欧洲教士知识分子群体的一个分支。

2. 社会结构与司法竞争:从兼职到专职

诺曼征服下的“封建制”,有着浓重的军事地役(military tenure)色彩,⑨这种分封领

---

① See Plucknett, *A Concise History of the Common Law*, 5ed., Butterworth & CO. Ltd, 1956, pp. 236 – 239.

② 当时较大的律师会馆有林肯会馆、格雷会馆、内殿会馆、中殿会馆等。这一情形直到布莱克斯通在大学里执教英国法,才有所改观。参见程汉大:《从学徒制到学院制——英国法律教育制度的历史演变》,载高鸿钧主编:《清华法治论衡》(第 4 辑),清华大学出版社 2004 年版。

③ Plucknett, *A Concise History of the Common Law*, 5ed., Butterworth & CO. Ltd, 1956, pp. 252 – 289.

④ See Rupert Cross & J. W. Harris, *Precedent in English law*, 4th ed, Oxford University Press, 1991, pp. 3 – 7.

⑤ See Steve Wilson et al., *English Legal System*, Oxford University Press, 2015, pp. 138 – 140.

⑥ See Robbers/Durham et al., *Encyclopedia of Law and Religion*, Volume IV Europe, Brill Nijhoff Press, 2016, pp. 437 – 438.

⑦ Plucknett, *A Concise History of the Common Law*, 5ed., Butterworth & CO. Ltd, 1956, p. 215.

⑧ See Robbers/Durham et al., *Encyclopedia of Law and Religion*, Volume IV Europe, Brill Nijhoff Press, 2016, p. 438.

⑨ See A. W. B. Simpson, *An Introduction of the History of the Land Law*, Oxford University Press, 1961, pp. 24 – 43.

地、层层效忠的社会结构也从一定程度上决定了其司法结构。世袭的封建领主同时也是领地的法官,司法专业性并不明显。而中央司法机构,早期的巡回法院和法官往往并无专职,而是从教会或者政府机构选任的;所以从某种意义上,巡回法院的法官也被称为神职人员(clergy)。①

一方面,中央司法机构的司法职业化悄然推进。自12世纪晚期,随着社会安定,封建主义的政治、司法和军事作用减弱,其意义"仅限于土地保有和财税体制方面"。② 巡回法院的法官水平较高、清廉,渐得民心;王室法庭从亨利二世的有力改革以后,③渐渐替代了地方司法机构。④ 另一方面,法官的专业化程度提高,职业法官从律师协会中选任,却未能改变一个事实:当时的上层法官大都是牧师(churchman)。⑤ 甚至直到布莱克斯通,英国法官的宗教色彩都很浓。时至今日,虽然英国法律在婚姻法、刑法等诸多领域都表现出"去基督化"的趋势,⑥但是英美法官的就职宣誓词都要手按圣经、援引上帝的权威,⑦可见宗教传统对其司法制度的深刻影响。

(二)普通法形成初期的彷徨:危机与革命

伊丽莎白时代是英国史上的一个黄金时代。也是莎士比亚的活跃期,英国经济充裕,知识进步,国力强盛,整个社会都无法维系中世纪的一成不变和死气沉沉,⑧而不得不走向转型。而在伯尔曼看来,当时的英国乃至欧洲其实是处在一种"危机"之中。政治上,皇权危机,经济上清教徒崛起,社会上宗教改革。⑨ 同时,英国的普通法却在面临着多重考验:(1)法律语言。诺曼征服以来,英国法庭的语言是以诺曼法语为主,后来出现了

---

① Plucknett, A Concise History of the Common Law, 5^{ed}., Butterworth & CO. Ltd, 1956, p. 236

② [英]范·卡内冈:《英国普通法的诞生》,李红海译,中国政法大学出版社2003年版,第8页。

③ 同上书,第24~25页。

④ Plucknett, A Concise History of the Common Law, 5^{ed}., Butterworth & CO. Ltd, 1956, pp. 157-169.

⑤ Campbell, pp. 1-138.

⑥ See Julia River, "Is English law Christian?", in Gavin Callaghan, Noel Cox, ed. Religion and Law, Theos, 2012, pp. 143-152.

⑦ "我,某某,谨庄严宣誓,我将执行法律,不因人而异,穷人和富人一视同仁;我将尽我最大的能力和最好的理解遵照合众国的宪法和法律,忠实和公正地履行我必须履行的全部职责。愿上帝帮助我!"Oath of [federal] justices and judges, 28 U. S. C. § 453(2006). Quoted from Michelle L. Jones, ReligiouslyDevout Judges: a Decision-Making Framework for Judicial Disqualification, 88 Ind. L. J. 1089.

⑧ See Cuthbert W. Johnson, the Life of Sir Edward Coke, Lord Chief Justice of England in the Reign of James I., with Memoirs of His Contemporaries, 2nd ed, Volume 1, London, Henry Colburn, Publisher, Great Marlborough Street, M. DCCCXLV. pp. 2-5.

⑨ 参见[美]哈罗德·J. 伯尔曼《法律与革命:新教改革对西方法律传统的影响》(第2卷),袁瑜琤、苗文龙译,法律出版社2008年版,第213~218页。

一种诺曼法语与英文的混合用语。以英语为主导的普通法经历了一个较长的转变过程。[①] (2)学术研究。英国将诺曼底视为英国的一部分,法学上也与欧陆的罗马法保持相近。即使到了柯克的年代,拉丁文献在法庭上仍然占有重要地位,仍被当作一种权威引用。早期的英国法著作多是由拉丁文写成的,代表着意大利权势煊赫的罗马教廷的教会法对于英国的影响。[②] (3)《年鉴》的中断:1066年以来多个世纪中缓慢形成的普通法,却被杂芜的令状制度所困扰。本身的体系性不强且不说,而且在17世纪早期,整个司法表现出纡徐和彷徨。《英国法年鉴》(1268~1535)渐展示出一种真正的英国普通法,而非复制罗马法的趋向。[③] 可它在16世纪中断了。[④] 虽然当时它法官眼里并非权威,法官亦无遵从先例的义务。(4)法律职业者:以早期的英格兰和威尔士首席法官为例,大部分是由一群政客充任的,法律、宗教都无法约束他们的政治权衡,从而导致了大量的贿赂案,甚至有些首席法官被处以极刑。[⑤] 而司法队伍专业化以后,对于普通法如何发展,法律人并没有清晰的思路。大部分作品都有浓重的罗马法和教会法痕迹。(5)国家宪制:更为棘手的是国王立法权与议会立法权的宪法问题迟迟未决,[⑥]各类法院之间判决的效力关系也不明确。普通法将何去何从,着实成为了一个法治发展的深刻问题。总而言之,或许伯尔曼眼中的"危机"有些夸张,但是,普通法的生死存亡,确实系于这个时期法律人的努力。

(三)首席法官爱德华·柯克勋爵的宗教风骨:普通法的庇护者

1552年2月8日,爱德华·柯克作为一个婴儿受洗,然而,他的确切生日却不为人所知。[⑦] 这或许可以看出当时社会的宗教信仰何其浓重。他的身上彰显着浓厚的清教精神。一方面,他能在判例、著述和社会活动取得多方面的成就,得益于他的勤勉。而且柯克终其一生都保证晚上9点休息,早上3点起床。无论学徒时代还是荣任首席法官,以

---

① See John H. Langbein et al., *History of the Common Law: the Development of Anglo-American Legal Institutions*, Wolters Kluwer, 2009, pp. 152 - 154.

② See Harold J. Berman, *Law and Revolution: the formation of the Western Legal Tradition*, Harvard Law Press, 1983, pp. 85 - 119.

③ 霍姆斯在《普通法》一书中,也引用了《年鉴》的判例百余次,正是这些年鉴,将英国法与欧陆法区分开来。See O. W. Holmes Jr., *the Common Law*, London, Macmillan & Co, 1882.

④ See John H. Langbein et al., History of the Common Law: the Development of Anglo-American Legal Institutions, Wolters Kluwer, 2009, pp. 179 - 186.

⑤ See Lord Campbell, *the Lives of the Chief Justice of England*, New and Revised edition, Volume I, Edward Thompson Co., Publishers, 1894, pp. 1 - 80.

⑥ 如果不是查理一世宣扬君权神授、绝对君主制,如果是柯克的上一任弗莱明大法官继续担任王座法院的首席法官,恐怕英国的司法和王权的模糊关系还可以继续维持一段时间。

⑦ Ibid..

及卸任以后,他都有大量的时间和精力去梳理案情,做细致的思考和研究。① 另一方面,他积累了巨额的财富,拥有一个人所拥有的土地的最大量。② 然而,他始终过着清教徒的生活,不事奢侈、不求浮华,始终为自己的信念而奋斗。在他被免职后,1621 年,清教徒阶层也以他为反对派首领。他坚信英国普通法传统的伟大,英国应该发展普通法,而不是走成文法之路;他坚信英国的宪法传统和古代英国人的自由,认为国王在法律和上帝之下,③国王不能代替法官行使职权。

而在普通法形成的历史的转折点,首席法官柯克成为了普通法的庇护人。一个著名的冲突是 1615 年的 Glanvile 案,柯克利用源于英格兰古法的"强制陪审员出庭令状"(habeas corpora),对衡平法院作了审查。柯克的质疑主要在两个方面,一方面是衡平法院原则上应该以普通法院救济的不足之处作为自己的管辖权的界限;另一方面是衡平法院是否有权判定对合同的特殊履行方式。事实上,将履行合同特定化总是对被告不利的,因为他剥夺了被告选择赔偿损失还是履行合同义务的选择权。1616 年 6 月 18 日,英王颁布法令,其论辩的逻辑是:宣布是上帝"将君王放在百姓之上",故英王有权在所有的法官之上作出决断,从而有在任何时候有权决定不同法院之间的差别,也包括管辖权。这样一来,英王就有权决定普通法院于王座法院之间的管辖权问题。④ 这一法令有双重效果:一是大法官法院至上,或者说,"衡平法从此高于普通法";二是从某种意义上说,王权是一项"神权",王权在法律之上。因而,法官要为王权服务,这一状况,直到英国内战(1642 ~ 1651)以后才有所改变。

在后续的宫廷对议中,柯克也坚持了自己的本分。Colt v. Bischp of Lichfield 一案中,柯克无视国王特权,坚持依法律判案。1616 年 6 月 6 日,国王詹姆士在白厅召见法官们,而在一系列的言辞训斥之后,国王问到"在国王相信哪里与他的特权或利益相关,而要求法官等待国王听取他们的意见,法官是不是应该暂停程序而等待陛下的垂询?"在场的 11 位高层法官都说:"是的! 是的! 是的!"而柯克说"当(此类)案件发生时,我会做

---

① See Cuthbert W. Johnson, The Life of Sir Edward Coke, Lord Chief Justice of England in the Reign of James I., with Memoirs of His Contemporaries, 2nd ed, Volume 1, London, Henry Colburn, Publisher, Great Marlborough Street, M. DCCCXLV. p. 9.

② See Cuthbert W. Johnson, The Life of Sir Edward Coke, Lord Chief Justice of England in the Reign of James I., with Memoirs of His Contemporaries, 2nd ed, Volume 1, London, Henry Colburn, Publisher, Great Marlborough Street, M. DCCCXLV. p. 25.

③ King James(in a great rage): "Then I am to be under the law-whic it is treason to affirm." Coke, C. J.: "Thus wrote Bracton, *Rex non debet esse sub homine, sed sub DEO ET LEGE.*"(柯克说:"布莱克顿如是写道:国王不该在臣民之下,却在上帝和法律之下。")

④ See John H. Langbein et al., History of the Common Law: the Development of Anglo-American Legal Institutions, Wolters Kluwer, 2009, pp. 333 – 334.

一个法官应该做的。"①

1616 年 11 月柯克被国王免职后,被投入了伦敦塔(london tower),这是一座著名的贵族监狱。而对他的其中一项指控就是,他将自己比作《圣经》中的先知法官"撒母耳"。在数个月的牢狱中,他受到了严厉的监控,子女和仆人都不能见,但是他却要来了法律著作,在狱中完成了对利特尔顿的评注。②

柯克虽然被免职,但是他却在后来的议会生涯中加大了对詹姆士一世和查理一世的宪法批判力度。而从某种意义上说,柯克的许多主张在英国内战后得到了承认。1641 年,大法官法院的姊妹法院(如星座法院、宗教事务高等法院)被废除;大法官法院虽然未被去除,但是其本身的管辖权也受到了限制。柯克曾经领导的普通法院得到了极高的推崇,成为刑事和民事案件最高的法院,易言之,普通法在英国的地位也因普通法院的兴盛而得以提升。③

柯克的行为作风虽然有傲慢骄横的成分,但是他的正直、勤勉、不畏强权以及一种宗教般的对普通法的钟爱和使命感,无疑成为了上古以来《圣经》法官风骨的最好诠释。他曾以先知,也是《圣经》法官时代的最后一位法官"撒母耳"自诩,也可以看出上古法官传统的延续。如罗斯科·庞德所说,伟大的法律人对于普通法发展起着重大的作用,正是因为柯克的努力和他精心撰写的《报告》《英国法总论》等作品,普通法发展出一种热衷于从先例中追寻法律原则的历史法学气质,以至于今天的普通法都有几分柯克的味道。而如果历史上,御前大臣培根的成文化建议得到了国王的采信,今天的英美法律或许将会完全不同。④

(四)马修·黑尔首席法官的虔诚与担当精神:普通法哲学家

马修·黑尔是柯克后继的一位有代表性的知名首席法官。他的宗教信仰根深蒂固,既得益于他的监护人就是一位著名的清教徒,也得益于他早年在牛津接受过成为一位清教牧师的较好的专业训练。后来,他不仅成为了一位杰出的清教徒,还是英国国教教会的虔诚教友。他曾为挽救酒精中毒的朋友对上帝发誓一生不饮酒,并谨守诺言。⑤ 他在生活中也是清教精神的践行者。他一心专注于学术和审判,不求奢华,乐善好施。与柯克张扬的性格相反,他为人谦和,即使当了王座法院的首席法官,仍然在其他法官充分发

---

① Lord Campbell, the Lives of the Chief Justice of England, New and Revised Edition, Volume I, Edward Thompson Co., Publishers, 1894, p. 399.

② See Lord Campbell, the Lives of the Chief Justice of England, New and Revised Edition, Volume II, Edward Thompson Co., Publishers, 1894, pp. 3 – 4.

③ 参见[美]哈罗德·J. 伯尔曼《法律与革命:新教改革对西方法律传统的影响》(第 2 卷),袁瑜琤、苗文龙译,法律出版社 2008 年版,第 229 页。

④ See Roscoe Pound, the Interpretation of Legal History, pp. 138 – 140.

⑤ See Lord Campbell, the Lives of the Chief Justice of England, New and Revised Edition, Volume II, Edward Thompson Co., Publishers, 1894, p. 278

表自己的意见之后,再发表自己的见解。① 他绝对中立,不参与任何政党和议会,也不参加任何公众娱乐,诸如戏剧、舞会之类,而且他甚至拒绝与人谈论新闻。②

正如伯尔曼在《法律与革命》中所指出的,黑尔法官对普通法的钟爱,"至少要部分地通过他强烈的宗教信仰来解释"。③ 他如饥似渴地学习法律知识,夜以继日地工作。他时时记得一句话:"时间是最伟大的发明者。"④他是那个时代,尤其在英国,极为难得的一位懂得《法学阶梯》、潘德克顿(《学说汇纂》)、《查士丁尼民法大全》的人,并对这些不朽的汇编作出了最好的评注。⑤ 他笔耕不辍,甚至他早年时所撰写的英国法札记(commonplace book),都被同时代的人誉为可与古罗马"民法大全"比肩的英国法名作。⑥ 他更为深刻的作品是《普通法的历史与分析》,在这里,黑尔虽然还遵从了柯克的历史法学的进路,也延续了他的恩师、未曾担任法官的普通法法学家——塞尔登的教义,但是他无疑大大地推进了这种认知,他试图对普通法做一个系统的整理,梳理其逻辑,并从哲学的高度认知英国的普通法。这些努力在柯克是难以完成的。黑尔的《我国民法分析》的完美架构,直接为后来布莱克斯通不朽名作《英国法评注》奠定了基石。⑦ 黑尔还从法理学的层面揭示了衡平法的原则,被称为当时最伟大的普通法和衡平法学家。⑧ 无疑,普通法中也留下了黑尔的烙印,这是一种体系化、条理化的烙印,也丰富了其哲学维度。

黑尔的宗教是全方位的,甚至他在审判时,都有一种强烈的上帝的在场感。在政治上,黑尔也将斯图亚特王朝的复辟归为上帝的力量。⑨ 在他刚荣任首席法官时,就给自己制定了一个小守则(黑尔称为"需要一直铭记的事情"),其中的最先几条是这样的:"在行使审判权时,我被上帝、国王和国家所信赖;并且因此我应该做到:第一,正直;第二,慎重;第三,坚毅。我并不是依靠我自己的认识和力量,而是探寻和依靠上帝的指引和力量。"⑩除了要让眼前的双方得到公平的判决,审判中的黑尔可以做到:从所有其他的(不良)情绪中解脱出来。他不仅出离于司法腐败的疑云和不当影响,而且他从不放纵坏脾

① See Lord Campbell, the Lives of the Chief Justice of England, New and Revised Edition, Volume II, Edward Thompson Co., Publishers, 1894, pp. 324 – 325.

② Ibid., p. 285.

③ 参见[美]哈罗德·J. 伯尔曼《法律与革命:新教改革对西方法律传统的影响》(第2卷),袁瑜琤、苗文龙译,法律出版社2008年版,第263页。

④ See Lord Campbell, the Lives of the Chief Justice of England, New and Revised Edition, Volume II, Edward Thompson Co., Publishers, 1894, p. 360.

⑤ Ibid., p. 323.

⑥ Ibid., p. 280.

⑦ Ibid., p. 361.

⑧ Ibid., p. 326.

⑨ Ibid., p. 305.

⑩ Ibid., p. 321.

气,从不表现得不耐烦、匆忙或激起当事人对自己的敬仰。黑尔的廉洁也为人所称道,嗜书如命的黑尔,在每次买书时,都要多给书商一点钱,是为了打消书商的期待:以后去了黑尔的法庭会得到优待。当一位英国西部的绅士参见诉讼,他家从祖上就常常送法官们鹿肉。黑尔说道:"《圣经・箴言书》说'礼物颠倒判断。'我不能让审判继续进行,直到我还了鹿肉的钱。让我的管家算清钱款吧。"①在他辞职时,他的"冥想录"作如是语:"首先,如果我想到我的职业,无论是作为一个辩护人还是作为一个法官,我确知的是,在万能上帝的委任和他的神意的宽宥下,我在其中做得勤勉而忠诚。"②而在他的私人葬礼上,附近的村民却以触摸到他的棺材为荣,因为在群众心中,他就是一个圣徒(saint)。③ 宗教感使他正直、勤奋,也给了他一种深刻的使命感,使他在一个政权更迭频繁、宛如《士师记》的混乱时代,在王权、教权、议会权、清教阶层等社会力量都被卷入的权力旋涡之中,能够秉持上古法官精神,公正廉洁、虔诚智慧地重建秩序,提升和发展了普通法。在他的身上集中表现出一种担当精神。

(五)霍尔特首席法官与曼斯菲尔德首席法官的时代精神:普通法的改革者

约翰・霍尔特法官是光荣革命后的第一位首席法官,他是柯克的继承和发扬者,同时,也是曼斯菲尔德法官的先行者。霍尔特法官不像克拉伦登那么有政治家范,不像培根法官那么哲学,也不像曼斯菲尔德那么雄辩滔滔,但是他却用判决取得了空前的认可。④ 霍尔特前后 20 余年的高层法官生涯中,英国经历了共和国、王朝复辟与党派政治等诸多问题,他的判决真正地影响了英国普通法的进程。他不畏强权,坚定地反对光荣革命以后的"上议院绝对权力"的倾向。并且在 Ashby v. White 一案中,充分阐释了他的观点:"原告虽然没有因为被治安官(constables)阻止行使投票权而遭受损失,但是他有一个很好的诉因:即任何一种权利都有其救济的原则,这一原则可以忽略上议院所说的特权。"⑤当时是航海大发现时代,西方很多殖民者获利于惨无人道的"三角贸易"。⑥ 而在奴隶贸易上,霍尔特法官是一个坚定的反对者,他在 1701 年和 1705 年的判例中宣称"在

---

① 原告继续答道:"我无法把我自己和我的祖先抹黑为买鹿肉的。从并无必要的兜售正义的忧虑中,阁下推迟了程序。而我撤回我的起诉。"参见 Lord Campbell, the Lives of the Chief Justice of England, New and Revised Edition, Volume II, Edward Thompson Co., Publishers, 1894, p. 328。另应注意,《圣经・箴言书》的原文是:"恶人暗中受贿赂,为要颠倒判断。"(《圣经・箴言书》17:23)

② "一切荣耀归于耶和华",这正是当时清教徒的典型心理,可以说,黑尔的宗教观念塑造了他的职业生涯和他的学术创作。他在普通法上的伟大成就跟他的清教精神是相连的。

③ See Lord Campbell, the Lives of the Chief Justice of England, New and Revised Edition, Volume II, Edward Thompson Co., Publishers, 1894, p. 359.

④ See Lord Campbell, the Lives of the Chief Justice of England, New and Revised Edition, Volume IV, Edward Thompson Co., Publishers, 1894, p. 130.

⑤ Plucknett, A Concise History of the Common Law, Butterworth 1956, p. 246.

⑥ See Don D Marshall, From the Triangular Trade to(N)AFTA: Aneostructuralist insight into missed Caribbeanopportunities, Third World Quarterly, 17:3, pp. 423 – 439.

普通法中,没有人可以将别人作为财产”,并补充说“英国法中不存在奴隶这种客体”;[①]“一个黑奴,当他进入英国的那一刻,他就自由了;一个人在英国可能成为农奴(villein),却不会成为奴隶。”[②]从某种意义上,霍尔特的宗教思想与当时的自然法思想达到了某种契合。而且,当时正是英国第一次工业革命的前夜,很多新的生产关系已经呼之欲出。作为一个有预见力的法官,他对雇主责任也有所思考。[③] 而在商法方面,他更是发展了柯克的理论,认为商业活动不该适用普通法的严格规则,而已经承认将商业习惯作为法庭证据。[④] 凡此种种,都体现了霍尔特大法官勇于根据时代需求,大胆地发展普通法。在East India Company v. Sandys案中,[⑤]当时还是资深律师霍尔特勇敢地提出“虽然国王授予这项涉及欧洲的其他基督教国家的特权、不通过议会并不好,但是国王的子民不通过国王的授权、绝无权利与异教国家进行任何形式的交涉”。他继续引用了柯克爵士的立场“异教徒是永久的敌人”,并称《圣经·士师纪》告诫我们:“以色列的子民是如何在与周围的异教国家娶妻、纳妾等交往中,(一步步)从真正的宗教中堕落的。”[⑥]虽然他当时的宗教思考有局限性,却可以看出《士师纪》的规训伴随了他的一生,也渗透到了他的法官生涯中。

曼斯菲尔德首席法官正值英国工业化时代。在他的任上,一方面接续了霍尔特大法官的工作,彻底废除了奴隶制;另一方面迎合时代发展,将商法从普通法和衡平法中独立出来,为英国工业化作出了重要准备。曼斯菲尔德的宗教情怀也在于他本来要做一名牧师。他在牛津读牧师时,在听过一次当时的大法官讲演后,“受到了法律职业的召唤”,[⑦]走上了法律的道路。他的大量判例使他成为了英国商法的奠基人。而在几十年后,坎贝尔大法官的时代,曼斯菲尔德的判决只有两项被推翻,[⑧]其对英国法律的影响不可不谓深远。面对一个蒸蒸日上的工业大国,商业发展急需有力的法律支持,而保险法几乎成了曼斯菲尔德的独创,对于很多保险合同核心问题,他都在判例中作出了精当的安排。[⑨] 面对一个世界性的殖民国家,一方面,曼斯菲尔德在著名的Sommet案中宣称,“英国的空气太纯净,容不下奴隶”,并且,他在判决中比霍尔特法官更进一步,提出“英国也不存在农

---

① Smith v. Gould(1706),2 Salk,667 the English Reports,XCI,567.

② Smith v. Brown & Cooper, see also Helena Woodard, African-British Writings in the Eighteenth Century:The Politics of Race and Reason,Greenwood Publishing Group,1999,p. 60.

③ Tuberville v. Stampe(1679).

④ Plucknett,*A Concise History of the Common Law*,Butterworth 1956,p. 246.

⑤ 案件争论的焦点是,国王授予原告的、与好望角以东诸国的特许交易权,是否构成对抗所有侵犯他们垄断权利的诉因。East India Company v. Sandys(1685),10 St Tr 371.

⑥ Lord Campbell,the Lives of the Chief Justice of England,New and Revised Edition,Volume III, Edward Thompson Co. ,Publishers,1894,p. 140.

⑦ Ibid. ,p. 416.

⑧ Lord Campbell,the Lives of the Chief Justice of England,New and Revised Edition,Volume IV, Edward Thompson Co. ,Publishers,1894,p. 100.

⑨ Ibid. ,pp. 117 – 122.

奴”,从而在根本上废除了奴隶制。① 另一方面曼斯菲尔德法官在殖民地法,尤其是牙买加案里面,申明了英国法的适用范围,重塑殖民地与宗主国法律关系的秩序。② 而在海商法领域,如 Hamilton v. Davis 一案中,普通法的原有规定是,如果发生沉船,而船上没有任何船员和任何动物生还,那么对于船的残骸的所有权归于国王,而该案中,船主其实可以确定。曼斯菲尔德认为,船上是否有动物生还其实并无差别,根据理性、道德和人道,他推翻原有的普通法。③ 在这里,对上帝的信仰渐渐变成了一种对自然法的信仰。更为深广的理论变革在证据法方面,曼斯菲尔德面对一个现代国家和工业时代,不得不对大量的普通法原则改弦更张,譬如,因为“无法亲吻福音书”而限制犹太人、印度教徒、异教徒等作证,曼斯菲尔德都勇于改进。而他不仅尝试在普通法中引入衡平法的原则,如在租赁土地关系中;更是大胆地通过对罗马法原则的借鉴,以及引进外国法作为参考等手段,极大地改进了普通法,以迎合了时代发展的需求。④ 从方法论上,曼斯菲尔德的判决和对英国法的大胆创新具有比较法的启示意义。曼斯菲尔德法官在英国司法的最高层从业 30 年,极大地改变了英国普通法的面貌,当时的法律人甚至认为他的判决是不会错误的(infallible)。然而,曼斯菲尔德法官的大胆创新,以及对某些宗教教条的破除,并不说明他缺乏宗教信仰。他在很多重要判决中展示了对当时社会中女性的怜悯和关爱,⑤诸如对于离婚女性不对丈夫的财产承担连带责任,⑥也可看作是一种宗教情愫的反映。曼斯菲尔德是一位开明的法官,他的判决充满了工业化时代的特征和启蒙精神,在这里,宗教的上帝渐渐变成了一种自然法和道德存在。他打破了普通法和衡平法原有的僵化二元格局,他锐意进取给普通法带来了新的面貌。霍尔特和曼斯菲尔德在废奴、推动商业等问题上的连续性,锐意创新、发展普通法,表现出那个时期法官的宗教精神与自然法相结合的时代趋势,不妨视为《士师纪》中法官精神在和平发展时期的某种转型。

(六)小结

普通法的成功,不仅是一种法律形式的成功,更是一套法学方法论、法律哲学的成功。英国的普通法的历史法学、思辨精神、实践精神、开拓精神,都代表了一种与传统经院主义法学的分化。而这种独一无二的创举,其实是与在其背后的法官的深刻的宗教信念分不开的。从伯尔曼的视角而言,不仅近代的英国和欧陆存在危机,需要社会和法律的革命;即使现代的西方社会,仍然处在危机之中;而现代法治的危机,更多地源于法律

---

① Somerset v. Stewart(1772)98 ER 499.

② Rex v. Vaughan,4. Burr. 2494.

③ Hamilton v. Davis,5 Burr. 2723.

④ 比如,在租赁土地中著名的“曼斯菲尔德爵士的衡平法原则”,就是一例。See Campbell, Volume IV. ,pp. 169 – 171.

⑤ 例如,在刑法中,以悖德(contra bonos mores)来惩处对未成年女子的引诱和侵害。Ibid. ,pp. 143 – 144.

⑥ See Linda Sturtz, *Within Her Power: Propertied Women in Colonial Virginia*, Routledge, 2002, pp. 66 – 67.

与宗教的分化。因此他在《法律与宗教》中,提出"法律必须被信仰,否则将形同虚设"。尽管从柯克以来,都认为是习惯和理性,而非法官在制定法律。即如曼斯菲尔德法官所说:"案例的理性和精神,而不是特定的先例的文字制订了法律。"①而从现代的观点来看,普通法的法官,既是法律的创造者,也是普通法的信仰者。在本文讨论的、处于时代之交的四位法官以外,也包括更早的格兰维尔、布莱克顿,更晚的布莱克斯通、坎贝尔、丹宁勋爵等,乃至整个法官群体。这些伟大的法官都是上古法官精神的继承者和践行者。他们虽然都没有像《士师纪》中的法官一样,成为国家元首,但是他们在现代的宪政和权力体系内,充当着发展法律、维护社会秩序、伸张正义的角色,上古的法官精神在谱写新章。

四、汇通古今:法官精神的延续与转型

(一)法官传统的传承:危机时代的治理

《圣经·士师记》记录了一个有点像佛教"末法时代"②的法官时代,在这样一个时代,摩西这样的先知已经逝去了,耶和华的眷顾不再,而像大卫、所罗门一样伟大的君王还未兴起,剩下的只有摩西的法,以及以色列人民对独立、和平、秩序、正义的期盼。法官们从危机中兴起,依法而治,通过法律来建立秩序、保卫和平。法官精神由从而成为了一个特殊时代的遗产,而浸润后来的法律人和法官。从约书亚到撒母耳前后两百多年,有多位以"拯救者"身份出现的"法官",一个个栩栩如生的形象给人们传达了多方位的信息,也包括对现代法官伦理的启迪。以至于,当《圣经》的后续章节谈起这段历史,人们用饱含深情的口吻提起那段历史:"当士师秉政的时候"(when the judges ruled)。悠悠古风,凛凛风骨,恰是那个时代精神的体现。

在16世纪到18世纪的关键时期,以首席法官为代表的法院群体,在普通法和英国社会的多重危机中挺身而出。他们通过判决、著述、斗争,使普通法能够从古罗马教义、教皇训令和中世纪教会法的阴影中走出来,并适时地进行改革,以一种开拓精神迎合时代的需求,将传统的法官精神与现代生活生产方式相结合,无疑是难能可贵的。英国普通法有很多次机会走上"歧路",柯克之于培根,黑尔之于霍布斯,以及曼斯菲尔德的后辈杰米里·边沁,③都曾有过发展成文法的提议,而在普通法的法官的庇护之下,普通法得以保全和发展。普通法与成文法的路线之争,也体现了学界和法官们对于法律发展的态度差异,更反映出在普通法形成过程中,学界和司法界迥异于大陆法系的微妙关系。尤其在普通法发展的早期,依靠学徒式而非学院式教育,故法学教授在欧陆的权威,在英国荡

① Fisher v. Prince,97 Eng. Rep. 876(K. B. 1762)

② 佛教将佛法传播的时期分为:佛陀在时的"正法时代"、佛陀远去的"像法时代",以及佛法湮灭的"末法时代"。

③ 边沁甚至认为英国传统的普通法是无法辨识(incognoscibility)的。参见[英]R. C. 范·卡内冈:《英国普通法的诞生》,李红海译,中国政法大学出版社2003年版,第109页。

然无存;相反,更有发言权的是法官们。试想,在16世纪至17世纪,德国仍然流行这样一条法律格言:"罗马法注释不认许者,法院亦不认许。"(*quidquid non agnoscit glossa, non agnoscit curia*)①而德国现代法律的真正缔造者,实际上是作为大学法学教师的兼职立法者。② 而考诸法律史,不难发现,兼任立法者的法学者的成就,往往是一个社会政治安定后渐渐实现的,其本身往往作为一种革命或者社会斗争的结果;相对地,普通法的形成与发展却是在温和的英国式革命中逐步完成的,普通法在危机中维持了社会秩序;它在风云变幻的政局下,将整个国家限定在一个理性和人道的轨道上运行,这都不得不归功于普通法法官。难怪罗斯科·庞德会将伟大法律人的解释作为《法律史诠释》的重要一章,英国的普通法,的确渗透着这些伟大法官的风骨与神髓。

(二)上古法官精神在何种方式和程度上影响了普通法及其法官

细细地了解这些伟大的法官,就会发现,他们不仅从制度源头上就有着神职色彩,更是以上帝的名义宣誓,更是深谙《圣经》和上师记中的伟大法官精神的。爱德华·柯克在荣任首席法官时曾经收到过一本希腊文的《圣经》,上面写着"你已经了解足够多的人的法律,下面是学习神的法律的时候了"。而他一次次据理力争、维护英国不成文的宪法和古代英国人的自由,其中彰显的也是上古法官精神,国王更是记恨他以古法官"撒母耳"自居。霍尔特律师在诉讼中将《士师记》作为一种权威援引,更不用说黑尔和曼斯菲尔德这两位从神学院走出来的首席法官了。在当时的宫廷对议和法庭辩论时,援引拉丁文经典和上帝的名义是不可避免的,《圣经》及其法官精神无疑是那个时代让英国法官们刻骨入髓的。不错,他们是清教徒,也是《圣经》"法官时代"精神遗产的继承者。

通观前文,《圣经》对法官有着直接影响,而对普通法的影响是间接的。具体而言,上古法官的风骨基本可以归纳为为人、为学、为官三个层面浸润了英国法官。第一,圣经法官精神让普通法的法官们虔诚正直、不畏强权,而由此,英国的普通法作为一种特有本土法学,在法官们的庇护和信念之下,得以保全并不断提升,法官之良善亦保障了普通法成为正义之法、良善之法;第二,圣经的法官精神启迪普通法法官的智慧、催人奋进,而勤勉的普通法法官们则利用自己的智慧和勤勉将卷帙浩繁的普通法理出了头绪、一步步地理性化、体系化,普通法也因而发展出了独具特色的法理学;第三,《圣经》的法官精神让普通法法官公正审判、富于价值关怀,着眼于长治久安,普通法法官们因而从全局着眼,锐意创新,不断地迎合时代的需求、发展普通法,将其变成一套合乎英国全球贸易、工业化需要、殖民帝国身份的现代化法律。使英国的普通法得以常新的面貌、自然法的气质,从历史中脱颖而出。

(三)圣经法官精神的当代意义

《圣经》的法官时代是以色列危机时代的一种临时社会秩序的权力组织,而法官精神

---

① Siehe Willem J. Zwalve/Boudewijn Sirks, Grundzüge der Europäischen Privatrechtsgeschichte: Einführung und Sachenrecht, Wien Köln Weimar, 2012, S. 43.

② 故而德国潘德克顿学派的主要学术观点和主张都写成了一套套经典教科书。例如,萨维尼、普赫塔、温德塞、耶林等都有经典教科书传世。

集中代表了一个高品格的裁判群体在社会危机中的济世担当精神。在普通法形成时期的英国,在查理一世的暴政之下,表现出了刚毅、对法律、上帝和宪法原则的信仰和坚守;在共和时期和克伦威尔独裁时期,在革命者的残酷和无序之下,表现出了克制、正直、理性的美德;在光荣革命后,英国成为殖民帝国和工业化国家的时期,表现出锐意革新、高瞻远瞩、兼容并蓄的气魄。柯克、黑尔、霍尔特、曼斯菲尔德等首席法官,勇于结合自身时代的主题,去发展和创新普通法。在工业化的作用下,传统的价值和社会生活组织形式都在受着挑战,而从柯克到曼斯菲尔德,或许可以看出细微的差别:柯克和黑尔对神高度虔信;在霍尔特和曼斯菲尔德时期,宗教渐渐淡出了普通法和审判的主题。而对神的信仰,渐渐在新教伦理和启蒙思潮的影响之下,变成了对自然法的信仰。这也表现在这些法官在猎巫运动和废奴运动的态度上。从宏观历史的角度来看,整个英国也在一步步向着去基督化迈进。然而,《圣经》的法官精神仍然在起着作用,济世精神、担当精神和创新精神也是现代司法的主题。所以说,《圣经》的法官群像和法官精神是一笔宝贵的遗产,它对中国法官伦理的构建、当下如火如荼的司法改革、互联网法院、巡回法院的尝试,大数据时代对司法的挑战中国特色社会主义法治建设都有着多维度的启迪和激励意义。

The Judicial Ethics of "Judges" in the Bible and the Spirits of Common Law Judges —From Lord Coke to Earl of Mansfield

Du Ruyi

Abstract: In the chapter named "Judges" of the Holy Bible, a series of great judges were recorded. They were savors and leaders of Israel on the one hand, while judges of daily trial on the other hand. A lasting legacy for judicial ethic was left to all the human kind by their piety, fairness, justice, mercy, integrity, and by their bravery in challenging the power of the crown, their emphasis of the social order, as well as their concern of humanity. The English judiciary originated from priest, and during the formation of common law between 16th century and 18th century, many great judges were deeply influenced by the spirits of "Judges", and make their endeavor in their judgments, works, social activities in order to pave ways for the common law, which efforts also lay the foundations and beliefs of common law. Their achievements are comprehensive among legal creativity and adoption, legal study, and jurisprudence, etc. This paper try to clarify the direct influence of spirits of "Judges" on the common law judges, and their indirect influence on the common law.

Key Words: Judges in the Bible　judicial ethic　British common law　Lord Chief Justice of England (King's/Queen's Bench)

(责任编辑:仁　者)

近代中国社会对西方自由主义人权观的撷取与批判*

曹晟旻**

[摘　要]　19世纪末,西方自由主义人权观被引入国内,其对近代中国社会产生着广泛而深远的影响。在此之后,基于中国传统文化的个人主义人权观逐渐形成,其建立在普遍主义与和平等观念的基础上,而随后又出现有社会化转向。不仅如此,人权内容在近代中国社会中不断丰富和完善,主要体现为从积极权利扩展到消极权利,以及经济社会权利的兴起和发展。不仅如此,人权作为救亡图强的实用主义工具还对当时的社会变革发挥过重要作用。总体而言,对人权在近代中国社会中的发展历程梳理,其有助于审慎反思西方自由主义对中国人权发展道路产生的现实影响,从而以科学合理的方式迈向人权发展的未来之路。

[关键词]　自由主义　人权　个人主义　普遍主义　平等　近代社会

一、西方自由主义对近代中国社会的影响

在近代的中国社会,人们对人权进行探索和追求的过程颇为曲折和复杂,其间既有对人权的深刻阐释,也有对人权的曲解和误读。在此,之所以要对近代中国社会的人权发展历史进行系统梳理,其旨在从知识层面强化对近代中国人权发展状况的深入研究,目的在于鉴以往而知未来。这种做法能够有助于澄清对近代中国人权思想与观念的错误理解,同时可以为当前中国的人权理论与实践提供重要的指导与借鉴。毕竟,只有对本国的人权发展历史有比较准确和清晰的认识,才可以更好地参与到有关国际人权的平等对话与积极合作之中。

(一)19世纪末20世纪初:"人权"被引入中国社会

在19世纪末20世纪初,近代中国的人权思想产生于西学东渐的历史背景之中,西方国家的人权概念也是在这段时期被引入中国的。沈家本在当时曾经说道:"今日法律之

---

* 本文系国家社科基金重点项目"中国特色人权发展道路研究"(项目编号:11AZD044)的研究成果。

** 曹晟旻,山东大学法学院法学理论专业博士研究生。

名词,其学说之最新者,大抵出于东方而译自东国。”①事实上,从19世纪八九十年代起,近代中国在引进日本新的法律名词时采取的就是拿来主义的方式,甚至将那些全部用汉字表述的法律概念直接照搬过来。② 据统计,在现代汉语中,源于日本的语词数量多达844个,③甚至有学者认为在当时中国的外来词汇中来自日本的语词数量所占比例为3/4。④ 其中,政治、经济和法律词汇占据主要部分,而“人权”这个词语也不例外,其正是由日本译造后为中国所接受和使用的。至20世纪初期,中国的近现代法学在这种大规模的立法实践中被逐渐催生出来。

在近代中国社会中,康有为较早将日文的“人权”介绍到国内,其被认为是结合中西方思想探究人权理论的第一人。⑤ 自此以后,“人权”概念与人权思想频繁出现在严复、梁启超、何启、胡礼垣和孙中山等人的著述中,由此形成近代中国的第一批人权思想家,人们从中可以窥探到“人权”概念与人权思想在19世纪末20世纪初的中国社会中所具有的主要特征。在当时的社会情形下,康有为认为泰西的强大不在于军兵炮械之末,而在于其士人之学和新法之书。他考虑到直接翻译西方著作较为困难,但“泰西诸学之书其精者,日人已略译之矣”。况且,日本译成的著作中包含大量汉字,直接翻译日本著作就可以取得事半功倍的效果。⑥ 鉴于此,在康有为的《大同书》中,有大量的“人权”词语出现。⑦ 与此同时,梁启超也直接在文章中使用“人权”这个词语。例如,《论中国与欧洲国体异同》中有言:

---

① 沈家本:《沈寄簃先生遗书·寄簃文存·卷四》,中国书店1959年版,第12页。

② 当时,最早从事这项“拿来”工作的是黄遵宪,其中以他在1887年写成的《日本国志·刑法志》为主要代表。尽管,《日本国志》很早就已经为国内史学界所关注,但学者们对其中的“刑法志”却较少提及。实际上,在衔接中国的古代法和近代法方面,“刑法志”具有较为独特的地位与价值。参见李贵连:《二十世纪初期的中国法学》,载《中外法学》1997年第2期。

③ 参见[日]实藤惠秀:《中国人留学日本史》,谭汝谦、林启彦译,生活·读书·新知三联书店1983年版,第327页。

④ 参见费正清编:《剑桥中国晚清史》(下卷),中国社会科学出版社1985年版,第420页。

⑤ 参见杜钢建:《中国近百年人权思想》,汕头大学出版社2007年版,第33页。

⑥ 参见康有为:《日本书目志》,载康有为撰:《康有为全集》(第3集),上海古籍出版社1992年版,第583页。康有为编写的《日本书目志》在1898年正式刊行,其中包括《人权宣告辨妄》《民法财产编人权部释义》和《日本民法人权讲义》。需要说明的是,后两书中的“人权”概念是相对财产而言的。相比之下,梁启超早在1897年就在《时务报》上发表过题为《读日本书目志书后》的文章,该文引有《日本书目志》的序言,其中还谈道:“吾师南海先生,早睊睊忧之,大收日本之书,作书目志以待天下之译者。”参见梁启超:《读日本书目志书后》,载梁启超:《饮冰室合集·饮冰室文集之二》(第1册),中华书局1989年版,第52页。

⑦ 康有为的《大同书》中包含“人权”词语的表述有“各有自立自主自由之人权”“何事背天心而夺人权哉”“夫以人权平等之义,则不当为男子苦守”“其惟天予人权,平等独立哉”“欲去家乎,但使大明天赋人权之义”“禁人者,谓之夺人权、背天理矣”“反目人权为谬妄,是失天职而不知”以及“此其侵天界而夺人权,不公不平莫甚矣”等。

"欧洲自今世以来,学理大昌,天赋人权平等同胞之声,遍满全州。"[①]再如,梁启超还在《十种德性相反相成义》中说道:"故文明国之得享用自由也,其权非操诸官吏,而常采诸国民。中国则不然,今所以幸得此习俗之自由者,恃官吏之不禁耳;一旦有禁之者,则其自由可以忽消灭而无复踪影。而官吏所以不禁者,亦非尊重人权而不敢禁也,不过其政术拙劣,其事务废弛,无暇及此云耳。"[②]

需要说明的是,在此根本不必讨论康有为和梁启超是谁更早开始使用汉字表述的"人权"词语,而关键在于理解和把握他们其当时的言论和思想大多直接源自日本。正如梁启超在《三十自述》中所回忆的:"戊戌九月至日本,十月与横滨商界诸同志谋设《清议报》,自此居日本东京者一年,稍能读东文,思想为之一变。"[③]一年以后,梁启超又说道:"自居东以来,广搜日本书而读之,若行山阴道上,应接不暇,脑质为之改易,思想言论与前者若出两人。"[④]另外,康有为的《大同书》也是在其阅读西学著作达到高潮时完成的,这为他提供的是全新的知识背景和思想源泉。[⑤]

(二)新文化运动以后:"人权"在中国社会中的传播和发展

进入20世纪以后,中国社会对"人权"词语的使用变得更加广泛,其在1902年的《大公报》序以及汪荣宝和叶澜编写的《新尔雅》中均有出现。[⑥] 1903年,柳亚子因"读卢梭《民约论》,倡天赋人权之说,雅慕其人,更名曰人权,字亚卢"。[⑦] 可以说,当时民主派提出的人权口号已经风靡整个社会,包括邹容、秋瑾和陈天华等在内的仁人志士均以各种形式为人权疾呼。[⑧] 及至1908年,达寿在出洋考察之后写成《奏考察日本宪政情形》,该

① 梁启超:《论中国与欧洲国体异同》,载梁启超:《饮冰室合集·饮冰室文集之四》(第1册),中华书局1989年版,第61页。

② 梁启超:《十种德性相反相成义》,载梁启超:《饮冰室合集·饮冰室文集之五》(第1册),中华书局1989年版,第45页。

③ 梁启超:《三十自述》,载梁启超:《饮冰室合集·饮冰室文集之十一》(第2册),中华书局1989年版,第18页。

④ 梁启超:《夏威夷游记》,载梁启超:《饮冰室合集·饮冰室专集之二十二》(第7册),中华书局1989年版,第186页。

⑤ 参见曲相霏:《人权离我们有多远:人权的概念及其在近代中国的发展演变》,清华大学出版社2015年版,第228~229页。

⑥ 1902年《大公报》序:"泰西之强盛,无他道焉,公而已矣。国有议会公人权也,凡学有会公智术也……故人权发达,完全无阙。"在汪荣宝和叶澜编写的《新尔雅》中,在解释"统治者与被统治者之关系由两者间之约束而成者,谓之约束国家"时,有包含"人权"词语的表述:"自近世天赋人权之说张,久握大柄之君主,不得私其权为己有,约束国家之所以成立也。"参见(清)汪荣宝、叶澜编:《新尔雅》,文海出版社1989年版,第8页。

⑦ 参见柳亚子:《柳亚子文集·自传·年谱·日记》,上海人民出版社1986年版,第8页。

⑧ 例如,邹容在《革命军》中主要提出两项革命任务,其中就包括反专制,也即"杀尽专制我之君,以复我天赋之人权"。

奏折两次提到"人权",这是"人权"词语首次出现在官方文书中。[①] 辛亥革命结束后,中华民国南京临时政府颁布多项法律法令,将拥护人权作为第一要义,其目的在于揭示清朝实行的陈规陋习对人权的蹂躏和破坏,明确指出"对于国家社会的一切权力,均须一体享有,毋稍歧异,以重人权,而彰公理"。[②] 1915 年,陈独秀为《青年杂志》题写创刊词《敬告青年》,其中三次使用"人权"。[③] 在当时的社会情形下,人权观念已然成为各类报纸和杂志宣传的主要内容,包括《人权报》《民权报》和《民权画报》等在内的报纸甚至直接以"人权"或"民权"为名。

在新文化运动中,对"人权"的提倡和宣扬是其重要内容。在运动开始之初,"人权"口号就已经被鲜明地喊出。随着新文化运动的持续开展,陈独秀等人的人权思想也在不断发生变化。在新文化运动结束后,通过"人民立宪"实现人权保障的"省宪运动"在 1920 年被催生出来,近代中国的人权观念从中得到进一步发展。1929 年 3 月,中国国民党通过《训政时期政府、人民行使政权、治权之分际及方略案》,其中规定国民党于必要时"得就于人民集会、结社、言论、出版等自由权,在法律范围内加以限制"。国民党在当时实行的是专制独裁,对其他派别的思想实施压制和迫害,导致人权缺乏有效保障。尽管,国民党于 1929 年 4 月 20 日在《国民政府公报》上发布人权保障令,其中规定:"世界各国人权均受法律之保障。当此训政开始,法治基础亟宜确立。凡在中华民国法权管辖之内,无论个人或团体均不得以非法行为侵害他人身体、自由及财产。违者即依法严行惩办不贷。"这标志着"人权"这个词语不仅在知识文化领域为人们所接受,同时正式出现在官方文本中。然而,此后却有安徽大学的学生因言语顶撞蒋介石而被拘禁,以及唐山两益成商号经理因被指收买枪支而遭到监禁拷打等侵犯人权的事件频繁发生。

对此,以胡适和罗隆基为代表的有欧美留学背景的知识分子为表达自身的强烈不满,在 1929 年开始大规模发起"人权运动",要求通过立宪保障人权。其中,胡适在《新月》第 2 卷第 2 期发表题为《人权与约法》的文章,率先开始向国民党发难。此后,胡适、罗隆基、梁实秋、黄肇年、刘英士和潘光旦等知识分子将《新月》杂志作为思想阵地,相继

---

① 达寿认为欧洲宪法的渊源主要包括"历史之沿革"和"学说之阐明",他在谈到"历史之沿革"时说:"考法兰西第一次之革命……自人权宣言之发布,实立宪政体之初基。"另外,达寿在谈到"学说之阐明"时说:"卢梭又著民约论继之……而民约论之大旨,则主张天赋人权,谓人本生而自由,不受压制,惟当共结社会契约,以社会之总意,分配权利于人民,人民对于总意,受其拘束,此外悉可自由。"参见《考察宪政大臣达寿奏考察日本宪政情形折》,载夏新华、胡旭晟等整理:《近代中国宪政历程:史料荟萃》,中国政法大学出版社 2004 年版,第 56~57 页。

② 《孙中山全集》(第 2 卷),中华书局 1982 年版,第 244 页。

③ 在介绍欧洲的"解放历史"时,陈独秀指出"自人权平等之说兴,奴隶之名,非血气所忍受"。他在阐释"科学"的功能和作用时说:"近代欧洲之所以优越他族者,科学之兴,其功不在人权说下。若舟车之有两轮焉。"另外,陈独秀还曾经说道:"国人而欲脱蒙昧时代,羞为浅化之民也,则急起直追,当以科学与人权并重。"参见《青年杂志》第 1 卷第 1 号。

发表有大量文章。[①] 自此开始,国内掀起有关人权问题的大讨论,这在 20 世纪的人权思潮中是最具理论意义和最为引人瞩目的。

总体而言,自由主义人权思想起初由严复引入中国,经过陈独秀不断开创,之后由胡适推向成熟。正如之前所述,严复和陈独秀等人在提倡和宣扬自由主义人权观时,都曾对其观点和理论有过不同程度的徘徊与动摇,但胡适却始终将其贯彻于对人权问题的分析之中。如果说严复和陈独秀等人之所以会在知识体系方面转向自由主义,是因为个人处境及其经验和教训促使其必须对自由主义加以接受和认同,直至产生真正的自由主义理想,那么胡适的自由主义气质可以说是与生俱来的,他才是最为坚定和真实的自由主义知识分子。[②]

在当时的社会情形下,以胡适为代表的这些知识分子深受西方自由主义的感染和熏陶,他们对民主、人权与法治始终抱有坚定信念,不仅强烈要求尊重个人的独立人格和尊严价值,同时竭力呼唤个体的自由、平等和解放,尤其重视保护个人的言论自由和思想自由。可以说,人权派的自由主义人权观在当时具有开启风气的重要作用,他们不断对人权理论及其价值作出系统阐释,旨在真实反映出当时中国"人权破产"的社会状况。在近代中国历史上,这场以人权为内容的政治运动颇为重要,其充分反映出当时的"人权派"关于政治改革的整体性构想。在时间维度上,"人权运动"既承接"新文化运动"和"省宪运动"之后,又开启"民权保障运动"和"冤狱赔偿运动"之先,[③]其在思想启蒙方面发挥的重要作用对当前中国的人权理论与实践仍具有不可替代的指导作用和借鉴价值。

(三)20 世纪三四十年代:"人权"思想的制度化演进

进入 20 世纪三四十年代,中国的人权活动表现相当活跃,不仅有作为人权组织的民权保障同盟出现,还有包括冤狱赔偿运动等在内的人权运动不断被发起。1932 年 12 月 29 日,民权保障同盟由宋庆龄、蔡元培和杨杏佛等人发起建立,其宗旨为"以唤起民众努力于人权之保障"。[④] 在其成立之后,黎照寰、林语堂、鲁迅、邹韬奋、王造时和蒋梦麟等许多知识分子开始以此为旗帜进行人权斗争,尽管他们有着彼此不同的政治倾向,但却都是来自社会各界的重要人士。民权保障同盟提出"为国内政治犯之释放与一切酷刑肌肉

① 其中,胡适发表有《知难,行亦不易》《我们什么时候才可有宪法?》《新文化运动与国民党》和《人权与约法的讨论》等文章,罗隆基发表有《专家政治》《论人权》《告压迫言论自由者》《我对党务上的"尽情批评"》,梁实秋发表有《论思想统一》《孙中山先生论自由》《资产与法律》(译文),黄肇年发表有《苏俄统治下之国民自由》《共产主义的历史的研究》(译文),刘英士发表有《社会主义之基础知识》,潘光旦发表有《说财丁两旺》等。1930 年 1 月,部分文章被胡适、梁实秋和罗隆基编入《人权论集》中,随后出版发行。

② 参见谢泳:《靠不住的历史:杂书过眼录二集》,广西师范大学出版社 2009 年版,第 105 页。

③ 在某种程度上,正是这五场运动促使近代中国完成从人权思想启蒙到人权制度化保障的实质转变。

④ 陈淑渝、陶忻编:《中国民权保障同盟》,中国社会科学出版社 1979 年版,第 3 页。

林民权之拘禁杀戮之废除而奋斗”,[①]其“首先致力于大多数无名与不为社会注意之狱囚”,[②]至少要“予国内政治犯以法律及其他之援助,并调查监狱状况,刊布有关国内压迫民权之事实,以唤起社会之公意”。[③] 除关注狱囚和释放政治犯以外,民权保障同盟还提出“协助为结社集会自由、言论自由、出版自由诸民权努力之一切奋斗”。[④]

在此,民权保障同盟对民权与人权作出区分。其中,有关政治的权利被称为民权,与政治无关的权利被称为人权。民权保障同盟认为政治性权利要比其他权利更为重要,同时将其视为最重要的人权,他们在民权保障方面尤其要注重保护政治犯的政治权利免受侵犯。另外,民权保障同盟的人权追求具有国际视野,这不仅表现在其成员中有外国记者艾格尼丝·史沫特莱,还体现在其领导人曾经代表民权保障同盟对希特勒迫害和屠杀犹太人的行为表示强烈抗议,强烈谴责德国法西斯侵犯人权的严重罪行。尽管,民权保障同盟后来随着杨杏佛被暗杀逐渐停止活动,但其对民主、自由与人权的提倡和宣扬,尤其是对政治权利的追求曾在世界范围内得到普遍支持与广泛赞同,这在当时社会中产生了重要影响。

在20世纪30年代中期,冤狱赔偿运动由法律职业团体逐渐发起,全国律师协会和各地区的律师公会均参与其中,该运动旨在消除和避免冤狱,同时保障其受害者能够获得国家的赔偿和救济。1927年5月27日,上海律师公会在南京国民政府建立之初建议设立人权保护制度,其呈文明确指出:“依出庭制度,凡人被官署拘押者,必须在24小时内解送法庭审问。否则,被押人及其亲友得提出法庭状,请求法庭提审。未决拘留赔偿制,对于被拘押人最后确定判决宣告无罪者,其因拘押所受之损失,由告诉人、告发人或国库负赔偿责任,并登报恢复其名誉。”[⑤]1931年,全国律师协会第三次代表大会通过“建议政府对于过误裁判施行国家负责赔偿责任之制度案”。1933年,全国律师协会第五次代表大会通过沈钧儒等人“请立法院即颁制冤狱赔偿法案”的提案,但该提案在被送至立法院后却搁置下来。1934年,全国律师协会第六次代表大会决定设立冤狱赔偿特别委员会,该委员会由沈钧儒负责领导。随后,本次代表大会决定成立由41位委员组成的“冤狱赔偿运动委员会”。自此以后,冤狱赔偿运动正式开始,其直接诉求便是提请制定国家赔偿法律。

1935年5月5日,冤狱赔偿委员会召开第一次全体会议,本次会议审查通过《冤狱赔偿法草案》《冤狱赔偿宣言》和《冤狱赔偿运动工作大纲》。其中,《冤狱赔偿法草案》对冤狱赔偿法律关系、赔偿义务的履行主体以及赔偿对象和赔偿程序有详细规定,这是中国第一部以保障人权为宗旨的国家赔偿冤狱的法律草案。1936年5月5日,国民党将国家

---

① 陈淑渝、陶忻编:《中国民权保障同盟》,中国社会科学出版社1979年版,第3页。

② 同上注。

③ 同上书,第3~4页。

④ 同上书,第4页。

⑤ 参见《上海律师公会建议人权保护制度案》,载《法学丛刊》1930年第1期。

赔偿制度条款写入《中华民国宪法草案》。[①] 1937 年 1 月,国民党中央政治会议决定由立法院负责起草冤狱赔偿法。同年 6 月,《无罪被押受刑补偿法》起草完成。但是,6 月 25 日举行的立法院临时会议决定将该案"重付法制、刑法两委员会审查",该决定导致对冤狱赔偿法的审议和通过受到严重拖延。不久之后,长达 8 年的抗日战争爆发,对冤狱赔偿法的审议和通过程序被迫暂停,冤狱赔偿运动随之结束。

在冤狱赔偿运动开展过程中,上海律师公会始终发挥着指挥和引导的关键作用,全国律师协会将其所办刊物《法学丛刊》第 3 卷第 3 期设为《冤狱赔偿运动专刊》,试图从理论层面指导冤狱赔偿运动的具体开展。另外,全国律师协会将每年 6 月 5 日确定为冤狱赔偿运动日,同时将每年 6 月端午节所在周确定为冤狱赔偿运动周。可以说,自其发起之初,冤狱赔偿运动就不断得到来自社会不同领域的支持和关注。正如《申报》刊发的评论所言:"以期实现国家赔偿制度,而使冤狱者得有所救济。此种保障人权之运动,诚最近值得注意之事件。"[②]由该运动开展所产生的直接影响便是推动起草中国历史上第一部国家赔偿法草案,《中华民国宪法草案》因此被评为国民政府制定的仅次于临时约法的宪法草案。尽管,《无罪被押受刑补偿法》没有得到颁布和实施,但冤狱赔偿运动已经充分唤起民众的人权保障与救济意识,同时为防止权力滥用划定有明确而严格的界限。经过冤狱赔偿运动,国内民众的人权观念出现重要转变,其对人权的认识逐渐从单纯的概念趋于制度化,他们逐渐意识到缺乏救济的人权必定是空洞和无力的。与此同时,各种制度层面的人权保障措施也变得更加健全和完善。正如这场运动的发起者所言,"若无冤狱赔偿制度,则所谓人权保障,仅属粉饰文明"。[③]

总体而言,在人权概念传入国内后的很长时间里,中国经历过列强入侵和外敌欺凌,还有频繁动荡的战争与革命,以及社会制度的彻底变革,其间包括多场激烈的文化论战和思想交锋。在此过程中,中国的人权概念及其价值内涵随着时代变迁而不断变化。虽然,人权在中国社会中曾经遭受侮辱和践踏,其自身定位长期摇摆于个人主义、集体主义和国家主义之间,但却始终在中国的民族救亡和思想启蒙中寻找恰当时机。另外,许多近代中国的知识分子均致力于对人权思想与观念的宣扬和传播,他们对人权表达的是热切的追求和期盼。正因如此,人权的主体与内容能够在社会发展中不断扩张,同时实现从工具理性到价值理性的现实转变,中国最终得以朝着追求民主与法治的方向努力迈进,由此形成中国人权在百年宪政史中的辉煌篇章。

---

① 《中华民国宪法草案》第二章规定有:"凡公务员违法侵害人民之自由或权利者,除以法律惩戒外,应负刑事及民事责任,被害人民就其所受损害,并得依法律向国家请求赔偿"。参见《冤狱赔偿法草案》,载《法律评论》1935 年第 12 卷第 32 期;《冤狱赔偿运动今日举行扩大宣传》,载《申报》1935 年 6 月 5 日。

② 《申报》1935 年 5 月 16 日。

③ 《申报》1936 年 6 月 7 日。

二、基于中国传统文化的人权观逐渐形成

虽然,人权思想在中国传统文化中没有明确和系统的内容表述,但其中却不乏有能够催生出人权思想的重要因素,①对此,“我们不能因为中国传统社会不讲人权,就得出人权原理与中国传统水火不容的结论”。② 更何况,西方人权思想与中国传统文化之间根本没有不可调和的矛盾和冲突。此外,在西方自由主义人权观被引入近代中国社会以后,“西学的某些内容,如伦理道德、宗教信仰、价值观念,尽管一再灌输,中国并没有全盘接受,有的基本没有接受。传统的君为臣纲、父为子纲、夫为妇纲,虽已受到一定的冲击,但仍占主导地位;自由、平等、民主思想,虽为一部分人接受,但并未为整个社会所认同”。③可以说,近代中国社会对西方自由主义人权思想的理解和阐释始终建立在其自身传统文化的基础上。

在近代中国社会中,康有为、梁启超和严复等近代中国的第一批人权思想家最早开始睁眼看世界。在此过程中,他们为西方社会中的人权概念和天赋人权思想所吸引,从而决定将其引入中国。与此同时,这些近代中国的先进知识分子均为深谙中国历史传统和社会文化的饱学之士,他们不仅受到中国传统文化的感染和熏陶,而且始终担负着民族复兴和为国图强的责任与使命,试图对中国传统社会进行改造和重塑。正因如此,康有为和梁启超等近代中国的第一批人权思想家试图在准确把握中国传统文化的基础上,有选择地接受西方社会中的“人权”概念与人权思想,而不是单纯将西方社会中“人权”概念和人权思想引入国内。他们尝试利用中国传统文化资源对西方人权概念和天赋人权思想进行理解和阐释,因此总会带有中国传统文化的深刻烙印。

其中,康有为将人道主义视为人权思想的理论依据,他对“仁”的解释来源于孟子所说的“不忍之心”,他认为人为天地之心,而仁又为人之心,仁即为最高的善,其本义包含平等和博爱,由此赋予人最重要的意义和地位,同时视其为评判所有事物的客观标准。“凡有害于人者则为非,无害于人者则为是。”④康有为认为人道主义的最高原则是去苦求乐,由此揭示出黑暗的社会制度对人们产生的负面影响。在这种生活环境下,人生将会变成“一大杀场大牢狱而已”。⑤ 若要避免人们遭受痛苦,就必须化解其产生的真正根源,

---

① 例如,《论语》中有这样的表述:“厩焚。子退朝,曰:‘伤人乎?’不问马。”这既能够充分体现出儒家文化中的人本主义思想,同时还可以表现出对人的生命价值予以尊重和关照。再如,程朱理学所说的“天理”包含各种事物具有的价值本源和终极意义,通过将其阐释为“公理”就能发挥“自然法”的功能和作用。参见赵明:《近代中国的自然权利观》,山东人民出版社 2003 年版,第 132 页。

② 夏勇:《人权概念起源——权利的历史哲学》,中国社会科学出版社 2007 年版,第 154 页。

③ 熊月之:《西学东渐与晚清社会》,上海人民出版社 1994 年版,第 732 页。

④ 康有为:《大同书》,中华书局 1935 年版,第 282 页。

⑤ 同上书,第 2 页。

也即将破除九界[①]作为救苦之道,为此应当提倡和阐明人权。由此可见,康有为是从解放人类社会和实现天下大同的层面对人权进行分析和阐释的。

与其不同,梁启超将人权的根基建立在良心理论的基础上,他将孔子的性善论、孟子的良心观和王阳明的“致良知”学说同近代西方的理性良心说加以结合,他所提倡的“良心”就是康德哲学追求的“真我”,他认为“人而不服从良心”“此正我丧我之自由也”。[②]梁启超强调“良知之外,别无知矣”,进而认定其致良知论是“今日学界独一无二之良药”,他认为人只要“反诸最初之一念”“向内用力”,就可以获得“良知”,从而认识到自己的存在,同时唤醒其自我意识。[③] 可以说,梁启超和康德对良心问题所持有的观点是基本一致的,他们均认为良心是人生来就有的,而不是后天取得的。人之所以最值得尊重,其原因就在于人能够按照自己的良心说话和行事。实际上,梁启超的良心说就是在继承儒家传统的基础上,将西方自由意志论内化为适应近代中国社会的人权观念与人权思想。

由此可见,中国传统文化早就已经孕育出可以同西方人权观念相对应的思想内容。不管是儒家提出的宽恕仁爱和民本思想,还是法家所说的“刑过不避大臣,赏善不遗匹夫”,或是墨家主张的“官无常贵民无终贱”,这些均能够同人权的价值内涵相契合。尤其是在中国社会中,作为最高主宰的“天”具有独特的内涵和意蕴,其代表权威力量和自然化身,从而被用作表述人权思想的重要概念。其中,严复不仅将“nature rights”翻译为天赋人权,而且认为人“皆为天之赤子”。[④] 之所以如此,是因为天的观念既可以准确而贴切地表达西方社会的人权理论,也最容易为中国传统文化所接受,它能够使平等和自由的意识深入人心,进而促成中西方的文化交流和思想融通。

康有为早年在《大同书》中极力倡导天赋人权,[⑤]他曾经用“天之子”表述人人平等的

---

① 康有为所说的九界分别是“国界”“级界”“种界”“形界”“家界”“业界”“乱界”“类界”和“苦界”。

② 梁启超:《近世第一大哲康德之学说》,载《饮冰室合集·饮冰室文集之十三》(第2册),中华书局1989年版,第62页。

③ 参见梁启超:《德育鉴·知本》,载《饮冰室合集·饮冰室专集之二十六》(第7册),中华书局1989年版,第24页。

④ 类似地,严复曾经将“人是生而自由的,但却无往不在枷锁之中”译为“民之自由,天之所畀,吾又乌得而靳之”。另外,他还将天赋人权观表述为:“唯天生民,各具赋畀,得自由者乃为全受。故人人各得自由,国国各得自由,第务令毋相侵损而已。侵人自由者,斯为逆天理,贼人道。其杀人伤人及盗蚀人财物,皆侵人自由之极致也。故侵人自由,虽国君不能,而其刑禁章条,要皆为此设耳。”参见严复:《严复集》(第1册),中华书局1986年版,第35页;严复:《论世变之亟》,载严复:《严复集》(第1册),中华书局1986年版,第2~3页。

⑤ 康有为在《大同书》中有言:“全世界人欲去家界之累乎,在明男女平等各自独立始矣,此天予人之权也;全世界人欲去私产之害乎,在明男女平等各自独立始矣,此天予人之权也;全世界人欲去国之争乎,在明男女平等各自独立始矣,此天予人之权也;全世界人欲致大同之世、太平之境乎,在明男女平等各自独立始矣,此天予人之权也……欲以度我全世界之同胞而永救其疾苦焉,其惟天予人权、平等独立哉!”参见康有为:《大同书》,中华书局1935年版,第252页。

观念,[①]这种天赋人权思想被表述为:“人者,天所生也。何是身体,即有其权利,侵权者谓之侵天权,让权者谓之失天职。”[②]梁启超则将“天赋人权论”表述为:“天生人而赋之以权利,且赋之以扩充此权利之智识,保护此权利之能力,故听民之自由焉,自治焉,则群治必蒸蒸日上;有桎梏之者、戕贼之者,始焉窒其生机,继焉失其本性,而人道乃几乎息矣。”[③]虽然,他提出的人权概念较为简单,但这种“人人生而有应得之权利”[④]是从应然层面所作的高度概括,由此构成人权的首要特征,以便将其外化为法定权利和实有权利。总体而言,为将西方的自然权利转化为适用于中国社会的“天赋人权”思想,康有为和梁启超指出人权即为天权,其源于人的本性,他们试图以此促成中国传统文化与西方人权观念的有效对接。其中,“天”的概念旨在说明人权的神圣性,同时强调以人为主,而“以天权论人权”正是康有为等人为之所做的积极努力。[⑤]

不仅如此,中西方社会对个人生存状态的预期和规划也是截然不同的。西方社会中的个人与国家之间是二元对立的关系模式。与其不同,中国传统文化认为个人权利与国家利益是内在统一的,而不可能成为对抗国家和政府的有效工具,因此主张将个人与社会作为共同的权利基础,强调人们相互间以及人与其他事物之间的彼此共生和相互和谐,要求个人在有悖于集体利益时应当选择妥协和忍让。对此,梁启超曾经说过:“权利观念,全由彼我对抗而生,与通彼我之‘仁’的观念绝对不相容……彼欲以交争的精神建设彼之社会,我欲以交让的精神建设我之社会。彼笑我儒,我怜彼狂”。[⑥] 由此可见,人权观念在中国社会中的形成是基于某种整体考量,但这却会使国家和社会对人权的实现及保障造成约束和压制,甚或会出现公共权力和集体利益对人权的侵犯和破坏。

另外,为阐明权利对个人的重要意义,西方社会更加注重从自然层面对“人”进行分析和考察,而中国社会的传统观念认为“人”不仅具有通常意义上的自然属性,更带有强烈的政治属性和社会属性。中国传统的人学观念认为社会生活中的不同个体之间必然存在某种联系,人是某种社会动物,其不能独立于社会之外而存在。换言之,作为道德主体的个人所表达的绝不是纯粹的自然欲望,个人对权利的享有及其实现正是以人的社会性为基础的,其主要通过人与人相互间的社会关系加以体现。由此可见,中西方文化传统对“人”的认识和理解存在某种程度的差异和分歧。正因如此,近代中国社会对人权的分析和阐述是有别于西方自由主义传统的。

---

① 康有为所作的具体表述为:“人皆天所生也,同为天之子,同此圆首方足之形,同在一种族之中,至平等也。”参见康有为:《大同书》,中华书局 1935 年版,第 65 页。

② 康有为:《大同书》,中华书局 1935 年版,第 199 页。

③ 梁启超:《新民说 · 论进步》,载《饮冰室合集 · 饮冰室专集之一》(第 6 册),中华书局 1989 年版,第 58 页。

④ 梁启超:《新民说 · 论义务思想》,载《饮冰室合集 · 饮冰室专集之四》(第 6 册),中华书局 1989 年版,第 104 页。

⑤ 参见杜钢建:《中国近百年人权思想》,汕头大学出版社 2007 年版,第 38 页。

⑥ 梁启超:《先秦政治思想史》,天津古籍出版社 2003 年版,第 106 ~ 107 页。

概括而言,基于自由主义传统的西方人权观以“自然法”和“自然权利”为理论预设,其可以从宗教教义中寻找到基础和依据,进而借助宗教实践将这种人权理念内化为人们普遍接受的价值信仰和文化心理。经过几百年的历史发展,西方社会的人权观念不再需要宗教外衣的装饰和保护,却也可以作为对平等和自由的终极关怀而被提出和倡导。然而,近代中国社会在对西方自由主义人权观进行移植的过程中,却没有对其原有的宗教背景予以足够重视,缺少文化渲染的西方自由主义人权观总是显得无凭无据和缺少根基,其最终只能悬浮在中国社会的上空,无法找到适合自身扎根和生长的文化土壤。

毕竟,人权观念的形成需要依赖特定的社会文化作为基础。在中国传统文化的支配和影响下,人们潜在的思维定势和内心情感很难得到改变,更不可能直接逾越本国文化,而去接受基于自由主义传统的西方人权观。即便这种人权观已经为近代中国社会所认识和接受,也仅能在知识理论层面产生影响,但其最终发挥的作用和功能无非只是某种意识形态上的思想运动和观念激荡。毕竟,西方人权观念与中国传统文化之间存在间隙,从中难以为中国传统文化找到合适的生长环境,由此致使这种人权观念始终处于漂浮不定的无根状态。更何况,中国传统文化早已渗透至社会生活的各个方面,其有碍于人们理解和接受西方自由主义人权观,同时可能导致移植而来的西方自由主义人权观发生异化和流变。

三、个人主义人权观的形成及其社会化转向

通常而言,《世界人权宣言》的通过和颁布标志着人权主体真正从“有限主体”发展成“普遍主体”。① 但在20世纪中叶以前,西方人权理论在推动权利主体普遍化方面近乎停滞,反而有学者为有限人权主体作出理论辩护,尤其是从19世纪末到20世纪初,西方古典人权理论带有明显的种族主义色彩,当时的人权概念是不包括女性的。对此,李大钊曾经指出“现代欧美的Democracy,仍然不是真正的Democracy。因为他们一切的立法、言论、思想都还是以男子为本位,那一半妇女的利害关系,他们都漠不关心”。② 与此不同,中国社会在当时始终强调权利主体的普遍性,特别是女性作为权利主体的重要地位,否弃封建传统中男尊女卑的思想观念,在反对性别歧视和争取男女平等方面有着坚持不懈的努力,这从侧面说明中国社会对西方自由主义人权观的接受是有所批判和选择的。

(一)普遍主义与平等观念:个人主义人权观的形成及其思想基础

与西方社会有所不同,中国传统社会中的平等观念早在太平天国运动中就有所体现,洪秀全在当时认为人与人之间的社会关系应像兄弟姐妹那样平等。在19世纪末20世纪初,中国社会开始接受普遍人权主体的观点和理论。其中,在批评对犯人实施虐待行为时,沈家本曾经说过囚犯“同为人类,何独受此”。③ 再如,康有为是从“解放人类拯

① 参见徐显明、曲相霏:《人权主体界说》,载《中国法学》2001年第2期。

② 李大钊:《妇女解放与Democracy》,载《李大钊全集》(第3卷),人民出版社2006年版,第69页。

③ 沈家本:《监狱访问录序 · 寄簃文存 · 卷六》。

救人类的意义上倡导人权的”,①他认为人权主体应当包括世界上的所有人,普遍主义与平等观念在其人权思想中有充分体现。

在倡导男女平等方面,当时的中国社会强调赋予女性平等的权利主体地位。20世纪初,沈家本在主持清末修律时强调“男女平权说”,②同时注重对封建社会中男尊女卑的传统观念进行反思。康有为则在《大同书》中明确指出:“男女虽异形,其为天民而共受天权一也。”③另外,严复和梁启超也均倡导男女平等观念,他们不断为女性解放运动奔走呼号和广泛宣传。严复译有孟德斯鸠的《法意》一书,其中有言:“夫民主既以道德为精神点,则平等自由之幸福,何独于女子而靳之?”④梁启超明确指出,法国的《人权和公民权利宣言》确有规定所有人均应被赋予人的资格,但却对女性权利有所忽视。对此,他曾经批评道:“今泰西女权虽渐倡,然去实际犹远。即如参政权一事,各国之妇女有权投票者,不过美国及澳洲……大同之世,最重人权,苟名为人,权利斯等。”⑤梁启超曾经说过:“女权运动,无论为求学运动,为竞业运动,为参政运动,我在原则上都赞成;不惟赞成,而且十分认为必要。”⑥他认为女性应当被视为平等的人权主体,她们完全有资格参与到人权运动之中,他甚至直接将女权运动称为人权运动。

在新文化运动时期,胡适的个人主义人权观也特别强调男女平等,他认为如果女性的个人意识真正觉醒,她们将会对社会发展产生不可或缺的重要作用。对此,胡适在这方面发表有大量文章,⑦旨在批判女性在封建社会中受到的歧视和迫害,他主张男女均应享有独立的人格和平等的权利,试图将女性从封建社会中解放出来。与其类似,李大钊也尤其重视作为人权主体的女性所应享有的社会地位。不仅如此,人权运动中的人权派也将女性视为人权主体,他们特别重视保障女性的基本人权,同时致力于为女性争取自由和解放。

在近代中国社会中,自由主义人权观正是建立在普遍主义和平等观念的基础上,由此表现出明显的个人主义倾向。严复在谈及自由主义人权观时明确指出:“乃今之世既大通矣,处大通并立之世,吾未见其民之不自由者,其国可以自由也;其民之无权者,其国之可以有权也。”⑧很显然,他所主张的自由主义人权观就是以个人主义为本位的。在新文化运动时期,陈独秀等人对严复的以个人主义人权观有所继承和发展,他们不但极力

---

① 杜钢建:《中国近百年人权思想》,汕头大学出版社2007年版,第34页。

② 沈家本:《监死刑唯一说·寄簃文存·卷三》。

③ 康有为:《大同书》,中华书局1935年版,第199页。

④ [法]孟德斯鸠:《孟德斯鸠法意》(上册),严复译,商务印书馆1981年版,第150~151页。

⑤ 梁启超:《南海康先生传》,载《饮冰室合集·饮冰室文集之六》(第1册),中华书局1989年版,第46页。

⑥ 梁启超:《人权与女权》,载《饮冰室合集·饮冰室文集之三十九》(第5册),中华书局1989年版,第81页。

⑦ 胡适从1918年开始发表倡导女性解放的相关文章,其中包括《娜拉》《李超传》《贞操问题》《终身大事》《美国的妇人》《大学开女禁的问题》和《女子解放从哪里做起》等。

⑧ 严复:《严复集》(第4册),中华书局1986年版,第917页。

宣扬个性解放和人格独立,而且还对“个体人”进行过全面认识和系统阐释。在这期间,周作人曾经提出“一种个人主义的人间本位主义”,[①]蒋梦麟则在《个性主义与个人自由》中说道:“欲解决中国社会之基本问题,非尊重个人之价值不为功……欲养成适当之特才,非发展个性不为功。”[②]当然,最为重要的还是陈独秀提出的个人本位主义人权观,这种人权观充分反映在他发表于《青年杂志》的多篇文章中。[③] 另外,在分析个人与国家的关系时,陈独秀的个人本位主义人权观也有所体现。[④] 可以说,个性自由和人人平等是其个人本位主义人权观的基本特征。与此同时,陈独秀还将家族本位主义视为个人本位主义的对立面,以此揭示出封建制度对人权的践踏和破坏。[⑤]

与其类似,胡适的人权观被称为“健全的个人主义”或“易卜生主义”,这种人权观是相对于“独善的个人主义”而言的,其主要通过借鉴杜威的“新个体主义”提出,[⑥]他将“真的个人主义”的基本特征归纳为两点:其一是“独立思想”,其二是“个人对于自己思想的

① 周作人:《人的文学》,载《新青年》1918年第5卷第6号。

② 蒋梦麟:《个性主义与个人主义》,载《教育杂志》1919年第11卷第2期。

③ 陈独秀在《敬告青年》中说道:“人也各有自主之权,不以自身为本位,则个人独立平等之人格,消灭无存。”另外,他还在《东西文明根本思想之差异》中说过:“西洋民族,自古迄今,彻头彻尾,个人主义之民族也。英美如此,法、德亦何独不然?尼采如此,康德亦何独不然?举一切伦理道德政治法律,社会之所向往,国家之所祈求,拥护个人之自由权利与幸福而已。思想言论之自由,谋个性之发展也。法律之前,个人平等也。个人之自由权利,载诸宪章,国法不得而剥夺之,所谓人权也。人权者,成人以往,自非奴隶,悉享此权,无有差别。此纯粹个人主义之大精神也能”。参见陈独秀:《敬告青年》,载《青年杂志》1915年第1卷第1号;陈独秀:《东西文明根本思想之差异》,载《青年杂志》1915年第1卷第4号。

④ 陈独秀明确指出:“集人成国,个人之人格高,斯国家之人格亦高;个人之权巩固,斯国家之权亦巩固。”他认为国家应当被理解为“为国人共谋安宁与幸福之团体”,正所谓“国家者,保障人民之权利,谋益人民之幸福者也”。因此,“国家利益、社会利益,名与个人主义相冲突,实以巩固个人利益为本因也”。参见陈独秀:《一九一六年》,载《青年杂志》1916年第1卷第5号;陈独秀:《东西文明根本思想之差异》,载《青年杂志》1915年第1卷第4号。

⑤ 客观地讲,这种将中国封建社会的顽疾和弊病归结为家族本位主义的做法并非合理,因为与个人主义相对立的是集体主义。就此而言,仅仅以个人本位主义取代家族本位主义是远远不够的,集体主义才是推行自由主义人权观的真正阻碍。

⑥ 胡适曾经在《新青年》上发表题为《易卜生主义》的文章,借此表达其个人主义人权观,其旨在要求实现个体自由与人性解放,从而成为真正意义上的人。其中,面对社会损害个人的情况,胡适曾经批评道:“社会最大的罪恶莫过于摧折个人的个性,不使他自由发展。”“社会最爱专制,往往用强力摧折个人的个性(individuality),压制个人自由独立的精神。等到个人的个性都消灭了,等到自由独立的精神都完了,社会自身也没有力气了。也不会进步了。”为促使人的个性得到发展,胡适认为必须满足两个基本条件:“第一,须使人有自由意志。第二,须使个人担干系、负责任。”“自治的社会,共和的国家,只是要个人有自由选择之权,还要个人对于自己所行所为都负责任。若不如此,绝不能造出自己独立的人格。”参见胡适:《易卜生主义》,载《新青年》1918年第4卷第6号。

结果要负完全责任”。[①] 究其原因,胡适认为,个人享有的独立自由和人格尊严对社会改造具有决定性作用。另外,他指出新文化运动与欧洲文艺复兴运动存在相似之处,其中包括重新发现和审视人自身的价值,他期待新文化运动能够发挥积极的引导作用,正如欧洲文艺复兴运动促使“个人开始抬起头来,主宰了他自己的独立人格;维护他自己的权利和自由”。[②] 此外,人权派在人权运动中同样是从个体角度理解人权的,他们均具备西方自由主义的知识背景,而这种自由主义思想都是外来主义的。就此而言,人权运动的产生和发展是西方自由主义长期对中国社会进行潜移默化影响的必然结果。可以说,人权派与西方自由主义之间的联系是最为密切的,他们不但将个人视为权利主体,而且对人权的分析和阐述最接近于自由主义的分析路径。

(二)个人主义人权观的社会化转向

在西方社会中,人权概念出自传统的自然法观念。在自然法转向自然权利以后,个人主义就成为贯穿西方人权发展的主线,这时的人权开始明确指向独立的个体,个人被从国家和社会中分离出来,个人权利被赋予至高无上的地位,任何组织和团体的权力均来源于个人权利,同时需要保障个人权利免受侵害。由此可见,西方自由主义人权观建立在个人主义的基础之上,如果没有个人至上的价值理念,人们就很难理解和把握西方人权的要旨和真义。西方社会之所以能够产生基于个人主义的人权理论,这在某种程度上是因为受到欧洲宗教改革和启蒙运动的启发与熏陶,但中国社会由于缺乏独立自主的个体意识,难以孕育出真正具有自由主义传统的人权观念。可以说,中国的人权观并非来源于西方自由主义的直接映射,而是西方自由主义人权观与中国传统思想文化彼此交织的产物。

相比于西方自由主义人权观建立在个人主义的基础上,“人权”概念在被传入中国以后却在个人主义与集体主义之间出现犹豫和徘徊,当时曾经出现两种截然不同的观点和主张:其一是严复代表的个人本位主义人权观,其强调个人自由的重要性,主张建立相应的制度规范;其二是梁启超代表的集体本位主义人权观,其认为集体利益比个人自由更重要,对个人权利的行使应当服从于集体利益和公共权力。这两者之间的矛盾和冲突甚至同时出现在某一种人权思想中,李大钊对生命权和生存权的探讨就分别体现出这两种观点和主张的不同特征。他认为生命权为个人所享有,每个人均有权控制自己的生命,法律和社会均无权干涉。他曾经指出:“我们应当承认一个人于不直接妨碍社会,迷惑他人的范围内,有自己处决他自己的生命的自由权。”[③]由此可见,李大钊关于生命权的表述

---

① 胡适:《非个人主义的新生活》,载《新潮》1920年第2卷第3号。

② 胡适:《胡适口述自传》,载欧阳哲生编:《胡适文集》(第1卷),北京大学出版社1998年版,第340~341页。

③ 李大钊:《青年厌世自杀问题》,载中国李大钊研究会编注:《李大钊全集》(第3卷),人民出版社2006年版,第118页。类似地,李大钊还曾经说过:“人在不与他人以迷惑与烦累的范围内,应该有他处分自己生命的自由。”参见李大钊:《论自杀》,载《李大钊全集》(第4卷),人民出版社2006年版,第35页。

带有鲜明的个人主义色彩。但是,他在分析和论述包括劳动权和休息权在内的生存权时却带有明显的社会主义特征。从某种意义上说,这是因为生命权和生存权分别归属于自由权和社会权,因而需要分别运用个人主义和社会主义的理论学说加以探讨。

纵观近代中国社会,个人主义与国家主义在人权观念方面始终存在着矛盾和对立,其突出表现在"民权"与"人权"所包含的不同价值取向之中。其中,"民权"概念属于群体范畴,而"人权"概念是个体意义上的。"民权"是相对于君主和贵族的权力而言的,其指的是公民参与城邦公共事务的权利资格,具体表现在议会政治制度的实际运作之中;"人权"指向的是个人在国家和社会中享有的基本价值和人格尊严,其构成对公共权力的限制和约束。在文化层面,与民权相对应的是民族主义和国家主义,而与人权联系密切的是个人主义和自由主义。

实际上,近代中国社会首先接受和认同的是西方宪政思想中的民权而不是人权。人权"作为一个个体概念毕竟远离中国的传统文化,两者间有着太多的隔膜与悬离。而民权作为一个'群'的概念不仅可以在中国文化中得以解释,而且这一传统也为接受西方宪政文化提供了一种文化合法化的外衣"。① 可以说,中国社会的传统文化和本土资源决定着民权更易于为其自身所认可和接受。因此,以个人主义为基础的自由主义人权观在中国社会中不断受到排斥和异化,反倒是具有浓厚集体主义色彩的人权观占据着主流地位。

实际上,随着西方社会主义思潮在新文化运动中不断兴起,作为权利主体的个人不再是原子化的个人,而是逐渐出现社会化倾向,因为个人权利在当时始终同国家富强和民族独立存在密切联系。对此,胡适曾经在《波士顿游记》中写道:"今日西方政治学说之趋向,乃由放任主义(laissez faire)而趣(趋)干涉主义,由个人主义而趣(趋)社会主义。"②另外,高一涵持有和表达的就是某种积极的国家观,他认为个人必须生活在社会之中,而不能仅仅将其视为个人本身,因此国家不但要保障个人的权利和自由,还要主动对个人与社会之间的关系进行调节。③

除此以外,陈独秀因为受到空想社会主义的深刻影响,开始结合社会主义理论阐释其人权观,试图以此引导人们从政治平等逐步实现社会平等,他甚至提倡将私有制彻底废除。李大钊则认为个人与社会之间不会发生矛盾和冲突,他指出不考虑社会秩序的个人主义是极端的,而不要个人权利与自由的社会主义也是不可取的,人们应当追求"合理的个人主义"和"合理的社会主义","真正合理的个人主义,没有不顾社会秩序的;真正合理的社会主义,没有不顾个人自由的"。④

不难发现,原有的个人主义人权观从新文化运动开始逐渐出现社会化转向。客观地

---

① 王人博:《宪政的中国之道》,山东人民出版社2003年版,第78页。

② 胡适:《胡适留学日记》,海南出版社1994年版,第265页。

③ 参见高一涵编:《政治学纲要》,神州国光社刊1930年版,第126页。

④ 李大钊:《自由与秩序》,载《李大钊全集》(第3卷),人民出版社2006年版,第253页。

讲,胡适、陈独秀和李大钊等人在新文化运动时期倡导的人权思想并非真正的社会主义人权观,而应将其更准确地称为社会化的个人主义人权观。换言之,这种人权观既不是西方自由主义倡导的个人主义人权观,也不是真正意义上的社会主义人权观,而是自由主义人权观在中国的社会化。这从侧面说明当时的知识分子对西方自由主义人权观的认识都是循序渐进和有所批判的,其主要目的在于按照中国的现实国情不断摸索适合自己的人权发展道路。

四、从积极权利到消极权利:人权内容不断丰富和完善

(一)从普遍倡导自由到强调思想言论自由的重要性

在19世纪末20世纪初,康有为、梁启超和严复等人所提倡和阐述的人权是以自由权和平等权为主要内容的。一方面,这说明自由与平等在当时的中国社会中仍旧较为匮乏;另一方面,这是因为西方社会在当时仍处于第一代人权的发展阶段。其中,康有为认为权利平等是人权的基本特征,而各项自由是人权的核心内容。他不仅将自由视为社会实现大同的前提和基础,①而且认为自由是个人实现独立的关键与核心。② 在各种基本自由中,康有为论及最多的便是人身自由权和思想言论自由。

与其类似,梁启超认为生命和自由是作为人的两个基本条件,“二者缺一,时乃非人”。③ 其中,权利自由和肉体生命分别是“形而上”和“形而下”的存在,虽然前者比后者更重要,但这两者是彼此依存和紧密联系的。梁启超在《新民说 · 论自由》中明确指出:“自由者,天下之公理,人生之要具,无往而不适用者也。”④他不仅反复表达对自由的重视和推崇,还将自由大致区分为宗教自由、政治自由、民族自由和生计自由,同时指出西方社会这四种自由的提倡和追求是顺序进行的。但对中国而言,梁启超认为当前最迫切需要的是政治自由,其次是民族自由。其中,为实现政治自由必须赋予人们以参政自由权和抵抗权。⑤ 由此可见,梁启超对当时中国社会状况的具体把握还是较为准确的,同时在

---

① 康有为明确指出:“近者自由之义,实为太平之基。”参见康有为:《大同书》,中华书局1935年版,第161页。

② 康有为认为所谓独立就是“各有自立自主自由之人权”。参见康有为:《大同书》,中华书局1935年版,第134页。

③ 梁启超:《十种德性相反相成义》,载《饮冰室合集 · 饮冰室文集之五》(第1册),中华书局1989年版,第45页。

④ 参见梁启超:《新民说 · 论自由》,载《饮冰室合集 · 饮冰室文集之四》(第6册),中华书局1989年版,第40页。

⑤ 在世界范围内,儒家是最早提出抵抗权的,其中包括多种不同的权利形式。梁启超受其思想影响明确提出抵抗权主张,他曾经说道:“使不幸而有如桀纣者出,滥用大权,恣其暴戾,以蹂躏宪法,将何以待之?使不幸而有如桓灵公者出,旁落大权,奸雄窃取,以蹂躏宪法,又将何以待之?”参见梁启超:《立宪法议》,载《饮冰室合集 · 饮冰室文集之五》(第1册),中华书局1989年版,第2页。

借鉴西方自由主义人权观时也是经过辩证批判和慎重选择的。

除此以外,严复也始终强调自由的重要性,他将中西方的民风差异归结为人是否享有独立和自由的主体地位。严复明确指出:“然政欲利民,必自民各能自利始;民各能自利,又必自皆得自由始;欲听其皆得自由,尤必自其各能自治始。”①另外,严复还认为政治领域内的自由能够反映其民主程度,主张“以自由为体,以民主为用”,同时指出个人在生活中的自主性是通过自由竞争实现的,他对人身自由、思想自由、言论自由以及一般的行为自由等均有论述和提及。

在新文化运动时期,陈独秀、高一涵、李大钊和胡适等知识分子尤为重视思想言论自由。陈独秀将思想言论自由视为“文明进化的第一重要条件”,②他曾经说过:“无论新旧何种思想,他自身本没有什么罪恶,但若利用政府权势,来压迫异己的新思潮,这乃是古今中外旧思想家的罪恶,这也就是他们历来失败的根源。”③他同时指出“统一思想信仰,根本是一个荒唐无稽的幻想”,④其从来就是有悖于思想言论自由的。陈独秀认为,言论自由不仅不能受到法律限制,更要对现行法律进行批评和反驳,而法律只能规范人们的行为,但不能对人们的言论进行约束。他还指出,政治言论自由允许人们发表反对政府和法律的意见,其在各种言论自由中是最为重要的,但言论自由也包括许多其他内容。⑤

高一涵对言论自由的强调和重视主要体现在题为《共和国家与青年之自觉》的文章中,他明确提出“共和国家之本,则在舆论”,⑥同时认为“道德之根据在天性,天性之发展恃自由,自由之表现为舆论”。⑦ 为实现言论自由,他曾经指出:“一须有敬重少数意见与独立意见之雅量,不得多数之威势,抹煞异己之主张。二多数舆论之起,必人人于其中明白讨论一番,不得违性从众,以欺性灵。三凡所主张,须按名学之律,以名学之律为主,不得以一般好恶为凭。”⑧

李大钊认为真正具有危险性的是压制和约束思想的行为,而非思想本身。他曾经说过:“思想本身没有丝毫危险的性质,只有愚昧与虚伪是顶危险的东西,只有禁止思想是

---

① 严复:《原强》,载严复:《严侯官文集》,浙江特别译书局 1903 年版,第 54 页。

② 陈独秀:《旧党的罪恶》,载陈独秀:《陈独秀著作选》(第 1 卷),上海人民出版社 1993 年版,第 493 页。

③ 同上书,第 494 页。

④ 陈独秀:《各党派应该如何巩固团结》,载陈独秀:《陈独秀著作选》(第 3 卷),上海人民出版社 1993 年版,第 472 页。

⑤ 例如,针对中国社会在当时不断出现假大空的言论,陈独秀提出说老实话的自由,他曾经说过:“个人不说老实话,其事还小;政府使人不敢说老实话,事情已经够严重了;社会不容许人说老实话,则更糟。”参见陈独秀:《说老实话》,载陈独秀:《陈独秀著作选》(第 3 卷),上海人民出版社 1993 年版,第 496 页。

⑥ 高一涵:《共和国家与青年之自觉》,载《青年杂志》1915 年第 1 卷第 1 号。

⑦ 同上注。

⑧ 同上注。

顶危险的行为。”[①]此外,李大钊指出思想言论自由能够保障个人的表达自由,因此是绝对不能禁止的。“无论什么思想言论,只要能够容他的真实没有矫揉造作的尽量发露出来,都是于人生有益,绝无一点害处……你怎样禁止他、制抑他、灭绝他、摧残他,他便怎样生存、发展、传播、滋荣,因为思想的性质力量,本来如此。”[②]鉴于此,对限制和侵犯的思想言论自由行为就需要不断进行揭露和批评。另外,胡适等人还认为“这几年军阀政党胆敢这样横行,便是国民缺乏自由思想自由评判的真精神的表现”,同时指出不得在宪法之外规定任何对言论自由、出版自由、集会结社自由和书信秘密自由的约束和限制。[③]

不仅如此,自由权也最受人权派重视,其中以思想言论自由为甚。黄肇年认为生命、言论、思想、集会、财产和契约等均属于自由的范畴。[④] 罗隆基则主张通过革命争取自由,但不能随意剥夺其他人的自由。[⑤] 于季认为个人自由和集体自由并非彼此不相容,集体自由不一定要通过牺牲个人自由实现,国家和社会缺乏团结也不完全是因追求个人自由所导致的。相反,国家和政府应当切实保障个人自由,为此需要借助法律规范政府的职权和行为。[⑥] 对此,胡适也认为个人争取自由就是为国家争取自由。[⑦]

人权派之所以将思想言论自由视为最重要的人权,是因为他们将其视为人之为人的基本条件。梁实秋认为思想自由是绝对的,思想本身是独立的,不同思想之间既不可能统一,也没有必要实现统一。[⑧] 与此同时,思想是人们所固有的,但思想的表达必然要借助语言才能实现,以此将自己的思想展现给他人。正因如此,罗隆基直接将言论自由表述为“有什么言,发什么言,有什么论,发什么论的意思,言论本身绝对不受何种干涉”。[⑨] 可以说,没有言论自由就不可能产生真正自由的思想。人权派甚至认为即使立法机关和司法机关运用法律规制言论,也是有违于言论自由原则的,法律只能要求人们为自己的言论承担相应的责任,因为限制和干涉言论自由要比言论自由本身可能导致的负面影响更加危险。若要实现思想言论自由,必须保证人们能够全面而充分地观察和思考。

实际上,人权派所说的不单是通常意义上的思想言论自由,更是为批评当权政府及其政权建立的理论基础提供前提和依据。人权派之所以将思想言论自由作为最重要的人权加以看待,其原因就在于国民党在当时试图以遗教和党义为名实现思想统一,从而为其专制独裁作出遮蔽和掩饰,他们如果没有对包括思想言论自由在内的政治自由予以

---

① 李大钊:《危险思想与言论自由》,载《李大钊全集》(第2卷),人民出版社2006年版,第344页。

② 同上书,第345~346页。

③ 参见胡适等:《争自由的宣言》,载《晨报》1920年8月1日版。

④ 参见黄肇年:《苏俄统治下之国民自由》,载《新月》第2卷第6~7期。

⑤ 参见罗隆基:《汪精卫论思想统一》,载《新月》第2卷第12期。

⑥ 参见于季:《两句不通的格言》,载《新月》第3卷第2期。

⑦ 参见胡适:《介绍我自己的思想》,载《新月》第3卷第4期。

⑧ 参见梁实秋:《论思想统一》,载《新月》第2卷第3期。

⑨ 罗隆基:《告压迫言论自由者》,载《新月》第2卷第6~7期。

足够重视,就不可能有民主建设的真正实现。鉴于此,人权派坚决反对思想统一运动和压迫言论自由,同时将批评政府和领袖的自由作为思想言论自由的核心进行重点阐发。

(二)从新文化运动到人权运动:经济社会权利逐渐兴起和发展

在新文化运动之前,国内对人权的关注和强调仅限于作为第一代人权的公民权利和政治权利,人们谈及自由是相对于专制和等级而言的,这符合当时中国的实际情况和现实需要。从 20 世纪初开始,作为第二代人权的经济社会权利逐渐兴起,尤其是在新文化运动以后,自然权利学说和天赋人权思想的影响明显趋于弱化,对自由主义人权观的论证和阐释转而以人的尊严和价值为理论基础。大致而言,中西方人权理论对第二代人权的发展是较为同步和一致的。对此,胡适曾经指出:"十九世纪以来,个人主义的趋势的流弊渐渐暴白于世了,资本主义之下的痛苦也渐渐明了了。远识的人知道自由竞争的经济制度不能达到真正的'自由、平等、博爱'的目的。向资本家手里要求公道的待遇,等于与虎谋皮。"[①]在此背景下,各种社会主义的学说和理论不断出现。其中,胡适在题为《研究社会问题的方法》的文章中提出"社会的立法",试图以此督促国家提供更多的社会福利。

不仅如此,高一涵的人权观也开始出现第二代人权所具有的某些因素,他认为"人民的基本权利"包括积极的基本权利、消极的基本权利和参政权三类。其中,积极的基本权利属于经济方面的基本权利,而后两者属于政治方面的基本权利。高一涵认为,经济方面的基本权利包括劳动收益权、生存权和劳动权,[②]如果经济问题不能得到有效解决,那么政治方面的问题会始终存在。之所以如此,是因为经济方面的问题是具有普遍性和基础性的,经济权利应当由全体人民平等享有。否则,政治方面的基本权利都是不可能实现的。在此,作为所有公民认可和接受的"权利书",宪法能够保证人们享有平等的经济权利,以此为基础形成真正意义上的"全民政治"。

在人权运动中,作为经济社会权利的财产权备受重视。人权派认为作为经济社会权利的财产权是实现其他基本权利的有效工具,国家和社会有责任保障公民的私有财产不受侵犯。其中,包括没有支付相应报酬的强制劳动等行为均属于对公民财产权的剥夺和侵犯。如果公民的私有财产遭到破坏和侵犯,其有权向国家和政府要求赔偿。在谈及对公民财产权的保障和救济时,人权派特别重视国家财政问题以及公民的财产管理权。考虑到公民在公债和赋税等方面的供给和支出,国家财政的预算和决算不仅要全面公开,其间还须经过人民直接或间接的同意,同时应当按照法定程序将其用于关涉全体人民的公共事务,并配有相应的审计监督机构。正如罗隆基所说:"我们如今的要求,还是财政

① 胡适:《我们对于西洋近代文明的态度》,载欧阳哲生编:《胡适文集》(第 4 卷),北京大学出版社 1998 年版,第 11 页。

② 其中,"全劳动收益权"是指"凡是劳动者生产的东西,都应该完全归劳动者自己享用","生存权"是指"人类既已生存,就该保有生存的权利,不能使一部分人连生命都不能维持","劳动权"是指"凡有劳动能力的人,在私企业者之下,不能得到劳动的机会者,都有要求给予劳动机会的权利"。参见高一涵:《省宪法中的民权问题》,载《新青年》1921 年第 9 卷第 5 号。

部在国家的收入和支出上一个预先的通盘的计划,我们要我们应有的财政管理权。”①

五、“人权”作为救亡图强的实用主义工具

在西方社会中,“人权”推崇和提倡的是保障个人权利与自由的实现,但在被传入中国社会以后,却变成以国家利益和集体利益为导向的特定概念,其主要是从整体性视角认识“人权”概念和人权思想。究其原因,在列强环伺的历史背景下,近代中国的知识分子表面上是在为“权利”和“自由”奔走呼号,但其内心深处的原初动机却是民族救亡和为国图强,目的在于对社会变革产生立竿见影的实际效果。实际上,近代中国知识分子倡导的“民主建国”从来都不是基于自由和平等的人权价值,而是旨在通过发挥群体性力量废除封建专制和抵御外部侵略,从而实现国家独立和民族富强。其中,严复、康有为和梁启超等近代中国的第一批人权思想家对“人权”概念与人权思想的阐发始终被置于为国家谋求独立和富强的社会追求之中,他们在当时提出的人权观念仅能被视为救亡图强的实用主义工具。

其中,严复认为若要促进国家富强“必自民各能自利始,民各能自利,又必皆得自由始”。由此可见,“自由”和“民自利”的落脚点最终都归于“国家富强”。另外,严复倡导的言论自由包括“平实地说实话求真理”,其目的在于增进民德和开启民智,从而推动国家实现繁荣富强。② 虽然,严复为“国家”和“群体”的权力划定界限,但他更强调在个人自由与国家自由之间发生冲突时,“小己自由”必须对“国群自由”作出让步,正所谓“小己自由,非今日之所急,而以合力之强。杜远敌人觊觎侵暴,为自存之计”,③“故所急者,国群自由,而非小己自由也”。④ 在辛亥革命成果被窃取之后,严复更加坚持认为“今日所急者,非自由也,而在人人减损自由,而以利国善群为职志”,⑤最终将利国善群置于对个人自由的追求之上。

与此类似,康有为的人权思想没有将个人主义贯彻始终,其后期逐渐转向国家本位,直至放弃独立平等的权利追求和自由主张。梁启超的人权主张也是服从于爱国主义的,正如他自己所说:“我的中心思想是什么呢?就是爱国;我的一贯主张是什么呢?就是救国。”⑥总体而言,爱国主义在康有为和梁启超的人权思想中体现得较为突出,尤其表现在对民族生存权和自卫权的要求与主张之中,他们均是站在民族主义和国家主义的立场上对人权加以接受和阐发的。不仅是当时的改良派,革命派在辛亥革命以前也是从相同角度理解人权的。其中,邹容在《革命军》中所说的“民主建国”就不是以平等和自由的价

① 罗隆基:《我们要财政管理权》,载《新月》第3卷第2期。
② 王栻主编:《严复集》(第1册),中华书局1986年版,第4页。
③ 王栻主编:《严复集》(第5册),中华书局1986年版,第1298页。
④ 王栻主编:《严复集》(第4册),中华书局1986年版,第985页。
⑤ 严复:《〈民约〉平议》,载《严复集》(第2册),中华书局1986年版,第337页。
⑥ 夏晓虹编:《追忆梁启超》,生活·读书·新知三联书店2009年版,第346页。

值原则为基础的,而是试图借助群体力量实现促进政治统一。

由此可见,西方人权的价值在于实现个人权利与自由,但近代中国对人权思想与观念的引进却并非基于个人权利与自由的不可侵犯性,而是将人权作为反对封建专制的革命工具,其真正重视的是对国家利益和集体利益的切实维护,也即人权对国家和民族的重要意义。梁启超等人甚至将民权与国权加以对立,同时片面强调国权而轻视民权,他们认为个人权利与自由的实现必须以国家的平等和自由为基础。或许,近代中国的人权思想之所以会表现出的各种困惑和不解,正是因为他们持有这种国家主义或集体主义的人权观。

相较近代中国的第一批人权思想家,新文化运动中的知识分子更倾向于关注个人权利与自由。在此之前,中国社会对民主的理解仅限于政治制度层面,其属于某种纯粹的政治构造。随着新文化运动的不断开展,在肯定个体自由与人性解放的基础上,人权精神和自由意识在思想文化层面的深刻内涵逐渐得到挖掘,由此形成民主政治得以建立的基本前提。① 尽管,陈独秀等人在坚持个人权利和个性自由的同时,仍会将其同民族命运和社会发展联系起来,同时将人权视为救亡图强的手段和方式,但他们在理解个人与国家的关系时会采取某种理性心态。正如高一涵所说,国家之所以有义务保护个人权利,是因为人们建立国家在于满足自身需要,国家权力建立在个人权利的基础上,为维护国家利益而损害个人权利的做法是不可取的。② 很显然,这种观点认为人权价值是针对个体而言的,其"意味着人应当把人当作人平等对待,人应按自己的意愿活着;它意味着每一个有良知的人应从自己生存的群体里体验自己的境遇,体验对自己的态度"。③

然而,令人遗憾的是,在救亡图存的紧急情况下,当时的知识分子没有将价值性人权的基本信念贯彻到底,人权思想与观念最终还是沦为实现国家富强与民族复兴的手段和工具。在新文化运动伊始,陈独秀所代表的激进民主主义者坚持的是以个人主义为本位的人权观,他们竭力宣扬自由和平等,这同西方第一代人权是密切联系的。但是,及至新文化运动后期,随着西方国家逐渐发展出第二代人权,陈独秀和李大钊等人的人权思想受到马克思主义传入的影响不断衍生出社会主义的权利内容。尤其是在新文化运动结束后,孙中山认为中国遭受侵略的原因在于"自由太多,没有团体,没有抵抗力,成一片散沙"。对此,他认为"个人不可太过自由,国家要得完全自由"。也就是说,"实行民族主义就是为国家争自由……便要大家牺牲自由"。④

李慎之曾经指出 20 世纪的中国人没有从根本上弄清楚什么是民主,更不用说是作为制度的民主。⑤ 实际上,"民主"与"人权"在中国社会经历的百年历程是极为相似的。

---

① 参见徐宗勉等:《近代中国对民主的追求》,安徽人民出版社 1996 年版,第 214 ~ 215 页。

② 参见高一涵:《国家非人生之归宿论》,载《青年杂志》1915 年第 1 卷第 4 号。

③ 王人博:《宪政的中国之道》,山东人民出版社 2003 年版,第 92 页。

④ 《孙中山全集》(第 9 卷),中华书局 1986 年版,第 281 ~ 282 页。

⑤ 参见李慎之:《革命压倒民主——〈历史的先声〉序》,载 http://www.aisixiang.com/data/23802.html,最后访问日期:2016 年 1 月 25 日。

“人权”总会在每次民主启蒙运动的开展过程中得到宣扬,当然也会随着运动的消沉逐渐陷入低潮。就此而言,20 世纪的中国社会从来都没有真正理解什么是人权。中国的人权运动之所以命运多舛,其在某种程度上是因为当时的中国人受到社会主义和共产主义的深刻影响,他们始终认为革命的价值要胜过民主和人权的价值。因此,在近代中国社会中,作为思想观念的人权更多的是被用于实现社会制度的有效变革。然而,在社会改革进程结束后,人权观念却难以给人们留下深刻印象,甚至当人权的工具理性与价值理性之间发生矛盾和冲突时,原有的人权观念反而会遭到否弃或悬置。

究其原因,西方自由主义人权观在将工具理性与价值理性有效结合的同时,更倾向于将对人权的追求视为某种体现价值理性的具体行为,因为人权观念在西方社会中始终都是人们内心的美好理想和坚定信念。与其不同,近代中国社会对人权内容的分析和探讨完全是出于某种工具理性的目标和要求,由于不具备西方社会特有的思想观念和历史背景,其有时只能对西方自由主义人权观作出刻意曲解或有意回避,最终被迫偏离真正意义上的自由主义人权观。如果说西方社会对人权的追求是以“信念伦理”为基础的,其注重的是人权本身的内在价值,那么近代中国社会对西方自由主义人权观的认可和吸纳则是基于“责任伦理”的现实考量,其更加关注思想理论在现实社会中的具体运作。从根本上讲,近代中国社会之所以追求和倡导西方自由主义人权观,与其说是因为接受和认同这种人权观的深刻意涵,倒不如说是看重其在救亡图强方面的实际功能和重要作用。

人权在近代中国社会中之所以很难实现真正的制度化和民主化,其主要原因就在于“革命人权”的观念在人们内心根深蒂固。即便能够引导人们接受和认可作为第二代人权的经济社会权利,也很难形成以个人主义、普遍主义、自由原则和平等理念为基础的自由主义人权观。尽管,救亡图强和人权保障在当时几乎同时被提出,但却很难说这两者之间存在某种必然关联。相比之下,考虑到国家主权和民族生存受到严重威胁,人们首要面对的是国家和民族问题,他们更加关心如何维护国家独立和民族统一,以及如何促使国家进入现代化建设的正常轨道,至于自由和平等的人权追求却被摆在相对次要的位置。这时,西方自由主义人权观念的价值和意涵早已被湮没于民族主义和集体主义的强烈意识之中,其仅体现为少数先进知识分子内部流行的特定话语和宣传口号,而不是作为某种主流的社会思潮展现在普通民众面前。正因为如此,近代中国社会倡导的人权观念并不是个人本位的,而是国家本位和集体本位的,同时还是按照实用理性的观点和立场改造过的。

实际上,近代中国社会始终处于严重的国家混论和民族危机之中,原有的社会结构和政治体制已经被彻底打破,但新的社会结构和统治秩序却没有真正建立起来,当时的知识分子为此感到深深的不安和忧虑。在这段时期内,这种强烈的危机感和使命感促使他们必须采取积极的应对举措,由此便催生出其对西方自由主义人权观的选择和接受。在此过程中,既有对历史现状的客观分析,也有对道德价值的主观判断,但主要还是来源于以经验为基础的直觉判断,其间多是采用直接体悟的认知方式,而缺乏逻辑严密和条理清晰的系统论证,因此必然带有很多急功近利的非理性成分。与此同时,这从侧面可以反映出当时的知识分子根本没有形成某种兼具理性和成熟的政治力量,也从未对自由主义人权观念存在的社会基础有过准确的认识和把握。

六、小　　结

事实上,西方自由主义人权观在被引入中国以后,分别遭受过集体主义、激进主义和保守主义等社会思潮的批判和冲击,在大约一个世纪的历史发展进程中显得多有起伏和坎坷。西方自由主义人权观之所以会在近代中国社会中发生异化和流变,"是因为中国那时正处于混乱之中,而自由主义所需要的是秩序。自由主义的失败是因为自由主义所假定应当存在的共同价值标准在中国并不存在,而自由主义又不能提供任何可以产生这种价值准则的手段。它的失败是因为中国人的生活是由武力来塑造的,而自由主义的要求是,人应靠理性来生活。简言之,自由主义之所以在中国失败,乃因为中国人的生活是湮没在暴力和革命之中,而自由主义不能为暴力与革命的重大问题提供什么答案"。①

我们所处的时代被称为权利的时代,甚至有学者认为权利在当前已经取得绝对胜利,但人们仍旧可以看到各种侵犯人权的事件还在不断发生。在此背景下,人们必须承认自己尚未准确把握人权的要旨与真义。在此之前,人们为达成人权共识付出过高昂的成本和代价,若是有意或无意地将其扭曲或遗忘,不免会使人感到遗憾和失落,更不能对当年遭受的苦难和挫折作出合理交代。在中国语境下,人权的主体和内容正在不断发生变化,现在早已超出西方自由主义人权理论原有的内容体系和理论框架,同时不断要求国家、政府和社会为完善人权保障承担更多的责任和义务。尽管如此,人权理念的核心价值却始终没有改变,为避免国家专制和政府压迫,个人仍需时刻保持警惕,而且要保有实施反抗和寻求救济的基本能力。归根结底,所谓人权就是人之为人所享有的权利,其背后蕴含某种普适的道德价值和共同信仰,最终指向对人类诉求的终极关怀。对此,人们唯有续接起近代中国的人权发展历史,审慎反思西方自由主义传统对中国人权理论及实践所产生的现实影响,才能够真正理解人权的深刻意涵。

The Capture and Criticism of Western Liberal View of Human Rights in the Chinese Modem Society

Cao Shengmin

Abstract:At the end of nineteenth Century,the western liberal view of human rights was introduced into China,and had a broad and far-reaching impact on Chinese modem society.

① [美]格里德:《胡适与中国的文艺复兴:中国革命中的自由主义(1917 - 1937)》,鲁奇译,江苏人民出版社 1993 年版,第 378 页。

After this, the individualistic view of human rights based on the Chinese traditional culture gradually formed. Its formation depends on universalism and equality concept, and subsequently showed socialized trend. More than this, its content constantly enriched and improved in the Chinese modem society, which made the right typeextend from positive rights to negative rights and prompted economic and social rights to rise and develop. In addition, human rights as the pragmatic tools for saving the nation have played an important role in the social reform at that time. In general, combing the history development of human rights in Chinese modem society is conducive tojudiciously reflection the realistic influence of western liberalism on the Chinese human rights development path, and then urges people towards the future path of human rights development in a scientific and reasonable way.

Key Words: liberalism human rights individualism universalism equality modem society

（责任编辑：仁 者）

当代社会正义理论的转向：以罗尔斯正义理论为中心的考察

徐清飞*

[摘　要]　在当代社会剧烈转型的同时，社会正义理论也在经历着转向。罗尔斯的正义理论引领了当代社会正义理论的转向。为了解决社会理论的规范性危机，罗尔斯通过“作为公平的正义”使当代正义研究重新回到应然的轨道上来。为了解决合理性多元的困境，罗尔斯将正义理论从道德合理性转到政治合法性上来，正义难题的解决由社会选择转向法律裁定。但无论社会正义理论如何转向，都具有其自身理论所难以克服的限度。这种限度可以总结为正义问题的政治、法律解决进路的稳定性限度，即仅依靠宪法性共识是难以保证社会基本结构的正义问题在全社会获得普遍认同的。而这种限度在更深层次上又是与自由主义解决方案所具有的局限性紧密相连的，这种局限性体现为自由主义只能处理极为有限的问题，并且也只应该去设法处理这些适合它的问题，但真正对于正义问题的解决具有意义的恰恰是在这个问题之外的问题。当代社会正义理论的转向提醒我们对正义问题的研究要更加关注正义背后的背景与脉络。

[关键词]　社会正义理论　规范性转向　政治正义　背景正义

如何不使正义沦为纯粹的主观价值判断成为当代正义理论①所必须予以首先回应的主要问题。对这一问题的解决成为当代社会正义理论研究的风向标。当代的正义理论，要么在罗尔斯的框架下进行，要么给出不这样做的原因。② 它引领了当代社会正义理论的转向，罗尔斯正义理论是引领这种转向的典型。通过正当性转向，罗尔斯把当代正义问题的研究重新纳入规范性研究的轨道上来。在一定意义上这种转向或扭转可以被看作当代西方伦理学和社会科学界所谓“现代伦理法律化”的主要标志之一。因为它扭转了20世纪前70年西方伦理学追踪现代西方科学认知主义思潮所形成的元伦理学或分析

---

* 徐清飞，华中科技大学法学院。

① 本文对时间的限定主要是基于问题发生意义上的当代。以当代正义问题来限定讨论的时代；对正义理论的考察主要侧重于社会正义理论，也即罗尔斯所谓的社会基本结构的正义研究，以下在不同的部分可能会简述为正义理论。

② 参见诺齐克：《无政府、国家与乌托邦》，何怀宏等译，中国社会科学出版社1991年版，第187页。

伦理学主流方向,使伦理学重归规范伦理学的传统思路;借助并改造西方近代社会契约论传统,进一步改造甚至重建所谓"普遍理性主义规范伦理学",即依据现代民主社会的基本结构,建构一种基于社会基本制度正义而非社会风俗礼仪或个体美德一类的道德伦理文化的制度型或社会新契约主义的普适规范伦理学。[①] 规范性的正义理论把正义问题引向应然性的价值判断,正义理论开始重新思考何种社会秩序是正当的?罗尔斯进一步把社会秩序的正当性问题集中于社会基本结构的公正与否。罗尔斯的正义理论试图提出并论证一种事关社会基本结构的正义理论。正义的规范性研究扭转了正义研究中主流的描述性与解释性趋向,正义对制度的批判与导引功能重新受到重视,对包括我国在内的全世界正义问题的研究都产生了深远的影响,罗尔斯的正义原则及其三种程序正义观[②]成为了研究分配公正以及程序公正的重要理论资源。

但罗尔斯并没有停留于正义理论的规范性转向,针对何谓正当的不可通约性,罗尔斯把其正义理论由道德合理性转向政治合法性,进一步把其正义理论限定在政治正义上。社会基本结构正当性作为一个道德问题,在道德上何谓基本结构的公正难以获得普遍性共识的情况下,只能将基本结构公正限定在政治领域,基本结构的公正只能是一种政治共识。罗尔斯正义理论的合法性转向引发了当代社会正义理论的法律化发展,亦即将正义难题与正义争辩通过法律途径予以解决。遗憾的是国内社会正义理论的研究主要还停留在对罗尔斯规范正义的研究上,没有关注到罗尔斯正义理论的合法性转向以及由此引发的社会正义理论的转向。因此,实在有必要深入探究罗尔斯正义理论的转向:罗尔斯的正义理论是如何转向的?为什么要进行转向?转向后罗尔斯又是如何重述与证成其正义理论的?转向后又是如何引领当代社会正义理论发展的?对我国正义问题的研究又将会有何启迪呢?

一、当代正义理论的规范性研究回归

罗尔斯的正义论之所以在当代正义研究中具有划时代的意义,就在于《正义论》的发表使得当代正义理论重新转向对规范性问题的研究与实质性正义观的建构。正义问题能够进行规范性研究吗?何谓正义能够获得一种实质性判断吗?在《正义论》发表之前很长一段时间,法律、政治与伦理等问题的研究由实证主义所统治,事实与价值之间的鸿沟被哲学与社会科学所严格遵守,"任何评价性(evaluative)及规范性的命题,只是表达我们的感觉或情绪而已,并不能增加任何实质性的知识;有意义的命题,要么是分析性(analytic)的恒真命题,例如数学或逻辑;要么是可以被证实的经验性命题"。[③] 哲学唯一

① 万俊人:《论正义之为社会制度的第一美德》,载《哲学研究》2009 年第 2 期。

② 罗尔斯在《正义论》中提出了程序三种正义类型,即完善的正义、不完善的正义与纯粹的正义。

③ 相关论述请参考周保松为繁体版的《一种正义理论》(修订版)所写的导言。详见[美]罗尔斯:《一种正义理论》,李少军等译,台北桂冠图书 2003 年版,导读。

可做的便是逻辑及概念分析而非批判与反思。当时的主流研究都是在假定社会秩序自身的公正基础上进行推理,无力反思社会秩序本身的公正与否。当社会问题密集爆发并指向社会秩序本身的正当与合理时,定义与意义的分析只能进行形式性的修补而难以进行根本性的反思。社会发展的停滞不前、战争的阴影及后续影响、冷战的对抗格局、资本主义的经济危机、各国政府应对危机的迟钝与滞后以及由此引发的世界性的学生运动都对当时社会存在的合理性基础提出了根本性挑战。因此必须对社会存在的道德合理性进行反思与追问,借此罗尔斯将对正义问题的研究回归到规范理论的传统上来,也即恢复从亚里士多德到西季维克这个伦理学的传统。那么,罗尔斯是如何展开这些工作的呢?

罗尔斯的正义理论所要从事的工作就是为自由民主社会提供全新的道德合理性证明,在这个意义上可以说《正义论》就是通过重新挖掘实质性正义观念的规范性内涵来证明自由民主社会依旧具有存在的道德合理性。罗尔斯试图建构一种道德合理、实践可行的正义原则,这些原则是"那些想促进他们自己利益的自由理性的人们将在一种平等的原初地位中所会接受的,以此来确定他们联合的基本条件,这些原则将调节所有进一步的契约,指定各种可行的社会合作和政府形式"。[①] 也即主要适用于社会基本结构的正义原则。罗尔斯把这种方案叫作一种作为公平的正义。它是一种社会选择的产物,作为公平的正义仅仅是一种最优化的选择,罗尔斯的正义理论所做的主要工作就是为这种选择提供一种证明。

罗尔斯对这种正义观的证明采取的是一种反思均衡的方法与建构主义的进路。罗尔斯的正义方案首先是一种建构的产物,罗尔斯的正义理论首先是一种封闭结构内事关社会基本结构的正义理论,基本结构之所以被看作是正义的首要主题,[②]是因为,"基本结构对公民的目标、追求和性格的影响,以及对他们的机会和他们利用其优势的能力的影响,从人生的开始就是无处不在和无时不在的"。[③] 社会的基本结构被重新表述为社会的主要政治制度和社会制度融合为一种社会合作体系的方式,以及它们分配基本权利和义务,调节如何分配由持续的社会合作产生出来的利益。基本结构表现为,具有独立司法系统的政治体制,为法律所承认的财产形式,经济结构以及某些形式的家庭。这样,基本结构就被认为是社会的背景框架,在这种背景框架内,团体和个人从事各种活动。正义为社会提供了道德合理性的基础,社会的道德合理性在于社会基本结构的公正。

基本结构的正义理论乃是以一种合理程序的方式建构起来的,在此程序中的各理性派别采纳正义诸原则来处理随之发生的每一问题。从类型意义上说,一种建构主义学说

① See Rawls, *A Theory of Justice*, Harvard University Press, 1999, p. 9.

② 参见[美]约翰·罗尔斯:《作为公平的正义——正义新论》,姚大志译,上海三联书店 2002 年版,第 17~20 页。

③ 同上书,第 18 页。

是从适用于一个封闭自存的民主社会之基本结构的正义诸原则出发,并靠吸纳一系列主题来推演的。如此,它才能向前推出未来后代之要求的原则,向外推出万民法诸原则,向内推出特殊社会问题的原则。① 如此,事关国内基本结构的正义原则就是一种建构程序的产物,用罗尔斯的话说就是一种选择的结果。

社会选择是由从事合作的人们通过契约予以保障的。② 要达成这些契约有两个问题必须加以解决:第一,人们总是存在于特殊的社会条件之中并具有特殊的困境,从而其思想难免带有偏见;第二,人们在社会上占有的地位是不同的,拥有的权力也是不一样的,某些人比其他人更有优势。因此,人们要想达成一个公平的契约,就必须使人们的思想不受社会条件和处境的特殊性质所影响,也必须消除人们的"交易优势"。③ 罗尔斯是通过设立原初地位来克服这个困难的。罗尔斯把原初地位理解为是一种代表设置或者是为了公众澄清和自我澄清的目的而进行的思想实验,它是假设的和非历史的。原初地位意在模仿两件事情:首先,它模仿了人们看作公平条件的东西,在这些条件下,作为自由平等的公民之代表一致同意就公平的合作条款达成协议;其次,它模仿了人们看作对推理所施加的恰当限制的东西,基于这种推理,处于公平条件下的当事人可以恰当地提出某些正义原则,而拒绝另外一些原则。④ 简言之,可以说,原初地位被重新理解为,通过将当事人(在其中任何一方对于自由平等公民之切身利益都是具有责任的)描述为在处境方面是公平的,并是在对支持正义之原则的推理进行恰当限制的条件下达成协议的,这种代表设置模仿了我们作为理性的人所怀有的坚定信念。⑤

这样就保证了社会基本结构的正义仅仅只是一个定点,一个正当性证明的起点,在一定意义上可以说,罗尔斯是通过公共理性平台的设置,邀请你、我、他来共同去选择一种为大家所接受的正义原则,而非像哈贝马斯所评论的那样,罗尔斯的正义理论是一种独白的普遍主义。可以说,罗尔斯的正义理论是反基础主义的,它不可能在终极意义上为世界提供一种实质性的正义理论,尽管罗尔斯认为其正义理论也是实质性的,但这种实质性的正义是开放的、可修正的。

---

① [美]约翰·罗尔斯:《万民法》,舒炜译,载汪晖、陈燕谷主编:《文化与公共性》,生活·读书·新知三联书店1998年版,第380~381页。

② 参见[美]约翰·罗尔斯:《作为公平的正义——正义新论》,姚大志译,上海三联书店2002年版,第25页。

③ 参见姚大志:《导读:从"正义论"到"正义新论"》,载[美]约翰·罗尔斯:《作为公平的正义——正义新论》,姚大志译,上海三联书店2002年版,第454页。

④ 参见[美]约翰·罗尔斯:《作为公平的正义——正义新论》,姚大志译,上海三联书店2002年版,第28~29页。

⑤ 同上书,第30页。

二、罗尔斯正义理论的合法性转向

罗尔斯的规范性正义理论在当代形成了巨大的统治力,当代正义理论几乎都是围绕罗尔斯的正义理论展开的,或者批评或者发展。但罗尔斯自己并没有故步自封,他对当代正义理论的引领恰恰就在于他并未像德沃金等那样仅仅停留在规范性正义理论本身,而是不断反思规范性正义理论的限度并进一步发展其正义理论。基于其正义理论的反思均衡特性,面对合理性多元主义的现实,罗尔斯认识到一种普遍的关于道德合理性的规范正义理论既不可欲亦不可行,关注道德合理性的作为公平的正义难以保证其稳定性。人们对道德合理性持有多元主义的主张与看法,因此正义的普遍主义理想在合理性多元主义的现实面前难以有效实现。只有把其正义理论限定在政治领域,从普遍的道德合理性证明转向自由民主立宪的合法性证明,才能确保其正义理论的稳定性。

罗尔斯正义理论是从对合理性多元的现实反思开始的。在罗尔斯看来,合理性多元的现实,主要是指现代民主社会的三个基本特征:"一是广泛的宗教哲学道德理论的歧异并非一个暂时的历史状态,而是一个持久的特征;二是对一种广泛的宗教、哲学与道德理论的持续共识不能通过国家力量来坚持;三是一个稳定、有保障的民主政权,必须得到其政治上活跃的公民的一种实质性多数的自愿和自由的支持。"①。这种合理性的多元主义,不再把多元主义归结为价值来源的客观多元主义,而是把多元主义归结为合理性的人们在关于善的整全性观念上无法达成一致的预期。② 如此,"无需陷入多元主义,合理性就穷尽了,这是因为对分歧的解释不在于关于价值来源或诸种来源的任何形而上学的断言,而是在于对合理性本身的性质的分析"。③ 在合理性多元的现实下,罗尔斯不得不反思其作为公平的正义的正义理论的适应性与解释力,因为,公平的正义作为整全性学说中的一种不可能得到公民的普遍认可。进而,罗尔斯认为,其在《正义论》中所使用的公平正义之秩序良好社会的理念也是不现实的,因为,它与在最佳可预见条件下实现其自身的原则不一致。因此,"《正义论》第三部分关于秩序良好社会的稳定性解释也不现实",④必须重新解释。罗尔斯之前的稳定性论证依赖的是一个与多元主义的现实相悖的前提:"假设在此社会里的每一个人,或至少大部分人都会同意这些正义理论。"⑤而现在,罗尔斯认识到,在那些用以满足其处心积虑所创立的正义理论的条件下,基于合理性多元主义的现实,合理性的、自由平等的人们将不可避免地和无可非议地逐渐对这些正义理论产生异议。因此,在罗尔斯看来,《正义论》最后部分所提出的稳定性理论就与前面

① See Rawls, *Political Liberalism*, New York, Columbia University Press, 1996, pp. 36 – 39.

② See Lamore, *The Morals of Modernity*, Cambridge University Press, 1996, p. 154.

③ 应奇:《从自由主义到后自由主义》,生活·读书·新知三联书店 2003 年版,第 204 页。

④ Rawls, *Political Liberalism*, New York, Columbia University Press, 1996, p. xvii.

⑤ Dreben, On Rawls and Political Liberalism, in Freeman (ed.), *The Cambridge Companion to Rawls*, Cambridge, Cambridge University Press, 2003, p. 317.

2/3 的内容相矛盾。[①]

面对合理性多元的事实,罗尔斯通过对自由主义自身的反思体认到在现代自由民主社会中,各种宗教、哲学和道德学说,可以有自己善的观念,甚至在学理上不必接受正当优先于善的预设,但在政治生活中,却不得不服从宪法和法律所体现的公共理性,不能因为自己独特的善的观念而违背社会公共正义,尽管在公共领域你可以按照自己善的观念对"什么是正当"进行合理的公共讨论。因此,秩序良好的民主社会要想满足一种现实的合乎稳定性的必要条件,只能通过一种满足下列条件的正义观念而达到良好秩序:一是认可合乎理性却又相互对立的整全性学说的公民能达到一种重叠共识,也就是说,他们普遍认可的正义观念是他们对基本制度的政治判断的内容;二是不合乎理性的整全性学说不能充分流行,不能削弱社会根本正义的基础。[②] 为达此目标,罗尔斯进一步将《正义论》所提出的公平正义明确为一种只适应于社会基本结构的政治正义观念。这是罗尔斯正义理论转向的基础。

将公平正义转换为一种政治的正义观念,要求重新阐发作为政治观念的各构成性理念,它们构成了公平正义的整全性学说,[③]进而要对整全性学说与政治正义观念进行区分。罗尔斯把一种政治的正义观念称为独立的观点,这时候,"它就不再被解释为是从某种整全性学说中推导出来的,或是某整全性学说的一部分。这样一种正义观念如果想要成为一种道德的观念,其自身就必须包含内在规范理想和道德理想"。[④] 如此,罗尔斯正义理论的主旨也就变成了,"为多元论的合乎理性学说——这永远是自由民主政体的文化特点——可以认可的立宪民主政体制定出一种政治的正义观念"。[⑤] 正是通过这一理念或观点,现代民主社会才找到建立合理的自由立宪制的公共理性基础,政治合法性的证明才能得以完成。罗尔斯把这称为"一种新的社会可能性的发现":"的确,自由立宪制

---

① See Dreben, On Rawls and Political Liberalism, in Freeman (ed.), *The Cambridge Companion to Rawls*, Cambridge, Cambridge University Press, 2003, p. 317.

② See Rawls, *Political Liberalism*, New York, Columbia University Press, 1996, p. 39.

③ 罗尔斯的这项工作是通过《政治自由主义》第一部分的各讲和第二部分的第五讲来完成的。

④ Rawls, *Political Liberalism*, New York, Columbia University Press, 1996, p. xliii. 罗尔斯是这样解释这些理想的,当公民们相互间都把对方看作是一个时代传承的社会合作系统中自由而平等的公民时,他们准备相互提供公平的社会合作项目(通过各种原则和理想来规定这些项目),而且他们都一致同意按照这样条款行动,即使在某些特殊环境下要牺牲他们自由的利益时也要如此,假如其他人也接受这些项目的话,这时候,他们就是有理性的。因为这些项目是公平的,提出这些项目的公民必定理性地认为,那些被提供这些项目的公民也会理性地接受它们。See Rawls, *Political Liberalism*, New York, Columbia University Press, 1996, p. xliv. 在此罗尔斯实际上引入了相互性的标准。因此,政治的权利和义务即是道德的权利和义务,因为它们都是政治观念的一部分,而该政治观念乃是一种具有其内在理想的规范性(道德的)观念,尽管它本身并不是一种整全性学说。这种区分,最为明显地体现在对自律价值的理解中。See Rawls, *Political Liberalism*, New York, Columbia University Press, 1996, pp. 72 – 81.

⑤ Rawls, *Political Liberalism*, New York, Columbia University Press, 1996, p. xviii.

(liberal constitutionalism)的成功,乃是一种新的社会可能性的发现,即一种理性和谐而又稳定多元的社会之可能性的发现。"①与之相关,一方面,在从公平正义的整全性学说到公平正义的政治观念这一转换中,"作为拥有道德人格及其充分的道德行为主体之能力的个人理念则被转换为公民理念"。②"自由而平等的公民,是享受着公民身份之政治权利和政治义务的现代民主社会中的政治个人,他与其他政治公民有着一种政治关系。"③当然,这种公民也是一个道德的行为主体,因为正如我们业已看到的那样,"一种政治的正义观念也是一个道德观念"。④而为了发挥其政治角色的作用,"公民被看作是具有适合于这一角色的理智能力和道德能力的,诸如,由一种自由主义观念所给定的政治正义感的能力;一种形成、遵循和修正其个体善学说的能力;还有他们具有维持正义的政治社会所需要的政治美德能力"。⑤罗尔斯抛弃了那种抽象的以对人性的说明为出发点的传统做法,而从政治实践本身出发来寻求解决之道。罗尔斯的目标是要确保稳定的社会统一性。但这种稳定性的获得仅仅通过传统的制度设计的进路是难以实现的,"制度的设计不可能确保公民对基本结构诸制度的忠诚,而这种忠诚正是稳定性的根本所在"。⑥唯一能够获得稳定性的,就是这样一种公共哲学,"它支配着每一个人都能够加以接受的基本结构,而且每一个人都能运用它来相互论证社会基本制度的合理性"。⑦

从普遍性的道德主体转换到政治性的公民面临着如下难题:当宪法根本和基本正义问题产生危机时,具有这种关系的公民怎样才能绝对尊重其立宪政体的结构?又怎样才能通过他们自己在这一结构中的各种法规和法律来遵守其立宪政体的基本结构?"一个由自由而平等之公民——他们因各种尽管互不相容但却合乎理性的宗教学说、哲学学说和道德学说而产生了深刻的分化——所组成的稳定而正义的社会怎样才可能长治久安?"⑧合理性多元论的事实比其他任何事实都更尖锐地提出了这一问题,因为它意味着,"受到各种不同的整全性学说——宗教的与非宗教的——熏陶的公民们之间的差别是无法调和的,因为这些整全性学说包含着诸种超验性因素"。⑨这样一来,什么样的原则和理想才是公民们平等共享终极政治权利,以使他们每一个人都能合乎理性地相互证明其政治决定的正当合理性呢?罗尔斯是通过相互性的标准来解决这些难题的:"只有当我们真诚地相信我们为自己的政治行动所提供的理由有可能为其他公民合乎理性地接受

---

① Rawls, *Political Liberalism*, New York, Columbia University Press, 1996, p. xxv.

② Ibid., p. xlv.

③ Ibid., pp. 100 – 101.

④ Ibid., p. xlv.

⑤ Ibid., pp. xlvi – xlvii.

⑥ [澳]乔德兰·库卡塔斯、菲利普·佩迪特:《罗尔斯》,姚建宗、高申春译,黑龙江人民出版社1999年版,第165页。

⑦ 同上注。

⑧ Rawls, *Political Liberalism*, New York, Columbia University Press, 1996, p. xviii.

⑨ Ibid., p. Xlvi.

下来作为他们行动的正当根据时,我们对政治权力的行使才是恰当的;而当我们把这一标准运用到宪法的合法性和那些在宪法指导下所制定的法规之合法性时,便产生了我们可以称为自由主义的合法性原则。"①但是,由于证明是针对他人的,所以得从什么是或可能是大家共同主张的东西开始;因此,"我们便从隐含在公共政治文化中人们所共享的理念开始,我们希望从这些根本理念中开出一种可以获得自由而合理性的判断一致的政治观念,而这种判断上的一致可以凭借它获得合乎理性的整全性学说之重叠共识的支持而达于稳定,而对于一种合理性的政治正义观念来说,这些条件已经足够了"。② 这样罗尔斯的正义理论其出发点就从无知之幕转变为自由民主立宪国家的政治实践,原初地位也是以像美国这样的现代自由民主立宪国家为现实背景的。"当我们的探讨集中在现代社会自由与平等之间明显的冲突时,我们正在发现的正义观念不是不考虑具体社会的和历史的环境而适应于所有社会的。我们想要解决现代条件下的一个民主社会就基本制度的公正形式问题所存在的基本分歧。我们研究我们的现在和未来,反思我们自《独立宣言》以来的争端。至于在这一宽广的背景中我们的结论能够有多大意义,是与这相分离的另一个问题。"③与之相一致,在政治自由主义中,正义所诉诸的不是政治决策,而是法律裁定。罗尔斯的政治自由主义的核心机构不是像国会这样的审议机关,而是以最高法院为代表的司法机关。这更加切合了美国的政治与法律实践。

为了完成合法性的证明,罗尔斯进一步把其正义理论从康德式的道德建构主义修正为政治建构主义。罗尔斯是这样来理解政治建构主义的:"政治的正义原则是一种建构程序的结果,在这一建构程序中,有理性的个人(或他们的代表)服从于合理性的条件,采用这些原则来规导社会的基本结构。"④政治正义的原则源于一种适当的建构程序,这种程序恰当地表达了实践理性的必要原则和观念,我们把它们看作是合乎理性的。由这些原则所支持的判断也是合乎理性的。"当公民们共享一种合乎理性的政治的正义观念时,他们便有了一个基础,在此基础上,他们就可以对根本政治问题进行公开讨论,并理性地对之作出决定。"⑤罗尔斯把这一程序看作具体体现了所有实践理性的相关要求,并告诉人们正义原则是如何从实践理性原则中推导出来的。这样,"政治自由主义不把它的政治的正义观念当作真理来谈,相反把它当作合乎理性的观念来谈"。⑥ 它表示,"政治观念的观点被更严格地限定在明辨政治价值而非所有价值的范围内,同时,提供一种公共的证明基础。它表明,政治观念的原则和理想是建立在与社会和个人的观念以及与实践理性观念本身相联系的实践理性原则之基础上的;这些观念具体规定了实践理性原则

① Rawls, *Political Liberalism*, New York, Columbia University Press, 1996, pp. xlvi, 11 – 12, 137.

② Ibid., pp. 100 – 101.

③ Rawls, "Kantian Constructivism in Moral Theory", *The Journal of Philosophy* Vol. 77, No. 9 (September, 1980), p. 518.

④ Rawls, *Political Liberalism*, New York, Columbia University Press, 1996, p. xxi.

⑤ Ibid..

⑥ Ibid., p. xx.

于其中得以应用的那种框架"。[①] "政治建构主义为政治自由主义提供了一种合适的客观性观念。"[②]罗尔斯的政治建构主义中的政治正义指的是各种政治价值的恰当安排,它不是一个单一的价值概念,不是个人追求的具体价值,而是保障每一个个人追求具体价值的政治设计。[③]

政治建构主义也为正义理论的稳定性提供了证明。罗尔斯所要做的不仅仅是建构一种新的政治正义理论,而且还必须回答,为什么正在建构的正义理论是稳定的,为什么一个建立在此基础上的社会就长治久安。[④] 所以稳定性必须是基于正当理由的稳定性。"它必须与正当的理由相协调"。[⑤] 而所谓的正当理由,在罗尔斯看来,就是稳定性在正当体制下通过恰当的动机获得保障的。如果说,在《正义论》中,稳定性的保障是通过对正义的理解以及正义与善之间的一致性、协同性获得的,那么,这种被 Barry 认为是康德式的解释需要的是对某种整全性的观点有一种同一性的认同,但这种认同,罗尔斯后来认识到,尤其是在面对合理性多元主义的现实时,是不可能达致的。因此,这一未尽的事业也就成为推动罗尔斯对稳定性关注的主要动力。[⑥] 而在这种反思下,对稳定性的保障,就仅仅需要正义原则在一定程度上与广被接受的整全性观念相适应。[⑦] 这种程度就是,正义原则仅仅被理解为是一种政治正义原则。用罗尔斯的话说就是,提出作为公平的正义作为一种政治的概念是对合理性多元主义事实的一个回应。[⑧] 而在政治正义理念下,作为公平的正义的稳定性能够被保证,仅仅是因为它在合理性多元主义的整全性观念中能够形成一种重叠共识。而在此罗尔斯所关注的稳定性问题,也就仅仅是"在合理性的人们之间获得关于同样正义原则的自由同意"。[⑨] 这样,"支持作为政治性公平正义的重叠共识的因素就变成了判断的负担、合理的道德心理学和政治建构主义"。[⑩] 而相应的,反思的均衡就必须修正为判断的负担下的反思的均衡,因为"合理性多元主义事实需要解释,所以需要引入判断的负担并对它的历史进行介绍"。[⑪]

---

① See Rawls, *Political Liberalism*, New York, Columbia University Press, 1996, p. xx.

② Ibid., p. 89.

③ 参见林火旺:《正义与公民》,吉林出版集团有限责任公司 2008 年版,第 120 页。

④ See Dreben, On Rawls and Political Liberalism, in Freeman (ed.), *The Cambridge Companion to Rawls*, Cambridge, Cambridge University Press, 2003, p. 317.

⑤ Brian Barry, "Review: John Rawls and the Search for Stability", *Ethics*, Vol. 105, No. 4 (July, 1995), p. 882.

⑥ Ibid., p. 885.

⑦ Ibid., p. 890.

⑧ See Kukataths, *John Rawls*, IV London and New York, Routledge, 2003, p. 57.

⑨ See Brian Barry, "Review: John Rawls and the Search for Stability", *Ethics*, Vol. 105, No. 4 (July, 1995), p. 898.

⑩ Kukataths, *John Rawls*, *IV*, London and New York, Routledge, 2003, p. 69.

⑪ Ibid..

罗尔斯正义理论的合法性转向再次引领了当代社会正义理论的新发展。政治正义成为正义理论研究的主要范式。程序、沟通与对话成为正义研究的主要方法。在祛魅之后,当代社会普遍存在着合法化危机,如何解决正义的客观化难题,避免正义沦为主观化的价值判断成为当代社会正义理论必须予以攻克的难题。罗尔斯正义理论的合法性转向将这一问题的解决引向了程序性的共识进路。对正义问题的解决不再试图寻求普遍的道德判断,而是尽可能通过程序公正获得关于正义的最低限度的共识,而在现代社会都是在政治与法律框架下展开的。“道德论证的作用是,以共识的手段解决行为冲突”。[①]宪法共识与宪法解释成为解决正义问题的最终理据。

三、合法性正义理论的全球扩展

在完成一国之内的自由民主立宪国家多元稳定的论证后,面对当代社会的国际新形势,罗尔斯进一步将其正义理论扩展至国际秩序中,试图进一步证明其合法性正义理论也可以推演到国际领域。这种正义理论的扩展又进一步引领了当代社会正义理论中的国际正义研究的转向。

在国际社会,尤其是在全球化下多元共存问题进一步凸显,“种族、性别、民族—国家、跨国资本、大众传媒、全球化等概念已经以密集的方式成为当代世界的关注中心”。[②]进而,后冷战时代的自由主义所直面的主要已不再是意识形态方面的挑战,而是来自均衡被打破之后世界局势的复杂性与多样性,这种复杂性与多样性既有局部战争的全球扩展问题,又有世界文明的冲突问题,还有种种单一国家难以独自解决的跨国性问题。面对这些问题当代社会正义理论必须予以回应。罗尔斯通过扩展其转向之后的正义理论试图在全球多元的语境下进一步证明其政治合法性正义理论的解释力。这进一步延续了其在一国之内对多元稳定的解决进路,那就是并不寻求一种整全性的解决,而试图把整全性的问题悬置起来,进而希冀以一种各方都能接受的政治进路来解决问题。概述之,就是通过原初地位的代表设置来使诸民族的代表在无知之幕下通过政治建构主义就相关问题达致共识进而实现全球秩序的稳定。[③] 但问题是,一方面自由正义在这种“合宜的等级制 peoples”的扩展表现了自由主义的宽容精神与对秩序稳定性的寻求,这种宽容可以被看作是对《政治自由主义》中对宗教的、哲学的和道德的合理性的整全性学说中之宽容的国际类比;但另一方面这种类比已经超越了自由主义的宽容限度,因为,它挑战了自由主义对个人自由承诺的底线。因此,可以认为罗尔斯对下面问题——为什么在全球

---

① Habermas, *Moral Consciousness and Communicative Action* troms. by Lenhadt and Nicholsen, Polity Press, Cambridge, 1990, p. 67.

② [美]约翰·罗尔斯:《万民法》,舒炜译,载汪晖、陈燕谷主编:《文化与公共性》,生活·读书·新知三联书店 1998 年版,导论第 1 页。

③ 徐清飞:《人权共识与全球多元稳定》,载邓正来主编:《西方法律哲学家年刊》(第 2 辑),北京大学出版社 2007 年版。

背景下而不是在政治文化的多样性背景下对非自由的宽容是不同的,没有给出原则性的理由,进而给人以这样的印象,即罗尔斯的国际政治理论看起来是寻求自由与非自由政体的妥协,而不是因对自由正义的尊重而获得稳定性。[①] 那么,罗尔斯又是如何解决这种指摘的呢？罗尔斯的方案是一种作为由其所设定的条件而获得的人权共识来解决,并由人权“指明了一个有良好声誉的国家关于其他社会的可允许的法律的外在边界”。[②]

罗尔斯意义上的人权共识迥然不同于传统意义上的整全性的人权共识,即“并不基于任何特殊的完备性道德学说或关于人类本性的哲学观念”,而是“一个秩序良好的政治制度的起码标准”。[③] 同时,由于“只要某一政体有一丁点公道,它就很难拒绝这两项条件:一个共同善的正义观念和维护法律的官员的真诚意愿”,如此,人权就决不因仅仅是“只适于西方传统的或特殊自由的东西”而“拒而不受”,由此而言,“人权在政治上是中立的”。[④] 人权共识的达成在国际秩序层面,一方面,通过合理万民法的作用限制着国家对内的统治权:人权的作用之一即明确地划定统治权的界限。[⑤] 另一方面,人权共识也是自由主义视域下国际社会得以稳定发展的基点:“满足人权的要求乃是一个政体合法性的必要条件,也是捍卫其合法程序的必要条件;满足人权的要求也就足以排除言论和外力的干涉;在诸民族中,人权设定了对多元论的道德限制。”[⑥]

罗尔斯的人权共识就是面对全球合理多元的现实要在国际秩序中实现重叠共识在一国之内面对合理多元的现实而达致一种公正、稳定的社会秩序所能起到的作用。[⑦] 但问题在于人权共识能否确保国际社会的统一与稳定？与重叠共识相作用或者相配套的一系列因素在国际层面是否具备？因为罗尔斯认为,要达至一国之内自由秩序的稳定性,仅仅达成重叠共识是远远不够的,还需要一系列与之相关的理念与背景正义的支撑,最主要的就是民主宪政文化与公共理性。那么,我们就要问,在国际领域,是否有这种背景与理念,全球多元稳定是否具有其合理的正当理由？

但在国际社会中,却不存在这种选择与建构的条件,因为既不存在一种国际基本结构,更不存在一种建构得以展开的背景文化与公共理性,进而其选择的结果就不会是一种正义的原则。因此,罗尔斯退而求其次,诉诸一种国际人权共识,因为人权共识能够更大限度地包容那些与自由主义相异的以社团或联合体为逻辑与法律起点的合宜的

---

① Tan. Liberal Toleration in Rawls's Law of Peoples. *Ethics*. Vol. 108, No. 2 (January, 1998), pp. 282 - 284.

② [美]约翰·罗尔斯:《万民法》,舒炜译,载汪晖、陈燕谷主编:《文化与公共性》,生活·读书·新知三联书店 1998 年版,第 401 页。

③ 同上书,第 599 页。

④ 同上注。

⑤ 同上书,第 401 页。

⑥ 同上注。

⑦ 许纪霖:《全球正义的伦理基础》,载许纪霖:《全球正义与文明对话》,江苏人民出版社 2004 年版,第 401 页。

"peoples"来与自由主义和平共处,进而这种人权共识就是进入万民社会的基准(尤其是对于等级制社会而言),也是自由主义的宽容限度,更是罗尔斯基于对国际关系两个根本变化的反思所认为的现阶段国际社会所能形成的最低限度维系稳定的共识,在这种人权共识下罗尔斯的政治正义观也才能得以扩展。

如果我们认真检讨一下罗尔斯在国际秩序中所要达成的那种"人权共识",就会发现,所谓的"人权共识"不过是自由正义理念的全球扩展,而绝非自由主义与非自由主义的秩序良好的等级制社会之间就良善生活与正义观念之间所达至的重叠共识。罗尔斯说,他的"万民法"的核心就是"如何以一种令人信服的方式来扩展这一观念,用以包容一个社会与其他社会的关系并产生合理的万民法",或者是"把类似于公平的正义但较之更为普遍的自由正义理念扩展到万民法",①即自由主义政治正义理念的一种全球扩展。而所谓的人权共识不过是这种扩展的掩盖而已。因为人权共识与重叠共识之最大的不同就在于这种人权共识仅仅是一种源于西方的地方性知识的展开而已,尽管它对这种西方中心主义保持足够的警惕,"不能把人权看作是只适于西方传统的或特殊自由的东西拒而不受",②但是这绝非协商、对话的结果,而是从西方为中心扩展出来的,有宽容与被宽容、主体与客体之分的等级性关系。③ 因为,众所周知,人权是近代西方历史和文化的独特产物,在西方思想史上,人权的背后有一个个人主义的基本预设,即"假设社会是由一个个具有自由意志和理性观念的个人组成的,这些个人都拥有不言自明的自然权利,这一权利(right)是天然正当的,也是一种资格,在法律上体现为公民的人权,不经法律的程序和合法的理由,不得予以剥夺,现代的人权观念就其发生学来说,渊源于西方这一个人主义传统和自然权利学说"。④ 但在国际领域,个人主义和自然权利说只是西方特殊的历史文化传统,而大部分非西方的宗教哲学和道德学说中并不具备这样的资源。⑤ 这种扩展的西方中心主义明显地体现在其对社会的划分标准与论证的等级排列中。全球社会的自由、合宜以及不从、不利状况的划分带有明显道德判断,而这种道德判断又完全是依据西方的标准做出来的。那么,所谓的普遍的人权共识就不过是以普遍主义之名来掩盖西方式的特殊主义之实。

尽管如此,罗尔斯正义理论的全球扩展还是引发了当代国际正义研究的新思潮。一方面,共识性的国际正义研究成为当代国际正义研究的新方向,国际正义也更加注重合理对话。⑥ 另一方面,罗尔斯正义理论的全球扩展引发了当代正义理论中全新的全球正

① [美]约翰·罗尔斯:《万民法》,舒炜译,载汪晖、陈燕谷主编:《文化与公共性》,生活·读书·新知三联书店 1998 年版,第 578 ~ 579 页。

② 同上书,第 599 页。

③ 许纪霖:《全球正义的伦理基础》,载许纪霖主编:《全球正义与文明对话》,江苏人民出版社 2004 年版,第 406 页。

④ 同上书,第 97 页。

⑤ 同上注。

⑥ 参见米勒的相关论述。雏形见之于其《社会正义原则》。

义研究。全球正义研究借鉴了罗尔斯政治正义中的理论设计,但其正义主张更为激进,全球正义将个体作为国际正义的主体,通过原初地位的理论假定推出全球正义的基本原则,主张资源在全球范围内进行分配,个体权利作为全球分配正义的规范基础。[①] 这些都促进了正义理论对国际政治经济秩序规范基础与国际正义主体问题的深入讨论。

四、当代社会正义理论转向的价值与限度

罗尔斯正义理论的合法性转向再次引领了当代社会正义理论的新发展。在祛魅之后,当代社会普遍存在着合法化危机,如何解决正义的客观化难题,避免正义沦为主观化的价值判断成为当代社会正义理论必须予以攻克的难题。罗尔斯正义理论的合法性转向将这一问题的解决引向了程序性的共识进路。对正义问题的解决不再试图寻求普遍的道德判断,而是尽可能通过程序公正获得关于正义的最低限度的共识,而在现代社会都是在政治与法律框架下展开的。“道德论证的作用是,以共识的手段解决行为冲突”。[②] 宪法共识与宪法解释成为解决正义问题的最终理据。

但是以罗尔斯为代表的当代正义理论无论如何转换,都具有自身理论所难以克服的限度。这种限度可以总结为正义问题的政治、法律解决进路的稳定性限度,即仅依靠宪法性共识是难以保证就社会基本结构的正义问题能够取得全社会的普遍认同的,在一国之内尚且如此,更何况罗尔斯还想把它扩展到全球呢?

就政治正义的全球扩展而言,在理论上,“罗尔斯的这种普遍化努力的矛盾已经昭示了一个理论体系因放大和舍弃某些含义导致其理论体系内部自我撕裂的困境”。[③] 因为,国内领域与国际领域在结构上的不同以及其背景正义的差异已经决定了“正义论”在以“万民法”的含义普适于全球时所带来的普遍主义的贫困。要将全球变为“人民社会”,就要求在“原初状态”下的主权国家消失,而主权国家的存在既是第一个正义原则运用于国际领域的前提,同时也逻辑地证明了第二个正义原则的适用性。取消第二个正义原则就会逻辑地取消第一个正义原则的规范权力。或者说,如果第二个正义原则没有普适性,那么第一个正义原则就没有普适性。这时不同的“公共领域”的不同结构便表现为一种对“双重标准”的对抗,最终在理论上对其提出质疑。要避免这种理论内在的撕裂,“人民社会”就必须有一个具有普遍主义的规范权力的“主权者”,这个“主权者”必须超越于任何一个具体的主权国家。这也就是说,人权的维护者、裁决者不能是哪一个具体的“自由民主国家”,而是一个超国家的独立机构,如不受哪一个国家按其意志所操纵的理想的

---

① 罗尔斯的弟子博格是全球正义的积极倡导者。参见[美]涛慕思·博格:《康德、罗尔斯与全球正义》,刘辛等译,上海译文出版社 2010 年版。

② Habermas, *Moral Consciousness and Communicative Action*, trans. by. Lenhadt and Nicholsen, Polity Press, Cambridge, 1990, p. 67.

③ 石勇:《断裂的普遍性话语》,载中国理论法学研究信息网:http://www.legaltheory.com.cn/info.asp? id = 9593,最后访问日期:2007 年 8 月 13 日。

"联合国"——只有它作为"人民社会"的"政治共同体"才能与国内政治领域由"原初状态"所逻辑地推出的一个由"平等而自由"的人所建构的"政治共同体"对应。[①] 实践上,在不同政治共同体之间的国际正义原则,却不能从某一种特殊的政治共同体内部(自由民主国家)扩展出来,"9·11"事件证明了,世俗的问题与宗教的问题是联系在一起的,正义与善纠缠在一起,宗教(文明)的冲突不解决,关于什么是正义就永远不会有共识。因此,当我们谈到全球正义秩序的时候,不得不考虑不同的宗教、文明和文化之间的对话。但"扩展"无需对话,对方的态度决定一切,接受便可宽容,否则便不宽容。[②] 如此,自由正义理念便成为一种新的独白式的观念霸权,而历史早已证明了,在国际领域中,一种公正稳定的国际秩序是难以由任何一种霸权观念来维系的,而这更与罗尔斯自身理论的威斯特伐利亚情结相矛盾。诚如布坎南所言,罗尔斯的"万民法"依旧是为已经消失了的一个威斯特伐利亚体系世界寻求规则,因为威斯特伐利亚体系的两个预设即主权的经济自主性与政治同质性不仅体现在罗尔斯的万民法中而且是其核心。[③]

因此,无论罗尔斯的正义理论如何发展,正义的稳定性问题都是它必须面对的。而这种限度在更深层次上又是与罗尔斯正义理论作为一种自由主义解决方案所具有的局限性紧密相连的。罗尔斯的正义理论作为一种自由主义的解决方案自身也是有其限度的。诚如钱永祥先生所分析的那样,自由主义只能处理极为有限的问题,并且也只应该去设法处理这些适合它的问题,这些问题涉及社会的基本结构是否公平(亦即正义问题——笔者注)。[④] 问题是,真正对于正义问题的解决进而对于人之生存与发展具有决定性意义的,恰恰是在这个问题之外的问题,如"个人的人生操持、人际关系的耕耘维系、各种人类活动的发达进步、文化的传承昌盛、国族的存亡兴衰、历史的延续方向等深广而义蕴无限的问题"。[⑤]

五、结　　语

当代社会正义理论的转向提醒我们,正义问题本身是复杂的,正义问题的解决,不能仅就正义而谈正义问题的解决,还应注重对其背后的历史、文化和社会背景进行考察。罗尔斯正义理论的转向,为我们探讨以及解决复杂正义问题提供了参照。在利益分化日趋明显的中国社会,价值抉择与社会整合也必须考虑到正义问题的复杂性与当

---

① 石勇:《断裂的普遍性话语》,载中国理论法学研究信息网:http://www.legaltheory.com.cn/info.asp?id=9593,最后访问日期:2007年8月13日。

② 参见许纪霖:《全球正义的伦理基础》,载许纪霖主编:《全球正义与文明对话》,江苏人民出版社2004年版,第106~108页。

③ See Buchanan. Rawls's Law of Peoples: Rules for a Vanished Westphalian World. *Ethics*. Vol. 110, No. 4 (July, 2000). p. 703.

④ 钱永祥:《纵欲与虚无之上》,生活·读书·新知三联书店2002年版,第516页。

⑤ 同上注。

代社会正义理论的合法性转向。在政治合法性的反思性之外,还要注重文化的排斥性与正义的适应性,亦即正义方案在关注其合法性证明的同时,也应该把焦点对准其文化的多样性与正义运用的背景,在合理性多元主义这一文化多样性的事实面前充分挖掘文化中的批判性与包容性,从而使正义的解决方案能够真正为本土文化所理解并被接受,从而真正做到多元文化的共存与发展。在多元文化的共存与发展中实现正义的稳定性。

The Shift of Theories of Social Justice in the Present Age: Based on the Theories of Justice of Rawls

Xu Qingfei

Abstract: Rawls opened the process which the theories of social justice are shifting with the social transformation in the present age and continued the shift. The theories of justice paying attention to normal theories after Rawls elaborated and testified the justice as fairness in *A Theory of Justice*. The normal theories are turning on political justice which resolves the dilemma of justice through the judge when Rawls elaborated and testified political liberalism. The shift of theories of social justice in the present age are influencing the legal practice which has focused on constitutional consensus. But the shift is handicapped by its near-total dependency on liberalism which separates public from private interests and applies theories of justice to limited domain business. The key lies in that the problems of justice are all beyond the pale there are to solve the problem of justice. we should focus on social context and background when we discuss the theories of justice in the present age.

Key Words: theories of social justice normal shift political justice social context of justice

(责任编辑:郭俊义)

宪法行政法

中国近代民族国家建构及其宪政启示

韩　铁*

[摘　要]　在近代中国，民族意识与民族主义诉求均非自然生成，在“救亡”的旗帜下，民族主义被作为政治认同、群体归宿感与社会价值取向的凝聚点和新的精神核心。近代西方民族国家建构过程中所展现的“从民族认同到国家认同”的历史逻辑，在近代中国被演绎为“为实现国家认同而寻求民族认同”。中国的民族主义既未能与自由主义伴生，也未能与自由主义互见长短、相得益彰。故此，当民族既存，国家权力格局与运作规划却难有观念指引，造成了近代宪政实验的困局。

[关键词]　民族国家　民族主义　宪政

民族主义强化了这样一种主张：国家成员共享着某种不只是合作性制度的东西，那是某种在他们身上唤起团结感与友爱感的东西。[①] 在各种力量的推动下，民族主义被推崇为文化符号，用以激发民众的凝聚力。以至于柏林感叹：任何社会运动或革命，如果不与民族主义结盟，至少要做到不直接与之对抗，就几乎不可能取得成功。[②] 将这一论断置于近代中国民族国家建立的历史背景中同样成立。余英时指出，近代中国出现过各式各样的现代化思想和政治运动，其能掀动人心于一时者大抵以民族主义为出发点，并基本上假借着民族主义的动力；一切与民族主义相冲突的现代化运动，其最终的成就都是没有保障的。[③] 罗厚立认为，如果将晚清以来各种激进与保守、改良与革命的思潮条分缕析，都可以发现其所包含的民族主义关怀，故都可以视为民族主义的不同表现形式。[④]

整个20世纪的东方世界都是在民族主义的旗帜下度过的。近代中国，梁启超是“民族”一词最早的引用者，民族主义是孙中山三民主义的重要内容，民族主义与解决中国现

---

* 韩铁，河海大学法学院。

① [以]耶尔·塔米尔：《自由主义的民族主义》，陶东风译，上海译文出版社2005年版，第125页。

② [英]以赛亚·柏林：《民族主义：出人意料的力量》，载徐迅：《民族主义》，中国社会科学出版社2005年版，引言部分。

③ 余英时：《中国现代的民族主义和知识分子》，载《联合报·副刊》1975年5月1日。转引自张汝伦：《现代中国思想研究》，上海人民出版社2001年版，第109页。

④ 罗厚立：《从思想史视角看近代中国民族主义》，载李世涛主编：《知识分子立场：民族主义与转型期中国的命运》，时代文艺出版社2000年版，第218页。

实政治问题始终紧密联系在一起。可以说,近代中国的民族运动和民族主义思潮,与世界各被压迫民族的解放斗争桴鼓相应,互为犄角。[①] 但与近代西欧民族主义相比,中国民族主义理论及其运用对西方民族国家建构模式固然存有借鉴,却还深深镌刻着"中国式"的标记:一方面是中国传统文化和观念的承继,另一方面是西方理论的引进和学习。在中国,民族意识与民族主义诉求均非自然生成,与其说是"民族主义造就了民族国家""通过民族认同实现国家认同",倒不如说是"为了民族国家的建立而培育民族主义""为政治认同而寻求民族认同"要来得准确。

在传统而朦胧的族类区分意识下,在外国殖民气氛的渲染下,中国人始有民族情绪的觉醒。在"救亡"的旗帜下,民族主义被作为政治认同、群体归宿感与社会价值取向的凝聚点和新的精神核心。这种独特的历史背景让近代国人观念中的民族认同、文化认同、国家认同的观念交错重叠,[②]而所有这些"认同"的目标,都在于"救亡"与"图强"。在一种普遍的、短视的实用主义态度下,民族主义以其有效而强大的动员力量备受近代知识分子的推崇和青睐,自由、民主的观念则因为难以直接带来可预期的"富强"而被后置。故此,中国的民族主义既未能与自由主义伴生,也未能与自由主义互见长短、相得益彰。当民族既存,国家权力格局与运作规划却难有观念指引,近代探寻宪政之路的尝试自是难以为继。

一、近代中国民族主义的观念渊源与生成机制

诚如梁漱溟所言:"中国人传统观念中极度缺乏国家观念,而总爱说'天下'。"[③]古代中国仅有对一家一姓之王朝或华夏文化的认同,而未曾出现类似西方的民族认同,更从未立基于"民族归属"而形成对国家的关切。但中国古代存在的天下观中,内涵着模糊的族类辨识的传统——以文化色谱的同异为基础的"夷夏之辨"。中国近代民族主义大体上因袭着这种固有传统,从中国天下观与华夏中心主义中汲取着历史资源。章太炎说:"民族主义,自大古原人之世,其根性故已潜在,远至今日,乃始发达,此生民良知本能也。"[④]孙中山也说:"盖民族思想,实吾先民所遗留,初无待于外铄者也。"[⑤]而吾先民所遗留的民族思想,首先就是"华夷之辨"和"内华夏、外夷狄"观念。这些观念经过改造,给

---

① 参见唐文权:《觉醒与迷雾:中国近代民族主义思潮研究》,上海人民出版社1993年版,第8页。

② 在西方民族国家建立的历史中,它们以"历时性"的方式依次出现,在中国却表现为时序错位的"共时性"。

③ 梁漱溟:《中国文化要义》。转引自《梁漱溟全集》(第3卷),山东人民出版社1990年版,第160页。

④ 章太炎:《驳康有为论革命书》,载《太炎文录初编》,上海书店1992年影印本。转引自胡涤非:《民族主义与近代中国政治变迁》,知识产权出版社2009年版,第53页。

⑤ 陈劭先:《中国革命史》,载《中山文选》,文化供应社1948年版,第26页。转引自胡涤非:《民族主义与近代中国政治变迁》,知识产权出版社2009年版,第53页。

中国式的近代民族主义提供了现成的表达形式和基本的文化内涵。①

（一）民族传统的历史资源：天下观与华夏中心主义

中国最初有关于民族的思想，注重的既不是人种，也不是地域，而是以生活方式、生产方式及以此为基础形成的行动方式、价值观念为代表的文明方式。在这种朴素的民族观中，尽管有着“华夏”与“蛮夷”之分，“民族”仍然首先是一种文化的共同体——“天下”，而这个文化共同体的中心即为“华夏”文明。②

古代中国人所想象的人类世界，或曰“天下”，有着“九州”与“四海”之分。具有与王朝统一的政治与文化制度的住民生活于“九州”，而从“九州”以外到“四海”以内之间，则是蛮、夷、戎、狄生活的空间。中国最初的族属意识不过是一种“文明论的华夷观”，即通过文明的形式来区分“华夏”与“蛮、夷、戎、狄”，而且不排斥“蛮、夷、戎、狄”通过接受文化的方式成为“华夏”。③

正如王柯所指出的，“天下观念”既不是一种“同化”诉求的反映，也不是一种“普遍主义”的大同观念，而是民族融合的结果。④ 天下观念的形成隐含着“对民族文化进行识别和区分”这一前提，华夏中心主义实质上也为一种模糊的族类识别意识的产物。“中国”的多民族性质和“华夏”的多民族来源带来了将多民族共存作为前提的“天下思想”，“天下”本来指的就是中国多民族共存的“天下”。这种思想不过是忠实地反映了中国从先秦时代就是一个多民族国家的历史事实；而构成“天下”的主体民族——“华夏”自身，就是在“中国”从部落联合体向初期国家社会过渡的过程中，由众多的部族和民族通过“中原化”和“华夏化”而共同形成的。因而，天下观可以是多元或多面向的，中心和边缘也是可以转换的，因为民族属性被看作可以后天变化的。⑤ 在中国人的深层心理中，对种族与民族的差异，从来是不太敏感。⑥ 从多民族国家的角度来看，中国史是一部“华夏”与“夷狄”不断同化融合，“华夏”不断吸收消化“夷狄”，“夷狄”不断变为“华夏”，因此使

---

① 冯天瑜：《中国近世民族主义的历史渊源》，载李世涛主编：《知识分子立场：民族主义与转型期中国的命运》，时代文艺出版社2000年版，第177页。

② 天下“是以中国为中心所构筑的同心圆政治秩序。这个秩序，藉礼的亲疏原理，展开中国与四夷的关系”。中国的天下观亦可称为“华夏中心主义”。参见金观涛、刘青峰：《观念史研究：中国现代重要政治术语的形成》，香港中文大学出版社2008年版，第225～226页。

③ ［日］王柯：《民族与国家：中国多民族统一国家思想的系谱》，冯谊光译，中国社会科学出版社2001年版，第22页、第24页。

④ “天子唯德”的思想，即使“异民族”认同汉人出身的统治者，又使汉人认同“异民族”出身的统治者，从而保障了多民族统一国家传统的连续性。参见［日］王柯：《民族与国家：中国多民族统一国家思想的系谱》，冯谊光译，中国社会科学出版社2001年版，第269～270页。

⑤ ［日］王柯：《民族与国家：中国多民族统一国家思想的系谱》，冯谊光译，中国社会科学出版社2001年版，第272页。

⑥ 萧功秦：《中国民族主义的历史与前景》，载李世涛主编：《知识分子立场：民族主义与转型期中国的命运》，时代文艺出版社2000年版，第474页。

"中国"不断从小到大的历史。①

由此可见,这种"天下观"中隐含的"华夏中心主义"虽然内涵着民族思想,但限于一种文化的识别,并未与国家和主权意识相结合,也未衍生出建立民族国家的政治诉求。②历史地看,古代中国从不以国家为尺寸限制民族的构成,而是按民族的构成及其变化量体裁衣、制定和变换王朝国家的政治构造和地域构造。换言之,是以文化的统一兼随政治的统一,民族国家的观念未见苏醒。这种主从关系的设定,与近代以来的主权国家思想以及民族国家的理论都迥然不同。③ 在中国近代以前的皇权国家中,把人们凝聚在一起的,主要是对一些根本的文化理念的认同,④而不是基于"族属"意识,也从未以民族或政治共同体界定群体。

(二)近代"中华民族"意识的萌发

直到 19 世纪,才有以孙中山为代表的国人尝试以西方的表述方式将中国的一些固有思想观念整合并表述出来,民族主义可谓在一段时期兴起的外来观念。在此之前的种种学说,恐怕很难冠以民族主义的称谓。晚清的中国民族主义者首先得出了清政府不能救亡图存的结论,在此基础上,才逐渐认同于以反清为表征的带种族色彩的民族主义。⑤近代中国"中华民族"意识自诞生之日,就是"种族"和"国家民族"的混杂物。⑥

1. 从"天下"到"国家":西方民族概念的引入

近代中国民族主义的发端,固然来源于传统的族类思想,但其成为一种"主义",却是收拾了日本和西方的学理之后。而彼时日本的民族主义学理,基本也是舶来品。所以中国士人真正收拾的,不过就是西方的民族主义学理。⑦ 19 世纪末 20 世纪初,当西方不同流派的民族主义开始传入中国,敏锐的知识界立刻对此表现出浓厚的兴趣,将之视为拯救中国民族的法宝。对于民族意识的强调和培育,其目标皆在于强化国家意识。

就本来意义而言,中华民族的"民族"与西方民族国家的"民族"意义南辕北辙。在

---

① 参见[日]王柯:《民族与国家:中国多民族统一国家思想的系谱》,冯谊光译,中国社会科学出版社 2001 年版,第 55 ~56 页。

② 也正因此,有观点将天下观视为建立民族国家的弊害,认为破除天下观、实现"去中心化",追求建立以国民为主体的民族国家,是接受民族主义观念的前提。参见金观涛、刘青峰:《观念史研究:中国现代重要政治术语的形成》,香港中文大学出版社 2008 年版,第 238 页。

③ 参见[日]王柯:《民族与国家:中国多民族统一国家思想的系谱》,冯谊光译,中国社会科学出版社 2001 年版,第 288 页。

④ 参见阮炜:《政治民族主义与文化民族主义》,载李世涛主编:《知识分子立场:民族主义与转型期中国的命运》,时代文艺出版社 2000 年版,第 118 页。

⑤ 参见罗厚立:《从思想史视角看近代中国民族主义》,载李世涛主编:《知识分子立场:民族主义与转型期中国的命运》,时代文艺出版社 2000 年版,第 222 ~223 页。

⑥ 这里的"国家民族"是以"国家"作为民族辨识的标准,或者指拥有国家主权的民族。

⑦ 参见罗厚立:《从思想史视角看近代中国民族主义》,载李世涛主编:《知识分子立场:民族主义与转型期中国的命运》,时代文艺出版社 2000 年版,第 219 页。

许多中国人看来,“中华民族源远流长,上下五千多年”,不是历史短浅的西方“民族国家”可比。传统的天下思想主张不分夷狄华夏,近代的民族主义则号召以民族划分你我,在“天下观”的影响下,中国人从未将“民族”与国家相连。① 而梁启超在接受了近代西方的民族国家理论后清醒地指出,为求中华民族之生存,中国人应摆脱传统的“天下”观念,意识到“中国”是一个政治上拥有主权、地域上拥有国界、人口上包括生活在这片土地上的各民族人民在内的真正民族国家。②

即便如此,清末民初国人共同接受的信念仍然在于将历史性国家与民族简单等同——中国是由一个民族所造就的国家,这个民族就是中华民族。如孙中山所讲:“民族主义就是国族主义,在中国是适当的,在外国就不适当。……因为中国自秦汉而后,都是一个民族造成一个国家。外国有一个民族造成几个国家的,有一个国家之内有几个民族的。”③孙中山称道西方国家强盛莫不归功于民族主义、归功于“国家民族”的建构。他提倡“中华民族”,就是因为接受了近代西方的民族国家理论,要在中国建设一个民族国家。由此,“从民族认同到国家认同”的历史逻辑,被演绎为“为实现国家认同而寻求民族认同”。在民众内心自我意识尚未普遍形成的情况下,民族主义表现为一种为立国而建立“国家民族”的运动。传统中不过是表示人文地理意义的“中华”,在被反复解释的过程中,变成了一个民族共同体和政治共同体的概念。中华民族不是一种文化的辨识,而是直接指代着国家整体或全部国民。至此,近代西方的民族概念开始作为中国国家的组织原理被引进并且得到实行。

2.“汉民族”还是“中华民族”

中华民族意识的萌发并没有立刻跳出“夷夏之辨”的认识逻辑。清朝末年,出于对昏庸卖国的满清朝廷的极度不满,“民族主义”情绪空前高涨,知识分子把对清廷的全部愤恨都发泄在满族身上,从而提出“驱除鞑虏,恢复中华”的民族主义口号,章太炎等激进革命党的代表人物的言论带有强烈的汉族反满的民族主义情绪,这种情绪也影响到了早期的孙中山和同盟会。以“排满”为当务之急的民族主义仍然顺理成章、丝丝入扣地援引“华夷之辨”“攘夷之说”,最大限度地发动民众。顺应“排满”浪潮,20 世纪初年到辛亥革命期间,把少数民族视为夷狄,排除于中华民族之外的“汉族主义”或“小民族主义”盛极一时。④

---

① 参见[日]王柯:《民族与国家:中国多民族统一国家思想的系谱》,冯谊光译,中国社会科学出版社 2001 年版,第 217 页。

② 参见刘晓辰:《梁启超民族主义思想研究》,载李世涛主编:《知识分子立场:民族主义与转型期中国的命运》,时代文艺出版社 2000 年版,第 236 ~ 238 页。

③ 参见江宜桦:《自由主义、民族主义与国家认同》,台北,扬智文化事业公司 1998 年版,第 139 页。

④ 梁启超在 1903 年提出了“小民族主义”和“大民族主义”两个概念并加以阐释,认为小民族主义是“汉民族对于国内他族是也”,大民族主义为“合本部属之诸族对国外之诸族也”。参见梁启超:《政治学大家伯伦知理之学说》,载《新民》,第 32 号,1903 年 5 月 25 日。

1894年11月24日,孙中山在夏威夷成立“兴中会”时,作了如下说明:“是会之设,专为振兴中华,维持国体起见。盖我中华受外国欺凌,已非一日,皆由内外隔绝,上下之情罔通,国体抑损而不知,子民受制而无告,苦厄日深,为害何极。兹特联络中外华人创兴是会,以申民志,以扶国宗。”此时所说的“中华”,包括整个国家或全体国民,清王朝的统治民族——满族也没有被排除在外。但仅仅两个月后,孙中山明确地将推翻清王朝对中国的统治定为兴中会的目标。兴中会会员入会誓词“驱除鞑虏,恢复中华,建立民国,平均地权”中的所谓鞑虏,明确指称满族,满族被从“中华”里排除了出去。①

然而根据革命派的解释,不仅满族被排除在“中华”之外,“中华”甚至被他们改造成了“汉族”这样一个狭义的民族概念。革命派对“中华”的解释,最终目的是建设起一个“中华=中国人=汉族”的公式。为唤起汉族民族同仇敌忾之心,革命派在民族上和文化上彻底否定满族与汉族的一体性,构拟“中华”与“满族”之间的互相对抗。② 革命派“满洲人非中华”的主张,事实上否定了中华国家的连续性,即在中国历史上中华国家并非是一个连续的存在。③

与之相应,维新派的代表人物康有为则坚持中国儒家传统的“文化主义”和“有教无类”的观点,认为满清已经接受中华文化而不再是“夷狄”,应以“中华”待之。“康有为相信,中华群体是由具有共同文化的人所组成的,而不是仅仅局限于一个种族或少数民族群体。”④梁启超也倡导“多元一体”的中华民族共同体。他从国家天下的考虑出发,认为“排满”的种族革命会导致国家的分裂及外国列强的干预。1905年梁启超在《历史上中国民族之观察》中所说的“现今之中华民族自始本非一族,实由多数混合而成”,即指拥有中华文化的各个民族集团。⑤

辛亥革命后,中国面临多民族国家的建构问题。由于认识到汉人主导的民族主义在推翻满清之后将很自然地导致蒙古族、藏族、维吾尔族等脱离中国,所以“孙中山和新建立的民国领袖试图用自己的政敌即维新派和清廷所阐释的文化主义民族观的叙述结构

① 尽管孙中山强调因满洲政府腐败而反满,但并不认为满族与汉族可以实现联合。[日]王柯:《民族与国家:中国多民族统一国家思想的系谱》,冯谊光译,中国社会科学出版社2001年版,第187、190页。

② 就现实而言,随着满族文化与汉族文化的同化,以及外国列强对中国的侵略,到19世纪90年代初,“坚夷夏之防”的对象实际上已变成了外国列强。实际上在清朝中期以后,几乎所有的汉族知识分子都已从文化的侧面承认了满族为中华之组成部分。[日]王柯:《民族与国家:中国多民族统一国家思想的系谱》,冯谊光译,中国社会科学出版社2001年版,第193、198页。

③ [日]王柯:《民族与国家:中国多民族统一国家思想的系谱》,冯谊光译,中国社会科学出版社2001年版,第199页。

④ 参见马戎:《少数民族问题的“去政治化”》,载《北京大学学报》(哲学社会科学版)2004年第11期。

⑤ [日]王柯:《民族与国家:中国多民族统一国家思想的系谱》,冯谊光译,中国社会科学出版社2001年版,第189页、第193页。

来补充自己的种族主义的叙述结构。中华民族开始由‘五族’(满、蒙、藏、回、汉)组成,从而中华民族继续承袭着大清帝国的边界线”。[①] 然则,到了 1919 年,孙中山进一步认为,“中国的民族主义,不能笼统讲五族的民族主义,应该讲汉族的民族主义……中国将来无论是有什么民族参加进来,必须要他们同化于我们汉族,成一个中华民族的国家”。[②] 因而,尽管革命不再以“排满”为目标,对民族主义的倡导仍以“同化”各个民族为目标。孙中山提出的民族国家,实为同化各少数民族而来的单一大汉族国家。[③]

孙中山民族思想的复杂性及其数度更易,正是近代中国知识分子与革命者民族主义思想的代表和缩影。在孙中山看来,中国之所以变得贫弱被列强欺凌的原因就在于缺乏民族主义意识。[④] “笔是读书人谋生的工具,民族主义便是种族图生存的工具。”“我们鉴于古今民族生存的道理,要救中国,向中国民族永远存在,必要提倡民族主义。”[⑤]无论孙中山的民族思想发生了怎样的曲折转变,用最简单的定义说,孙中山的民族主义一直都是救国主义,他试图以这种主义促进中国之国际地位平等、政治地位平等和经济地位平等,使中国永久适存于世界。[⑥] 国人对“中华民族”采用“种族”或“国家民族”的解读,无一不是出于“救国、救亡”的思虑。

二、中华民族觉醒与宪政试验

19 世纪末 20 世纪初的中国革命,开拓了中国走向近代国家之路。由孙中山所领导的革命,既是一场埋葬了封建王朝体制的民主革命,也是一场具有恢复汉族作为统治民族地位性质的民族革命。从封建王朝走向民族国家,从满洲人的王朝走向中华国家。[⑦]

当满清王朝的历史终结,传统制度已经崩溃,如何在同质民族的情况下建立政权,树立“本国政权是本民族抵御外族压迫的政治中枢和坚强后盾”这一民众信念,并令民族主义成为统治权威的合法性新资源,就成为革命政权的新任务。中华民国的建立至多标志

---

① 参见马戎:《少数民族问题的“去政治化”》,载《北京大学学报》(哲学社会科学版)2004 年 11 期。

② 参见[日]王柯:《民族与国家:中国多民族统一国家思想的系谱》,冯谊光译,中国社会科学出版社 2001 年版,第 211 ~ 212 页。

③ 参见陈大白:《民族主义的中国道路——评王小东对中国民族主义的言说》,载乐山主编:《潜流:对狭隘民族主义的批判与反思》,华东师范大学出版社 2004 年版,第 92 页。

④ 哪怕孙中山将“民权主义”(主权在民)指为“三民主义”的核心,“民族主义”却仍被其解读为“三民主义”的前提。无论“民族”或“民权”,都是以救国为本。

⑤ [日]王柯:《民族与国家:中国多民族统一国家思想的系谱》,冯谊光译,中国社会科学出版社 2001 年版,第 209 页。

⑥ 参见[美]韦慕庭:《孙中山:壮志未酬的爱国者》,杨慎之译,新星出版社 2006 年版,第 252 页。

⑦ [日]王柯:《民族与国家:中国多民族统一国家思想的系谱》,冯谊光译,中国社会科学出版社 2001 年版,第 193 页。

着中国在形式上完成了现代民族国家的建立,真正的民族国家的政治秩序和文化秩序的建构还是一项远未完成的任务。

马克斯·韦伯曾说过,任何一种统治都试图唤醒和培养人们对其合法性的信念,一切权力都要求为自身辩护。[①] 在中国传统"权力神授"的论证被推翻之后,借助民族主义形成社会成员对权力的正当性和合法性的内心认可,借助宪法的制度功效对权力加以形式上的确认,是从晚清至民国的各派政治力量的着力点。既然任何政治力量要掌握国家权力都离不开宪法,宪法与宪政问题由此成为各派力量斗争的焦点,国人心中逐渐形成一种解不开的"宪政情结"。[②] 只不过,这种"宪政情结"并没有将近代中国一帆风顺地导向宪政之路。

(一)民族主义之"辨"

西方民族国家的建构,是民族主义与自由主义理念相结合而促成的,而中国近代民族国家的建构则主要是在面临民族生存危机时的应激反应——西方民族主义尽管被用来作为建国理论以及运动口号,但其内涵却未能被充分挖掘整理和理解。近代中国知识分子出于对理性策略及其经济、地位利益的追求,进行了新的族群建构。[③] "民族共同体"被任意地解读,用以号召不同群体的响应,符合形势所需。[④] 继而,由于近代中国历史的复杂性以及对于民族的不同理解,造成了种族民族主义、文化民族主义、政治民族主义等多种类型民族主义并存的局面。[⑤]

这种多重架构的民族主义观点或理论各有侧重,各自又都以不同层次和类别的民族利益为指归。它们共同的特点在于并不太在乎自身理论的自洽性,而具有高度的工具理性特征:或借助种姓的发挥,或要求文化的复兴,或强烈要求对民族国家的政治认同,它们的直接目标都在于推翻满清统治。这自然与西方近代民族主义的起始宗旨大相径庭,[⑥]也直接造成彼时的民族主义可以是种族主义,可以是文化保守主义,可以是反西方主义,理论内部混乱而矛盾重重,沦为一种只提供"力量"而全无"方向"的政治策略;进而造成近代中国"对政治共同体的认同"与"民族认同"之间始终存在罅隙而不能完全贴合。西欧民族国家建立时期那种"将'同族的人民'作为国家体制的基础,国家得以形成

---

① [德]尤尔根·哈贝马斯:《合法化危机》,刘北成、曹卫东译,上海人民出版社2000年版,第127页。

② 石毕凡:《近代中国自由主义宪政思潮研究》,山东人民出版社2004年版,第1页。

③ 胡涤非:《民族主义与近代中国政治变迁》,知识产权出版社2009年版,第95页。

④ 中国的知识分子根据各自不同的政治立场和学术态度,针对西方民族主义思想选取各自所需要的观点,结合中国的民族问题实际,建立不同派别的民族主义理论。

⑤ 参见胡涤非:《民族主义与近代中国政治变迁》,知识产权出版社2009年版,第80页。

⑥ 参见皮明勇:《中国近代民族主义的多重架构》,载李世涛主编:《知识分子立场:民族主义与转型期中国的命运》,时代文艺出版社2000年版,第189页。

同一结构性质的政治共同体"的演进模式，[①]在中国却屡屡遭遇理论和实践上的困厄。

民族主义基本诉求意涵着对民族自身文化的肯定与归属，并在此基础上建立民族国家。近代中国也有相当一部分民族主义者要求维护传统、固本立国。而这种对传统的归附却很难唤起长久的支持和响应，它的致命弱点在于，既然中国传统文化和制度是造成中华民族落伍于时代、被列强所辱的重要根源，又如何依仗它来挽救民族危亡？这种民族主义的保守性虽然迎合了抵御外敌的需求，却难以在解决中华民族生存发展问题上大有作为，在应对西方文明的冲击时无法作出有效的回应。

与此对应，一部分民族主义者以反对传统为己任，将爱国精神与变革信念结合在一起，令民族主义富于强烈的感召力，意图重建民族或国家的整体目标与价值体系。由于20世纪初期中国的现实处境使人们在价值取向上更倾向于实用主义，故而国家主权，而非文化，成为民族认同符号最有力的证明。[②] 然而，这种对民族文化传统的根本否定和抛弃，也意味着对民族自身的根本否定、对民族主义的自我消解，从长远来看，必然令民族共同体内在认同和凝聚力丧失殆尽，更何谈为民族独立和发展提供动力支持。[③]

中国的民族主义是在反对整个传统结构的进程中获得发展的。[④] 当近代中国面临着现代化滞后与民族性丧失的双重危机与双重困境之时，[⑤]民族主义带来的，是纯粹的政治共同体意识，一种民族国家的文化认同与文化塑造则黯然缺位；或者说，中国的民族主义在理论上拒绝将文化作为国家的根本组织原理。以"五四运动"为标志，20世纪初叶中国知识分子和政治精英的民族主义冲动，最终表现为和传统文化彻底决裂的政治革命。[⑥]

无论在辛亥革命之前，还是在其后，以孙中山先生为首的革命家们，都一贯强调树立民族主义意识的重要性，一贯强调建设中华民族的必要性，一贯强调建立民族国家的重要性。[⑦] 民族主义在近代中国，既是政治家呼风唤雨的神圣口号，又是众多学者所热衷的

---

① 参见韩轶：《从"民族认同"到"宪法认同"——立宪主义视角下民族与国家关系之反思与重构》，载《法学评论》2011年第3期。

② 胡涤非：《民族主义与近代中国政治变迁》，知识产权出版社2009年版，第126页。

③ 不论固守传统还是力挺西化，目的都是为了"救国"，因此本质上都可归于广义上的民族主义。参见雷颐：《中国现代的"华夏中心观"与"民族主义"》，载李世涛主编：《知识分子立场：民族主义与转型期中国的命运》，时代文艺出版社2000年版，第306页。

④ [英]休·希顿-沃森：《民族与国家——对民族起源与民族主义政治的探讨》，吴洪英、黄群译，中央民族大学出版社2009年版，第560页。

⑤ 胡涤非：《民族主义与近代中国政治变迁》，知识产权出版社2009年版，第125页。

⑥ 参见徐迅：《民族主义》，中国社会科学出版社2005年版，第148页。徐迅认为，扬弃传统文化价值而重新构造是"民族国家"概念转化为社会政治运动和社会思想意识的必须。笔者认为，文化价值对于民族认同至关重要，中国的问题在于旧的文化传统被抛弃，新的文化却因"救亡"而被抵制，文化的重构并不顺利，价值认同的内核长期缺失。

⑦ 参见[日]王柯：《民族与国家：中国多民族统一国家思想的系谱》，冯谊光译，中国社会科学出版社2001年版，第216页。

带有信仰性质的理论,更是广大社会芸芸众生的朴素情结;他们为之热血沸腾,出生入死,却不一定知其所以然。[①] 近代中国知识精英奋力培植民族主义以应对多重历史任务,却令其内在的理论逻辑矛盾重重。传统文化与"国家富强"的冲突,新文化与"国家救亡"的冲突,令国人的文化价值认同彻底缺位,更令民族共同体极难为政治共同体提供足够而持久的内在聚合力;不仅"民族"是可以"应时而变"的,政治共同体的权力来自"共同的族民"的意识也无法被深刻体会。许纪霖一针见血地指出:"民族主义在中国,成为一个巨大而空洞的符号,涂有激情洋溢的爱国情绪,而始终缺乏稳定的、持恒的、为共同体的人们所基本认同的价值体系、社会制度和行为规范,而这些迫切需要建构和认同的实质性内容,恰恰又是中国的民族主义所最缺乏的。"[②]一旦旧制度被彻底颠覆,民族主义就成为一颗不辨方向的子弹,再难充当国家政权建设的罗盘。

西方以自由主义价值确立民族国家宪政观念和制度,中国的知识分子并非无所知察,他们并不是没有看到自由主义的价值,但自由主义的相关理念却因缺乏民族主义的力量和短期内的明显效果却未能引起关注。一大批爱国知识分子的基本价值趋向于排斥宪政的个人主义价值,最终使得自由这一宪政之核消融于民族主义的洪流之中。[③]

(二)隐患:个体自由让位于国家诉求

民族主义是凝聚人心的重要力量,为国家合法性提供基础,但是单一的民族主义观念并不能带来理想的国家权力制度;空有一腔民族热情,未必能产生理想的国家治理模式。脱胎于自由主义观念的宪政理念需要民族主义观念对其进行价值"校准",但仅有民族主义的"国家立场"显然难以满足和保障个体对"自由"的本能诉求。尤其对于民众尚未形成"自我意识"的近代中国,相较西方的观念启蒙,民族主义几乎是被强加的,更何况这种民族主义还受到一种不完整的诠释——血缘、种族或历史国家是民族的划定标准,而不是共同的文化传统和内在价值观念。[④] 西欧民族国家建立时期,人们普遍确信的"民族国家是因获得了'同族人民'的拥戴而建立"的信念在近代中国却被"救亡图存"的紧迫情势消解。

1. 国家诉求"放大化"

通观近代中国民族国家建立史,在"救亡"压倒"启蒙"的局势下,民族主义理论的引入使得民众还未来得及形成完整的个体意识和民族意识,便将个体生存急迫地附庸于国家和集体的兴亡;在缺乏自由意识的情况下,权利与自由遭到漠视。出于一种务实的态度,所有的政治思想统统让位于以民族主义"集体自由"的名义对外御辱,对内反满,以求

① 皮明勇:《中国近代民族主义的多重架构》,载李世涛主编:《知识分子立场:民族主义与转型期中国的命运》,时代文艺出版社2000年版,第186页。

② 许纪霖:《中国的民族主义:一个巨大而空洞的符号》,载乐山主编:《潜流:对狭隘民族主义的批判与反思》,华东师范大学出版社2004年版,第43页。

③ 参见王人博:《中国近代的宪政思潮》,法律出版社2003年版,第101页。

④ 近代中国民族国家建立时期,无论是"传统文化的继承"还是"引进西方文化的再造"都不甚成功。

建立民族国家延续民族整体的存续和发达,西方民族主义内在的"个体自由"的诉求也被湮灭无踪。[①] 这直接导致在民族国家建构过程中民族主权与人民主权的观念未能同步产生。换句话说,西欧民族国家建立时期被普遍接受的"人民与民族同一,人民与主权者同一"的观念在近代中国并没有得到明确的表达与认可,民族国家的利益与个人利益未能实现观念上的勾连。[②] 即便近代国人将权利观当作公理来加以接受,当人们持有"每个人必须在竞争中自强不息、国家才能独立"的观点时,"权利"已经和"强权"捆绑在一起,甚至"强权即正义"的观点也并不鲜见。[③]

危机时刻,一种集体主义式的动员被发挥到极致:强烈的民族主义者主张国家认同高于一切,甚至要求其子民奉献牺牲在所不惜;实质上,无论对文化的认同还是对个体自由的认同全然退居其次。主张的仅仅是根据国家来确认民族成员的共同性——先用政治方法建立一个民族国家,再来调整国家和人民主权的关系。民族主义蜕变为反传统和反西方主义的古怪合体,成为新政权抵抗变革、维持现存秩序的最好借口和现成的政治资源。[④] 在辛亥革命胜利后,这种观念倾向致使人们过分强调国家与政府的同一性[⑤]——只要不违背民族国家之大"公",那么政治统治方式就不是最重要的问题,也不至于受到合法性怀疑。[⑥] 把政府当作民族国家来认同,结果对社会民主化进程给予了消极的影响。[⑦] 不消说,政府缺乏行宪诚意的现实摆在眼前,民众沦为政府权力的玩物,数次宪政

---

① "曰民族主义,曰民族国家。惟民族的国家,乃能发挥其本族之特性;惟民族的国家,乃能合其权以为权,合其志以为志,合其力以为力;盖国与种相剂者也。国家之目的,则合人民全体之力之志愿,以谋全体之利益也。"余一:《民族主义论》,第5页。转引自金观涛、刘青峰:《观念史研究:中国现代重要政治术语的形成》,香港中文大学出版社2008年版,第239页。

② 不仅如此,"权利"和"权力"在近代中国常常是区分不清和混用的。如果国家权力和个人权利、国家利益和个人利益都根本还尚未得到观念上的严格区辨,在观念上认识和建立它们的联系就更为困难了。

③ 参见金观涛、刘青峰:《观念史研究:中国现代重要政治术语的形成》,香港中文大学出版社2008年版,第129页。

④ 参见许纪霖:《中国的民族主义:一个巨大而空洞的符号》,载乐山主编:《潜流:对狭隘民族主义的批判与反思》,华东师范大学出版社2004年版,第43~44页。

⑤ 孙中山指出:"今民国成立,国民须人人有爱国心,则知中华民国乃自己的民国,非政府的民国,各就其业,政良提倡,尽应尽之义务,政府更扶助而掖助之,则将来之富强,可操胜券而得。"在这里,孙中山认为,民族、国家、政府、国民的利益是一致的,只要政府和国民同心同德,携手并进,国家的富强指日可待。革命党人将这种利益的一致性绝对化,将维护国家利益的立场与拥护政府的立场解读为绝对一致的关系。

⑥ 参见石毕凡:《近代中国自由主义宪政思潮研究》,山东人民出版社2004年版,第445页。

⑦ 参见李良玉:《从辛亥革命到五四:民族主义的历史考察》,载李世涛主编:《知识分子立场:民族主义与转型期中国的命运》,时代文艺出版社2000年版,第213页。

试验均因缺乏内在对自由与权利的根基而沦为“伪宪”。①

1912年临时参议院制定的《中华民国临时约法》在中国历史上第一次明确规定“主权在民”,规定保障基本人权是政府不可推卸的责任,总原则是“中华民国人民一律平等,无种族、阶级、宗教之区别”。以国家根本法的形式,公开、全面地否定了皇权专制和国家主义观念。但由于在观念上民族主权并未能与人民主权直接联结,“权力属于民族”并没有当然地让人们坚信“权力属于人民”。宪法很快沦落为军阀统治合法性的掩饰。无论是哪派军阀上台,都不得不极力操控国会,制定约法或宪法,希求利用根本大法来获取统治的合法性,力图从形式上使武力统治罩上合法化的外衣。1931年国民党操纵国民会议,制定《训政时期约法》,为国民党垄断国家权力披上合法的面纱。②

辛亥革命胜利后,过分强调国家与政府的同一,阻塞了民族主义与国家正确结合的渠道,窒息了民族主义在社会政治生活中的合理性。③ 阉割了民主和自由成分的民族主义,只能发展成为带有极权主义特点的政权。自由主义宪政运动每次均以个人权利为本位的自由主义不得不屈服于以政府权力为本位的国家主义而告结束。④ 无论国家政权掌握在袁世凯的独裁政府、军阀混战的北洋政府还是南京国民政府手中,由于没有坚实的社会民众基础,这些政权只能是脆弱的。虽然它们还打着民族主义的旗号,但即使有一点变革措施,也是在不涉及基本政治结构的前提下,变通地、有限度地作出的。⑤

2. 宪政价值“空壳化”

民族主义被用以强调为集体自由而抗争,却忽略了其内核中的个人权利因素。从西方民族主义发展史来看,无论民族主义以共同体排他意识的形态还是渴望共同体发展的形态来表现自身,寻求民族独立、建立民族国家都深刻内涵着个人权利的保障。个人权利恰是民族主义与自由主义的相通点。正是因此,我们才能看到自由主义与民族主义的观念共生和现实弥合的现象。然而,在中国,这些历史的自然演进都被略过——依据目标来选择手段,考察结果来倒推原因。近代中国民族主义与自由主义没有西方启蒙时代那样紧密的共生与融合关系,反而变成了非此即彼的选择。

由于自由主义视个体自主性以及个人幸福为重要的价值,因此在传统上倾向于把政府当成是必要之恶。国家的成立若不是为了更有效地保障个人应当享有的权利,根本就不会有正当性。为了防止大权在握的政治工具变成难以驾驭的怪兽,必须以种种方法限

---

① 民国时期,胡适针对政府缺乏行宪诚意这一点指出:“国人之所以不信任宪法,对宪法的效能根本怀疑,完全是由政府失信于民造成的。制宪之初,政府又何尝打算去实行呢?”参见胡适:《制宪不如守法》,载《独立评论》第50号,1933年。

② 参见石毕凡:《近代中国自由主义宪政思潮研究》,山东人民出版社2004年版,第447页。

③ 参见李良玉:《从辛亥革命到五四:民族主义的历史考察》,载李世涛主编:《知识分子立场:民族主义与转型期中国的命运》,时代文艺出版社2000年版,第204页。

④ 参见石毕凡:《近代中国自由主义宪政思潮研究》,山东人民出版社2004年版,第453页。

⑤ 参见胡涤非:《民族主义与近代中国政治变迁》,知识产权出版社2009年版,第166~167页。

制其滥权的机会。由是,作为根本规范的宪法当将前述种种自由列为不可侵犯的基本人权,确立法律主治的传统,以分权制衡严防权力的擅断和腐化。[①] 一直以来,中国民族主义以盲目而热情的自我认同来对抗其他民族国家,结果却是自身的迷失和空虚。它批评和排斥自由主义,断绝与自由主义的理论联系。[②] 自由主义观念的全面缺失,使得民族主义也难以与自由主义观念相平衡,宪政遭遇挫折。对于近代中国知识精英而言,宪政仅是工具性的,而非价值性的。

中国的民族主义者从一开始就不是也成不了西方意义上的宪政主义者或民主主义者,他们钦慕西方的"强大力量"而非西方整个文明;然后,他们才是"西方宪政民主的学生"。近世知识分子从一开始就没有打算用西方的宪政彻底取代中国的政治传统,而只是想用它来主要解决中国的生存困境问题,宪政的自身价值便成为附带性的了。由于中国落后于西方并因此存在生存威胁,所以中国不可能把民主宪政置于像西方那样的语境,宪政很长一个时期也只是作为现代化目标的伴随物而被诉求,中国因此走了一条"富强为体,民主宪政为用"的道路。近代中国的宪政思潮始终与民族的救亡图存、国家富强联系在一起。[③] 中国的宪政运动不是出于社会自身需要,而是出于挽救危亡之动机。而事实上,国家富强与民主宪政在很多情形下是两种不同的价值体系,目标上的冲突大于一致。所以,当面临非要在冲突的富强目标和宪政价值之间做出抉择的时候,他们便自觉地选择了"国家目标"而非西方意义的"个人目标"。[④]

简单地从救国手段的意义上理解立宪主义,移植立宪主义,其结果必然导致立宪主义的工具化与社会危机。[⑤] 与西方国家相比,"宪政在他们是目的,是亲切的要求,任何事物不足以易之;在我们却作为一种手段了"。[⑥] 以富国强兵为目标的工具主义宪政观,从急于摆脱亡国灭种的严重危机的角度来说,确属合乎情理的选择。但从宪政在西方原生和核心价值上立论,"却不能不说是一种偏离"。[⑦]

---

① 参见江宜桦:《自由主义、民族主义与国家认同》,台北,扬智文化事业公司 1998 年版,第 104 ~ 105 页。

② 参见任丙强:《90 年代以来中国的民族主义思潮——兼批评王小东的民族主义观》,ZAI 乐山主编:《潜流:对狭隘民族主义的批判与反思》,华东师范大学出版社 2004 年版,第 23 页。

③ 参见王人博:《中国近代的宪政思潮》,法律出版社 2003 年版,第 121 页。

④ 同上书,第 20 ~ 21 页、第 28 ~ 29 页。

⑤ 参见韩大元:《亚洲立宪主义研究》,中国人民大学出版社 1996 年版,第 64 页。

⑥ 参见梁漱溟:《谈中国宪政问题》,载梁漱溟:《梁漱溟全集》(第 6 卷),山东人民出版社 1993 年版,第 495 页。

⑦ "'夷与师'的文化情结是一个范式,它是一个受尽了欺凌的民族对自己未来抉择必然出现的复杂而矛盾的心理,它是中西文化交融的一个基线,规约着近代中国对西方宪政文化移入的范围和程度。"参见王人博:《宪政文化与近代中国》,法律出版社 1997 年版,第 43 页。

三、结 语

在近代中国,民族危机使得对强有力的政治权威的需要以及建立民族国家的热望成为宪政的价值指引。权威的确立先于对权威的限制,人们往往将宪法的关怀对象直接指向“国家”而不是“公民”自身。以孙中山为首的革命家们提倡民族主义的目的,始终集中于“国家”这一点上。近代中国民族主义所走过的历程,不仅是中国近代民族意识、即“中华民族”意识,同时也是近代国家意识、即“中华民族国家”意识产生、转换以至最后形成的历程。① 孙中山期望通过普及民族主义,培养民众原本淡薄的民族主义和国家意识,从而使中国能够像西欧一样建立起自己的民族国家,并以此同时实现建设宪政国家的理想。事实上,民族国家并不一定能够简单地等同于宪政国家。如果认为在中国只要建立了民族国家就能建立宪政民主,可以说只接受西欧民族主义的外表,而没有真正理解西欧或欧洲民族主义的内涵。②

西方肇始于16、17世纪的民族主义运动,包含着重要的自由主义因素,对民族国家的热切盼望,归根结底也发端于对个人自由、自决的渴望。个人权利思想同民族国家早期形态的王权国家相结合,使西欧国家渐进式转变为现代民族国家。以民族结构来规定现代国家的理想体现了个人在一个民族中去找到身份或成为民族一部分的渴望,更根本上,是自己控制自己的生活、实现个人存在的渴望。在西方,导源于宪政文化中的个人自由也许是西方社会繁荣、国家富强的原因之一,但个人自由绝不是为了国家富强而设计出来的,这是毋庸置疑的。而且,西方国家富强之路也绝非自由一途。③

在中国面临“救亡”的紧迫局势而催生民族主义情绪之时,广大民众的个人权利意识还未及萌发,自由民主理念尽管因“救亡图强”而被引进,却因未能达到国人预期的“富强”目标而被质疑和漠视。西欧民族国家的民族主义与自由主义结伴而行的场面不曾重现于中国。中国的宪政建设始终带有强烈的民族色彩,④将宪政视为对民族的最高关切,而自由则被彻底地疏离——在中华民族觉醒后进行的一系列宪政试验从未真切领会和贯彻宪政的自由价值,单一的、剥离了自由和权利核心的民族主义观念更难以独立地为宪政提供充分的思想资源。宪政在中国首先被看作一个政治问题,一种被看作推进民族主义事业的工具,另一种随着不断的政治革命而来的一连串的价值预设。⑤ 倘若说宪政以自由为根基、以对权力与权利的平衡为核心,那么中国近代形成的极端而混乱的民族主义显然无力为宪政观念及其制度运行提供构成平衡的有效端点,这就注定了宪政试验

---

① 参见[日]王柯:《民族与国家:中国多民族统一国家思想的系谱》,冯谊光译,中国社会科学出版社2001年版,第216页。

② 同上书,第214~215页。

③ 参见王人博:《宪政文化与近代中国》,法律出版社1997年版,第97页。

④ 同上书,第429页。

⑤ 同上书,第538页。

只能以草草收场告终。

The Constitutional Reading of Nation-State Construction in Modern China

Han Yi

Abstract: In the modern China, the national consciousness and nationalism are not generated incasual. Under the banner of "salvation", nationalism is regarded as the cohesive point and new spiritual core of political identity, community end-result and social value orientation. The historical logic of "from national identity to national identity" in the construction of modernwestern nation-state has been interpreted as "seeking national identity for the realization of national identity" in modern China. China's nationalism is neither bornnor going hand in hand with liberalism. Therefore, while the nation existences, the structure and the operationof state powermay not get guidance from the very superstructure, resulting in the predicament of the realization of modern constitutionalism.

Key Words: nation-State nationalism constitutionalism

(责任编辑:仁 者)

18 世纪英国已婚妇女权利之辨

徐奕斐 *

[摘　要]　威廉·布莱克斯通在《英国法释义》中阐述的英国妇女"婚后的法律主体资格灭失"的无权状态一直被奉为英国妇女权利状况的写照。已婚妇女不能以自己的名义从事各类民事活动，同时她们丧失了对自己财产的所有权。这种状况自20世纪末女权主义理论兴起之后，就受到大量的批判。女权主义者们将妇女在法律上的无权状态作为妇女屈从地位的缘由，对布莱克斯通的观点加以批判。这种对18～19世纪英国已婚妇女权利状况的误解一直持续至今。事实上，尽管当时英国的已婚妇女仍旧处于夫权的控制之下，但她们却能够从普通法、衡平法和地方习惯法三个层面上，通过对不同法律渊源规则的援引和对既有法律规则的解释，获得了一些权利的救济，使她们在财产权、民事缔约权等方面获得了较为独立的法律地位。

[关键词]　威廉·布莱克斯通　已婚妇女　共有人身份　已婚妇女身份　单身女子身份　妻子的衡平法权利

在女权主义者的笔下，18～19 世纪，英国已婚妇女的地位极其悲惨，妇女在婚后几乎丧失了一切权利，其本身成为近乎于丈夫的"动产"而存在。法学家对英国普通法的解释和研究中所提及的、关于已婚妇女权利的叙述，历来都是女权主义者的攻击对象。其中，著名法学家威廉·布莱克斯通（William Blackstone，1723－1780）在阐述普通法时，所提及的已婚妇女权利规则与状况，是经常被加以批判的对象。女权主义者认为，这种论述赞同对妇女权利的剥夺，彰显了英国妇女的屈从地位，是导致英国妇女长久以来地位低下的根本原因。不过，本文在梳理英国已婚妇女的财产权等权利之后，则得出了不同的结论：英国已婚妇女的权利并不像女权主义者所批判的那样匮乏，普通法中关于已婚妇女权利的条款也并不能反映这部分女性群体权利状况的全貌。本文拟就这一问题，从布莱克斯通的"谬误"入手，讨论多元法律渊源下的英国已婚妇女权利状况。

一、被批判的布莱克斯通

一直以来，研究者认为，英国已婚妇女的地位和生活状况是极为凄惨的。他们指出，

* 徐奕斐，中国人民大学法律史专业博士研究生。

首先,已婚妇女丧失了独立的法律主体资格。“妇女一旦进入婚姻,这位女人的存在,或者说她在法律上的存在,立即就被中止了。或至少已被合并和强化进丈夫的存在中去了。尽管我们的法律通常将丈夫和妻子视为一个人,但某些情况下仍将妻子分离出来考虑,如女人低劣于男人。所以,在被丈夫监护期间她所做的一切,她的全部行为,在法律上是无效的。”①研究者进一步指出,妇女在缔结婚姻后进入了“公民身份死亡”的状态,丧失了几乎所有的、独立的法律主体资格。已婚妇女没有权利选择自己的住所,不能合法地签署文件或充当证人。妻子在婚姻存续期间丧失独立的民事主体资格,因此无法独立从事诉讼活动,不能借贷和以自己的名义缔结合同。当然她也无法获得子女的监护权,因为依照普通法,“丈夫是妻子和孩子的唯一拥有者,有权从妻子那里把孩子夺走,妻子和孩子都是丈夫的合法财产”。②

其次,研究者认为,已婚妇女屈从地位的第二个体现是财产权的丧失。在婚姻中,妻子需要将自己所有的财产让给丈夫,不动产的使用权和控制权也要交给丈夫。丈夫对妻子的财产拥有处置权——而妻子想要使用自己的财产,则必须先征得丈夫的同意;妻子在婚后的收入也属于丈夫。③ 妻子还不能在丈夫不允许的情况下订立遗嘱,寡妇能够得到的遗产份额也很少。有人认为,在法定继承中,遗孀最多只能获得丈夫名下不动产的1/3,且无法获得动产。在遗嘱继承中,寡妇只能获得丈夫预留的份额,④或者继承丈夫在遗嘱中随意指定的财产。也有更加激进的观点认为,已婚妇女本身就被丈夫当作财产,“丈夫拥有她(妻子)的身体和她能从事的服务,有权以任何他乐意的方式将她租出,并且独享由此而得的利益……妻子在劳动、服务和作为‘有夫之妇’所获得的一切,都成了男子的合法财产”。⑤

因此,在女权主义者看来,已婚妇女的境况是可悲的:“妇女在结婚后……就像当今的重罪犯进入监狱一样……已婚妇女身份原则将妇女置于终生的被监护和无财产的地位。妇女由于结婚而进入了苦行期。”⑥一旦妇女反抗婚姻、拒绝结婚,她们又成了处处受人嘲笑的老处女,在社会舆论中饱受嘲讽:“找不到丈夫,或者失去丈夫,妇女就无依无靠了,那么她作为一个妇女,算盘就落空了。”⑦这种舆论环境使妇女面临两难境地。

对此,女权主义者提出了批判和反思。他们指出,造成18 世纪英国已婚妇女权利匮

① [美]凯特·米丽特:《性的政治》,钟良明译,社会科学文献出版社 1999 年版,第 100~101 页。

② 同上书,第 101 页。

③ See Barbara Bodichon, *A Brief Summary in Plain Language of the Most Important Laws Concerning Women, Together with a Few Observations Thereon*, London, John Chapman, 1854, p. 6.

④ 这笔财产并不完全出自于丈夫的财产,其中包含了一定比例的妻子嫁妆,因此有观点认为,丈夫实际上对妻子付出的很少。

⑤ [美]凯特·米丽特:《性的政治》,钟良明译,社会科学文献出版社 1999 年版,第 101 页。

⑥ 同上。

⑦ Judith Worsnop, "*A Reevaluation of 'The Problem of Surplus Women' in Nineteenth-CenturyEngland: The Case of the* 1851 *Census*", *Women's Studies International Forum* 13, 1990, p. 26.

乏窘境的根源,是普通法上的"已婚妇女身份规则",并指出"普通法上的已婚妇女身份使丈夫基于婚姻的成立而对妻子拥有了监护权,进而使丈夫对妻子拥有了至高的权力,可以对妻子的行为进行干涉,凭借丈夫的权威使妻子的一切行为归于无效"。[①] 因此,从 19 世纪末到 20 世纪,女权主义者都将批判的矛头对准了已婚妇女身份规则。而对于该规则的提出者——威廉·布莱克斯通,也进行了激烈的批判。例如,以玛丽·贝尔德(Mary Ritter Beard)为代表的女权主义者认为,"'已婚妇女在婚后丧失了所有权利'的观点出自于威廉·布莱克斯通——当然还包括其他曾经对英国法律进行系统性论述研究的学者——就已婚妇女权利和法律身份的相关论述"。[②] 因而这些学者,尤其是布莱克斯通,一直被作为使已婚妇女地位降低的元凶而遭到批判。

如果仅就布莱克斯通在《英国法释义》中的论述而言,确实体现出对英国已婚妇女各项权利的限制。关于已婚妇女身份规则,他作了这样地阐述:"丈夫与妻子通过婚姻关系在法律上成为一个主体:在婚姻存续期间,妻子在人身上和法律上的存在处于暂时中止的状态,或者她在法律上的存在被丈夫吸收并合并,成为丈夫的一部分。因此,在英国法律中也将已婚妇女[③]称作'covert-baron'[④];并用'已婚妇女身份'(coverture)规则概括。根据这条原则,在丈夫与妻子的婚姻关系中,双方,尤其是对妻子一方而言,会由于婚姻的成立而影响其几乎所有的法律上的权利义务,甚至会在某些情况下呈现出无权状态……妻子必须在丈夫的保护、庇佑下从事所有活动。"[⑤]

有研究者指出,从这段论述来看,普通法的相关规则使妇女在结婚之后彻底失去独立身份和独立权利,成为从属于丈夫的个体。同时还指出了普通法在已婚妇女权利的规定上存在的问题。

第一,普通法导致了妇女的从属地位。法律应当是促进和保障妇女拥有人格平等的途径,然而由于普通法的限制,已婚妇女的权利和法律地位"比奴隶还不如"。她们不仅没有独立的财产;也不具备平等的抚养权;甚至连个人名誉也被丈夫掌控,因此有人论断,"正是普通法使已婚妇女成为像财产一样的客体对象,而不是人"。[⑥]

---

① Ellen CarolDuBois, ed, *Woman Suffrage and Women's Rights*, New York, New York University Press, 1998, pp. 87 - 88.

② Mary Beard, *Woman as Force in History: A Study in Traditions and Realities*, New York, 1946, pp. 75 - 107.

③ 当时的法律英语中的一些术语通常使用法语词,已婚妇女作为普通法上的特定术语,一般使用法语词 feme covert、foemina viro co-operata 表达。

④ 这个词同样指已婚妇女,不过它更强调丈夫是妻子的主人,妻子是处于丈夫影响和庇护下的人。

⑤ [英]威廉·布莱克斯通:《英国法释义》(第 1 卷),游云庭、缪苗译,上海人民出版社 2006 年版,第 491 页。由于翻译中并未对 feme covert 等术语进行说明处理而直接略去,因此本引注内容也参考了 Commentaries on the Laws of England 的原文。

⑥ Nicola Phillips, *Women in business*: 1700 - 1850, The Boydell Press, 2006, p. 26.

第二,普通法对已婚妇女的种种限制是父权制社会中妇女地位在法律上的反映。普通法中规定的已婚妇女身份,除了表明已婚妇女的行为受到丈夫的控制之外,还意味着她会受到丈夫的"庇护"。其中一个体现就是,由于已婚妇女被认为是丈夫的附属,因而她不会因个人债务而被判监禁,相关的债务和法律责任由其丈夫承担。这种来自丈夫的保护本质上还是法律将女性置于次于男性的地位和经济上的弱势角色。这在女权主义者看来,就凸显了法律中最不公平的一面,它将已婚妇女的民事行为能力"降格到只比孩子强一点"①的程度,是非常典型的父权文化下妇女地位的写照。

基于这两点,女权主义者们将布莱克斯通关于已婚妇女身份的观点视作批判对象。但是,普通法上已婚妇女的财产权利真的如此匮乏吗?布莱克斯通的本意真的是如此吗?

二、普通法上的"已婚妇女身份"

尽管在不少讨论 18~19 世纪英国妇女地位的著作中,都引用了布莱克斯通上述论述作为当时妇女地位低下的注脚。不过本文认为,这段论述对普通法上已婚妇女身份规则的解释并不全面。如果对当时的普通法规则加以全面分析,则能够得出不同的结论。

(一)布莱克斯通的"已婚妇女身份"辨析

布莱克斯通在《英国法释义》中对于已婚妇女身份的讨论主要集中在两点:一是已婚妇女的财产权;二是已婚妇女的法律主体资格。从具体规则来看,已婚妇女在普通法上并未完全丧失这两方面的权利。

首先,布莱克斯通本人对于他在《英国法释义》中的那番话有明确的说明:"此处我所说的并不涉及财产权,而是单纯地针对人身权而言。"②这就意味着,布莱克斯通并没有否认已婚妇女享有财产权。实际上,依照普通法,已婚妇女仍然享有财产权,只不过,妻子的财产权处于丈夫的干涉之下,丈夫可以依照普通法上的已婚妇女身份规则干涉妻子对财产的处置,同时可以享有和使用妻子的财产。其次,布莱克斯通并没有完全否认已婚妇女的法律主体资格,他在其他章节提道:普通法允许已婚妇女在一定情况下进行诉讼活动。最后,在 1765 年版的《英国法释义》出版之后,布莱克斯通承认,他的一些叙述——尤其是关于已婚妇女权利的方面是错误的,因而在后来重新编辑出版的版本中,他作出了校正。③ 随后,在 1809 年出版的《英国法释义》中,由编辑爱德华·克里斯蒂安(Eward Christian)就已婚妇女的相关条款中加入了大量注释,对布莱克斯通的观点进行

---

① Janelle Greenberg,"*The Legal Status of the English Woman in Early Eighteenth Century Common Law and Equity*",*Studies in Eighteenth-Century Culture* 4,1975,pp. 171-181.

② [英]威廉·布莱克斯通:《英国法释义》(第 1 卷),游云庭、缪苗译,上海人民出版社 2006 年版,第 491~492 页。

③ See Nicola Phillips,*Women in business*:1700-1850,The Boydell Press,2006,p. 34.

解释。他指出,布莱克斯通的本意是认为已婚妇女受到法律特别保护,“妇女是法律所钟爱的,因为已婚妇女身份为妇女免除了许多义务和‘麻烦’,并且为妇女提供了保护”。[①]新版本中还谈到了已婚妇女在衡平法中以独立身份进行活动的情形和相关法律规定。

由此看来,布莱克斯通原本并没有贬低已婚妇女的意图,但他为了保证普通法体系的完整性,有意在讨论已婚妇女权利时,而忽略了其他法律渊源提供的补充条款和法律救济,也忽略了能够与已婚妇女身份规则条款构成对抗的其他规定。这就使他长期以来由于这个问题而遭到其他研究者的批判。

(二)普通法上的“已婚妇女身份”

“已婚妇女身份”是普通法对于已婚妇女在法律上的身份和地位的总括性称谓。它包括两方面的内容,一是已婚妇女不具备独立的民事缔约权,二是“不能拥有独立于丈夫控制与权利主张之外的财产”。[②] 已婚妇女身份规则最早渊源于诺曼征服带来的日耳曼法律传统,成型于亨利二世以及后来几位国王的法律改革。[③] 至 17 世纪,已婚妇女身份规则形成了比较完整的内容和体系。

一般认为,妇女缔结婚约之后,就获得了“已婚妇女身份”。已婚妇女身份的效力除了及于婚姻正式成立之后,还及于缔结婚约后、婚礼举行前的时段。这对妇女的权利产生重要影响。

影响之一是已婚妇女身份规则使丈夫有权享有妻子的财产。不仅在缔结婚姻后如此,在婚姻正式成立之前亦然。“一个妇女在缔结婚约之后、举行婚礼之前,在未婚夫不知情的情况下,对个人财产的处置将损害其未婚夫将来对这笔财产的享有,这相当于损害了未婚夫的财产利益。”[④]因此根据普通法,妇女处分个人财产时,不得损害未婚夫在婚姻正式成立后对这笔财产的享用。如果妇女处置财产的行为的确损害了未婚夫的利益,那么未婚夫有权对其进行干涉和制止;如果处置财产的数额巨大,未婚夫可以撤销这种财产处分行为。[⑤]

这就意味着,在已婚妇女身份规则之下,妇女对个人财产的权利不是独享的、排他性的。一方面,普通法并未禁止已婚妇女对财产享有一定的权利,她可以处分、享有财产;另一方面,上述权利将会受到丈夫的干涉和影响。丈夫不仅有权享有妻子的婚前财产,也可以支配妻子婚后获得的收益。在 1771 年的一个案例中,我们可以很清楚地看到这一点。

---

① See William Blackstone, *Commentaries on the Laws of England*, ed. E. Christian, 15th edn., London, vol. 1, 1809, pp. 441 – 445, Christian's notes, 15 and 21.

② 潘汉典等编:《元照英美法词典》,法律出版社 2003 年版,第 349 页。

③ See Arianne Chernock, *Men and the Making of Modern British Feminism*, Stanford, CA: Stanford University Press, 2010, pp. 86 – 91.

④ William Blackstone, *Commentaries on the Laws of England*, ed. E. Christian, 15th ed. London, vol. 2, 1809, p. 441.

⑤ Ibid..

一个叫约瑟夫·鲍曼(Joseph Bowman)的人在结婚之后,将妻子的财产挪为己用,用于偿还个人债务,甚至将妻子的衣服、首饰典当。随后,鲍曼由于触犯法律,被判决监禁。狱中的丈夫仍然支配着妻子的财产。鲍曼让狱警代他取得妻子的一处不动产出租所得的16英镑的租金,而妻子对此无法反抗。最后,身无分文的妻子对鲍曼提出了诉讼,要求法庭制止丈夫继续挥霍。而负责审理此案的季审法院①法官的裁决是:要求教会委员强制代为收取妻子出租不动产所得的租金,应当保证至少一半归妻子所有,防止鲍曼对租金的完全占有;妻子用于出租的不动产所有权仍旧归其本人所有。

在该案例中,法官的判决确实给予已婚妇女一定的权利保障,却并未排除配偶对其财产的享有。它只是对个案中已婚妇女的凄惨境地进行救济。另外,该判决只是限制丈夫滥用权利的行为,并未否认丈夫对妻子财产和收益的享有。也就是说,从判决的法理基础上看,它仍旧承认丈夫基于普通法获得的权利。

已婚妇女身份规则产生的另一个影响是,妇女在结婚之后,就不再是民事法律关系的主体。根据布莱克斯通对普通法的解释,该规则所指称的已婚妇女,强调妻子对丈夫的从属性。因而妇女一旦定下婚约,已婚妇女身份规则就开始生效,那么她就丧失了独立的民事缔约权。在普通法上,已婚妇女的民事法人格被其丈夫吸收,不能进行独立的民事法律诉讼或者缔约活动。其作出的民事法律行为,如处分财产、买卖、借贷等,均被视为无效或者由丈夫承担相应法律责任。

应当承认,上述规则具备着父权制与家长制的特性。男性的家长权和夫权优先于女性家庭成员的私权利。从法律的设置来看,虽然普通法仍然将妇女当作“人”看待,但是其作为“人”的独立性却完全丧失了。妇女以不必承担民事法律责任为代价,丧失了进行广泛民事活动的权利。这种“男性提供保护”的法律理念的确受到了父权制的影响。

如果已婚妇女身份的内容仅止于此,那么女权主义者们的批判就是正确的。然而,他们在批判中对普通法上的已婚妇女权利限制作了过于扩大化的解读,这使他们无论是对普通法规则还是对布莱克斯通的普通法理论都产生了误解。

依照普通法,已婚妇女并非丈夫的“个人财产”。已婚妇女的民事法律主体资格在婚姻中受到了丈夫特权的削弱,但不意味着妇女在普通法中完全丧失了作为“个人”的身份。普通法上的相关限制也不意味着妇女“等于”动产。普通法规则依然将妻子当作

① 季审法院(Quarter Session)对于较少的事项有管辖权,一般是对于所有的公诉罪具有初审刑事管辖权。在民事方面,对亲子确认令(bastardy order)和制定法规定的其他事项具有广泛的上诉管辖权。参见潘汉典等编:《元照英美法词典》,法律出版社2003年版,第1130页。

"人"对待,只是希望妻子能够服从于自己的丈夫,就像"夏娃由于原罪而服从于亚当"。[①]在已婚妇女的法律身份上,普通法中只是使妇女有了"归宿","就像小溪流入了大河",[②]而不是对妇女个人人格和合法身份的完全否决。因此,在当时的法律实践中,仍然能看到法律将丈夫、妻子作为两个人区别对待,而不是全部由丈夫一人承担法律责任。因此,已婚妇女的民事法人格并未完全基于婚姻而灭失,而是"丈夫的权利更优先"。

普通法还规定了已婚妇女身份效力暂停的情形。在特殊情形下,如丈夫与妻子分居时,妻子实际上脱离了丈夫的控制和干涉,已婚妇女身份的效力就会发生暂停。如果妇女从事缔约等民事活动,就可以不受"已婚妇女"身份的限制,在实际上获得了与单身妇女同样的民事法律主体资格。上述情形通常指丈夫被流放在外或者从军后驻扎海外。不过,当丈夫获得赦免或者结束兵役、回到居住地时,妻子的已婚妇女身份又会重新生效。如果一位已婚妇女的丈夫原本就是外国人,并且不论婚前还是婚后从未在英国居住,在这种情况下,已婚妇女身份就当然不发生效力,该已婚妇女自始至终可以作为一个独立的人存在,其各项权利的行使均不受丈夫的干涉。

三、多元化的已婚妇女法律身份

英国多元化的法律渊源导致已婚妇女的法律身份具有多元化特点。无论在普通法上还是在其他法律渊源上,除了已婚妇女身份的相关规则之外,还存在其他可以救济已婚妇女权利的路径。在普通法上,有一些规则和条款可以对已婚妇女形成救济,补充她们缺失的权利,对抗已婚妇女身份带来的不利影响;而其他法律渊源,如衡平法和地方习惯法,也可以对已婚妇女的权利形成救济和补充。因此,已婚妇女的法律主体资格与私权利就得到了一定的保障。

(一)"共有人"身份与已婚妇女身份

尽管普通法上的已婚妇女身份规则有着细致的规范,但从效力上说,它并非绝对优先。普通法的财产制度在财产共有规则的基础上发展出了一些法律拟制,保证使妇女的财产共有状态不被已婚妇女身份规则打破,保证妇女在婚后不改变其财产共有人的身份。其中,应用较为广泛和典型的是"姐妹共有"的法律拟制。

"姐妹共有"可以对已婚妇女身份规则进行对抗。这种法律拟制最早出现在主要由女性经营的贸易中,如女帽制造业、女装制造业、蕾丝花边制造业等。这类行业绝大多数是由关系相对亲密的女性朋友、亲属之间合伙经营。她们或是共同经营一项生意,或是互为贸易的供货商和买主。这些贸易由于女性之间的亲密关系而逐渐繁荣起来,因此也被称作"女性贸易"。但女性经营者一旦结婚,按照普通法,其经营的贸易就有可能受到

---

① See Thomas Edgar Anon, *The Lawes Resolutions of Women's Rights, Or, The Lawe's Provision for Women*, London, Printed for Johm Grove, 1632, p. 403.

② Ibid..

丈夫的干涉和影响:丈夫有可能会干涉妻子的经商活动,占用妻子的经营收益,或者将妻子与他人共有的商业份额占为己有。来自配偶干涉很有可能影响女性贸易的发展。为了维持女性贸易活动的稳定,同时也为了从法律上完善共有财产的相关制度,发展出了"姐妹共有"的法律拟制。

"姐妹共有"的内容是:如果姐妹之间以一个人的名义对财产形成了共同所有的关系,姐妹即是财产的共同所有人,即两人通过法律拟制成为普通法上的"一个人",而不是简单的合伙关系。① 在实践中,这条规则的适用有所扩大。"姐妹"不再要求共有人必须为两人,两人及以上的女性均可以构成姐妹共有。"姐妹"也逐渐由实际的姐妹关系扩大为亲属、密友、生意伙伴等关系。

姐妹共有成立后,共有人对于该项财产的买卖、经营、使用和租赁行为,都是共同行为。如果共有人缔结婚姻,她以独立身份对该财产行使和享有权利的状况不发生变更,也不受到夫权的影响。丈夫不能基于其对妻子的权力而要求妻子放弃独立的共有人身份,也不能侵占共有财产,或者干涉妻子对共有财产的处置。如果此时其他共有人均死亡,只剩已婚的共有人在世,那么已婚的共有人仍然可以按照"一个人"的法律拟制和财产共同所有制的相关条款,独立行使相关权利而不受丈夫的干涉。如果丈夫订立的遗嘱或者签订的契约有损于妻子以姐妹共有人身份持有的财产,妻子可以优先以共同所有人的身份保护共有财产。也就是说,普通法使已婚妇女在"姐妹共有"关系中的法律拟制中获得了一种对抗已婚妇女身份的途径。

(二)已婚妇女的"单身女子身份"

单身女子身份(feme sole 或者 feme-sole),原意是指单身妇女,包括从未结婚的女性、寡妇及通过司法程序获得与丈夫分居或者离异的妇女。② 单身妇女具有与男性公民相同的权利与民事法人格,这一点与已婚妇女不同。而在自治市镇习惯法中,则规定了已婚妇女比照单身女子享有和行使权利的情况,规定:"凡拥有独立财产、并以独立财产为基础进行经营、独立缔结合同和负担债务的已婚妇女,其各项权利视同为单身女子。"③

单身女子身份的规则最初来源于中世纪的自治城市习惯法。自治城市的兴起伴随着商业的发展。在这个过程中,有不少妇女从事商业活动,其中包括了数量较大的已婚妇女。如果不对这部分群体的民事缔约能力以及相应的财产性权利作出认定,那么已婚妇女订立的商业合同在效力上会出现瑕疵,这就不利于商业贸易的顺利进行。为了保证合同效力,保护商业发展,在自治城市习惯法中发展出单身女性商人(feme sole trader)规则。该规则将独立于丈夫、以自己名义承担责任的已婚经商妇女从事民事缔约活动时的

---

① See Thomas Edgar Anon, *The Lawe's Resolutions of Women's Rights, Or, The Lawe's Provision For Women*, London, Printed for John Grove, 1632, pp. 24 – 25.

② 潘汉典等编:《元照英美法词典》,法律出版社 2003 年版,第 543 页。

③ 单身女商人(feme sole)不仅包括前述独立经商的已婚妇女,还包括被丈夫抛弃的已婚妇女。详见潘汉典等编:《元照英美法词典》,法律出版社 2003 年版,第 543 页。

民事法人格及相关权利视同为单身妇女,同时将这部分已婚女商人称作单身女性商人。在 18 世纪,随着衡平法的发展,这条规则的适用也有所扩大。除了符合前述条件的女商人之外,不经营商业的已婚妇女在一定情形下从事缔约行为时,也可以视作拥有单身女子身份。这条规则直到 19 世纪还在不少自治城市中被沿用,直到议会颁布已婚妇女财产法案、解除了已婚妇女身份规则的限制后,这条规则才不再被援引。

已婚妇女适用单身女子身份规则的必要条件有三项:第一,已婚妇女所缔结的契约必须以其个人财产为基础,使用丈夫的财产进行缔约不适用该项规则;第二,已婚妇女必须以个人名义从事民事缔约活动,同时以个人名义承担相应的法律责任,独立偿还债务、出庭应诉等;第三,已婚妇女必须在"完全不受丈夫干涉"的条件下从事商业,如果不能证明这一点,则不能适用单身女子身份规则。

四、已婚妇女的财产权利保护

在维护自己的民事法人格、保证正常的民事缔约活动时,已婚妇女利用衡平法和自治市镇习惯法规则,在满足特定条件的前提下,可以暂时地摆脱已婚妇女身份规则的约束。已婚妇女可以通过对不同法律渊源的援引实现身份上的转换,在法律上获得多元化的身份。而在其他权利上,已婚妇女也能够在多元化的法律体系中得到保护。财产权利是自然人重要的基本权利,是自然人行使其他权利的重要物质基础。在普通法上,已婚妇女的财产权受到了配偶的干涉和占用,但在普通法之外,妇女得到了额外的救济和保护。

(一)妻子的衡平法权利

衡平法通过判例发展出一系列规则,为已婚妇女提供了一定的保护,对抗了已婚妇女身份规则之下财产权的匮乏。已婚妇女可以通过援引衡平法规则,维护自己的财产权利。因此,衡平法就衍生出了"妻子的衡平法权利"的概念和相关规则,用以维护已婚妇女的财产权。

妻子的衡平法权利(wife's equity),是指已经在衡平法上被确定受到保护的已婚妇女财产权利,[①]主要是妻子已经设立的信托财产。对这类权利的保护,在衡平法上形成了一套完整的规则。首先,已婚妇女作为委托人,将婚前财产设立信托,将其托管给受托人,由受托人按照委托人的利益进行经营,并将所有收益交给委托人。已婚妇女在对个人财产设立信托之后,丈夫就无法再占有或支配这些财产。这种做法规避了普通法中"妻子不具备独立财产"的原则。在衡平法院的保护下,这种方式成为当时妇女运用最为广泛的、保障个人独立财产的方式。这样,已婚妇女防止了丈夫对财产的侵占,保证了已婚妇女婚前财产的独立性。

---

① See William Blackstone, *Commentaries on the Laws of England*, ed. E. Christian, 15th ed. London, Vol. 2, 1809, p. 441.

衡平法院提供的保护是被动保护。如果妻子不提起诉讼、要求排除妨害独立财产的行为,衡平法院不会主动提供保护。在以下三种情形中,已婚妇女可以通过诉讼要求衡平法院作出判决,保障自己的衡平法权利:一是当丈夫或其代理人向衡平法院起诉要求将信托财产据为己有时;二是丈夫向妻子或者妻子的受托人起诉要求获得信托财产;三是妻子的受托人在未经诉讼的情形下,决定将信托财产转移给丈夫一方或者丈夫代理人持有。①

除了对信托财产保护,衡平法院还为妻子其他财产权利提供保护。较为常见的是衡平法对妻子取得"零用钱"权利的支持。零用钱是指订立婚约之时,男方在婚约中承诺的、婚后给予妻子的一些小额财产,这部分财产作为平时的零用钱,可以由妻子随意。衡平法院的大法官基于契约自由原则,认可和支持婚约"零用钱"的法律效力。并且在夫妻因此发生纠纷时,按照婚约做出判决。当丈夫违反婚约,拒绝支付零用钱时,妻子可以在衡平法院提起诉讼,要求丈夫履行约定。衡平法院在判决时不仅依据契约内容,还会考虑到已婚妇女的实际经济状况,以保障其一定的经济来源。尤其是已婚妇女承担了子女的抚养义务时,衡平法院会在判决时提供倾斜性的保护。偶有判例允许丈夫接管妻子的财产,但是同时会要求丈夫必须支付妻子的全部生活费用,或者帮助妻子偿还所有的债务。

可见,衡平法所提供的保护对已婚妇女意义重大。它提供的法律路径不仅保全了已婚妇女的独立财产,还为已婚妇女从事其他法律活动提供了物质基础,使她们获得较为独立的民事缔约权和民事法人格。②

(二)妻子的继承权

已婚妇女的继承权在法律实践中也得到了一定的保护。在丈夫去世、发生继承的时候,遗孀除了按照遗嘱或者法定份额获得财产,还能依法继续保有其对个人财物的所有权。

所谓已婚妇女的"个人财物",即小额动产和个人物品,除小额现金等财产外,还包括衣服、首饰、帽子等个人装饰品,以及床、衣柜等生活用品。这些财产一部分来自于婚后的购置,另一部分来自于女性亲属间的继承。③ 这两类物品由于具有较强的个人专属特性,因而可以被直接认定是妻子的个人财产,无须通过丈夫的遗嘱取得。这部分财产归妻子所有,丈夫不得通过遗嘱对这类财物进行任何处分,也不能将其挪用偿还生前的债务。

已婚妇女可以通过遗嘱或法定继承获得财产,但她们对动产和不动产的继承份额是

---

① See William Blackstone, *Commentaries on the Laws of England*, ed. E. Christian, 15th ed. London, Vol. 2, 1809, p. 441.

② See Tim Stretton, *Women Waging Law in Elizabeth England*, Cambridge, 1998, pp. 26 – 27.

③ See Maxine Berg, "*Women's Property and Industrial Revolution*", *The Journal of the Interdisciplinary History*, Vol. 24, 1993, p. 242.

不同的。对于动产,已婚妇女可以通过遗嘱获得,份额一般不限。对于不动产,妻子一般只能继承法定的"寡妇所得产"份额。寡妇所得产是普通法上划定的遗孀继承不动产的份额,它是指,如果丈夫没有留下遗嘱,其不动产的 1/3 可以由遗孀继承。该规定来自于日耳曼习惯法。寡妇所得产既可以在丈夫的遗嘱中划分,也可以在婚约中商定具体的内容和条款。

就寡妇所得产的份额划分而言,在普通法和习惯法中是不同的。普通法所划定的 1/3的份额,源于日耳曼习惯法,并最终确立于亨利二世统治时期。在 1217 年和 1225 年修订版的《大宪章》中都提出:"一个寡妇应有权利获得她的寡妇财产,其数额一般是其丈夫生前拥有土地的三分之一。"[①]通常情况下,丈夫可以规避这项遗赠。最常见的方式是将他所占有的妻子的嫁妆当作寡妇所得产"遗赠"给妻子,以避免将自己原有的不动产分给妻子。[②] 寡妇所得产规则意味着妇女无法继承丈夫名下全部的不动产。不过在实践中,寡妇所得产在各地不同的习惯法规则下呈现出更多样化的操作模式。

在习惯法中,寡妇所得产的份额有所不同。由于寡妇所得产规则针对的是不动产继承,土地的继承占有相当大的比重,因此,英国各地的庄园习惯法对于土地继承相关规定的效力往往优先于普通法。各地区遗孀继承份额的多少一般依照当地习惯法进行划定,有时还会提出附加条件。例如,有些地区允许寡妇继承丈夫土地的 1/2,不过会要求寡妇必须保持孀居状态,不能再嫁;也有的地区并不要求寡妇坚守贞洁,也可以继承丈夫土地的 1/2。还有一些地区规定,妻子只能获得丈夫土地的 1/4 作为寡妇所得产。相对而言,依照普通法划分的份额确定寡妇继承不动产数额的做法较为广泛。

已婚妇女还可以在丈夫去世后获得其他的财产利益。18 世纪,随着信托制度的兴起和广泛应用,丈夫有时也利用信托制度为妻子提供经济保障。一般的程序是:夫妻均在世时,丈夫划定好妻子可以继承的份额,而后,对其他财产设立信托,指定夫妻两人作为共同受益人。按照信托规则,丈夫去世时,被设立信托的财产会由于委托人的去世而恢复原状;但丈夫可以通过遗嘱中作出例外规定,指定该项信托在他去世后依然有效,并将其遗孀设立为唯一受益人,这样信托的效力就得以维持。遗孀取得寡妇所得产后,同时又能对设立信托的财产继续享有受益权。通过这种安排,遗孀虽然无法获得丈夫全部不动产的所有权,但可以排除其他继承人分享不动产的可能性,最大程度地保证了妻子余生的生活来源。

随着社会的发展,妇女能够继承的财产形式变得更加多样化。尤其是在商业贸易的发达和工业革命兴起之后,货物、股份、债券、店面等成为了更加重要的财富流通方式。此时,丈夫经常通过遗嘱,将店面交给妻子和子女继承经营,而不是交给其他的继承人,

---

① William Blackstone, *Commentaries on the Laws of England*, ed. E. Christian, 15th edn. 1809, London, Vol. 1, p. 131.

② See Christine Churches, "*Women and Property in early modern England: A Case-study*", *Social History* Vol. 23, No. 2, 1988, p. 165.

这在新兴工业城市中是非常常见的。[①] 另外,遗孀还可以从丈夫那里获得船只股份等的遗赠,有的还可以接管丈夫留下来的商业经营。[②] 可见,18 世纪的已婚妇女能够从丈夫这里获得多种形式的财产遗赠,并不仅限于法定的寡妇所得产。

(三)已婚妇女的其他财产性权利

在多元化的法律体系中,除了为已婚妇女的财产权提供救济和保障之外,对于她们其他的财产性权利,如已婚妇女的赡养费、订立遗嘱的权利以及遗孀作为丈夫遗嘱执行人的法定权利,也提供了相应的保障。这使已婚妇女能够较为自由地处理财产,行使与个人财产密切相关的权利,更好地保障了妇女对财产的支配权。

1. 赡养费

赡养费是普通法赋予已婚妇女的重要的财产权利,具体是指丈夫与妻子被判决司法分居的时候,应当以丈夫的收入向妻子支付的、用于维持妻子日常生活的费用。[③] 如果丈夫拒不支付妻子的赡养费,或者丈夫的婚后财产不足以支付妻子的赡养费,妻子可以向法院提起诉讼。在必要的情况下,法院可以判决使用丈夫的个人财产折抵这部分费用。如果丈夫同时负有其他债务,则法院须查明丈夫的债务数额与赡养费数额之后,才可以对丈夫个人财产的分配作出判决。判决时必须兼顾妻子与债权人的利益,丈夫的债务与妻子的赡养费不能相互成为抗辩事由。赡养费一旦被支付给妻子,就视为是妻子的独立财产。即使夫妻只是分居而非离婚,丈夫也不能重新占有和支配已经支付给妻子的赡养费。这个制度使妻子在分居或离婚期间的经济来源能够得到保障。

2. 订立遗嘱的权利

妇女对自己财产的处分情况同样能够反映她们的财产权状况,因此已婚妇女订立遗嘱的权利也反映出她们对财产的支配程度。依照普通法,妻子不能在丈夫不允许的情况下订立遗嘱。一旦订立,该遗嘱视为无效。而在实践中,通过衡平法院的确认,已婚妇女订立遗嘱的效力能够得到认可,其通过遗嘱处分财产的权利亦有所保障。

值得注意的是,妇女订立的遗嘱具有更多的情感含义。在遗嘱中,除了对被继承财产的特征详细描述物品的颜色、质地、款式、物品的来源和代际传承历史,还赋予它们特殊的意义。她们会在遗嘱中写明,或是为了纪念,或是为了延续家族的某种传统,而将财产"亲切地遗赠给自己的女儿、亲戚或者其他女性朋友"。[④] 这不仅反映了妇女对于个人财产处置上的独特性、独立性,还反映了当时妇女独特的财产观。财产的传承不仅是财

---

① See Maxine Berg, "*Women's Property and Industrial Revolution*", *The Journal of the Interdisciplinary History*, Vol. 24, 1993, p. 243.

② See Christine Churches, "*Women and Property in early modern England: A Case-study*", *Social History*. Vol. 23, No. 2May 1988, p. 177.

③ See William Blackstone, *Commentaries on the Laws of England*, ed. E. Christian, 15th ed. London, Vol. 2, 1809, p. 441.

④ Maxine Berg, "*Women's Property and Industrial Revolution*", *The Journal of the Interdisciplinary History*, Vol. 24, 1993, pp. 245 – 247.

富的流动,还有特殊的情感意义和历史传承价值。

随着经济社会的发展,已婚妇女订立遗嘱的做法也更加广泛,自主订立遗嘱的妇女大多见于 18 世纪新兴的工业城市中。以伯明翰地区为例,订立遗嘱的已婚女性约为 23.6%,谢菲尔德地区的比例则高达 48%;而在其他地区,仅有 10% 的已婚妇女订立遗嘱。① 妇女可以通过遗嘱处分不动产,也可以处分动产,包括现金、衣物、银器、珠宝、亚麻制品、瓷器等。她们的遗嘱具有完全的法律效力,并且在当地的教区档案中存档登记,并由教区法院监督和保障遗嘱的执行。

3. 作为遗嘱执行人的权利

妻子可以从丈夫那里直接获得各种财产的遗赠,还可以成为丈夫遗嘱的执行人(executor)。遗嘱执行人,是指由被继承人在遗嘱中指定保障和维护遗嘱执行的人选。② 一般而言,如果没有指定,遗嘱执行人通常由教区法院充任。如果在遗嘱中指定了遗嘱执行人,则依照遗嘱进行。在 18 世纪,妻子成为丈夫遗嘱执行人的比例在较为发达的城市较高,在其余地区,则仍由丈夫的兄弟、侄子、儿子等充当遗嘱执行人。以伯明翰的教区存档为例,在这个发达的工业城市中,妻子成为丈夫遗嘱执行人的比例大概是 30.4%,这个比例在当时的平均水平中相对较高。③ 从教区存档的遗嘱来看,将妻子设立为遗嘱执行人的男性对妻子经营和处理财产的能力十分信任。有人直接在遗嘱中写道:"如果将来对我最后的这份遗嘱有任何怀疑或者认为有哪里是含糊不清的,将由我的妻子根据我最后生效的那份遗嘱,按照她的理解进行解释,我相信她能够理解我的真实意图,并且我相信她能够按照我的遗嘱认真执行。"④

已婚妇女作为丈夫遗嘱执行人的角色非常重要,这关系着丈夫的遗赠是否能按照丈夫的意愿得到执行。虽然,妻子成为丈夫遗嘱执行人并不能够为妻子本人的财产利益带来什么直接的好处,不过其意义在于,这一行为反映出丈夫对妻子分享共同财产、参与家庭财产管理的意愿,是已婚妇女在家庭财产实际控制权的直接反映。

五、结　　语

18 世纪的英国妇女在普通法上的权利的确受到了种种限制。但是,将已婚妇女身份规则放在英国当时多元化的法律体系中,我们才能够理解当时关于已婚妇女身份与权利的完整的制度设计,这样才能确保我们对这个问题有更加全面的认识。

---

① Maxine Berg, "*Women's Property and Industrial Revolution*", *The Journal of the Interdisciplinary History*, Vol. 24, 1993, p. 237.

② 参见薛波主编:《元照英美法词典》,法律出版社 2003 年版,第 509 页。

③ See Maxine Berg, "*Women's Property and Industrial Revolution*", *The Journal of the Interdisciplinary History*, Vol. 24, 1993, p. 238.

④ Christine Churches, "*Women and Property in early modern England: A Case-study*", *Social History* Vol. 23, 1988, p. 177.

第一,已婚妇女身份并不意味着妇女独立法律身份和法定权利的完全灭失。无论是布莱克斯通在《英国法释义》中的论述和注释,还是普通法中的已婚妇女身份的相关规则,都并未将妇女完全置于法律上的无权地位。妇女依然可以通过对法律规则的解释和运用,为保障自身的权利寻求空间。普通法上,也存在可以对抗已婚妇女身份规则、维护已婚妇女权利的方法。

第二,在多元化的法律体系中,妇女可以通过对其他法律渊源的利用,使自身的权利得到救济。普通法之外的其他法律渊源在已婚妇女相关权利的保障中也十分重要。尤其是 18 世纪之后,衡平法原则被大量引入普通法,使已婚妇女的各种法律实践更加灵活,她们的权利也能获得较充分的救济。

第三,已婚妇女的实际权利状况,在 18 世纪的英国呈现出时代性和地域性的特点。彼时恰逢工业革命时期,工业生产和商业贸易的发展急需法律的维护。在这种情况下,出于维护商业契约和商业活动进行的目的,会对妇女作出一些较为有利的判决。妇女可以获得相对充分的权利。在当时新兴的工业城市和港口城市中,妇女较为积极地运用多元法律规则保障自己的合法权利。而在较为保守、变革较为滞后的地区,妇女依然较多地受到普通法和习惯法的影响,很少利用其他法律规则对抗已婚妇女身份带来的不利后果,因此权利保障程度较差。

第四,不论普通法、衡平法还是习惯法,虽然一定程度地维护了妇女的权利,仍然体现出了父权制法律制度的特点。在普通法中,已婚妇女身份就反映出了妇女在父权制社会中的附属性地位——尽管普通法上的一些法律拟制可以对抗父权制的法律规则,其法理基础并非是出于对妇女权利的保护,而是为了遵循普通法上的财产所有制度,维护经济贸易的发展。在自治市镇习惯法中更是如此。习惯法并未否定已婚妇女身份规则的存在,也并未强调已婚妇女的独立性,而是将其与单身女子进行"比照",赋予已婚妇女一定的自由。其法律逻辑依然是将已婚妇女与单身女子作出根本的区分。同时,习惯法规则虽然给予已婚妇女一定程度上独立的法律主体资格,但条件十分苛刻。除了各种严格的适用规则之外,它十分强调妇女不能损害家庭的利益,尤其是不能损害丈夫的财产利益。更重要的是,其授予、保证妇女这种权利的本意并非出于对妇女独立缔约能力的认同,而是为了保证商业合同的效力,维护商业活动的顺利进行。至于衡平法与衡平法院,它们虽然客观上作出了维护妇女权利的判决,不过判决本身并未对已婚妇女的权利进行确认,而是通过对契约自由等的维护,间接地维护了涉案妇女的利益。这种个案性的保护而非制度性的保护常常由于诉讼费用而无法惠及所有妇女。

综上,尽管已婚妇女在现实中的权利状况并不像女权主义者们批判的那样悲观,却不能就此认为 18 世纪英国已婚妇女已经拥有了宽松的权利环境。同时,也正是由于妇女对这种法律上"从属地位"的认识,才使 19 世纪妇女争取权利的运动如火如荼地展开。

An Analysis on British Married Women in 18th Century

Xu Yifei

Abstract: In "Commentaries on the Laws of England", Sir William Blackstone wrote that British married women had no rights in the common law. Until now this has been believed to be true . And Blackstone's theory has been criticized by feminists, who consider it as the reason of the subjection of women. This misunderstanding and criticism last till nowadays. Actually, though British married women in 18th century were still under control of manus, they could still get legal remedies through citing and interpreting different rules in common law, equity and customary law. And then they had got comparatively independent legal status on property right and contracting rights.

Key Words: William Blackstone the married women common proprietor coverture feme sole wife's equity

(责任编辑:仁 者)

法律史学

法约还是政令

——古代中国与欧洲行会法律属性比较分析*

康　宁**

[摘　要]　行会作为古代中世纪欧洲与古代中国社会经济生活的重要组织形式，都以加强行业内部联系、提升专业化水准和抑制不正当竞争为目的，并且都有自己的一套行业规范。但是，细加分析将不难发现，古代中世纪欧洲的行会在规范行业利益、促进工商业发展方面效能显著，因为它们主要是社会自发产生的行业约法，外在于行政权力系统的制约；古代中国的行会则承担了更多的维护社会秩序稳定的国家职能，故而许多行会规章与其说是行业自治规范，毋宁说是行政指令的表达与化身。值得注意的是，即便欧洲与中国的传统行会存在规制上的巨大差别，却都在近代社会变迁的历程中互有取舍。欧洲中世纪的行会逐渐被近代民族国家所吸纳，开始具有了"体制依附"的色彩，传统中国的行会则在内忧外患、国家失灵的状态下，反而客观上获得了"自治"和"约法"的空间。比较古代中国与欧洲行会的不同法律属性，有助于促进当代我国行业管理制度的改革和完善。

[关键词]　行业规范　法约　政令　古代中国　中世纪欧洲

"商业的早期组织如同封建制度的早期组织一样是世界性的"。① 9世纪始，行会组织活跃于欧洲各国的城市商品生产与流通领域，古代中国城市的行会组织同样方兴未艾。史料表明，行会是欧洲中世纪城市社会经济活动的基本单位，行会设立制度规范学徒、帮工与师傅之间的分工合作关系，组建产品生产与销售的行为准则，为近代工业社会的形成奠定了基础。尤其根据奥托·基尔克的分析，行会所缔造的"团体""合伙"等理念，构成《德国民法典》论证"法人""社团"等近代基础法律概念的现实资源。②

古代中国行会的产生与活跃时期与欧洲大致相当，而且同样通过接洽业务、评议物价、监督产品质量，支撑了城市工商业活动的正常运营。尤其在宋代，国家集权体制似乎

---

*　本文受中央高校基本科研项目《行会法律性质研究》(2016JKF01302)经费支持。感谢山东师范大学程汉大教授对本文的建议，文责本人自负。

**　康宁，中国人民公安大学法学院。

①　[比利时]亨利·皮雷那：《中世纪的城市》，陈国樑译，商务印书馆2006年版，第77页。

②　See Odon Por, *Guilds and Co-operations in Italy*, trans. by E. Townshend, London, The Labor Publishing Company, 1923, p. 140.

淡出了行会经营活动,政治环境相对宽松,工商业空前繁荣,“夜市直至三更尽,五更复又开张”。[①] 行人的职业选择也更为自由,一些无地或少地的农民在商业资本的驱使之下涌入城市,弃农经商:“今民无以为生,去为商贾,事势当尔。”[②]可以说,仅就外观而言,古代中国行会的法律功能当与中世纪的欧洲颇具相似性。然而,外观相似的背后却隐匿着巨大的差异,这些差异不但直接决定了古代中国与欧洲行会规制模式的不同,而且间接地影响了近现代工商业行会组织的法律性能。

一、产生路径不同:自发抑或规划

欧洲的行会兴起于家族血缘关系和国家政治控制的松弛。亚里士多德注意到,古代社会的分工是“有机”的和“天然”的,从掌握祭祀、仪典的领导者,到国王、武人和文官,再到商人、工匠、农民、手工业者和奴隶,职业各异,起居习惯和行为方式自然也互不相同,对此差异,最好不要进行变更。[③] 在早期希腊,如同其他初民社会一样,家庭是社会生产与生活的基本单位,一个家庭的成员通常从事同一种职业,个体的人缺乏独立性,职业联合既无可能,也无必要。据此,“你不是你产业的主人,你甚至不是你自己的主人。你连同你的产业,都属于你的家庭,你的祖先,你的子孙全体。”[④]后来,由于贸易的发展,个体有可能游离于家庭之外,“家庭=职业”模式遂发生变化。再后,随着希腊城邦的形成,家庭血缘关系不再是维系社会的主导力量。不同家庭的个体成员往往应着职业活动需要相互联合,组成家外团体。希腊城邦在保留家庭及家族、部落组织的同时,也默许了家外职业团体的存在。到梭伦立法重分土地、弱化出身之时,一些营造士和工匠已经建立起了自己的行业组织,亦即出现了欧洲史上最早的行会。

职业的团体经历古罗马到中世纪的变迁,最终确立起自主性较强的行业约法。王政、共和与帝制轮番上演的古代罗马,不仅在政治上成为欧洲的统治者,还在经济上统一了整个地中海区域。通过发达的水路贸易和陆路运输,罗马国家的行政体系在各行省之间调配农作物、水产品、石器和陶制品。[⑤] 这种颇为清晰的产业层次,再加上远销海外市场的强大需求,在无形中强化了不同谋生手段的意义。庞贝古城遗址告诉我们,罗马人的商业活动早有较为特定的区域,职业谋生出现了进一步聚拢的社会土壤。在罗马帝国的文字表述中,行会是“collegiasodilita”(稳定的联合)或“corpora”(团体),是凭借共同的经营利益而存在的职业联合。帝制时代的罗马行会可谓小有规模,不仅商人组成了社

---

① (宋)孟元老:《东京梦华录》卷三,“马行街铺席”。

② (宋)吕祖谦:《宋文鉴》卷五十四。

③ 参见[古希腊]亚里士多德:《政治学》,吴寿彭译,商务印书馆2010年版,第39页。

④ [法]库朗热:《古代城邦——古希腊罗马祭祀、权利和政制研究》,谭立铸等译,华东师范大学出版社2006年版,第71页。

⑤ 参见[法]德尼兹·加亚尔等:《欧洲史》,蔡鸿滨、桂裕芳译,海南出版社2000年版,第122~123页。

团,“所有阶层都似乎在强烈要求增加职业集团的数目”。[①] 当然,在罗马帝国的管理体制下,行会一度成为政府敛财征税的工具,但罗马帝国的灭亡则为行会的发展彻底“松绑”。在战乱频仍的中世纪,行会反而在安全和生计的问题上获得自主性。散落在乡间、原野的商人和手工业者保留并改进了曾经的行会。他们渴求安全,延续了行会的经营职能及其相互帮扶的成员关系。各种行业的参与者自发聚集起来,是比邻又是商业伙伴。他们开设商铺和作坊,形成了专注于特定贸易的职业聚落。孕生于希腊罗马时代的早期行会,从此转变为以特定职业为依托、由陌生个体组合而成的中世纪行会。此后,在封建关系的“缝隙”和自治城市商品经济的“岛屿”中,行会争取到了生存发展的空间,不少的行会拥有强大的经济实力和政治影响力。在佛罗伦萨,商人行会一度控制政府、设定对外政策、掌握税收、操纵司法程序。即便在英格兰、法兰西等王权强大的国家,行会也对国王和城市的治理给予积极的呼应。欧洲的行会将业内的规则和习惯加以明确,这些法律规制依托行会章程与誓词的形式,具有行业约法的性质。[②]

这种几近自发生长的路径并未见之于古代中国的行会。就其产生、发展以及实际运行状况而言,后者鲜明地反映出国家政权对社会职业组织的规范和调整,结果束缚和压制了行业自身主动性的发挥。始于公元前3世纪的统一国家和君主专制体制,确立了国家政权在中国社会中的绝对主导地位,随之而来的行会发展不可能不依附于政治力量。在疆域辽阔但交通、通讯、行政管理技术落后以及货币经济不发达的时代条件下,为了满足财政需求,中央政府只能一方面通过国家税收聚敛财富,另一方面直接控制要害生产部门,诸如盐、铁、酒等官府手工业、皇庄等。[③] 可以说,当行会尚在酝酿之时,其基本的经营活动就已经被严格规划在特定的国家框架之内,行会的规范一出世便隶属于政府部门的管辖权限,行会的运行不是以促进职业交往与发展为出发点,而是把便于政府管理监控奉为重点。如果说马克斯·韦伯所言,中国古代城市“主要并不是靠城市居民在经济与政治上的冒险精神,而是有赖于皇室统辖的功能”,[④]不无道理,那么古代中国行会的产生与发展或许更是如此。

西周至秦汉的“市以类聚”,是政治力量规划经济主体的肇始。此时尚不存在职业者的组织,工商业者以“市籍”标明身份,接受政府管理、交纳赋税并服徭役。初具规模的“市”是政令规划与控制的客体,市之管理不外官规政令的实现过程。市场被设置在城内

---

① [法]埃米尔·涂尔干:《社会分工论》,渠东译,生活·读书·新知三联书店2013年版,第20页。

② “Ordinances of the Gild of St. Katherine, Stamford”, ed. by Toulmin Smith, *English Guilds* (London:N. TrÜbner and Co. ,1870), p. 189. 在英格兰斯坦福的圣凯瑟琳商会,会长引导的新成员宣誓所应遵循的对话形式为:“先生,或者先生们,是否愿意成为本行会的成员,崇拜本行会的庇佑者,并遵从本行会的章程?”“是的。”

③ 参见[德]马克斯·韦伯:《中国的宗教:儒教与道教》,康乐、简惠美译,广西师范大学出版社2010年版,第19页。

④ 同上书,第23页。

的特定地点,具有空间封闭、时间限定和经营统一的特点。其一,专“市”为交易场所,工商业者住在市内,其他非工商居民住在市外,界限分明,不得混淆,如《周礼·地官司徒·司市》“以次叙分地而经市,以陈肆辨物而平市”。① 市有障碍环绕,犹如城中之城,工商业者具体的居住地点都由政府指定。其二,工商业活动处在政府的严格控制之下,有职官“司市”为“市官之长”,“掌市之治教政行量度禁令”。② 开市之时,司市在办公场所的高处挂上标识,结束时摘下并关闭市门。其三,工商业者主要的服务对象是“官”,后者也是最大的消费群体。经营者虽有少量“日至于市而不为官贾”的私商,但大部分具有官工官商的身份。工商业者的生产资料也由“官配官给”,是谓“工商食官”。秦汉时期的城市大体延续了“市以类聚”的制度,尽管出现了部分摆脱“食官”的私营工商业者,但工商业活动仍限制在特定的区域内进行,是谓官定的铺席和居住地点。

北魏至唐代,“市以类聚”的古典市制依旧延续,但“市”的分化具有了一定的规模,已经出现了地域意义上“行”的概念。隋代《大业杂记》载主都市“一百二十行”。③ 唐代都市经济较隋有了新的发展,“行”数量更多,唐天宝、贞元年间的房山石经《大般若波罗蜜多经》题记中,可见有白米行、绢行、生铁行、炭行、布行、肉行等数十行礼佛活动的记载。④ 市场管理机构的发展基本同步,唐代市场都设有市楼,“市楼有重屋,有令署,以察商贾货财买卖之事”;长安、洛阳各市内设“市署”和“平准务”为“市令”,为从六品上职事官,下有丞、录事等;市令负责市内民间交易、物价、度量衡的管理。

唐代的“行”是同业店铺或者同类货物售卖的区域,与秦汉时代“货列遂分”的市场制度没有本质差别。但是,中唐以降,城市居民的生活更加多元,狭小的“市以类聚”转向“经营之行”。“市肆皆建标,筑土为堠”,即在各行行首建筑一个土堆,作为各类物货的区域之界;界首立一碑牌,上写行名,说明该区域所售商品的类别。唐都长安内有南北向、东西向的平行街道各两条,呈“井”字形,与围墙四面的八个门相通,分“市”为九个方形小区。同类货物依旧集中在一个区域内出售,临街巷店铺、各类货物按类分成“行”,其设置及废除完全由政府确定。⑤ 同行业人在官府的统一管理下经营特定的区域,虽有行业组织的形式,实际是以地域区划为基础的营业种类,不是依靠自身力量组织起来的行会。可见,唐“行”仍非行会之行。不过,唐“行”日益浓厚的职业团体色彩已经毋庸置疑了。

宋代之“行”保留了行业区划的意义,但内涵已大为扩展。南北两宋共历 360 余年,缔造了中国历史上都市经济与文化空前繁荣的时期。国都“杭城”亦是行都之处,万物所

---

① (西周)周公旦:《周礼·地官司徒》,“司市”。

② 同上注。

③ (宋)刘义庆:《大业杂记》,“大业元年”。

④ 参见曲彦斌:《行会史》,上海文艺出版社 1999 年版,第 4 页。

⑤ 参见魏天安、戴庞海主编:《唐宋行会研究》,河南人民出版社 2007 年版,第 46 页。

聚,诸行百市。[1] 东京南市"东西南北居二坊之地,其内一百二十行,三千余肆……"[2]旧有的"市"为"行"取代,行业区域也不再是"行"的全部所指,"行"已经等同于"行分""团""市""作""作分",也有连称"团行""行市""行作"的。见于史载的"行"种类很多,如米行、梳行、销金行、冠子行、鱼行、姜行、猪行、布行、菜行、网边行、针篦行、炒锅行、豆腐行、抄报行、柴草行、裁缝行、图书行、媒人行、箍桶行、土工行、抿刷行、蒸作行、泥塑行等,又见花团、青果团、柑子团、鲞团等。"作"又称"作分",概指有关手工业制作方面的组织,见吴自牧《梦粱录》中的碾玉作、篦刀作、腰带作、金银作等。[3] 这些团行不仅可指商品的行列或同业集中的区域,更指同业者的组织,在一定程度上具有限制竞争、垄断市场的作用。只是,由于城市贵族既是最大的消费者,又是市场商品的主要经营者,大多数行的主要服务对象仍是官府机构,或者至少与官府的消费联系密切。"团"与"行"仍然缺乏自主性,如何应对官方强制、完纳赋税徭役是它们的主要职能之一。可以说,尽管宋代的行会组织已经在形式上颇具规模,但是行会无法脱离官府政策指令的规制,也就不可能形成自主性营业活动的规章制度。

明清行会延续了唐宋行会的建制。行会的内部规制已经明确涉及学徒、帮工数目、作坊地点与规模、产品价格、规格、质量、数量、原料分配购买、工时长短、工资标准等诸多问题。但是,维持行会运行的力量仍旧来自官府,行会章程是政令官规在细节方面的具体化——行章中越是涉及自主经营的部分,越是遭遇到国家层面先行规定的限制。于是,各行会的章程不过是政府法规的"下位法",具体内容局限于政府设计的框架模板之内。例如,在商品价格、度量衡以及产品质量方面,明清政府均以官定律令的形式严格负责勘核:

> 【度量衡】"凡私造斛斗秤尺不平,在市行使,及将官降斛斗平尺作弊增减者,杖六十,工匠同罪。若官降不如法者,杖七十;提调官失于较勘者,减一等,知情与同罪。其在市行使斛斗秤尺虽平,而不经官司较勘印烙者,笞四十。"[4]
>
> 【物价】"凡民间市肆买卖、一应货物价值。"[5]"凡拍物行人评估物价,或贵或贱、令价不平者,计所增减之价,坐赃论;入已者,准窃盗论"。[6] "凡诸物牙行人评估物价,或以贵为贱,或以贱为贵,令价不平者,计所增减之价,坐赃论,一两以下,笞二十,罪止杖一百,徒三年。入已者,准窃盗论。"[7]
>
> 【质量】"凡买卖诸物,两不和同,把持行市,专取其利,及贩鬻之徒,通同牙行,共

---

① (宋)吴自牧:《梦粱录》卷十三,"团行"。

② (清)徐松:《河南志·唐及两宋城坊考》。

③ 参见(宋)吴自牧:《梦粱录》卷十三,"团行"。

④ 《明律集解附例》卷十《户律·市廛》,"私造斛斗秤尺"。

⑤ 《大明会典》卷三十七,"时估"。

⑥ 《明律集解附例》卷十《户律·市廛》,"市司平物价"。

⑦ 《大清律例》之《户律·市廛》,"市司平物价"。

为奸计,卖物以贱为贵,买物以贵为贱者,杖八十。若见人有所买卖,在傍高下比价以相惑乱而取利者,笞四十。若已得利物,计赃重者,准窃盗论,免刺。"①

清代中后期,面对外商势力的冲击,传统行会的官方指导模式遭遇了现实的挑战。行会做出了实现自主经营的努力,有关行会宗旨、人事组织、职业道德以及具体权利义务等方面的市场化规制与约束在各行章程中均有体现。但是,面对外商集团的强势压力,清末行业协会的生存实际上更加离不开官方的扶植和引导。清光绪二十九年十一月二十四日(1904 年 1 月 11 日),清政府商部奏准仿照欧美及日本等资本主义国家设商会组织办法,颁行了《商会简明章程》二十六条,开始改革传统行会。《商部奏劝办商会酌拟简明章程折》称:

"纵览东西诸国交商互市,殆莫不以商战角胜,驯至富强,而揆厥由来,实皆得力于商会。商会者,所以通商性、保商利,有联络而无倾轧,有信义而无诈虞。各国之能孜孜讲求者,其商务之兴,如操左券。中国历来商务,素未讲求。不特官与商隔阂,即上与商亦不像闻问;不特征业于此也隔阂,即同业之商,亦不相同问。计近数十年间,开辟商埠至三十余处,各国群趣争利,而划伤势涣力微,相形见绌,坐使权利旁落,寝成绝大漏危。"②

即便注意到中国商会的"素未讲求"之处,力促"有联络而无倾轧",也未能真正推动行会的自主性。光绪三十一年,翰林院编修王同愈奏呈商部设商会说帖,言辞切切,以为"盖商之情散,惟会足以联之;商之见私,惟会足以公之"。商部的批复则尤为保守,"应俟举定会员并将详细章程送部核准后再行办理"。③ 可见直至清末,行会活动仍旧是官定条律范围之内的探索,其执行的过程亦难逃"官"与"商"在具体社会情境中的管控与附庸关系,很难说是取得了实质性的突破。由此可见,古代中国行会及其自身规制的有效性,始终是以官方的行政指令为依托的。

二、内部结构不同:自利抑或官役

产生路径的不同决定了行会内部运行机制的差异。一般而言,基于职业生活的专门技能,行会认可个体人的工作能力,行内角色的变动具有可期待性。无论在中世纪欧洲还是古代的中国,行内生活的基本单元是大小不等的作坊(workshop),作坊容纳师傅

① 《大清律例》之《户律·市廛》,"把持行市"。

② 《商部奏劝办商会酌拟简明章程折》,1904 年。

③ 章开沅等主编:《苏州商会档案丛编》(第 1 辑上册),华中师范大学出版社 2012 年版,第 4 ~ 5 页。

(master)、帮工(journeyman)和学徒(apprentice)三个层次的人员。从短期来看,优秀的学徒大都获得顺利的晋升。行外人先以学徒的身份加入行会学习技能,后以帮工的身份协助师傅的工作,两个阶段全部完成才能算作正式的行会人。① 帮工期结束之后,有能力的帮工还可自行开张作坊。学徒的年限,因各工种的难易程度而不同,大致有数月到数年不等。根据唐代行会的基本情况,"凡教诸杂作工业,金银铜铁铸,凿镂错镞,所谓工夫者,限四年成;以外限三年成;平慢者限二年成;诸杂作有一年半者……有九月者……有三月者,有五十日者,有四十日者"。② 中世纪英格兰赫尔手套匠行会章程规定了授业学习的基本期限,"师傅招收的学徒,学徒期不得短于7年,师徒契约中必须予以明确的规定"。③ 当然,即便有相同点如此,欧洲中世纪与中国古代的行会仍有若干内部结构上的差别。

(一)人事组织

中世纪欧洲的行会出于自身的独立性,客观上鼓励了行会人集体决定行会领导人的权限。行会机构大致包括全员集会(assembly, capitolium, capitologenerali),行会会长(chief official, aldermen, warden, gastaldo)、理事会(court of assistants, committee, banca)和身为辅助官员的秘书员、信使等。④ 行会会长掌握行会事务的决断与执行权,理事会协助并监督会长的工作,全员集会是理论上的最高权威所在。根据全员集会的至高性,行会人不仅是简单的参与者,还至少在名义上扮演决策者的角色。包括会长和理事会在内的行会领袖,都经全员集会选自能力出众的行会成员,秘书文案人员的职位又对学徒和帮工开放。不少行会的会长每年选举,且须宣誓保障行会的利益。⑤ 比如,威尼斯理发师行会章程规定其会长的任期仅为一年,卸任会长必须圆满完成他的最后一项工作,即组织全员集会完成继任会长和理事会的选任。各行会的选举程序五花八门,从选举人选举、简单投票到随机抓阄,各不相同。此外,为了保持公正,杜绝滥用权力以及贿选,候选人的亲属往往不得成为选举人——"会长身故时,任何属于彼之人,不论为其子抑或其他亲属,俱不得代理其职务,应由行中兄弟按照己意另行推选一新会长"。⑥ 不仅如此,选举人的亲属还不得担任监票员和书记人员,父子、岳婿以及同族兄弟都不得在同一时间担

---

① Ernest Pooley, *The Guilds of the City of London*, London, William Collins of London, 1945, p. 14.

② (唐)李林甫:《唐六典》卷二二,"少府监"。

③ 《赫尔手套匠行会章程》。转引自金志霖:《英国行会史》,上海社会科学院出版社1996年版,第100页。

④ "CapitulareArtisBarbariorum", eds. by Giovanni Monticolo and Enrico Besta, *I capitolaridelle ArtiVeneziane: sottopostealla Giustizia e poi allaGiustiziaVecchiadalleoriginial* 1330, 3 Vols (Roma: Forzani, 1896 - 1914), Vol. I, Clause 3, p. 40; Pooley, *The Guilds of the City of London*, p. 9.

⑤ "Ordinances of Guild of the Joiners and Carpenters, Worcester", *English Guilds*, p. 232.

⑥ 《林吉斯圣三一商人行会规章》。转引自金志霖:《英国行会史》,上海社会科学院出版社1996年版,第63页。

任选举人。[①] 此类组织机制下的欧洲中世纪行会,不仅打造了个体人参与社会公共事务的际遇和路径,还引导行会管理者在任期间只考虑行会,全权巡视行内作坊,监督行规执行,化解成员内部矛盾,对外代表行会利益,争取行会权益。

古代中国行会的领导权限多是政府职权向经济领域的延伸。行会首领称"行头""行首""行老",行老大都由官府指派,而非由全员集会通过特定程序产生,即便是本行业推举产生者,也必须获得官方的认可。或者由行会挑选一位享有盛誉或者实授官职的社会贤达,以期改变商人手工业者低下的社会地位。[②] 行首不仅要对本行商户负责,还要先对官府负责。根据唐代贾公彦对《周礼》的注疏,周时"肆长谓行头,每肆则一人,亦是市中给徭役者"。[③] 唐代之"行头"犹如周时之"肆长",代行体制"差派徭役"和"检校行肆"的职权,还要贯彻政府法令,协办科买、和雇以及定价等事务。为平抑物价、管理市场,各行行老须定期与府县官员评估物价,之后交由各铺户遵照执行。行内营业项目、产品质量或者技术规格亦属行老监管,行老应向官府报告经营状况。《旧唐书·食货志》载唐德宗贞元九年(公元 793 年)二月二十六日敕令称,"自今以后,有因交关用欠陌钱者,宜但令本行头及居停主人、牙人等,检校松官,如有容隐,兼许卖物领钱人纠告。其行头、主人、牙人,重加科罪"。由于行老对行会中的利弊秘密了然于心,每逢县令到任,皆要询问各行行老,方得物色名目。明清时期,行老协调内外竞争、维护会员利益的职能虽然有所增加,但其佐理府县的官定义务未有实质的改变。[④]

与此同时,古代中国的行会学徒制具有与中世纪欧洲完全不同的宗法意涵。在传统家族观念的浸染下,长幼有序的伦理观念是行人心中最为基本的价值标准。行会组织结构呈现出拟制的长幼尊卑关系——"投行"者的店铺和作坊得享行会的经营特权,成为基本的家庭式生产单位,师傅是作坊中拟制的"家长",行头是整个行会的"族长",行头尊崇行业的先驱创立人为"祖师爷",还要率领全行履行义务,以融入外部更为宏大的差序社会关系之中。行人类似家族或者村落的成员,行会都有自己崇拜的祖师以及供奉祖师的祠堂。隋唐至清,有关祖师崇拜的记载越来越多,各行会所推崇祖师各异。比如,木瓦石匠业的鲁班,冶炼铸造行的太上老君,鞭炮业的祝融,网巾业的马皇后,补锅业的女娲,拓印装裱业的孔子等。[⑤] 行会的祖师崇拜导源于宗法文化的祖先崇拜,行业祖师即行业神或行业保护神,是具体从业者所奉祀的本行创始人或关系行业根本利益的神祇。各行每逢行业祖师诞日即举行盛大祭拜与聚会活动。通过祖师祭拜活动,行人必须竭力维护行会利益与荣誉的职业义务便升华为一种道德责任。因此,行业技能的教授在很大程度上体现为"家族秘方"的内部传承,一些行会甚至规定,除了行会成员的儿子与侄子之外,

---

① "CapitulareArtisBarbariorum", Clause 65, p. 56.

② 参见顾銮斋:《中西封建行会的一些差异》,载《东方论坛》(青岛大学学报)1997 年第 1 期。

③ (唐)贾公彦:《周礼注疏》卷九,《地官司徒第二》,"胥师"。

④ 全汉升:《中国行会制度史》,百花文艺出版社 2007 年版,第 75 页。

⑤ 曲彦斌:《行会史》,上海文艺出版社 1999 年版,第 170 页。

不得将核心技术传授给他人。如果说欧洲中世纪的行会尊基督教的圣人为庇佑者，那么古代中国祖师崇拜则不仅如此——行会组织借用传统中国社会自上而下的家长式社会管理模式，延续了宗法制社会关系的纽带，并以此期许行会团体生活的永续。古代中国行会中拟制的长幼差序伦理与欧洲中世纪行会的合作伙伴关系形成了对比。

（二）经营活动

行会内部的经营活动秩序井然。欧洲中世纪的行会监督控制产品质量，严禁以次充好、缺斤短两、哄抬物价和走私物品等；为了保障行业内部的产品质量，避免团体的经营风险，各作坊的生产环节基本明确，也有行内通用的技术规范和产业标准。与此类似，古代中国的行会可以维护同业利益、加强行业的内部团结的目的。各行会为保护其行业机密还大多保有不与社会共享的“行话”或“隐语”，[①]甚至有自己的服饰要求，“如香铺裹香人，即顶帽披背；质库掌事，着皂衫角带不顶帽之类，街市行人便认得是何色目”。[②] 但行会的经营时间基本没有限制，夜市在繁华地区通宵不绝。

细观之，欧洲中世纪行会的经营更具自主性。在政治权威多元化的欧洲中世纪，周旋于领主、教会、城市和王权之间的行会组织成为各大势力竞相收买的对象。尽管承担一定程度的课税义务，但不少领主为了拉拢行会并从中取利，鼓励行会自行主持经营活动。行会不仅负责审查从业者的资质，而且监管产品的材料、生产工艺、质量、价格与利润，甚至划定了具体的工作时间与地点。不少行会章程记载，行会会长和理事会有权裁定行内纠纷，并对经营活动的审查具有终局权威，如发现产品存在“不可修复的瑕疵”（拉丁文：per fraudem et non poteritemendare），可以立即没收销毁，并对制造者处以罚金。为便于责任追究，中世纪各行会作坊开始在自己的产品上做标记（mark）。标记要求具有强制性，在流通性较强的纺织、衣帽、金属品、面包、木制品、瓷砖制品中尤其必不可少。这些烙印和标记是手工业者名望和信誉的象征，实为简单朴素的“商标”。产品标志制度为行会的质量审查和及时追责劣质产品生产者提供了便利，同时也是维护产品声誉和“诚信无欺”（拉丁语：Bona fide sine fraude）等职业道德的有效手段。这种强大的经营垄断和自主权限使中世纪欧洲的行会颇为得意，时而排斥打击外来的非本行经营者。[③]

古代中国行会关于商品质量的规定，大都以行政机构的指令性规则为基础。后者的出发点并非行会自身的利益，而是官府消费与管理的便利。为保障政府收入并且防止官吏腐败，官拟产品质量标准相对严格。宋太祖、太宗、真宗三朝，产品度量衡的设备主要依据官方所用的斛斗尺秤。官定计量标准通行于各城市的中心市场，试图以此严格规制行会交易。不过，大量的非官方标准盛行于民间初级贸易，且各地区并不完全一致。这

① 参见马继云：《宋代工商业行会论略》，载《山东社会科学》2006 年第 2 期。

② （宋）吴自牧：《梦粱录》卷十八，“民俗”。

③ “Ordinances of Worcester”, *English Guilds*, ed. by Toulmin Smith (London: N. TrÜbner and Co., 1870).

种违背官方标准的行会产品即称“行滥”,官方对此类产品的查禁即为“行滥之禁”。①

行滥产品的存在,体现了行会质量标准“从官”再“从己”的基本顺序。首先,官方对行会产品的生产进行了严格的限定,行会的经营自主性受到限制。宋代政府官营工业规模庞大,除东京有众多官营手工工场外,各地州府均有“作院”。官营禁榷的商品一律在官府的“场务”之内进行,且受到专门的法律规制。《宋刑统》全文照录《唐律疏议》中有关“行滥之禁”的内容,从金银玉器、各类武器、纺织印染、陶瓷器皿、酿酒制茶,凡质量不和官定标准者,一律不准行会生产并在市场上出售。但是,律文虽然严酷,民间行会违禁生产的“行滥商品”却屡禁不止。小至贫弱工商业者,大至富裕行商,都在逾越官定标准的行滥货品中受益,甚至形成了专门的行滥市场。于是,在与国家财政关系比较紧密的铜钱、布帛、茶盐等商品的范围内,行会首先服从官定的禁榷制度,同时又不放弃行滥货品的利润。况且,行滥商品表面上因质量瑕疵而受到政府法令的限制,实际却以低廉的价格丰富了都市人民的生活,也与行会有着千丝万缕的利益干系。直至清代,私营盐铁、矿藏的违禁之举屡禁不止,多令国家无可奈何。②

行会产品价格监督的力量不在行会本身,而在于官府的“杂买务”及其背后强大的官僚行政体系。进货的地点和时间均为特定,如鱼行“每日早惟新郑门、西水门、万胜门,如此生鱼有数千檐入门……每斤不上一百文”。③ 以宋朝为例,尽管行会产品的价格名义上由官府“杂买务”和行会共同议定,但是事无巨细的程序只能说明,行会至多不过是价格拟定的附随者。仅一则简单的行价旬估制度,就须经过重重的官方簿记和审批程序。宋真宗大中祥符九年条例的“时估”,虽说规定了“应于旬假日集行人定夺”,但大致程序不外是由府司详细打点。第一步,会同定价并簿记。待入旬第一日,召集各行会至杂买务处“齐集定夺”,务官须簿记具体讨论事宜、年月日时辰等,以备日后检点之必需。第二步,报返实价,再次簿记。簿记之后实际行情的价格,还要再由各行会在下一旬初报还杂买务,亦即“诸般物色见卖价状赴府司,候入旬一日,牒送杂买务”。杂买务则另写一簿,“具言诸行户某年月日分时估,已于某年月日赴杂买务通下取本”。第三步,呈送簿记,有司查检。杂务官吏于二次簿记的文件之前批鉴收领月日,送提举诸司、库务司置簿备案,以备检点。“如有违慢,许提举司勾干系人吏堪断”。④ 尽管各行规、公约大都郑重刻碑立于议事的会所、会馆,对行会具有习惯法性质的约束力,但是,行规仍旧没有突破“官”与“行”之间的附随关系,故未将行会自身的利益作为基本的出发点。

---

① 参见(清)徐松:《宋会要辑稿·食货》卷六四之一六,第 6107 页。

② 参见陈振汉、熊正文、萧国亮编:《顺治—嘉庆朝清实录经济史资料》(商业手工业编·叁),北京大学出版社 2012 年版,第 1154 页。

③ (宋)孟元老:《东京梦华录》卷四,“鱼行”。

④ (清)徐松:《宋会要辑稿·食货》五五之一七,1936 年影印版,第 5756 页。

三、外部结构不同:独立抑或附属

从外观上看,古代中国不是没有行会自主活动的社会空间。仅以宋代为例,行会活跃的北宋开封、南宋杭州人口已达百万。北宋全境拥有10万户以上的城市有40多个,到宋徽宗崇宁年间上升到50多个,数量超过汉唐数倍,也远远超过了同时期的西欧——后者在14世纪以前很少有超过5万人口的城市,14世纪早期,威尼斯、佛罗伦萨、巴勒莫(Palermo)、巴黎四城的人口才刚刚超过10万人。但是,若就内部构成而言,中国城市中的工商业者在城市人口中所占比例较小。在欧洲,行会手工业者构成城市居民的主体,他们的经济实力甚至足以与封建领主甚至君侯相抗衡,后者的地位通常被削弱为"同侪间第一人"(拉丁文:primus inter pares),城市的行政者多数与行会领袖平起平坐,他们必须仰仗行会的支持,还要维持共同参与的和平贸易。[①] 相比之下,中国古代的城市聚集着皇室、贵族、官吏、军队和一些大地主,他们家世显赫、地位尊崇,本身就是社会上层,一般工商阶层实际上只是城市居民中少数"浮末者"(工商业者的别称)。尽管行会及其他职业团体可能也有某种权限,不过大多拘泥于细微的经营问题。因此,中国古代的城市宏大整齐又颇为繁荣,但官家手工业所占者多,行会要么成为官府的附属者、服务的提供者甚至仆从,要么只能在行滥之禁的边沿领域辗转逐利。

先天的不自主使古代中国行会经济成为政治力量的附庸。地方官府为科索之便而编行,行会也以供应达官显贵所需的奢侈品为大宗生计。耐得翁《都城纪胜》载:"市肆谓之行者,因官府科索而得此名,不以其物大小,但合充用者,皆置为行,虽医卜亦有职。……又有名为'团'者……或名为作。"[②]吴自牧《梦粱录》亦称:"市肆谓之团行者,盖因官府回买而立此名,不以物之大小,皆置为团行,虽医卜工役,亦有差使,则与当行同也。"[③]行会必须完成的官方义务即为"行役"。行役之中,最为重要的是科配。宋朝的行役是一种差役,有强制性。科配的本意,是强制性分派,因此也有科率、差科、拆配等名目。如果是强制性分摊买卖,一般又包括科买或官方强制性的借贷、租赁等。[④] 宋朝政府对工商业者苛责颇重,有"科索""和买"等名目。科索包括物资和人力,就前者而言,"不以其物大小,但合充用者"皆须向官府供应;就后者而言,虽医卜工役,亦有差使,即各色人等都有被官府招募服役的义务。[⑤] "和买"也是一种变相的科索,是政府在各行业无偿供应之外,应宫廷及官府需要而到市场上购买物品。不仅如此,官府还采用"均输""平准"等行政手段,设立市官税卡,强化管理行会的贸易。行会的经营活动可以参与茶、酒、

---

① 参见[德]马克斯·韦伯:《非正当性的支配——城市的类型学》,康乐、简惠美译,广西师范大学出版社2005年版,第99页。

② (宋)耐得翁:《都城纪胜》,"诸行"。

③ (宋)吴自牧:《梦粱录》卷十三,"团行"。

④ 参见魏天安、戴庞海主编:《唐宋行会研究》,河南人民出版社2007年版,第94页。

⑤ 参见(宋)吴自牧:《梦粱录》卷十三,"团行"。

盐、铁等相对重要的民生领域,很难实现垄断性的专营权。如此,欧洲中世纪行会在特定地域范围之内获得的自主权,在古代中国的行会中是万难实现的。

古代中国的行户以执行官府指令、协调官商关系为主,兼事本行利益。诸行行首协助官府管理行户事务,主司征用行户的徭役、行银。行之设置、行会首领的选任均受官府的干预和制约,各行章程的审编悉由官府裁定,行会的合并、分化亦悉遵政府的指令。由宋至清,府县对行会首领的选任采取干预政策,行首实为官方监督的代理者。对于民间自行推举而未经官府认可者,即视为私举,以违法论处。唐代坊市合一之后,政府事实上已不可能直接干预和监督从商品生产到流通的全部过程,但是为了城市工商业者的管理,官方强制工商业者按照所属行业组织起来,使每个在城市中谋生的人各投其行,以"纲举目张"。明代万历年间,"如遇逃故消乏,许其(官吏)告首(行首)查实豁免"。[①] 可见,行会以所在地的行政管理建制为本位,要求从业者全部加入行业组织并接受管理,进而成为社会管理体制的"末梢组织者"。

行会人服从行政的管理,却无法通过职业经营活动加入城市管理者的序列。城市机构由官府设置,官员也由朝廷统一派驻,行会人无权左右城市管理。历朝郡、府、州、县都设有市令以及众多的属官,行人大都归属地位低下的匠籍之流。在这些官职中,即使是肆长这样的小官,其职权仅仅管理某一肆的事务,也都由官府任命。唐以后,尽管专设的市官相继废止,但其职能却保留下来改由地方官兼任。不仅如此,工商业者几乎完全被堵塞了仕进的道路。早在西汉孝惠高后之时,"为天下初定复弛商贾之律,然市井之子孙,亦不得仕宦为吏",汉后诸朝几乎无一例外地重申并贯彻了这一禁令——行会与行人只是城市科役的服从者,没有对抗并影响体制的可能性,反而产生对于政治权威的敬畏与顺从。[②]

地方府县为行会活动提供家长式的照拂。宋神宗熙宁六年减免行会科役之苦,将物料科役统一用钱折算,称为"免行钱",实际就出于对行会的体恤。马端临《文献通考·市籴考》载,北宋神宗熙宁六年奏议"免行钱",就是减免课税名目的努力。奏称"乞约诸行利入厚薄纳免行钱",[③]"计官中合用之物,令行人众出钱,官为预收买,准备急时之用。如岁终不用,即出卖,不过收二分之息,特与免行……元不系行之人,不得在街市卖易与纳免行钱人争利,仰各自诣官投充行人,纳免行钱,方得在市卖易,不赴官自投行者有罪,告者有赏。"[④]当然,行首经官府备案认可,在一定程度上杜绝了恶霸把持行会,维护行会一级市场秩序,是社会治安的一个重要环节。但是,遇到官方对团体结社行为心存芥蒂的情形,行会的发展可能步履维艰。例如,清政府出于政治上对民间秘密组织反清会社的

① (明)沈榜:《宛署杂记》卷十三,《铺行》,"顺天府"。

② 参见(汉)司马迁:《史记》卷三十,"平准书"。转引自顾銮斋:《中西封建行会的一些差异》,载《东方论坛》(青岛大学学报)1997 年第 1 期。

③ (宋)马端林:《文献通考》卷二十,"熙宁六年"。

④ (宋)马端林:《文献通考》卷二十,"郑侠奏议"。

敏感,对工商业行会组织也一贯谨慎警惕。行迹不明的行会组织不仅不加以鼓励,反而多行查禁。

四、结论与启示:法约与政令之下的"舍""得"问题

与中世纪欧洲行会对应而存在的古代中国行会,同样是经济社会活动的基本单元,而且同样以加强内部团结的方式实现了提高专业程度、抑制竞争的目的,但始终没有出现欧洲行会那种行业自主性。基于产生路径、内部结构以及对外关系等多个方面的差异,古代中国行会更多的是维护国家整体秩序稳定的有机组成部分。可见,形式上的相似性指向实质意义上的巨大差别——欧洲中世纪的行会因其对团体利益之约的笃信而相对独立,古代中国的行会则更是行政指令的执行与表达。当然,行会制度的比较分析,绝非意在孰优孰劣的争执,而在更好地把握本国行会的生长资源。此种对比、冲击与整合之下的挖掘和提炼,能够为后世行会法律秩序的设计带来启示——无论是欧洲传统的"行业约法"抑或中国古代的"体制政令",可以为当代行会组织的建设提供怎样的历史启迪?

实际上,欧洲中世纪与古代中国在行会规制模式上的差别,都在近代社会变迁的历程中"有舍有得"。欧洲中世纪的行会逐渐被近代民族国家所吸纳,开始具有了"体制依附"的色彩,传统中国的行会则在内忧外患、国家失灵的状态下,反而客观上获得了"自治"和"约法"的空间。在这个意义上,"行业约法"和"体制政令"并非某种机械化的类型学标签,而是一架调试中的"天平",承载时代背景与现实需求之下的、行会与体制彼此互动的平衡力。

欧洲中世纪的行会最终囊括于近代民族国家的主权体制,它在一定程度上舍弃传统自治模式下的"行业约定",进而获得国家法律体系中的精准定位。近代欧洲民族国家的崛起,使"国家主权"的不可侵犯性压倒传统欧洲行会的经营自主性。新兴国家警惕行会自治可能造成的体制壁垒与经营垄断,凭借强大的司法、行政和税收体系全面接管行会职能。17 世纪的荷兰与 18 世纪的英国确立了强势行政管理和税收的体系,推动了欧洲范围之内的"行会弱化政策"(guild-weakening policies)甚至"反行会"(anti-guild)政策。其他国家如尼德兰、丹麦和法国纷纷采纳了英格兰的模式。于是,18 世纪的法国、19 世纪的奥地利和普鲁士、20 世纪的西班牙与南意大利地区,行会大都已经销声匿迹。最终,近代的"团体"成为囊括于"主权"内部的概念,而"主权"又是统一和不可分割的,职业行会的退场成为再自然不过的事情。欧洲行会全面纳入国家行政机构(local magistrates)或者政府(state bureaucrats)之中。此后,传统欧洲行会的法律规制仅在国家立法资源的层面上获得认可。① 在 19 世纪围绕民法典制定所展开的论战中,从蒂堡、艾希霍恩到基尔

① 参见[英]J. H. 伯恩斯主编:《剑桥中世纪政治思想史》(下),程志敏等译,生活·读书·新知三联书店 2009 年版,第 462 页。

克一脉的日耳曼法学者对传统的行会进行了反思与挖掘。他们将欧洲中世纪行会的“行业约法”视作近代法律精神的一部分。其中的集大成者基尔克认可行会组织的功能与价值,视其为规范有组织社会成员的捷径。在此基础上,1900 年《德国民法典》将中世纪的“行会”转化为近代“法人”的概念,成为支撑近代国家体制和社会结构的重要法律单元。

与欧洲不同,近代中国的行会则借力清末民初势弱的国家体制,转而向“行业约法”倾斜。体制“松动”之下的近代中国,终于启动了行会与政府间权力界分问题的思考。民国时期,同业公会、商会等工商社团借机整顿和登记,上海、苏州、宁波等地区的行会实现了自主性较强的行内法律规制,在维系同业秩序、经营行外关系等方面成绩斐然。① 新中国成立尤其改革开放以来的体制建设,一方面将我国行会置入市场经济的环境,力使当代行会摆脱体制的束缚,担当经营者与政府机构之间的“协调者”;另一方面又多少背负了传统行政依附的“包袱”,不少行会甚至上挂下联地成为“二政府”和“红顶中介”,出现政会不分、管办一体、创新发展不足等问题——这实际要求国家体制进一步“舍掉”行会,激发行业自主经营的内在动力。“将恐今之视古,亦犹后之视今”,但行政权力何以能够今古不变地支撑行会活动?实际上,行政支撑的背后,连接着行会赖以生存的市场资源与人脉网络。行会有条件在体制的统筹下衣食无忧并产生惰性,或者干脆模仿管理者的权力寻租,形成行会层面的“小体制”而攫取资源。鉴于此,行政体制决不能仅在形式上脱离行会,又不放手行会发展所需的基本资源,否则仍将以各种实际的影响力左右并限制行会自主。与此同时,有政府之“舍”,方有行会之“得”——行会既得自由,更得自律。综观东西方行会发展的经验可知,独立性过弱的行会可能慵懒懈怠、坐享其成,独立性过强的行会又可能垄断资源、限制竞争。这要求脱离行政依附关系的行会必须先行完成相对成熟的自我规制,还要尊重国家宏观法律框架的底线。归根结底,就是在“脱离体制却不脱离法制”的前提下,探索公权力与行会自组织之间并行不悖的权责空间。在市场经济迅速发展的今天,在《民法总则》《社会团体登记管理条例》《行业协会商会与行政机关脱钩总体方案》等配套国家法制不断完善的情况下,行会与行政体系的双向互动将要在现实中取得何种的成效,且让我们拭目以待。

Legal Agreement or Government Policy—Comparisons between Ancient Chinese and European Guilds on Legal Characteristics

Kang Ning

Abstract: Guilds played the significant role in social and economic domains for traditional Chinese society and Medieval Europe. They took functions in internal

① 参见朱英、魏文享:《行业习惯与国家法令——以 1930 年行规讨论案为中心的分析》,载《历史研究》2004 年第 6 期。

relationships, professional skill evolutions, and the equality in competitions. Statutes were constructed for the grantee of the functions below. However, further explorations may help us to obtain the inspirations from guilds more. Guilds in European Middle Ages generated from the absent of the central government, and developed into the independent mode with self-moderated legal agreements, while traditional Chinese guilds were basically grounded in the strengthened central government with their abeyance of the government policy. Although differences sharply existed, it is necessary for comparison since the guilds in Europe and China were all adjusted because of the transformation in early modern history. The European guilds were adopted by the national states and turned into a kind of institutions depending on the sovereignty. Yet the traditional Chinese guilds were set free to some extent and increasingly transferred into self-regulations because of the reduce of governmental controls. In that way, comparisons may meaningfully evaluated the progress of guilds legislations nowadays for China.

Key Words: statutes of guilds legal agreement government policy ancient china medieval europe

（责任编辑：仁 者）

民国"打虎":监察权的行使困境与社会舆论[*]

牛锦红[**]

[摘　要]　民国系列"打虎"案引发媒体舆论,掀起公众波澜,但"打虎"效果与公众预期大相径庭,造成公众对民国监察职权与能力的信任危机,表明监察院在民国时期的艰难窘境。监察权的独立性与范围大小是研究民国监察制度的中心环节。为提高监察权职能实效,民国公众通过媒体舆论提出商榷与建议:明确宪法对监察权的规定,扩大监察权内容;重点打"大老虎";充实监察机构与经费投入;加强监察人员自身监督等。但民国"打虎"案引起公众信任危机的最根本原因在于监察权没有真正独立,在于党治和行政权独大的政治生态中监察权生存空间有限。民国"打虎"屡次失败的经验教训,为我国现代监察体制提供了历史镜鉴及启示。

[关键词]　民国　"打虎"　公众信任　危机　监察权

根据孙中山先生五权宪法思想,监察权成为民国五权分立的重要部分,民国政治学家陈之迈认为:"五权制度最有趣味的创设在监察权的独立。"①但这个"趣味"对民国时期的监察院来说,实在不怎么有趣。监察院自民国二十年(1931 年)二月二日成立到民国结束,十几年时间里,监察院积极行使弹劾等重要职权,但因弹劾而掀起的"打虎"风波使监察院不断处于权力争斗的风口浪尖。民国时期令国人瞩目的重大"打虎"案有:弹劾立法委员史尚宽案、弹劾交通部已卸任司长庄智焕案、弹劾外交部长王正廷案、弹劾行政院长汪精卫案、弹劾军事长官张学良案、弹劾铁道部长顾孟余案等数十起。以上案件均引起监察院内部动荡及国家行政权力的不满与干涉,甚至借机运用立法手段打压弹劾权。本文通过媒体报道与评论重现民国时期重大"打虎"案经过,综合弹劾绩效情况及当时学者与官员对监察权的激烈争论,管窥民国时期公众信任危机中监察权的主要问题与有益建议。

---

* 本文系司法部重点课题"民国司法制度研究"(13SFB1002)系列课题之一;同时是国家社会科学基金项目"百年中国城乡规划法律问题研究"(批准号:13CFX035)的阶段成果。

** 牛锦红:河南财经政法大学法学院。

① 陈之迈:《监察院与监察权》,载《社会科学》1935 年第 1 卷第 1 ~4 期。

一、公众波澜:民国"打虎"案

民国监察院特别重视弹劾案的宣传,一有弹劾文章,会立即送到报刊发表,很多"打虎"案的影响其实是监察院通过媒体一手打造的。尤其是"弹劾汪精卫案"与"弹劾顾孟余案",由于媒体参与,声势浩大,对两大官员也形成了巨大压力。[①] 从普通民众对于媒体作用来看,弹劾案的舆论宣传是民众比较赞同与支持的,如有人认为:"凡是一切不致成为政治斗争的弹劾案,大可早早给我们老百姓知道。"[②]于是,在媒体舆论的参与下,"打虎"案掀起了一次次公众波澜。

(一)弹劾立法委员史尚宽案

这是民国监察院成立后的第一件重大"打虎"案,案件是因安徽桐城县公民党员代表的举发而引起,安徽的土豪劣绅叶芬,被法院判处有期徒刑,立法委员史尚宽和中央党部宣传部编辑主任方治两人私请安徽高等法院院长曾友豪,请托平反。弹劾先由监察委员高友唐、邵鸿基、田炯锦三人提出,后经于洪起、王平政、周觉三委员审查,民国二十年(1931 年)三月二十六日呈请行政院交付惩戒。部分弹劾文字为:"查叶芬等被控一案,是非曲直,既经上诉,法院自有权衡,非局外人所能干预。史尚宽身为立法委员,竟以函电请托平反,不独有玷官箴,抑且触犯刑法第一百四十二条之妨害公务罪。除方治非公务员,应由党部监察委员办理外,其立法委员史尚宽违法行为,并涉及刑事,依法应提出弹劾。"[③]但弹劾文章上交行政院后,迟迟没有回复。民国二十年(1931 年)六月六日,原弹劾案的三委员又向行政院提出质问书:"(史、方一案)已于三月二十六日由本院呈请国民政府依法惩戒,迄今二月有余,尚未提交国府会议。查史尚宽为立法委员,当深明法律,竟干涉司法,若非利令智昏,即系恃势妄为。本院即依法弹劾,且证据确凿,如搁置不办,不独监察制度等于具文,抑且政府因袒护史尚宽一人,而使官吏藐法横行,益无顾忌。既非澄清吏治之道,尤非廉洁政府之下所宜出此。究竟政府据何理由,延不依法将史尚宽惩戒?兹因弹劾法第九条提出质问。"[④]《申报》等媒体也不断跟进案情进展:"立法委员史尚宽,中宣传部编辑主任方治,私函请托,干涉土劣,再续呈速付惩戒。"[⑤]以上弹劾因国民政府的沉默而无果。于是,监察院在弹劾文无人理睬的情况下,转而将矛头指向安徽高等法院与检察处,监察委员邵鸿基于民国二十一年(1932 年)一月二十日又提文催办,言辞更为激烈,不仅影射国民政府,也力批安徽高等法律与检察处的不作为:"该省

① 关于媒体是否应该公布监察院弹劾文章的相关争议在民国时期较为激烈。"弹劾汪精卫案"与"弹劾顾孟余案"后,由于汪精卫的作用,国民党中央政治会议第 431 次会议决定:弹劾案移付惩戒后应由受理机关将弹劾文与被弹劾人之申辩书同时发表。以上规定导致后期"打虎"不利局面。

② 孟真:《监察院与汪精卫》,载《独立评论》1932 年第 4 期。

③ 《监察院公报》1931 年第 1 期。

④ 《监察院公报》1931 年第 3 期。

⑤ 《监察院弹劾案》,载《申报》(上海版)1931 年 8 月 27 日,第 20976 号。

(安徽)高等法院及检察处,对于叶芬等被控案,何以迟迟不依法判决,其中恐有情节,应请依据院规,转行主管院饬查详复,再行核办。"[①]但之后手续与程序的繁杂超出常人想像,据陈之迈记载:"一个月后,监察院的南京办事处因此便传函司法院去查核,并且将呈诉书抄送了去。司法院接到这封函件之后,又转给隶属于行政院的司法行政部,该部据函调查的结果又由行政院于四月四日咨复监察院。其中的手续繁杂是不可言喻的。[②] 弹劾案直到民国二十三年(1934年)二月二十二日才经惩戒机关判决申诫。[③] 案件开始弹劾到惩戒机关作出判决,历时近3年时间,并且最终也无追究刑事责任。

(二)弹劾交通部已卸任司长庄智焕案

1931年6月,监察委员田炯锦、高一涵、刘义青等提出弹劾,《中央周报》刊载弹劾原文为:"呈为交通部电政司长庄智焕,办理国际电信水线交涉,与大东大北等公司所议条件,违反本党外交及电信自主政策及交通部拟具解决办法,失职丧权,应即提出弹劾事。"[④]此案弹劾力度较大,《监察院公报》刊载了弹劾事由及各地电信职工的陈述书电,并同时附庄智焕上蒋主席函,为弹劾一事进行了详细解释。此案经《申报》等各媒体渲染,民众能够一直关注案件进展,如《申报》记载:"监察院弹劾庄智焕案,已月余,国府未予惩戒,监委刘义青、田炯锦、高一涵特提出质问,由于右任转呈国府,请予惩戒。"[⑤]在经过媒体报道,民众呼吁,国民政府终于在1931年年底召开第二十次常委会决定:"监察院弹劾交通电政司司长庄智焕案决议,庄智焕业经免职,停止任用二年。"[⑥]因弹劾时,庄智焕本已卸任,最终处罚结果并不为重。

(三)弹劾前外交部长王正廷案

1931年9月起,监察院先后三次弹劾王正廷,前两次无果而终。因此,第三次弹劾言辞比较激烈:"查外交部长王正廷自外交以来,素无方针,又乏设备。世界各大友邦,如美、法、德等国公使,虚悬至数月之久,向疏联络。以酿成日本一部分残暴军阀,毫无顾忌。……当此外交紧迫之时,外交当局应如何详核事实,慎重抗议,以昭是非,乃王外长于第一次抗议文内,竟有因日军与华军冲突,发生不幸事变等语。如此不顾真相,贸然措词,实属失职已极。且事前日人种种军事设备及布置,宣之各报,并未闻王正廷有所表示,使友邦共和。竟一味敷衍,致丧权辱国,如此重大。若不撤职查办,速任贤能,其何以整纪纲而救危亡?"[⑦]弹劾王正廷案发生不久,1931年10月15日,监察院收到国民政府对王正廷的免职命令,但是不是因弹劾而被免职,却众说纷纭。更多推测是因为王正廷受政治因素影响,九·一八事变后,蒋介石推行的"不抵抗"政策使东三省尽落日人之手,激

---

① 《监察院公报》1932年第7~12期合刊。

② 参见陈之迈:《监察院与监察权》,载《社会科学》1935年第1卷第1~4期。

③ 参见《国民政府政务官惩戒委员会议决书第十一号》,载《监察院公报》1934年第22期。

④ 《监察院弹劾莊智焕》,载《中央周报》1931年第158期。

⑤ 《监院请惩戒庄智焕》,载《申报》(上海版)1931年6月21日,第20909号。

⑥ 《国府第二十次常会》,载《申报》(上海版)1931年12月5日,第21075号。

⑦ 《监察院公报》1932年第7~12期合刊。

起了全国民众的反日浪潮，作为外交部长的王正廷首当其冲受到影响，借弹劾案而被免职，很难被认定为“打虎”胜利，只能说王正廷不够走运罢了。

之后监察院“打虎”继续，又陆续发生了弹劾行政院长汪精卫案、弹劾军事长官张学良案与铁道部长顾孟余案等，由于三人身处高位，案件影响极大，相关媒体记载与学者论述也比较丰富，本文不再赘述。从当时媒体报道的案件发展过程来看，民国监察院“打虎”不可谓不积极，不可谓不大胆，而且弹劾立法委员史尚宽案、弹劾交通部已卸任司长庄智焕、弹劾外交部长王正廷案都有一定效果，或申诫或免职，然而弹劾过程却艰辛万分，结果也仅为行政处罚。之后弹劾汪精卫、张学良与顾孟余案等，基本上都以失败而告终。民初监察院借助媒体报道“打虎”案的势头强劲，一次次掀起强大公众波澜，但“打虎”效果与公众预期大相径庭，“打虎”过程表明监察院在民国时期的艰难窘境，“打虎”结果造成公众对民国监察职权与能力的信任危机。

二、信任危机：民国监察院窘境

监察院成立之初，监察院长于右任曾对社会宣言，不但要打“蚊虫苍蝇”，并且还要打些“老虎”，可见其雄心斗志。以上几大案件均发生在监察院成立初期，监察委员积极实行了监察权，从实施的社会反响来看，确实很大。以弹劾权为例，据媒体记载，自监察院成立（民国二十年二月）到民国二十四年三月（1931 年至 1935 年 3 月）的 4 年时间里，监察委员提出了 465 起弹劾案，移付惩戒机关去议决。① 据当时主流媒体分析，其中被弹劾的大部分人员是县政府中的人员，县长居多，其次是财务人员，再次是司法人员，其他还有交通与建设人员，警务人员、军人、民政与市政人员、省主席及委员、立法委员、行政院长与监察委员等。② 另从官职分配来看，行政院长被弹劾 1 人，部长 5 人，次长 3 人，省政府主席 6 人，立法委员 2 人，监察委员 1 人，高级军事长官 5 人。③ 仅从主流媒体披露的弹劾数字看，监察院初期能有以上成绩，实属不易。

但事实上，监察院的弹劾作用却备受世人质疑，对监察院的实效深表怀疑，有媒体称：“各法院之公务员惩戒委员会成立半年，监察院曾先后送去弹劾案一百四十余件，在该会仅执行四件，四件之中，尚有两件，发交原机关执行，实际上仅执行二件。这两件恐怕是县知事倒霉吧。县知事以上便无法。并且就是执行，也不过罚俸、免职，最多撤职而已。”④甚至有媒体称认为监察院不过是“呐喊院”，⑤甚至是“呐喊院”都没演化到位，直接演化而为“公骚院”，⑥监察院打“老虎”过程中，备受挫折，信心动摇，因弹劾不动而开始

---

① 参见天津《大公报》1935 年 4 月 19 日。

② 参见《申报年鉴》1935 年，第 105 页。

③ 参见陈之迈：《监察院与监察权》，载《社会科学》1935 年第 1 卷第 1 ~ 4 期。

④ 《监察院弹劾不动》，载《主张与批评》1932 年第 3 期。

⑤ 参见《监察委员的公骚》，载《生活》1932 年第 6 卷第 28 期。

⑥ 参见《监察委员的公骚》，载《生活》1932 年第 7 卷第 41 期。

"公骚",相关言论被媒体传达给社会:"该院全体委员于本月六日呈院长于右任氏转呈中政会议督促国府早日成立惩戒机关,行使职权。各谓自一中全会后,国府改组,瞬逾半年,府会从未集会一次,依法应行组织之惩戒机关,迄未成立,致本院移付要件,积压至十九件之多,无人过问,长此因循,则居要津者,无论若何,任意妄为,均可逍遥法外,不惟本院等于虚设,亦且有失法律平等精神。中央连年来三令五申,铲除贪污,若高级官吏之贪污者不予惩戒,则上行下效,虽有良法,将等废纸,影响于吏治前途,至重且大云云。这种老实话如果不是出于监察委诸公之口,大有色彩浓厚或有意反动的嫌疑。"①媒体对监察院的失望和信任危机可见一斑。

从当时媒体的报道来看,监察院成立初期弹劾力度并不小,监察院也不回避弹劾居要位者,打"苍蝇",更想打"老虎",只不过有心无力,正如监察委员们所说,有弹劾无惩戒,事实上使监察院等于"虚设",这已不是监察院本身问题,而是整个监察体制问题。

三、舆论争议:民国监察权定位

监察权范围问题是研究民国监察制度的中心环节,而监察权范围又可以衍生出监察权有无独立存在的必要性问题,因此,我们根据民国媒体舆论分析两个主要论题:一是监察权独立有无必要性;二是监察权范围。

(一)监察权独立有无必要性的争议

此论题主要产生于五权分立体制确立前后,自孙中山先生提出五权分立之后,媒体关于是否有必要独立监察权,争议比较大。一种观点,认为无须多此一举,不用设立专门监察机关,代表媒体主要是非主流报刊。例如,《晨报周刊》刊载高一涵文章《中国现在是否有恢复御史制度的必要》,此文针对孙中山提出的监察权独立问题发表意见,文章总结评析中国御史制度沿革,认为中国目前没有必要设立独立监察机构,高一涵说:"现在中国的弊病,并不在监察权没有机关行使,只在各机关法律上有监察权,事实上不能行使监察权。例如,建议政事,监察行政,弹劾官吏等权,都分配在国会;官吏的考绩权,如京察大计等,都分配在各种监督官厅;关于铨选叙任的核权,都分配在铨叙局;关于官吏惩戒处分决定权,都分配在惩戒委员会;关于刑事案的终审权分配有大理院,检举权分配在检察院,判断违法不公的救济权又分配在各级审判厅;关于会计的检查,乃是审计院的专责;关于行政争讼的裁判,乃是平政院的专责。至于对驳诏书,很有些像国务员的拒绝附署,又是国务员的责任……由此看来,中国现在的政治组织中,并不是没有行使监察权的机关,只因为有监察权而不能行使。故为现在计,只须提高或改善各种行使监察权机关的地位和组织,似不必另起炉灶地重新创造新机关。再御史制度乃是以上制下,以内制外的专制的或集权的制度,根本上就不适用于以下制上以外制内的民治的或分权的制

① 参见《监察委员的公骚》,载《生活》1932 年第 7 卷第 41 期。

度。”[①]曾任中央政治学校教授的梅思平也认为：“中国弹劾权，实是司法范围内之职权。中国因为司法不独立，所以对于官吏之制裁，另成一特殊系统之监察权，所以古代的监察权，实在是带有刑事检察的意味。现代法治国家中，司法权既经独立，此种监察权，实在无独立之必要。即勉强使独立，势亦必与司法权相混。”[②]可见，部分学者对监察权独立持否定态度。

另一种观点支持孙中山先生的五权分立，认为监察院体制是中国的传统优势，极有必要设立，此观点以主流媒体代表的官方态度为主。例如，《申报》从1921年开始就报道关于广东政府监察院相关新闻，基本持肯定态度。国民政府成立后，《申报》支持五权宪法设想：“外国法治，至孟德斯鸠，始创为三权分立之说，美国十三州革命，首先采用，后法国革命，亦采用之，于是风靡一时，然在现在观之，三权分立之说，实不完备，何以言之，无论其为立法司法行政，其运用之，则端赖乎人，苟考试权而不独立，则难尽考试之职权，苟监察权而不独立，则难尽纠察之职权，国事尚堪问乎，五权宪法，除立法司法行政之外，更使考试权监察权独立，不特合于我国数千年来之习惯，实为世界最完备之宪法。”[③]

主流媒体观点代表国民政府态度，在五权制度正式实行之前，关于监察制度的必要性问题，争论较大，但意见还是比较倾向于建立监察机关，政治的观点毕竟有着主导性作用。因此，当宪法确定监察院体制后，曾经反对监察权独立的学者不仅不再发表反对意见，反而为监察争取更大的职权范围而不断借媒体发声。[④]

(二)关于监察权范围的争议

此论题在民国时期一度甚嚣尘上，当监察院独立行使监察职权后，由于政治因素，行政院官员、监察委员及学者之间展开一场旷日持久的媒体舆论之战。

首先，以行政官员为代表的舆论主体反对扩大监察权。如有人在《申报》发声：“监察院只有弹劾权，审判权则应属之中央党部，如中央党部认为案件轻微时，则交之普通法院审判，”[⑤]所以世人多认为监察权既是弹劾权。时任行政院参事的陈之迈力图缩小监察院权力范围，1935年他在媒体上发表《监察院与监察权》一文，他认为：“在行政系统完备，上级官员能名副其实地监督指导下级官吏，层层相因，有条不紊的时候，在司法机关相当发达，行政诉讼相当畅行的时候，监察院便可以弹劾官吏，务须有协助行政及司法机关之精神，所谓协助行政机关者乃谓上级行政机关耳目不周，故协助之以共抵于廉洁政治之意。所谓协助于司法机关者，乃谓检察官吏所未能检察之案，监察委员则弹劾以助之。

---

① 高一涵：《中国现在是否有恢复御史制度的必要》，载《晨报周刊》1923年第7期。

② 《五权宪法的设计》，载《新生命》1929年第2卷第2号。

③ 《各机关纪念周汇志》，载《申报》(上海版)1927年9月6日，第19572号。

④ 高一涵在1925年前后极力反对建立独立的监察体制，并不断在媒体上发表相关文章，由于高一涵对监察制度的研究与学者身份，1931年被任命为监察委员，人在其位而谋其政，此后他不再纠结于是否有必要确立监察院，而是为争取扩大监察权范围而不断努力。

⑤ 牧民：《对于训政时期设立五院之意见》，载《申报》(上海版)1928年9月25日，第19946号。

这样监察院便成了行政司法机关的补助机关。"①

其次,以监察委员与学者为代表的舆论主体主张扩大监察权。监察院在实行弹劾权后,由于实效不佳,很多"打虎"案不了了之,无人问津,导致监察院成为虚置。为争取更多的监察权,监察委员不断在媒体上埋怨或积极制造舆论。高一涵在《东方杂志》上发表《宪法上监察权的问题》一文,引起社会反响。高一涵认为,监察制度是未来中国宪法一个重要的特点,但中华民国训政时期约法,仅在条文中规定了五院的名称,对于各院的基本组织及职权并没有一个字提及,一概委诸普通法律,而普通法律对监察院的权力范围又界定太小,最终导致不但在理论上失去五权宪法的意义,并且在事实上助长了五院制度的纠纷。② 高一涵曾是著名政治学教授,特别擅长利用媒体进行宣传,上文彰显了民国监委们"打虎"过程的艰难辛酸及权力不张的原因。在监察院与媒体不断呼吁下,民国监察权范围在新修宪法中加以扩大,1948 年学者孟浩《论监察院的体制》一文归纳了新宪法中监察权力有同意权、弹劾权、纠举权、调查权、纠正权与审计权六项权力,③监察权力范围较于监察院建立之初,已大有改观。

但法律权力扩大不代表事实权力扩大,民国末期监察院权力在现实中并未有多少改观。例如,1948 年报刊有文《立法委员的忿忿,监察委员的哀鸣》,提及行宪后两件"打虎"案:"一件是就北平七五事件对北平警备司令陈继承提出纠举,另一件是就泄露有关币制改革之机密事件对财政部长王雲五提出纠举,对两件纠举案都迄无下文。"④可见,监察权虽然名义上独立,职权范围也有所扩大,但有无实效却是另外问题。

四、公众商榷:民国监察制度的改善

1935 年《东方杂志》认为:"对于监察院的批评现在常有听闻。其中最利害的,就是说它还没有脱离'窃钩者诛,窃国者侯'的情形。但是公正地说一句,这也不全是它本身的过失,有些地方是环境使它这样的。并且一个制度绝没有一步就达到完善的道理,要稍借时日,使它渐渐发展。"⑤此言很有道理,一个制度的好坏,应该有诸多因素,不能一概而论。民国时期监察制度的设计与实施中,尤其"打虎"屡次失败促使公众在信任危机中提出了许多新颖建议,这是我们特别感兴趣的地方,根据民众在媒体的各种言论,相关建议与商榷见下文:

(一)加强宪法对监察权明确性规定,扩大监察权内容

主要以高一涵发表在《东方杂志》上的《宪法监察权的问题》为代表,明确提出监察

---

① 陈之迈:《监察院与监察权》,载《社会科学》1935 年第 1 卷第 1 ~4 期。

② 参见高一涵:《宪法上监察权的问题》,载《东方杂志》1933 年第 30 卷第 7 号。

③ 参见孟浩:《论监察权的体制》,载《政衡》1948 年第 3 卷第 3 ~4 期。

④ 周炳琳:《立法委员的忿忿,监察委员的哀鸣》,载《新路》1948 年第 1 卷第 24 期。

⑤ 《监察制度的试金石》,载《东方杂志》1935 年第 32 卷第 19 号。

权必须要在宪法上规定,而且要合理合法地扩大监察权内容。高一涵认为:"监察权不能依照历史上的成规扩张到极大的限度,可是依照现行的法律又未免把监察权缩得过小。在这个地方,并不是主张监察院在弹劾权外还要有完全的监督行政权,只主张监察院除弹劾权外应该还要有知道各行政官署的状况,任免人员的经过,与考复人员的成绩等的机会。"①所以,高一涵建议首先要在宪法上规定监察权的基本原则,其次应该将监察权扩大到事前监察与事后的审判,②只有这样,监察权才能真正独立和提升地位。

(二)"苍蝇""老虎"都要打,重点是打"大老虎"

1941 年《东南评论》有文章特别强调了监察要注意发挥作用,提出了具体建议:"一、对所有作恶有据者,加以严办。二、擒贼先擒王,把监察精神发挥到上层去。三、切实建立永久的经常的人民监察网。"③可见民众对于监察院"打虎"行为很支持,态度相当坚决,也从另一层面反映出民国打"大老虎"的勇气与精神还不够。

(三)充实监察机构和经费投入

民国时期,"在中央只有一个监察院,设院长副院长各一人,监察委员二十九人到四十九人,对一切官吏实行弹劾权。又设审计部,监督全国各机关预算的执行、审核各机关的预算及决算、核定全国各机关之收入命令与支出命令。就中央来说,监察机构算为完备,但将全国划分为十六个监区,每区最少管辖两三省,各区规定设立监察使署,中央政治会议派一监察委员兼任监察使,行使监察权,这唯一的监察使能否有力量监察一区的大小官吏,是一个确得怀疑的问题。"因此,为补救弊端,有人提出"根据各监察区实际情形,增设监察使署监察员若干人,此外,将在监察区的各省审计处改隶监察使署"。④ 但充实监察人员需要大笔经费,很多现代学者在批判监察院职能实施不善时,忽略了这样一个极为现实的问题。由于连年战争等因素影响,国民政府财政比较困难,尤其是 1949 年监察院南迁后,监察经费完全依靠地方政府救济,其监察效果可想而知,更不要奢想其有"打虎"胆量。因此有学者认为"今日的经费问题重要的还不在于节省,而在支付'得当'这一点上,如果我们每一文的支出,都是为国家为人民的利害着想,则一切支出并无不当,反之则为浪费。为确立国家监察的百年大计,我们以为即使花钱也是应该的。"⑤充实监察机构人员与监察经费的投入,应该是民众建议中最有现实意义的。

(四)加强监察人员自身监督

打铁还需自身硬,监察人员自身素质是监察权有效实施的重要前提。1935 年上海《申报》披露监察委员杨天骥因私请托地方法院而干涉司法的事件,引发民众对监察人员职业素养的信任危机。《东方杂志》因此事提出相应评论与建议:"一个制度受到内在的

---

① 高一涵:《宪法上监察权的问题》,载《东方杂志》1933 年第 30 卷第 7 号。

② 同上注。

③ 律行:《发挥监察作用》,载《东南评论》1941 年第 2 卷第 7 期。

④ 李本英:《论政治贪污与健全监察制度》,载《建设研究》1943 年第 8 卷第 5 期。

⑤ 同上注。

戕贼,这是最危险的。不能彻底行使职权,尚有可原谅的地方。假使还要干出根本不应当做的事情,那么该制度的尊严就要扫地无余了。自己不正,哪再有面目去弹劾别人呢?"①只有肃清监察院的内部组织,整顿监察院的政风,监察制度才有未来。

以上商榷与建议对完善监察体制与提升监察职权实效确有裨益。虽然这些建议与当时根本制度并不合拍,不能从根本上解决问题。然而,民众的商榷与建议却有思考与斟酌的重要价值。但直到民国末期,以上建议无法落实,监察依然不力,当时有学者评论根本原因时说:"留心今日中国之政治制度及人事者,大可于此推测'世道人心',然究竟是追究不得。追究深了,也并没有多大的意义。读者试猜微妙处存在什么地方?"②回顾历史,监察院建立近20年而"打虎"不利,我们不得不认真考虑其"微妙处"何在?

五、余论:现代监察之途

民国学者认为:"监察权独立于五权之中,是一个耐人寻味的创设。"③监察权的创设确实"耐人寻味",整个民国时期,监察权相关问题争论不休,民众信任度不断下跌。从历史视角来看,民国有无必要设立独立监察权,争议与史实并不能确认它是否必要,对于已成事实的问题,不必争论不休。孙中山"五权宪法"思想创设的监察院和监察权,是建立现代政权过程中颇具中国特色的积极探索,监察院的弊端与功能不彰并不构成废除独立监察制度的理由。④ 民国时期重视监察作用,宪法规定监察权独立,从立法意图上来说具有良好意愿,但由于国民党专制独裁,这一制度根本无法起到应有作用。"监察院"既不能"监"又不能"察",整个国民党政府贪腐成风,丧失民心而失去政权。到我国台湾地区后,监察院虽形式上存在,但后来弹劾权给了立法机关和全民公投,纠举权也转移到立法机关和"司法院",监察院成了可有可无的鸡肋。由此可见,民国传承下来的监察权从未真正独立,在党治和行政权独大的政治生态中,监察权的生存空间极为有限,监察权处于一个政治生态环境恶劣、公众信任危机高发的时代,其实效自然大打折扣。

新中国历来以雷霆万钧之势"打虎拍蝇",尤其是2016年,中共中央决定在部分省市尝试成立监察委员会体制,进行监察制度改革,重在"治本",意在将"打虎拍蝇"成果制度化、法制化、长期化,真正把权力关进更加细密的笼子里。这次在部分省市探索设立监察委员会,虽和以往历朝历代监察机构和体制有显著不同,但民国"打虎"经验教训为我国现代监察体制改革提供镜鉴与重要启示。

首先,必须保证监察委员会的"位高权重"。民国时期监察院是一个"有趣味"的机构,虽名义上独立,却"位低权轻",处处受其他权力的限制与束缚,事实上无人理睬。因

① 《监察制度的试金石》,载《东方杂志》1935年第32卷第19号。

② 周炳琳:《立法委员的忿忿,监察委员的哀鸣》,载《新路》1948年第1卷第24期。

③ 李本英:《论政治贪污与健全监察制度》,载《建设研究》1943年第8卷第5期。

④ 参见聂鑫:《中西之间的民国监察院》,载《清华法学》2009年第5期。

此,我国新时期的监察委员会必须要保证“位高权重”。“位高”,是因为它虽是一个政府部门内设的监察机关,却应由人民代表大会依法产生,在地位上要和“一府两院”平行;“权重”,是因为它要统一行使对所有公权力部门及其工作人员监察的职权。另外由于民国政府时期,监察权范围过小,仅重视弹劾权和事后监察,导致恶果无法弥补。所以这种监察权不仅要包括对这些官员的日常监督、考察,也要包括对其违反纪律言行的发现、检举、受理、调查、处理等。即“位高权重”要回避民国时期监察地位不明确、权力范围过小等弊病。

其次,充实监察委员会机构人员与经费投入。民国监察主要的现实问题在于监察人员分散、力量薄弱、经费短缺,因此,新时期监察委员会“整合统一”机构时应注意:把现有监察机关、审计机关、预防腐败机关及反贪污贿赂部门的职能合并整合,同时覆盖到各级人大、政协、法院、检察院、国有企事业单位等,有力地改变监察权力鞭长莫及、人力不足、经费短缺等现实问题。做到“一个权力监察到底、一张大网监察到边”,并“切实建立永久的经常的人民监察网”。必须避免民国时期只有一个中央监察院,地方只有一个监察使,导致中央地方均无力监察的窘境。

最后,要确保监察委员会工作的独立性。所谓“独立性”,是因为监察委员会由地方最高权力机关依法产生并对其负责,并由将来修订完善的相应监察法律法规赋予其权限、职能,程序上,实体上依照宪法和相关法律法规行使其监察职权。一言以蔽之,监察委员会预防、惩治腐败的方式、方法、行动、手段都将于法有据,依法执法时要保持高度的独立性。同时,监察委员会还应与权力监督、司法监督紧密衔接,形成一个对官员有效监督的“闭合回路”,最终确保其不想腐、不敢腐、不能腐。但如何与其他权力机关形成“闭合回路”,避免重现民国时期权力争斗的恶性循环,是我们将来监察工作中要继续积极探索的问题。

“Beating Tigers” in the Republic of China: the Dilemma of Exercising Supervision Right and Public Opinion

Niu Jinhong

Abstract: The Republic of China series “ Beating Tigers” case caused media public opinion, set off the public waves, but the “tiger” effect and public expectations are very different, causing the public to monitor the power of the Republic of China, the credibility of the crisis, indicating that the Monitoring Institute in the Republic of the difficult dilemma. The independence and scope of the supervision power is the central link of the study of the supervision system of the Republic of China. In order to improve the effectiveness of supervision power, the public in the Republic of China through the media public opinion to discuss and suggestions: to clarify the Constitution of the provisions of the right to supervise, to expand the content of supervision, the focus on “big Tiger”, to enrich the supervision of the Organization and funding, to strengthen the supervision of However, the most fundamental reason for the public trust crisis in the Republic of China is that the supervision power is not truly independent, and the existence space of supervision right in the political ecology of the party and the administrative power is limited. The experience and lessons of "beating Tigers" in the Republic of China have provided historical mirror and enlightenment for our modern supervision system.

Key Words: the Republic of China "Beating Tigers" public trust crisis supervision right

(责任编辑:仁 者)

美国法官上海受难记:重返一九零八*

李　洋**

[摘　要]　近代治外法权下的上海租界,上演的是重迭繁冗的异域法制风情。西方国家借此弹丸之地,试图在东方构建法制的西方图景。这一意图却或受制于其本国政治外交角力,或困守于在沪西人的利益交织。本文以美国驻华法院首任法官威尔佛莱在华推行法制治理举措却颇受责难为例,试图呈现美国本土与海外两种政治势力下的矛盾,进而分析此种矛盾背后所反映的美国推行法制殖民政策进程中所遭遇的政治困境。

[关键词]　治外法权　上海租界　美国驻华法院　威尔佛莱

近代以降,国门洞开,来华美国人士激增,不唯传教人士、富商巨贾、学界名流,更有无名赌徒、投机分子等纷至沓来,如何对其有效监管成为横亘在当时美国政府面前的一道难题。起初,循西方国家惯例以领事法庭践行司法管辖权,后为构建层级式的司法管辖体系于1906年专设美国驻华法院(United States Court for China)。① 不过,这一远隔美国本土万里之遥却坚守职业司法模式的特殊机构,虽是斟酌良久之后的最佳方案,但在具体实践时仍引发不少争议,争议的背后所凸显的恰恰是美国在处理海外与本土纠纷之时的利益权衡。首任法官威尔佛莱(Lebbeus Redman Wilfley,1866～1926年,以下简称威氏)上任未及一年即遭弹劾并最终去职正是对这一权衡的最佳诠释。

---

* 本文受国家社科基金青年项目(项目编号:15CFX009)资助。

** 李洋,南京师范大学法学院、中国法治现代化研究院。

① 1906年6月30日,美国国会最终通过《设立美国驻华法院并限定其管辖权的法案》(An Act Creating a United States Court for China and Prescribing the Jurisdiction Thereof,以下简称"1906年法案"),正式设置美国驻华法院。关于美国驻华法院的基本情况,可参见李洋:《从领事法庭到驻华法院:美国在华治外法权模式转型》,《南京大学法律评论》2014年春季卷;李洋:《美国驻华法院:近代治外法权的另一重实践》,载《法学家》2015年第6期;李洋:《美国驻华法院适用法源研究:基于罗炳吉〈治外法权案例集〉的考察》,载《中外法学》2015年第4期。

威氏早年即毕业于耶鲁大学法学院,后从事律师职业,并曾与其兄长色诺芬合伙在圣路易斯市开办私人律师所,[①]开始从事司法实践。不过,因缘巧合,1900 年他发表《英国如何统治其殖民地》一文,[②]总结英国所采重用当地居民以及避免与他国殖民扩张冲突的殖民地治理模式,为美国即将步入正途的殖民统治提供参考。由此,被作为耶鲁杰出校友的、时任美国驻菲律宾总督塔夫脱看中,受命任菲律宾初审法院法官,开始了其 10 年之久的海外就职生涯。

在菲律宾任职时他便表现出强烈的革新精神,有学者称其"激进且庄重、品行端正且饱含热情",[③]"在追求法治及规范之时往往很少关注法律正当程序以及当地人的情感"。[④] 而此时的美国,以罗斯福总统为首的"进步主义"势力积极推行主动对外政策,意图在国际事务中实现文化与经济上的转型,[⑤]威氏的表现显然恰好暗合这一大环境。对此,丹比曾提及就首任法官人员曾面晤罗斯福总统,提及他希望法院"首任法官应当由才干与品行出众且用于尝试将这一梦想变为现实之人担任";基于塔夫脱的推荐以及鲁特的认可,[⑥]罗斯福最终确定威氏作为首任法官当然人选。此刻,美国官方有理由相信,在菲律宾的履职经验及其果敢无畏的性格、积极推进美国先进法治精神的抱负使得威氏完全有能力胜任美国驻华法院首任法官这一职位,这也正是塔夫脱向国务卿鲁特强烈推荐威尔佛莱赴上海就职的原因。

"1906 年法案"刚一通过,美国驻华法院旋即于上海公共租界黄浦路 36 号的美国领

---

① See John W. Leonard, *The Book of St. Louisans: A Biographical Dictionary of Leading Living Men of the City of St. Louis*, The St. Louis Republic, 1906, p. 611.

② See Lebbeus R. Wilfley, "How Great Britain Governs Her Colonies", *The Yale Law Journal*, 9 (Mar., 1900), pp. 207 – 214.

③ Walter A. McDougall, *Promised Land, Crusader State*, Boston and New York: Houghton Mifflin, 1997, p. 17.

④ Eileen P. Scully, "Taking the Low Road to Sino-American Relations: 'Open Door' Expansionists and the Two China Markets", *The Journal of American History*, 82, Jun., 1995, p. 76.

⑤ See William E. Leuchtenburg, "Progressivism and Imperialism: The Progressive Movement and American Foreign Policy, 1898 – 1916", *The Mississippi Valley Historical Review*, 39, Dec., 1952, pp. 483 – 504.

⑥ See Far Eastern American Bar Association: *United States Court for China Decennial Anniversary Brochure*, *Bulletin-Far Eastern American Bar Association*, *Vol.* 1 (Shanghai : The Oriental Press, 1916), p. 14; Douglas Clark: *Gunboat Justice: British and American Law Courts in China and Japan* (1842 – 1943), *Vol.* 2: *Destruction, Disorder and Defiance* (1900 – 1927) (Hong Kong: Earnshaw Books Ltd, 2015), pp. 76 – 77.

事馆内设立。罗斯福总统于当年 7 月 5 日正式任命时任菲律宾总检察长的威氏为美国驻华法院首任法官即赴上海就职。[①]《波士顿晚报》(*Boston Evening Transcript*)与《纽约时报》相继对此进行报导，称“原驻菲律宾总检察长被任命为新近设立的美国驻华法院的首任法官……这一新职位待遇丰厚，年薪为10 000美元，并享有宽裕的差旅津贴……此机构设置之目的在于修正驻华领事法庭司法方面的漏洞；法院总部设置在上海，并在主要城市巡回审案”。[②]

彼时的上海，开埠已半个世纪有余。西方传教士、新闻记者、手工职业者乃至洋行老板及大班等，由少渐多逐渐形成规模。其中，不容忽视的是，纵然不少教士将西方普世价值观奉若圭臬，意图散播于基督教化外的东方；商贩试图窥觑东方异样的生活场景，并开展海外贸易市场，其中不可避免地夹杂着侵略的目的。可以说，在沪外国人中不乏职业具有掩盖性，[③]打着商业或者传教的幌子，圈定势力范围并据占之，租界的由来便可一见。仅就美国人所在的公共租界而言，更是一片狼藉混杂景象，留给威氏的显然是一个有待治理的烂摊子，领事徇私枉法、中饱私囊之事已然超出容忍之限度，娼妓、投机骗子与各色罪犯更是不可胜数。他们之中的多数还多曾在菲律宾呆过，为总督塔夫脱所驱逐，途经香港聚集于此，这也导致上海成为“不法商人出售假珠宝、空头股票、专卖药和危险品等的大本营”。[④] 尽管 1904 年领事巡视官皮尔斯(Herbert H. D. Peirce)一纸报告将上海总领事古纳(John Goodnow)、广州总领事默为德(Robert F. Mcwade)、南京领事马墩(William Martin)[⑤]等不习法律而难堪司法重任、审判效率低下、贪污腐化现象多发的情形诉诸国会，并控诉其犯有强占在华美国人遗产、将中国轮船航海公司船只转移到美国所有权下以从中牟利、出售美国护照给外国人以及以司法官身份敲诈当事人财物、随意作出判决、公共场所醉酒、雇用犯有盗窃罪而被香港监禁服刑期未满的罪犯在领事馆从事机要工作、出售欺诈性证书走私劳工赴美国或菲律宾并从中牟利、违法将领事保护权延伸至中国人、干涉中国政府内部事务等一系列违法罪行，最终导致前述涉案领事旋即

---

① “Wilfley for Chinese Court; Missourian, Serving as Attorney General of the Philippines, Promoted”, *The New York Times*, July 6, 1906, p. 6.

② “Wilfley Goes to China; Is Made Judge of United States Court; This New Post Has Been Only Recently Created”, *Boston Evening Transcript*, Thursday, July 5, 1906, p. 3.

③ 参见邹依仁：《旧上海人口变迁的研究》，上海人民出版社 1980 年版，第 71 ~ 78 页。

④ [美]鲍威尔：《我在中国二十五年：〈密勒氏评论报〉主编鲍威尔回忆录》，邢建榕等译，上海书店出版社 2010 年版，第 15 ~ 16 页。

⑤ 文中所涉美国驻上海、广州、南京等地领事、美国驻华法院法官、外国律师以及其他史学界约定俗成的中文译名，主要参考：(1)“附录：人名译名对照”，史梅定主编：《上海租界志》，上海社会科学院出版社 2001 年版，第 729 ~ 742 页；(2)佚名辑：《清季中外使领年表》，载沈云龙主编：《近代中国史料丛刊三编》(第 16 辑 0153)，台北，文海出版社 1986 年版，第 179 ~ 185 页；(3)黄光域编：《近代中国专名翻译词典》，四川人民出版社 2001 年版，第 411 ~ 722 页；等等。

被罢免的结果。[①] 但此种现象却并未有明显改善。对此,在致塔夫脱的信中便提到,威氏提及"贪污成性的官员以及叛逆不羁的美国人对于美国形象以及美国对华贸易的危害已达到无以复加的地步……美国骗子的欺诈行为给中国人带来相当恶劣的印象,使得其与中国贸易之时不能得到应有的尊重。"[②]面对此情此景,威氏上任伊始,便有志于对租界的不法美国人大刀阔斧地改革。

二

当时的上海,娼妓横行、皮肉生意火爆,更是形成小团体。"美国女孩"即是典型一例。她们往往衣着光鲜,出入于风月场所,以卖淫维持生计。据 1905 年美驻沪总领事罗志思(James Linn Rodgers)对美国驻上海人口普查发现,在 317 名女性中有 40 人从事妓女工作,[③]所占比例高达 13%。故而,尽管总量并未至于庞大,[④]但面对恶名渐萌之情势,有志于拘束管制在华美国人行径并进而试图重建美国政府良好形象的威氏自然无法做到熟视无睹。早在其上任伊始美国协会的接待晚宴时,他即曾表示"法院绝不会对在华美国良民的标准作过高或过低的要求,"对在华美国人"应有序地进行管制,从而引导其步入最为守序的道路""在此处的美国人甚至比在国内时更要义不容辞地无论任何情况下都要坚守法律"。[⑤] 诚如马锦德(Douglas Clark)所言,他试图以此作为明例向中国人宣示何谓法律规制。[⑥] 可见,字里行间,将其较为硬派的管制理念表露无遗。事实也正如此,1907 年 1 月,在其授意下,地方检察官巴西特(Arthur Bassett)对上海 8 所臭名昭著的妓院老板提起控诉。其中,"美国诉普利斯案"及"美国诉比德尔案"便是其中典型的两例。比德尔乃是著名卖淫场所——"大都会酒店"的合伙持有人及管理人,还是休闲娱

① See Herbert Henry Davis Peirce: *Report on Inspection of United States Consulates in the Orient* (1904), Washington, Government Printing Office, 1906, pp. 13 – 27, 319.

② Lebbeus Wilfley to William H. Taft, June 18, 1907, *William Howard Taft Papers*, Library of Congress, Manuscript Division, 2009, Reel 67.

③ "美国女孩"只是代称,最初表示来自美国与德国的妓女,而在 1930 年前后,来自俄罗斯及亚洲的妓女逐渐成为主力。See Eileen Paula Scully, *Bargaining with the State from Afar: American Citizenship in the Treaty Port China*, 1844 – 1942, New York, Columbia University Press, 2001, pp. 109 – 110.

④ 当然,就总量而言,这一时期公共租界的美国人并非数量惊人,总数不过 991 名(1905 年),少于英国人(3713 人)、日本人(2157 人),甚至葡萄牙人(1331 人)。参见邹依仁:《旧上海人口变迁的研究》,上海人民出版社 1980 年版,第 145 页。

⑤ "The American Dinner, to Mr. J. L. Rodgers and Judge L. R. Wilfley", *The North-China Herald and Supreme Court & Consular Gazette*, December 21, 1906, p. 670.

⑥ See Douglas Clark, *Gunboat Justice: British and American Law Courts in China and Japan* (1842 – 1943), *Vol. 2: Destruction, Disorder and Defiance* (1900 – 1927), Hong Kong, Earnshaw Books Ltd, 2015, p. 78.

乐会所的承租人。他曾因在上海赌博周期间与几名中国人签订租借经营场所以经营赌博业务,未支付租金而被控诉至美国法院被定以欺诈罪判处一年监禁;[①]而普利斯则早在菲律宾时便因经营赌场被时任总检察长的威尔佛莱起诉,最终该案不了了之。普利斯搬到上海后,便做起出租妓院及休闲娱乐场所的业务,后因持枪伤害当地客栈老板而被驻华法院处以半年监禁。在等待上诉期间他提出保释,但遭拒绝。[②] 此外,其余数家妓院老板多依普通法被定以品行不端的轻罪,而被处以“责令限期离开上海”并不得返回,有的被处以1000鹰洋罚金。在此种情境下,大批美国妇女逃往香港或日本。不过,另有一部分滞留上海的妇女通过嫁予外国人从而换取外国国籍的伎俩来逃避惩罚。[③] 这也促成了当时上海引为笑谈的“出嫁费”的飙升,由原本100两白银迅速上涨至1000两不止。[④]

此外,上海的美国律师同样并不光彩,在威氏致信鲁特时提及,当地美国律师常教唆美国罪犯从事不法勾当,甚至从中渔利;往往不讲道德、不循法律,素以混淆视听与威胁、恫吓的伎俩横行于领事法庭,甚至协助罪犯与不法分子摆脱法律的制裁。其实,对于上海“美国女孩”以及“卑劣律师”的行径,美国政府早有耳闻,但领事法庭往往与之同流合

① 此外,本案还涉及比德尔以欺诈手段非法获取他人财物。吴安生、钟宇阳、倪思玉、司容等人控诉比德尔与其赌博,而他们宣称比德尔向其保证赌博在中国是合法的或将要合法化。由此,比德尔从中渔利颇丰,但他们发现赌博仍为违法行为。地方检察官巴西特以误导受害者并因此而违法获取钱财为由控诉比德尔。在抗辩阶段,比德尔则声称不论联邦法还是普通法都不足援引而定其行为为犯罪行为。为响应比德尔的抗辩,威尔佛莱法官首次明确声明,普通法可以被适用于美国驻华法院,威尔佛莱法官采纳马歇尔法官所主张的“那些并非在特定几个州的立法法案中通过的,而是在得到普遍认可以及长久存在的法律中所发现的基本原则以及基本用法组成各州法律的基础”这一对普通法的定性,指出驻华法院应当适用的普通法是“适用于美国独立之前,作为州法院以及美国联邦法院判决后的修正、适用以及发展,并将最终成为美国制定法及宪法的一部分的法律”。于是,他认为规定以欺诈手段获取他人财物为违法的、颁布于美国独立之前的英国制定法补充了普通法规定上的不足。而且,威尔佛莱基于普通法关于犯罪的规定驳回了这一抗辩并认定比德尔罪行成立。See United States v. Charles A. Biddle, March 6, 1907; Charles A. Biddle v. United States, October 28, 1907, Charles Sumner Lobingier ed.: *Extraterritorial Cases* (*Volume I*) (Manila: Bureau of Printing, 1920), pp. 84 – 87, 126 – 127.

② See Eileen Paula Scully, *Bargaining with the State from Afar: American Citizenship in the Treaty Port China*, 1844 – 1942, New York, Columbia University Press, 2001, p. 115.

③ See “Resentment of American Sharpers and Pettifoggers Who Were Interfered With by the New Order of Things Leads to Charges in Congress”, *The New York Times*, March 22, 1908, p. 8;杨寅:《鲜知、遗忘的上海美国法院》,载《读书》2003年第8期。

④ See Norwood F. Allman, *Shanghai Lawyer*, Whittlesey House, 1943, p. 104.

污,无法起到实质作用。[①] 可以说,美国驻华法院的设立有一定原因是基于美国政府为挽回其在华良好形象,更为避免其中国市场为上述恶劣分子破坏,进而更好占据中国市场的考虑。

三

面对美国律师所惯常以教唆罪犯犯罪并从中渔利、不循法律素以混淆视听与恫吓伎俩横行领事法庭等卑劣行径,威氏决议强制在沪美国律师参加由驻华法院主持的执业考试,这一考试与众不同之处在于,除专业知识(包括考察刑法、衡平法、证据与诉讼规则,侵权法、合同法以及美国驻华法院的特殊规则等。[②] 另外,还有国际法或冲突法、遗嘱及遗产管理规则[③])外,还考察申请人是否具有良好的道德品格,并称唯有通过此项考试方可在驻华法院代理词讼。因为在他看来,"良好品性比深厚的法律背景对于律师而言更为重要",因他"旨在提高驻华法院的职业道德标准,使其成为美国的骄傲"。[④]

律师资格考试还未举行,其选任律师限制就引起了上海律师界的轩然大波。因为这一资格考试规定,只有在上海的美国律师才有资格参加。此言一出,上海律师界一片哗然,诸多外籍律师纷纷表示不满,因为此举必然导致在领事法庭时期所遵循的外籍律师有权在他国法庭为当事人辩护的规则体系顷刻瓦解。其实,这不应归咎于威氏的决定。事实上,由本国法院或者领事决定该国律师是否有资格执业是一种惯例,即使在上海这一各国混居的特殊地域也不例外。不过此项策略的运作也使得各国设于上海的领事机构或者法院等管理机构对其本国律师承担监管的职责。诚然这一计划旨在整顿上海的美国律师的胡作非为,因他们往往打着律师的幌子从事非法勾当,这也严重影响了在华美国形象。但事实却并未如威氏想象般简单。因为考试的诸多限制,多数律师并未通过这一资格考试。据国务卿鲁特上呈总统的报告显示,同期有资格参加考试的 15 名律师

---

① See Eileen P. Scully, "Prostitution as Privilege: The 'American Girl' of Treaty-Port Shanghai, 1860 - 1937", *The International History Review*, 20, Dec., 1998, pp. 870 - 873.

② See "A United States Court on Foreign Soil; Excellent Results Follow Judge Wilfley's Work in the Establishment of American Law and Jurisdiction in Foreign Concession, Shanghai", *The New York Times*, March 22, 1908, p. 8.

③ See "United States Court for China, Shanghai, December 17", *The North-China Herald and Supreme Court & Consular Gazette*, December 21, 1906, p. 677.

④ "The American Dinner, to Mr. J. L. Rodgers and Judge L. R. Wilfley", *The North-China Herald and Supreme Court & Consular Gazette*, December 21, 1906, p. 670.

中有 9 人通过考试,6 人落选,[①]甚至时任上海总领事及领事法庭法官罗志思都被拒之门外。

终于,威氏这一大胆果敢举措引发群体性攻击。1907 年 1 月 14 日,曾任夏威夷总检察长的安德鲁斯(Lorrin Andrews)联合未通过考试的律师向罗斯福总统申诉,未获复函后,[②]安德鲁斯选择回国,在途经檀香山时将此事曝光利用其家族所控制的新闻媒介大力煽动对威氏不利之言论。自 1907 年 8 月 5 日始至 10 月 1 日止,檀香山的主要报纸如《夏威夷星报》(*The Hawaiian Star*)、《夏威夷公报》(*The Hawaiian Gazette*)、《太平洋商业广告报》(*The Pacific Commerical Advertiser*)[③]即大篇幅刊载关涉威氏关于取消部分上海美国律师资格的报导,后者更是于 9 月 30 日的报道中分 4 个版面来对这场官司的当事人威

① *The Report of the Honorable Elihu Root, Secretary of State, on the Petition to the President of Representative George E. Waldo, of Brooklyn, N. Y., for the Removal from Office of L. R. Wilfley, Judge of the United States Court for China, and the letter of the President Dismissing said Petition*, Washington D. C.: Government Printing Office, 1908, p. 2;国内外学者对此有不同意见。张新指出,只有前上海总领事佑尼干、费信惇(Stirling Fessenden)等 2 人通过该考试。参见张新:《旧上海的美国法院、法官与律师》,载《档案与史学》2001 年第 3 期;杨寅也指出仅有 2 名律师通过考试获得认可。参见杨寅:《鲜知、遗忘的上海美国法院》,载《读书》2003 年第 8 期。但由于 2 位学者所刊发论文均无注释,未标明数据源;而美国学者斯库利也认为,此次考试 9 名上海的美国律师中仅有 2 人通过该考试。*See* Eileen Paula Scully, *Bargaining with the State from Afar: American Citizenship in the Treaty Port China*, 1844 – 1942, New York, Columbia University Press, 2001, p. 114. 但此处也未注明数据源。不过查《申报》有转引自《字林西报》的记述,云"十二日字林报云,礼拜一日美按察司署考验律师。当日报名呈验者共有八名。昨日揭晓,祇有佑尼干、费信惇两人准在美按察司署办理讼事"。参见《驻沪美按察使署考验律师》,载《申报》1906 年 12 月 28 日,第 17 版;此外,笔者通过查找美国驻华法院案例集,发现法院早期出庭律师不止 2 名,除已知的佑尼干、费信惇外,还有埃利斯(Francis Ellis)、约翰·海斯(John Hays)等。See United States v. C. A. Biddle 与 Axel Hillebrandt v. S. Zimmerman & Co., *See* Charles Sumner Lobingier: *Extraterritorial Cases*(*Volume I*), Manila: Bureau of Printing, 1920, pp. 84 – 91. 这可能是因为,第一次考试 8 名律师参加,只有 2 人通过;后又组织几轮考试,16 名美国律师参加,仍有 6 人未获通过。See Douglas Clark, *Gunboat Justice: British and American Law Courts in China and Japan* (1842 – 1943), *Vol. 2: Destruction, Disorder and Defiance* (1900 – 1927), Hong Kong, Earnshaw Books Ltd, 2015, p. 81.

② See Eileen Paula Scully, *Bargaining with the State from Afar: American Citizenship in the Treaty Port China*, 1844 – 1942, New York, Columbia University Press, 2001, pp. 116 – 117.

③ 实际上这一报纸自 1898 年时即由 Lorrin Andrews 及其家族接手,成为实际经营者。参见 https://en.wikipedia.org/w/index.php?title=The_Honolulu_Advertiser&redirect=no,最后访问日期:2016 年 4 月 8 日。

氏口诛笔伐,[①]对此,《夏威夷公报》多全文转引,[②]足见其政见趋于一致。

11 月 19 日,又向国会控诉威氏涉嫌 7 项罪状,包括:(1)以需通过律师资格考试为由禁止 6 名美国律师在法院执业;(2)单方允许地方检察官在未通过该考试的情况下在法院执业;(3)对未通过考试的律师大加诽谤、污蔑;(4)以在第九巡回法院作伪证之罪名取消申诉者的律师资格;(5)在 3 个规定程序滥用驻华法院权力违背程序规则,包括指定美国人在“英皇在华高等法院”出庭、在“公利洋行诉戴利”(M. J. Connell & Co. v. Daly)一案中在原被告就休庭有争议时强行宣布休庭、在“弗里德诉吉时洋行”(Friede v. Getz Brothers & Co.)一案中在原告缺席应该休庭时却拒绝休庭;(6)在处理因重罪而定罪等待上诉期间拒绝给予被告保释权利;(7)允许检察官在法庭上作为菲律宾籍被告的翻译。[③]

随后,安德鲁斯通过与纽约共和党的亲密关系向参议院提议案请求恢复被取消资格律师有权在驻华法院或其他州、联邦法院执业;[④]游说美国驻华法院之上诉法院——第九巡回法院在事实不清、认识不足的情况下推翻威氏所作判决;[⑤]利用其在新闻界的影响力大打抨击威氏的新闻战。1908 年 2 月 20 日,众议院议员沃尔多提起对威氏之弹劾案并提交至司法委员会。威氏不得不在就任法官尚不足一年的情形下回国参加听证会接受调查问讯。

国务卿鲁特在致总统的报告中则对于前述控诉作了澄清,指出威氏有权通过律师资格考试来确立法庭执业规则。首先,查明出庭律师是否具有正当的律师从业资格是法院固有的正当司法权力,在 1878 年美国律师协会(American Bar Assosication)成立之前,律师资格的确定一般都是依照州法案规定,如 1851 年爱荷华州法案曾规定,“凡本州岛内居住的美国白人男性公民,若具备为各地区法院所认可的法律必备知识以及良好德行,

---

① “Hot After Wilfley's Job”, *The Hawaiian Star*, August 5, 1907, p. 7; “Wilfley Again in Hot Water”, *The Pacific Commerical Advertiser*, September 17, 1907, p. 7; “Judge Wilfley Makes an Attack on Lorrin Andrews”, *The Pacific Commercial Advertiser*, September 30, 1907, pp. 1, 5, 6; “Wilfley and Andrews”, *The Pacific Commercial Advertiser*, September 30, 1907, p. 4.

② “Wilfley Again in Hot Water”, *The Hawaiian Gazette*, September 17, 1907, p. 5; “Wilfley and Andrews”, *The Hawaiian Gazette*, October 1, 1907, p. 4; “Judge Wilfley Makes an Attack on Lorrin Andrews”, *The Hawaiian Gazette*, October 1, 1907, p. 5.

③ *Charges against Lebbeus R. Wilfley, judge of the United States Court for China, and petition for his removal from office*, Washington D. C.: Government Printing Office, 1908, pp. 1 – 5.

④ Samuel Merwin, *Drugging a Nation: The Story of China and the Opium Curse*, Fleming H. Revell Company, 1908, pp. 121 – 128.

⑤ “Seeks to Impeach Our Judge in China; Lawyer from Shanghai Brings a Petition Charging Judge Wilfley with Improper Conduct”, *The New York Times*, November 10, 1907, p. 6; S. R. Price v. United States, November 5, 1907, Charles Sumner Lobingier: *Extraterritorial Cases (Volume I)*, Manila: Bureau of Printing, 1920, p. 133.

可应允在宣誓后于各地区法院从事法律执业”,[1]由此可见,其法律执业是有地域限制,可以说,如若未通过新泽西律师资格考试,则纽约州及宾夕法尼亚州律师或联邦律师都不能在新泽西执业。而后这一执业资格考任权力转移至各州律师协会所有,但若在法院执业,仍得需法院核准。更何况此时,远东美国律师协会(Far Eastern American Bar Association)尚未成立。[2] 由驻华法院负责审核出庭律师资格当无可厚非。其次,美国驻华法院作为具有一定规章规则权的司法机构,其有权力作出符合其法院运作规则的基本规章制度。依照“1906 年法案”规定,“美国驻华法院法官有权不时地对上述程序规则(《联邦修正法律》第 4083 ~4130 款规定)进行修正与补充”。[3] 实际上,《联邦修正法律》第 4083 ~4130 款乃是美国国会早于 1848 年 8 月 11 日通过《依据美中及美土条约规定赋予驻两国公使及领事以司法管辖权的法案》的旨在赋予领事及公使构建领事法庭体系以实践在华治外法权;[4]1860 年 6 月 22 日颁布的《依据美国与中国、日本、暹罗、波斯及其他国家条约规定赋予驻诸国公使、领事及其他官员以司法管辖权的法案》以对驻外领事法庭司法权作以调整;[5]1870 年 7 月 1 日颁布旨在修正“1860 年法案”的法令。[6] 此三项法

---

① See Susan K. Boyd, *The ABA's First Section, Assuring a Qulified Bar* , American Bar Association, 1993, pp. 1 – 2.

② 1914 年 12 月 7 日,应罗炳吉呼吁,远东美国律师协会第一届会议在上海美国驻华法院会议室召开,与会成员不仅包括上海的美国律师,还包括天津以及日本、菲律宾等地的美国律师。在费信惇律师的主持下,提议通过了协会章程草案,规定律师协会将不仅仅关注上海本地事务,还有志于成为美国律师协会的隶属机构,并在菲律宾、日本等地发展其会员。在翌年正式通过的章程中明确规定,这一法律职业共同体意在推动与提升其成员社会威望、责任与使命感及凝聚力,紧随司法改革进程,进而协助美国在海外司法机构的完好运作。这一章程确定该协会正式定名为远东美国律师协会(Far Eastern American Bar Association)。See “Notes and Correspondence: Far Eastern Bar Association”, *California Law Review*, 3, 1915, pp. 229 – 230.

③ *An Act Creating a United States Court for China and Prescribing the Jurisdiction Thereof*, Pub., No. 403, 34 Statutes at Large 814, Section 5, Fifty-Ninth Congress, Sess. I. Ch. 3934, 1906, p. 816.

④ See *An Act to carry into Effect certain Provisions in the Treaties between the United States and China and the Ottoman Ports, giving certain judicial powers to Ministers and Consuls of the United States in those Countries*, Section 2 – 3, 9 Statutes at Large 276, Thirtieth Congress. Sess. I. Ch. 150, 1848, p. 276.

⑤ See *An Act to carry into Effect Provisions of the Treaties between the United States, China, Japan, Siam, Persia, and other Countries, giving certain Judicial Powers to Ministers and Consuls, or other Functionaries, of the United States in those Countries, and for other Purposes*, 12 Statutes at Large 72, Thirty-Sixth Congress. Sess. I. Ch. 179, 1860, p. 72.

⑥ See *An Act to amend an Act entitled" An Act to carry into Effect Provisions of the Treaties between the United States, China, Japan, Siam, Persia, and other Countries, giving certain Judicial Powers to Ministers and Consuls, or other Functionaries, of the United States in those Countries, and for other Purposes", approved June 22, 1860*, 16 Statutes at Large 183, Forty-First Congress. Sess. II. Ch. 194, 1870, pp. 183 – 184.

案合并为《联邦修正法律》(United States Revised Statutes)第4083 款至第4130 款,以法律汇编的形式使之完善。其中,《联邦修正法律》第 4086 款即规定,对民事及刑事案件的管辖权,依据"美国法"及条约规定执行;若法律不足以应对,或规定条款不足以提供适当的修正,应依普通法及衡平法、海事法对在华美国国民及其他人的行为予以规范;若前述法律仍不能提供恰当以及合适的修正,则将由公使颁布具有法律效力的法令以及法规以弥补法律适用上的不足。① 由此可见,这显然表示,对于本就具有兼具法规灵活修正权的法案,驻华法院又进一步被赋予了主动修订规则的特权。这一规定也体现着立法者试图通过新规定的不断推出渐次取代旧有规定,并最终形成更为适当的程序规则的用意。

由此看来,这一禁止未通过律师资格考试的律师执业的规则并未有何不妥之处,况且未能通过第一次考试的律师还有机会参加接下来的补考;对于指控其允许未通过考试的地方检察官在法院执业则实属例外,因为这一职位乃是经由参议院推荐总统任命,代表美国政府控诉罪犯的固定公职,自然可以不必受制于这一考试的限制;至于允许地方检察官充任翻译之事也只是一时权宜之计,不足以构成对法院审判公正的影响。② 至于控诉书所列其他条款也多是基于既定事实基础的稍加演绎而为,并不足以对威氏的声誉产生影响。

此外,另有多名在华美国政要、委员等就威氏为重整上海风气、挽回在华美国形象的种种努力而钦佩有加。例如,上海基督教青年会副总干事洛克伍德(W. W. Lockwood)提及,"自 1 年前美国驻华法院建立起,威尔佛莱法官便面临着重重困境,缺乏实体法的保护使得该法院司法实践的展开成为问题。在上海的美国人习惯于恣意妄为而不受约束,驻华法院却意图使之趋于正当化、规范化,势必与顽固势力相抗衡。这一点上法官的努力得到了有志于推动法律实施人士的高度支持,上海的英美报纸也都对法院工作表示赞许"。美国传教事务委员会执行秘书巴顿(James L. Barton)在致国务卿鲁特的信中也认为,"我在中国上海、天津和汉口逗留半年时间,亲眼所见威尔佛莱法官以其尽心竭力的工作试图挽救美国政府的形象,对此我深感钦佩"。此外,美国驻天津总领事若士得(J. W. Ragsdale)声称,"尽管该法院受到不少攻击,但我仍对其所作出的努力表示赞赏"。③

---

① Appendix II, Section 4086, See Frank E. Hinckley: *American Consular Jurisdiction in the Orient* (Washington, D. C. : W. H. Lowdermilk and Company, 1906), pp. 204 - 205.

② *The Report of the Honorable Elihu Root, Secretary of State, on the Petition to the President of Representative George E. Waldo, of Brooklyn, N. Y., for the Removal from Office of L. R. Wilfley, Judge of the United States Court for China, and the letter of the President Dismissing said Petition* (Washington D. C. : Government Printing Office, 1908), pp. 2 - 4.

③ *The Report of the Honorable Elihu Root, Secretary of State, on the Petition to the President of Representative George E. Waldo, of Brooklyn, N. Y., for the Removal from Office of L. R. Wilfley, Judge of the United States Court for China, and the letter of the President Dismissing said Petition* (Washington D. C. : Government Printing Office, 1908), pp. 7 - 8.

就连罗斯福总统也确信，“威尔佛莱法官是无辜的，只因其无畏与公正地处理上海的恶性事件才招致此种不公正待遇……他受到攻击并非因为他混淆黑白、颠倒是非，恰恰是由于他惩恶扬善的作为……如果这一控告取得成功，将成为政治性丑闻”。[①] 总统秘书致申诉者安德鲁斯的信中明确指出，其对威氏的控诉试图指出该法官在处理事务上的缺陷，毋宁从反面证明了法官果敢面对困难并勇于挑战的作风，由此认为其对该法官的控诉应被否决。[②]

经过众议院司法委员会的严格审查，1908 年 5 月 8 日，司法委员会最终认定沃尔多议员所提弹劾议案与事实不符，并正式向众议院递交建议驳回弹劾的报告。[③]

四

这场风波中威氏虽沉冤得雪，占得舆论上风，但始料未及的是，原本祈望能再接再厉的“革新派”却并未能走得更远。心灰意冷的威氏返回上海后即选择辞职，重回纽约执业。[④] 值得一提的是，此事还尚未完全终结。1908 年 11 月，因将威氏被起诉及其在国会所陈证词全文刊登在上海的《捷报》（The China Gazette）上，该刊主编奥谢（Henry D. O'Shea）

---

① “The President's Letter to the Secretary of State, March 2, 1908”, in *The Report of the Honorable Elihu Root, Secretary of State, on the Petition to the President of Representative George E. Waldo, of Brooklyn, N. Y., for the Removal from Office of L. R. Wilfley, Judge of the United States Court for China, and the letter of the President Dismissing said Petition* (Washington D. C.: Government Printing Office, 1908), pp. 13 – 14.

② “The President's Letter to the Secretary of State, March 2, 1908”; “Secretary Loeb's Letter to Lorrin Andrews, March 2, 1908”, in *The Report of the Honorable Elihu Root, Secretary of State, on the Petition to the President of Representative George E. Waldo, of Brooklyn, N. Y., for the Removal from Office of L. R. Wilfley, Judge of the United States Court for China, and the letter of the President Dismissing said Petition* (Washington D. C.: Government Printing Office, 1908), pp. 13 – 15；对此，《申报》即有报道称：“……使旅沪美人得免为恶之耻者，乃威佛君之力。罗斯佛总统亦甚赞同威佛君之举动，并谓彼欲攻讦威佛君者皆由为恶之徒所唆使云。”参见《前驻沪美按察被控近闻》，载《申报》1908 年 3 月 5 日，第 19 版。

③ “Mr. Moon of Pennsylvania, from the Committee on the Judiciary, to which was referred of the House (H. Res. 257) relative to impeach of Lebbeus R. Wilfley, judge of the United States Court for China, recommending that no proceedings be taken on the resolution, reported the same without amendment, accompanied by a report (No. 1626), which said report was referred to the House Calendar, May 8, 1908”, *Congressional Record: Containing the Proceedings and Debates of the Sixtieth Congress, First Session, Vol.* 42 (Washington: Government Printing Office, 1908), p. 5965.

④ “New York Wilfley's Home; Ex-Judge at Shanghai Says Rogues Will Still be Punished”, *The New York Times*, January 11, 1909.

在"英皇在华高等法院"面临威氏的起诉。① 对此,《圣心评论》(*The Sacred Heart Review*)称,"已经卸任的前美国驻华法院法官威尔佛莱最近又称为风口浪尖上的人物。他以诽谤罪对《捷报》主编奥谢提起诉讼并请求判处其监禁2个月的刑罚。所有当地记者都被传讯到庭,其中一名记者证实其曾高度赞扬威尔佛莱法官审判程序极为公正。不过也有支持奥谢的观点,认为在威尔佛莱被审判期间他曾允许麦克考德贪污公款并潜逃。上海美国人士则纠结于原任美国法官却在英国法庭受审"。② 最终,该案以被告奥谢败诉审结并最终判处其2个月监禁。③

《纽约时报》于1908年3月22日刊登美国《纽约先驱论坛报》驻华记者、后来在中国创办著名《密勒氏评论报》(*The China Weekly Review*)的密勒(Thomas F. Millard)对威氏盖棺定论式的专题报导,认为其"卓越地在上海的外国租界确立了美国法及司法权,但遗憾的是被对新规则不满的不良律师控诉至国会",④言语中不乏感慨唏嘘。

五

单以"威尔佛莱法官被弹劾案"就可窥见,美国驻华法院的这一设置虽是基于国会慎重考虑之后的作为,同样包含诸多不成熟之处。例如,决定由第九巡回法院作为其上诉法院对其进行监管的这一考虑显然并非深思熟虑的结果,在很大程度上是接续或者继承原有的领事法庭的模式,以及赋予第九巡回法院对海外司法机构"一揽子"监管这一惯例决定的,这种类似于权宜之计的策略仅仅作为摆设或者应付一下简单事宜还可勉强过关,在面对类似有志于打破旧秩序的威氏来说显然力不从心。而且,其与上海的驻华法院相隔万里之遥,显然无法保证获得客观证据进而作出公正判断,还往往受制于流言蜚语而蒙蔽视听,这都容易导致其无法很好地履行其作为上诉法院的监管职责。

同时,威氏的改革举措所带来的巨大的社会效果也使美国政府被迫作出权衡。鲁特曾建议其避免与在上海的美国法官甚至国会议员再发生类似冲突,并将其改革力度适度放缓,威氏却并没有听从,甚至愈演愈烈,将整个通商口岸的美国人都限制于美国驻华法院的法律与道德规制之下。在由此引发的结局无法掌控时,他便函告鲁特称,若总统认为有必要可应允其辞职,于是鲁特便就此机会接受了其辞呈。由此也可窥见,该法院俨

① 奥谢曾表示,我希望揭发威尔佛莱法官,我并不认为其有资格掌控上海的美国法院。为公众考虑我认为应委派一位更好、少犯错误的法官赴任上海。参见 Rex v. H. D. O'Shea, *The North-China Herald and Supreme Court & Consular Gazette*, November 14, 1908, p. 394。

② "Wilfley Gets a Verdict", *The Sacred Heart Review*, November 21, 1908, p. 1.

③ See "H. M. Supreme Court; Rex v. H. D. O'Shea", *The North-China Herald and Supreme Court & Consular Gazette*, November 14, 1908, p. 431.

④ "A United States Court on Foreign Soil; Excellent Results Follow Judge Wilfley's Work in the Establishment of American Law and Jurisdiction in Foreign Concession, Shanghai", *The New York Times*, March 22, 1908, p. 8.

然是各派主张矛盾的复合体,一方面,希望增强其司法管辖权以便更好约束与管制在华美国人所可能引发的纠纷,表现在通过各种修正案或者议案形式对"1906 年法案"进行补充,还赋予法院法官在法律不足以运用时有权进行修正与补充的立法职能;另一方面,又将此种司法管辖权或者行政规制权限缩在一定领域之内,以不至于引发上海或者国内政治或者社会动荡与恐慌为基本原则。此中很明显可以看出美国政府对此所持妥协态度。[①] 其实,回溯以往,就连最初提议设置美国驻华法院的倡议者丹比,其最初的设想也只是将美国驻华法院法官定位为"美国辅助的、非官方的大使""以其完全非正式的手段在中美外交关系中产生较大影响力"[②]这样一种兼具外交职能的身份。1908 年 10 月 3 日,丹比致信鲁特时提及威氏在上海的改革运动甚至声称,"我们创造了如此精良的制度架构,却被不明就里地破坏了"。[③] 那么,此种后果的产生便不难料见。

通过"威尔佛莱被弹劾案"可以发现,在美国驻华法院最初的法律实践中,如何平衡法官与律师的关系成为重要议题。一方面,原因在于,领事法庭存续期间的美国律师依照传统观念俨然无法理解为真正意义上的现代法治传播者,他们放任自由已久,早已将远离边疆的上海视若为所欲为的乐土;另一方面,旨在对上海美国人士进行有效监督与管制而设置的美国驻华法院以及选任的法官却力图在监管上海美国人之际宣扬法治精神。于是,无法践行法治传播者的律师与坚守法治精神的法官之间的冲突在所难免。更重要的是,此种冲突若处理不当终将导致法官被控、律师受损这一两败俱伤的尴尬窘境,这自是双方都不愿看到的。

威氏之所以受到弹劾,主要原因并非其法律实践出现纰漏或行为不检所致,却是因行为的正当性影响了在华美国人士原有的既得利益。毋庸置疑,此种利益即便依照美国法律也并非合法,但正是借助中国这一特有的海外土壤,使此种即便行为不端,即便有辱国威,即便可能带来负面效果的行为得以彰显。可见,从深层意识中他们俨然将此视为美国对外侵略、强占他国市场以宣泄或者强行推进或攫取其经济利益的重要方式。也就不难解释,为何针对驻华法院法官的弹劾案发生时,美国官方每每对上海的美国人士采取妥协,而对改革派的美国驻华法院法官则以罢免或通过一定压力迫使其主动辞职的方式以平息事端。按常理说,美国驻华法院法官所贯彻或者倡导的政策与美国官方政策不无关联,甚至可以说是深谙其精髓,但落实到具体实践中却不能得到官方认可,这其中所隐含的深层顾虑颇值得玩味。除此之外,弹劾的发生当然还与多数国会议员不甚了解美国驻华法院设置的根本缘由有关,议员有甚者连治外法权为何物都不清楚,也导致他们

---

① 甚至也可以说是矛盾的,在威尔佛莱请辞获批后,巴西特同时提交辞呈,但却未获通过。鲁特在回函中指出,"总统不希望接受你的辞呈,司法部也希望你能留任以协助新任法官做好续接工作……"See "The United States Court", *The North-China Herald and Supreme Court & Consular Gazette*, December 19, 1908, p. 722。

② Charles Sumner Lobingier, "American Courts in China", *Philippine Law Journal*, 5(1918), p. 54.

③ Eileen Paula Scully, *Bargaining with the State from Afar: American Citizenship in the Treaty Port China*, 1844 – 1942, New York, Columbia University Press, 2001, p. 123.

容易受到蛊惑从而作出此般思虑欠妥的行为。

其实,律师们所反抗的并非某个特别的人或者机构,而是始终保持着对政府管制的坚决颠覆,这才是领事与之同流合污、相安无事的真正缘由。虽然仍有鲁特、丹比等人对美国驻华法院倾注热情,在其带动下总统也曾对这一机构较为关切,但显然美国驻华法院在美国本土的后盾支持并不恳切,华盛顿的政治家们往往只醉心于海外市场的安定祥和,却很少着眼于关注派驻人员的道德水平抑或者派驻机构的社会效果问题,所以也便导致当非议、舆论纷至沓来之时,也会受到干扰,从而以稳定压倒一切的原则为宗旨,采取息事宁人的态度处理纷争。

面对上述情形,威氏被代表着赌场、妓院、投机商人等利益的律师弹劾而最终去职这一现象实际上并非美国官方此时所推行的改革政策的目标,他们也并不想借此为尚处于集权专制的中华帝国顺带捎去弹劾制的福音。但应该肯定的是,美国驻华法院法官所确定的法院管辖范围、在协调中美关系并进而谋取利益的意图却都是官方不可否认的,而正是在此基础之上的美国在华司法体制随着驻华法院职能的不断稳固逐步确立起来。从这一点上说,威氏被弹劾一案似乎又注定绝难平庸。

A History of American Judge Impeached in Shanghai: Return to 1908

Li Yang

Abstract: Western countries attend to create an western legal scenario in Shanghai International Settlement, which shows that overlapping and complicating legal systems and judicial institutions under extraterritoriality in modern times. However, this intention is enslaved to the political and diplomatic wrestle of their government, or the profits of their citizens whom resided on Shanghai. This article taking Lebbeus R. Wilfley, the first judge of United States Court for China, as example, trying to present the contradiction which exist in the political forces belongs to the state and abroad, and make an analyse on the political dilemma which reflected in the progress of the legal colonialism.

Key Words: extraterritoriality Shanghai International Settlement United States Court for China Lebbeus R. Wilfley

(责任编辑:郭俊义)

民商事法学

农业合作社的法律定位反思:基于商事组织法的视角

李 磊*

[摘 要] 农业合作社作为一种组织工具极大地推动了农村经济的发展,但由于种种原因其一直未列入商法/商事组织法的研究视野。《民法总则》对法人的分类不能解决农民合作社的定位问题,农业合作社法本身无法解决弱势农民的保护问题。从功能主义角度来看,因为符合资产分割和信义义务的商事组织法框架,农业合作社属于典型的商事组织。公司作为典型组织,其组织结构所产生的代理成本问题,农业合作社也必然应当面对。农业合作社中组织成员利益的倾斜保护规则的构造应当受到特别重视,但保护进路应当回归商事组织法的基本框架,从底线式的强制性条款和体系化的信义义务来寻求保护空间。

[关键词] 农业合作社 商事组织法 资产分割 信义义务

一、问题的提出

过去30年,中国农业取得举世瞩目的成就,同时在未来也面临着巨大的挑战和机遇。在提高农民群体和农村经济组织化程度上,历年来中央一号文件都特别强调农民合作社发展的立法政策问题。农民合作社的发展是牵扯到提高农业规模发展、提高整个产业分工效率的重要一步,也为农业现代化和当前的供给侧改革提供重要的制度工具支持。

《农民专业合作社法》(以下简称《农业合作社法》)自2007年颁布以来,已经走过10个年头,这10年是农村经济快速发展和农业合作社快速发展的10年。① 农业合作社已经成为政府组织广大农户参与现代农业建设、促进农业生产和服务的适度规模经营、强化农产品质量安全和农产品品牌化建设、促进农民增收等方面的重要载体。

应当说,《农业合作社法》的颁布实施为农业合作社的发展提供了重要基础性制度保障,但通过近10年农业合作社的发展,现实中复杂的局面已经使当前的《农业合作社法》

---

* 李磊,清华大学法学院,博士后研究人员。

① 2017年4月底,全国依法登记农民专业合作社188.8万家,是2007年年底《农民专业合作社法》颁布施行初期的73倍,平均每个行政村有近3家合作社。

也已经无法满足现实的需要,从全国人大于 2015 年启动《农业合作社法》的修订工作以来,实务部门和专家学者围绕调整范围变化、合作社成员制度等很多方面提供了具有方向性的修法准备。① 全国人大以及国家民族事务委员会在 2016 年年中也形成了汇集各方意见的"农业合作社修订征求意见稿",并进行了超过 70 余项条文改动,改动不可谓不大,而《农民专业合作社法(修订草案)》的二次改动正在进行当中。②

值得注意的是,2007 年的《农业合作社法》、2016 年《农业合作社法》修订意见稿都以《公司法》为基本构造进行规则塑造。易言之,《公司法》中关于公司治理的相关规则可以作为《农业合作社法》规则构造的蓝本。农业合作社是商事组织吗?对于农业合作社的研究为什么一直没有纳入商法学者的视野之中?③ 鉴于当前农业发展趋势中对规模效率和区域竞争力的影响,合作社的组织结构以公司化为标准进行设计会最大限度地进行资本、资源和人员的配置,以《公司法》规则为基本蓝本的修法改造,同样要面对农业合作社组织运作中的代理成本问题,但与《公司法》的高度资本自由度不同,《农业合作社法》在政策法理上似乎应当顾及为农民富裕服务的政策目标,这已经牵扯到现实层面的利益判断。但鉴于种种原因,农业合作社的定位问题依然众说纷纭。本文试着分析对农业合作社定位出现困惑的原因,并从商事组织法的角度试图论述农业合作社的本质。

二、定位的困境:形式局限与保护期待

(一)特别法人:《民法总则》的尴尬定位

关于农业合作社的定位,一直存在多种说法。有学者认为,合作社非以营利为目的,显然难将其归入企业法人类;与此同时,合作社不具有公益性,更难将其归入非企业法人类。从实践来看,合作社作为自治组织,采取何种组织形式,应尊重合作社成员的共同决定。④ 有学者从学理上认为,合作社从产生时起就体现着其所独具的经济与社会的双重特性,注重社会公平、强调劳动联合的同时,也注重效率、不排斥资本的作用。鉴于农民合作社具有独特的价值观和文化属性,不能界定为企业法人,否则可能导致合作社与典型的企业法人如公司等的混淆,导致合作社异化,也会影响合作社的权利与义务。⑤ 也有学者指出,法人制度源于罗马法和教会法,经由德国学界的不断努力并通过 1896 年《德

① 苑鹏:《关于修订〈农民专业合作社法〉若干问题的思考》,载《东岳论丛》2017 年第 1 期。

② 2017 年 6 月 23 日上午,第十二届全国人大常委会第二十八次会议《中华人民共和国农民专业合作社法(修订草案)》进行了分组审议,本文中所称意见稿指 2016 年 4 月全国人大法工委发布的版本。

③ 通过中国知网搜索可知,关于农业合作社的 90% 以上论文来源于农业政策管理方向,而法学方面特别是商法学领域却未超过 10 篇,这里面有分析路径的问题,也有农业合作社现实结构较为简单的问题。

④ 谭启平:《论合作社的法律地位》,载《现代法学》2005 年第 4 期。

⑤ 朱晓娟:《我国合作社法人的分类与归属》,载《北方法学》2011 年第 4 期。

国民法典》而成为大陆法系各国民商法的重要内容,并非符合中国国情。以《民法通则》关于企业法人的规定为基础,《全民所有制工业企业法》《城镇集体所有制企业条例》《公司法》《乡镇企业法》《农业合作社法》等专门的企业法相继出台,并成为我国关于具体企业形态的重要法律规定,这种观点明显将《农业合作社法》作为企业法进行定位。①

2017 年 3 月通过的《民法总则》中,解决了合作社的法人地位问题,但并没有将农民合作社作为营利法人进行规制,而将农民合作社作为特别法人进行规制。《民法总则》第 100 条规定:"城镇农村的合作经济组织依法取得法人资格。法律、行政法规对城镇农村的合作经济组织有规定的,依照其规定。"有学者对营利法人和非营利法人的分类方式本身提出批评,认为《民法总则》的法人分类违背了《民法总则》作为私法基本法的形式理性。② 对于农民合作社而言,《民法总则》的功能只能解决其责任承担问题,在《民法总则》中营利法人等同于公司的逻辑框架下,③由于农民合作社的组织结构等同于公司的组织结构,所以将农民合作社归类于特别法人,就出现了功能分类上的矛盾。

更重要的是,公司法人已经不再以营利性为唯一判断标准,而仅仅是一个企业事实问题。现代公司制度已经大大超越了传统公司是营利性社团法人的基本认知,公司被企业化了。④ 企业意味着以企业的方式经营,其既可以以营利为目的,也可以以非营利和公益为目的。这为非以营利为目标但同时希望以公司方式经营的政府和其他企业、个人提供了更多的形式选择,从而可以促进社会公益和其他事业的发展。

因此,从《民法总则》的构造逻辑上来看,特别法人是为了进行对法人分类进行兜底而不得已进行的必要妥协,而营利法人则在逻辑上直接对照以《公司法》为标准的商事组织,但从商事组织法的角度,这种分类却存在逻辑上的断裂,鉴于营利法人已经无法与公司法人直接对照,而公司法作为标准的商法组织,却因为与《民法总则》的刻意联系,而阻碍了商业组织法的规则铺设。

(二)《农业合作社法》:特别保护的需要

农业合作社是合作社的一个分支范畴,其本身就带有合作社的理想主义色彩,而结合中国实际国情的农业发展策略,农业合作社作为经济组织就制度设计上提供了对农民进行特别保护的期待可能性。

1844 年在英国的罗虚代尔镇由 28 个失业纺织工人自发成立的"公正先驱者消费合作社",该消费合作社成为世界上公认的第一个成功的合作社,并创造了"罗虚代尔"原则成为国际合作社发展的基本原则。⑤ 从合作社发展的脉络来看,尽管最初的合作社与空

---

① 徐强胜:《论我国民法总则中营利法人的制度安排》,载《华东政法大学学报》2016 年第 5 期。

② 李永军:《以"社团法人与财团法人"的基本分类构建法人制度》,载《华东政法大学学报》2016 年第 5 期。

③ 参见《民法总则》第 76 ~ 86 条,条文多选自《公司法》,可见营利法人的概念在逻辑上是直接对照公司特点进行归纳的。

④ 徐强胜:《论我国民法总则中营利法人的制度安排》,载《华东政法大学学报》2016 年第 5 期。

⑤ 吴晨:《异化的农民合作社及其组织治理研究》,经济科学出版社 2015 年版,第 30 页。

想社会主义公社存在较大差距,但合作社从创立之初便被赋予了较为理想色彩的实践标准。进入20世纪以后,“罗虚戴尔原则”指导下的合作社运动在各国普遍展开的同时,在发达资本主义国家,对于合作社组织形态的研究也已经超越了最初的“罗虚戴尔原则”。① 但“罗虚戴尔原则”坚持的互助、团结、自我管理、民主的合作社价值,依然成为当今合作社组织和合作社运动的主流价值取向。

从我国国情出发,在中华人民共和国成立后,农业合作社的发展状况分为农业社会主义改造时期、人民公社时期、家庭承包农业经营时期。经过改革开放之后30年的发展和最近10年的新农村建设,合作社可以分为农业合作社和农村资金互助社。在改革开放初期,为了调动农民积极性,促进农业经济的发展,中华人民共和国成立初期就建立起初级形态的合作社和农村信用社开始了改革历程。在立法层面,允许个人作为合作社的成员的基础上,力图使合作社成为与城乡集体所有制企业不同的新的企业形式,但在定性上又将合作社统一界定为集体所有制经济,这是改革开放初期法制工具刚刚启动时的特色。直到20世纪90年代开始,合作社才开始作为市场主体获得了更大的发展空间,中央层面不仅以文件的形式强调了其作为深化经济体制改革和促进农村经济建设方面的作用,而且大力度地扶持和引导农村合作社的成立。到21世纪初,农业合作社进入了迅速发展期,相应的政策、立法规划得到了较为持续的推进。21世纪以来,中共中央提出了把“三农”工作作为重中之重的战略思想,连续10年以上发布关于“三农”问题的中央一号文件,初步形成了系统的强农惠农富农的政策框架。② 应当说,农业合作社作为制度工具不仅在于推动农业发展,还在于改善农民经济状况。

但从2016年修改草案的内容可以看出,涉及合作社本身和不特定第三人强制性条款较多,在制度设计上更加偏重合作社组织的运行效率和合作社对外行为上的公信力,而关于保护合作社中弱势农民成员的强制性条款比例则太少了,这可能会导致现实中弱势农民成员的利益无法通过法律框架得到保护,其利益失衡的格局可能需要政府介入才能恢复。因此,在农业合作社组织中,作为组织成员农民的弱势地位和利益保护问题,似乎《农业合作社法》不能给出有效的解决方案。

表1 修改草案中强制性规范的对照

强制性条款	内容	类型	涉及利益
第12条	出资内容	禁止性规范	合作社成员
第15条	登记程序	义务性规范	不特定第三人
第16条	年度报告	义务性规范	不特定第三人
第18条	成员名册	义务性规范	不特定第三人

① 刘勇:《西方农业合作社理论文献综述》,载《华南农业大学学报》(社会科学版)2009年第4期。

② 孔祥智、郑力文、周振:《新世纪十个“中央一号文件”:回顾与展望》,载《教学与研究》2013年第7期。

续表

强制性条款	内容	类型	涉及利益
第 19 条	成员构成比例	禁止性规范	农民成员
第 25 条	除名程序	义务性规范	合作社
第 31 条	成员代表大会成员比例	禁止性规范	合作社
第 40 条	非成员服务核算	义务性规范	合作社成员
第 47 条	合并债务处理	义务性规范	合作社
第 49 条	解散日期	义务性规范	合作社成员、债权人
第 51 条	债权申报日期	义务性规范	债权人
第 64 条	联合社责任	义务性规范	联合社成员

鉴于农民在实际社会生活中处于明显的弱势地位,有学者提出国家有必要制定专门的“农民权益保护法”,以农民发展权实现为核心,强化事农者的职业权益保护,并使之成为尊重农民、保护农民的基本法。① 与此同时,推进与农民权益保护相关的专项性立法,形成全面的农民权益保护法律体系。对农业劳动者的保护,应制定“农业产业促进法”,促进农业的发展,保护其经济利益;制定“农村社会保障法”,当其面临各种劳动风险时,能够从政府和社会获得维持起基本生活所需要的物质帮助。②

尽管愿望良好,但“农民权益保护法”及其相关法律却始终未进入立法规划,将农民权益进行集中整合进而进行立法的构想,曾经一度引起热议,但由于种种原因,却至今没有成行的版本。③ 一方面,农民阶层范围较广,作为被保护对象的弱势群体的农民阶层已经出现了分化,中国农民阶层数量庞大,在城乡二元结构不断变革的今天,农民的身份已经不再单纯,而有可能因为社会经济进程的变革而出现很大变化,如何精准对位需要特别保护的农民对象(而非农业大户),这是一部面向农民的一般性法律无法回避的技术性难题。而在这个难题的背后,则是立法计划落地以后需要面对的巨大实施成本问题。这也从另一个层面解释了为什么有学者认为,同样作为弱势群体,几乎所有的保障法律都针对城市居民,对于农村居民的保护一直缺失。

另一方面,有学者认为,尽管保护弱势群体有正当合理的社会和伦理基础,但由于当代社会的利益多元和利益冲突,某些旨在追求保护弱势群体的制度和法律措施未必能有效保护弱势群体。例如,诸如《妇女权益保护法》《老年人权益保护法》等法律,尽管法律已经颁布多年,修正草案也几易其稿,但现实实践中,对这类社会弱势群体的保护却并没有因立法的存在而发生明显进步。这种特别法在保护模式上最大的问题是对权利的规

① 赵万一:《中国农民权利的制度重构及其实现途径》,载《中国法学》2012 年第 3 期。

② 覃有土、韩桂君:《略论对弱势群体的法律保护》,载《法学评论》2004 年第 1 期。

③ 王宏旺:《农民权益保护法:护身符? 遮羞布?》,载《南方农村报》2015 年 7 月 2 日。

定过于笼统,可操作性不强,并且其内部规范多属于原则性的宣示,而缺乏程序性保障。

(三)小结

应当说,在民法和《农业合作社法》的双重框架下,农业合作社的定位并不清晰。尽管营利法人和非营利法人分类也存在争议,但农业合作社在组织功能上与公司非常接近,更应当被设定为营利法人。首先,民法作为私法的基本法是很难承担社会转型期的社会政策的传达,"从长期来看,小而全的单行法体系化越来越完整,因为概念之间细小的差异,规则之间的矛盾,最终整合成本会越来越高,最终还是需要一个普通—特别关系的民法典"。① 所以民法框架下的法人定位很难在保护合作社组织中弱势农民成员方面有所突破,但在合作社组织规模发展的过程中,弱势的农民群体确实又是最容易被忽视的一方。因此,《农业合作社法》的倾斜保护色彩就应当特别强调。但在制度规则设计层面,《农业合作社法》也不同于其他国家特别法的模式,而在政策层面尽量弱化对农民的倾斜保护,这可能是源于中国经济转型期和农业发展新阶段资本对农村经济中的影响力给予的平衡性评估,但农民的利益保护问题应该怎样得到解决呢?民法的尴尬定位和《农业合作社法》的特别考量使商业组织法在对农业合作社的规制上形成了断裂。

三、商事组织法视角的分析:资产分割和信义义务

从功能主义角度观察,农业合作社属于商事组织。尽管农业合作社并不像公司那样作为标准的商事组织,值得大量的学术分析,但从商事组织法角度进行分析依然是一条比较有效的路径。享利·汉曼斯(henry)在《企业所有权》一书中认为,资本合作社就像牛奶合作社(农业合作社)一样是一个由生产者所有的企业,而实际上资本合作社的结构与典型的商事公司完全相同。② 尽管反托拉斯法的豁免或者税务以及信用上的豁免都无法解释农业合作社能够在该行业占据如此重要的地位,合作社较低的所有权成本成为其根本原因。特别是在管理层监督方面,农业合作社中农户处于一个非常有利的位置使他们对企业实施有效的控制,因此很多证据表明这些合作社的代理人成本很低。③ 因此,有必要从商事组织法的角度来探讨我国农业合作社的定位。

(一)商事组织法的重要功能

Sitkoff 认为,商事组织法具有两项核心功能:第一,提供了一整套财产权规则,从而达到资产分割(asset partitioning)、资金围栏(ring-fencing)或实体保护(entity shielding)功能。资产分割功能需要代理规则在商事组织体与第三方交易时建立管理人约束组织体

① 苏永钦:《成熟民法典不在于太多烟火式亮点》,载财新网:http://opinion.caixin.com/2016-11-09/101005649.html,最后访问日期:2017 年 5 月 22 日。

② 参见[美]亨利·汉斯曼:《企业所有权论》,于静译,中国政法大学出版社 2001 年版,第 17 页。

③ 同上书,第 200 页。

的权威。① 第二,提供了一整套以信义义务为特色的合同规则,从而达到组织体的内部管理的功能,这套规则分配了公司管理者的权力和责任以及所有者的权利。

资产分割功能塑造了独立的企业(资产)主体。资产分割使企业资产与管理者或投资者的个人财产相分离的体现是,企业的债权人对企业资产享有比企业管理者或所有者的个人债权人更优先的受偿权利。商事组织法界定了可用于满足企业债权人求偿权的资金池,并将对企业资产的请求权优先设定给企业的债权人。② Hansmman 和 Kraakman 又将资产分割功能分为消极的资产分割功能和积极的资产分割功能,并进一步强调,在没有商事组织法的情况下,资产分割的功能将无法实现。③

而商业组织提供的信义义务作为一套治理规则使管理人得以高效地代表公司行动,而受益人(股东)使两权分离带来的代理成本降到最低。传统的治理规则在解决代理成本问题的方式是解除受托人的权力(disempower),即代理人的权力需要被明确授权,但由于现代商业模式的多元化和商业节奏的瞬息万变,商事组织法倾向于给予受托人一个宽泛的权力去进行各类行动,信义义务规则的设计取代了过去的简单解除权力。④

(二)农业合作社的功能分析

从功能主义的视角分析,我国农业合作社属于典型的商事组织,在资产分割层面,草案中第5条、第12条基本构成了农业合作社的资产分割规则,其中第12条第2款强调:"农民专业合作社成员不得以对该社或其他成员的债权,充抵出资;不得以缴纳的出资,抵销对该社或其他成员的债务。"此款从规范意义上既包含积极的资产分割也包含消极的资产分割。合作社以社员出资和国家财政补贴作为责任财产,对外部债权人承担责任,如果资不抵债,则启动破产清算程序。而草案第32条、第35~39条则明确了合作社中受托人的信义义务,理事长、理事、经理对成员大会负责,而第35~37条则明确规定了作为受托人的理事长、理事、管理人员的禁止行为(忠诚义务)、竞业禁止、任职限制。综上,农业合作社在资产分割和信义义务层面符合商业组织的核心要素。

表2 《农业合作社法》修改意见稿中符合商业组织的条款

条文	功能	内容
第5条	资产分割	农民专业合作社成员以其账户内记载的出资额和公积金份额为限对农民专业合作社承担责任
第12条第2款	资产分割	农民专业合作社成员不得以对该社或其他成员的债权,充抵出资;不得以缴纳的出资,抵销对该社或其他成员的债务

① See the Worlds of the Trust, L. Smith, ed., Cambridge University Press, 2012, p. 386.

② 李清池:《商事组织的法律构造_经济功能的分析》,载《中国社会科学》2006年第4期。

③ See Henry Hansmann, Reinier Kraakman, The Essential Role of Organizational Law, Accessed May 22, 2017. https://papers.ssrn.com/sol3/papers.cfm? abstract_id = 229956.

④ See the Worlds of the Trust, L. Smith, ed., Cambridge University Press, 2012, p. 393.

续表

条文	功能	内容
第 32 条第 3 款	信义义务	理事长、理事、执行监事或者监事会成员,由成员大会从本社成员中选举产生,依照本法和章程的规定行使职权,对成员大会负责
第 35 条	信义义务	农民专业合作社的理事长、理事和管理人员不得有下列行为:(一)侵占、挪用或者私分本社资产;(二)违反章程规定或者未经成员大会同意,将本社资金借贷给他人或者以本社资产为他人提供担保;(三)接受他人与本社交易的佣金归为己有;(四)从事损害本社经济利益的其他活动。理事长、理事和管理人员违反前款规定所得的收入,应当归本社所有;给本社造成损失的,应当承担赔偿责任
第 36 条	信义义务	农民专业合作社的理事长、理事、经理不得兼任业务性质相同的其他农民合作社的理事长、理事、监事、经理

值得注意的是,从资产分割的角度,尽管《农业合作社法》能够从组织法层面锁定合作社的固有财产或责任财产,但在出资过程中有些牵扯到与农民自身生存保障息息相关的财产,如土地承包经营权,在资产分割的功能下,如果农民成员退出或是合作社破产的情况,此类财产会跟农民成员发生分离,这可能对农民生存保障底线构成挑战。反过来说,农业合作社在现实实践层面允许农民成员退社或者破产的情况能够大范围存在,或者是否存在变通措施,使资产分割功能正常运行与农民利益的保障得到平衡。

以农业合作社目前的信义义务来说,依然停留在对忠实义务的陈述阶段,草案并未像《公司法》那样给出股东自我救济的方式,合作社成员不好退出、自我救济不足、监督手段缺失,使农业合作社的代理成本过高,这与美国农业合作社的组织状况大相径庭。所以,作为商业组织的农业合作社的内部治理问题尚未解决,更不要提对于农民组织成员的额外倾斜保护了。

四、农业合作社的组织异化问题:代理成本的视角

从功能视角观察,农业合作社可以作为商业组织,而代理成本问题则是商业组织所面临的共通性问题。与公司组织结构相同,农业合作社的组织异化问题需要重视,但却常被忽略。

(一)公司化治理结构下的异化问题

《公司法》中的异化,更多的是指公司内部股东的异质化。[①] 传统的代理理论在分析股份公司问题时,对其股东采取了一种以理性利己为特征的“经济人”模型,即认为股份公司股东虽然为数众多,但股东之间具有人性同质、利益同质的“同质化”特征,因而可以

① 实际上,公司内部其他成员或身份的异质化的最终原因也与股东异质化有关。参见林少伟:《董事异质化对传统董事义务的规则的冲击及其法律应对——以代表董事为研究视角》,载《中外法学》2015 年第 3 期。

被简单视为抽象无差异资本的载体,但股东同质化的假定是与现实中客观的股东差异的实际不相符合的。①

(二)农业合作社异化的中国本土背景

基于 Hansmman 的合作社成员的利益同质性观点,②合作社成员会尽量选择那些和他们具有同质性的关键性生产要素的所有者(一般为生产大户、营销大户、资本大户等)作为合作社控制权的拥有者。合作社治理结构,它的基础在于成员的同质性,而现在合作社的成员异质性正在影响着合作社的治理结构。③

有学者认为我国在 20 世纪 80 年代以后发展起来的农民专业协会和农民专业合作社,在许多方面背离了合作社的基本原则,他们中的绝大多数并不是真正意义上的合作社,而是异化了的合作组织。④ 中国本土特色的逻辑,农民合作社是在地方经济发展的要求下,地方政府和龙头企业合力运作的结果,农民群体只是表面的参与者。

例如,在一份调查资料中显示,合作社的异化存在这几种力量的介入:第一,外来老板作为主体,而不是当地农民作为主体,更没有与当地农民形成实质上的合作关系,完全没有体现合作社制度的"农民参与"和"利益共享"两大基本条件。第二,政府对合作社的政策扶持作为吸引资本下乡的政策优惠,将商业化的粮食公司作为支持和培育的对象,使国家对合作社的相应扶持资金都变成了公司的发展基金。在粮食公司与农民的订单生产模式中,农民不但需支付高昂费用来购买农技服务,而且被排除在合作社的分红对象之外。此外,地方精英以套取国家相关的惠农资源和涉农项目为目标,成为典型的政策投机。⑤

(三)合作社异化内容之一:权利(力)分配的异化

首先,在成员间异质性条件下,严格坚持"一人一票"原则可能出现一部分成员侵占其他成员利益的现象;其次,在成员异质性条件下,"一人一票"民主决策机制可能会增加达成统一意见的难度。因此,为了经营决策的方便,"一人一票"制往往难以实现。⑥

随着社会经济条件的发展,农民合作社的发展需要必然诱使农民合作社以承诺牺牲一部分分配权和控制权为代价吸引社会上拥有雄厚生产要素和信息资源丰富的所有者加入农民合作社,如果按照社员的产品交易额来安排产权结构,核心成员对其所投入的重要资源要素的控制权和收益权显然难以体现。核心成员倾向于股份化的产权结构。

---

① 汪青松:《基于投资偏好差异的股份公司股东类别化分析》,载《政法论丛》2011 年第 4 期。

② [美]亨利·汉斯曼:《企业所有权论》,于静译,中国政法大学出版社 2001 年版,第 200 页。

③ 邵科、徐旭初:《成员异质性对农民专业合作社治理结构的影响》,载《西北农林科技大学学报》(社会科学版)2008 年第 2 期。

④ 应瑞瑶:《合作社的异化与异化的合作社——兼论中国农业合作社的定位》,载《江海学刊》2002 年第 6 期。

⑤ 冯小:《农民农业合作社制度异化的乡土逻辑——以"合作社包装下乡资本"为例》,载《中国农村观察》2014 年第 2 期。

⑥ 吴晨:《异化的农民合作社及其组织治理研究》,经济科学出版社 2015 年版,第 108 ~ 109 页。

通过占有合作社相对多数股份,核心成员可以获得合作社的实际控制权,进而通过有利的剩余分配方式实现对投入合作社的稀缺生产要素的控制权和收益权。①

农民合作社异化的一种趋势由专业大户主导的协会型农民合作社。尽管理论上组织成员有参与治理的权利,但因是专业大户主导的,"能人与大众会员"的关系,将会由于决策效率和管理的问题而有差异。理事长一职往往由专业大户担任,"一人一票"制较难贯彻。农民合作社异化的另一个趋势是由外部力量主导的股份合作制。"龙头企业 + 农合组织 + 农户"的发展模式其实是一种资本与劳动的联合,由农业企业家出钱购买农民出劳动力生产的农产品,并经过加工,销售到市场上,以求实现双方共赢的一种思路。合作社的《公司法》组织结构,使龙头企业所拥有的股权自然要大于农民。有时,部分龙头企业带动型和能人带动型的合作社,管理者通常将个人与合作社的财产混同,合作社社员和其他组成人员的利益往往受到盘剥,挫伤了社员以及非社员加入合作社的积极性,使合作社内部的代理成本极高,最终不利于农民成员的利益保护。

(四)合作社异化内容之二:盈余分配异化

在基于江苏、四川、吉林三省的农民专业合作社进行专业调查的数据表明,中国农民专业合作社存在明显的成员异质性,合作社发起人股份比例普遍高于交易量比例;股份比例越是高于交易量比例,合作社盈余分配中按股分红的比例越大,按交易量返还的比例越小。② 例如,在某调查样本中,124 家有明确盈余分配方案的合作社中,盈余并非全按成员与农民专业合作社的交易量(额)比例返还,还包括按照股金、合作社管理中职位的高低、利润以及其他分配方式。其中,按照与合作社的交易量比例返还的仅占到调查样本总数的 32.83%,而以合作社利润为标准进行分配的占调查样本总数的 46.04%,这种以合作社利润为标准的分配方式,明显与《农业合作社法》的规定不符,也必将损害社员利益。③ 盈余分配的异化结果来自于权利分配的异化,特别是在农业经济需要规模化生产的时候,大量的资本进入是合作社经营所必需,但在优先注重效率的价值观下,会出现大部分农业合作社成为资本控制工具的局面。④

(五)合作社异化的其他问题

缺乏健康的农民合作社治理结构也导致村民对经营无法行使知情权和控制权,使不法分子获得了本应由合作社成员的村民所持有的管理权,轻易突破合作社的"社员制""封闭性"。在我国金融监管体系尚不完善、监管机构对农村关注不够的情况下,传销式

---

① 吴晨:《异化的农民合作社及其组织治理研究》,经济科学出版社 2015 年版,第 110 页。

② 唐瑞瑶等:《成员异质性、合作博弈与利益分配——一个对农民专业合作社盈余分配机制安排的经济解释》,载《财贸研究》2016 年第 3 期。

③ 吴金红、马丁丑:《欠发达地区农民专业合作社异化测度及实证分析——基于甘肃省示范性合作社的调研》,载《农业现代化研究》2015 年第 1 期。

④ 张德峰:《合作制保障与效率提升:我国合作社"资本控制"法律规制研究》,载《法律科学》(西北政法学院学报)2016 年第 2 期。

的金融骗局以农民合作社为载体在农村疯狂传播。①

五、商事组织法视角下的农业合作社治理:代结论

作为商事组织的农业合作社,其本身类似《公司法》的架构,决定了代理成本是必须要解决的问题,特别是当大部分合作社组织成员是经济地位天然弱势的农民成员的事情,更应该强调代理成本解决对于保护农民成员的重要意义,这也是农民利益的最终保护只能依赖政府介入后的另一种可行思路,具体的探讨空间如下文。

(一)强制性条款的设计

在任何商业组织体中,组织运营成本问题都是必须应当被考虑的问题,Hansmman 认为在美国实践中很少有合作社同时经营一种以上的农产品,这一事实就在很大程度上证明了利益同质性的重要性……不同产品的生产者可能会在企业经营管理的重大问题上发生意见分歧,这会明显地增加企业成员间讨价还价的成本,并且会造成一种产品的生产者挤占其他产品生产者利益的情况,同时也可能导致其他无效率的结果。② 相对于市场化程度很高的美国而言,中国的特别之处在于合作社处于政府与市场之间结构中,合作社在一定程度上可能是市场需求和政府撮合的共同产品,这意味着合作社成员本身可能存在很大的差异。与着眼于成员间协商成本不同,中国现实环境下因成员间经济实力、生产资源、认知程度的差异都构成了成员间异质化的综合基础。③ 在成员间异质化程度较高的情况下,作为类似公司构造组织体的合作社,可能将会产生相当高的代理成本。

因此,在强调同股同权、符合正当程序的公司自治理想框架预设下,为避免因为成员异质化明显而产生的较高代理成本,为符合合作社组织体运转效率的要求,面对传统组织体内部自治可能陷入僵局的情况,有必要加强合作社法中重要问题的强制性条款适用。从公司组织法角度,合作社法也可分为强制性规范、补充性规范和赋权性规范。④ 强制性规范存在的正当性在于满足第三人保护、维护效率、满足社会公平。尽管立法本身会强调对农民利益的保护,但在赋权性规范(任意性规范)比例过高的情况下,合作社决策人员在多数情况下可以任意作出安排,在决策人员的身份为较为强势的合作社成员时,往往不会顾忌立法的引导,而更可能以个人利益为中心对很多合作社事务进行自行安排。因此,有必要在对合作社弱势成员的保护方面增加强制性规范的适用范围和强制性条款的适用比例。从代理成本角度来看,也是一次性解决合作社组织体内部高昂代理

---

① 郭锐:《防范非法集资应重视农民合作社的治理结构问题》,载《农民日报》2017 年 5 月 12 日。

② 参见[美]亨利·汉斯曼:《企业所有权论》,于静译,中国政法大学出版社 2001 年版,第 202 页。

③ 参见楼栋、孔祥智:《成员异质性对农民合作社收益分配控制权归属的影响分析——基于京、冀、黑三省 72 家农民合作社的调查》,载《农林经济管理学报》2014 年第 1 期。

④ 如 Einsenberg 持此看法,Cheffins 则将公司法规范分为强制适用规范、许可适用规范和推定适用规范。参见董慧凝:《论公司法强制性规范与公司章程自由》,载《中国社会科学院研究生院学报》2007 年第 6 期。

成本的有效方式。

有学者认为,为了排除资本对理事会、监事会的控制而对合作社的控制,对理事会、监事会成员中的追加资本社员比例进行适当限制是必要的。立法可以规定,理事会成员中的追加资本社员比例不得超过50%,监事会成员中的追加资本社员比例不超过50%。参考国外法的相关做法,为了彻底排除合作社的"隐形实施控制",加拿大的做法是如果达到资本控制的程度,则通过强制性规范限制控股投资的水平。① 尽管关于追加社员的特别限制内容在2016 年《农业合作社法》修改对照表中并未发现,但从保护弱势合作社成员的角度而言,这种规制其实是十分必要的。强制性条款以比较小的代价一次性解决了涉及农民成员的特别利益保护问题,构成了农民成员利益的底线式保护。

(二)回归商业组织法的方向:信义义务体系的构建

从2016 年《农业合作社法》修订稿草案的内容来看,《农业合作社法》的规则设计在资产分割和信义义务的功能上都存在相当问题。资产分割的功能可以通过一定的技术手段进行曲线实现,但信义义务体系的缺失使《农业合作社法》只有商业组织法之形,而没有商业组织法之神。

如前所述,信义义务的前身是权力赋予的收回,目前的《农业合作社法》甚至没有构造出权利收回的基本模型。以实践视角观察,信义义务的替代物是政府有限度地介入,这不仅不利于农业合作社的正常运行,更重要的是很多农业合作社作为项目公司而存在,而项目公司一般由政府牵头,相关资本力量或大户加入,农民组织成员构成形式标准,政府因为政绩压力而与农业合作社中的控制者存在关联的利益关系,因此政府替代的信义义务模式依然无法降低代理成本。信义义务构建的第一步是通过赋予农业合作社组织成员权力限制管理人员权利,目前农业合作社草案中成员除了参与决议大会之外,再没有任何单独保护自己权利的机会,这是严重不妥的,应当比照《公司法》模仿出符合农业合作社参与实际的信义义务体系,进而降低监督成本,并影响决策成本和交易成本的整体水平,最终缓解代理成本过高的问题。

Rethink on Legal Existence of Agricultural Cooperative: Based on Business Organization Law

Li Lei

Abstract: As an organization mean, agricultural cooperative made great contribution to the development of rural economy, which has not been in the research realm of business law/organization law. The legal existence of agricultural cooperative cannot be handled with by

① 参见张德峰:《合作制保障与效率提升:我国合作社"资本控制"法律规制研究》,载《法律科学》(西北政法学院学报)2016 年第2 期。

General provisions of the civil law. However, the law on specialized farmers cooperatives cannot settle the difficulties in protecting vulnerable farmers group. On the view of functionalism, agricultural cooperative should be classified as business organization, by virtue of according with the framework of asset partitioning and fiduciary duty. The agricultural cooperative should face to the agency costs problems which the corporation often face as the standard business organization. The special protection on interests of agricultural cooperative members might attract more attention, nevertheless, the approach should return the context of business organization law, in which setting up of mandatory terms and systemaltization of fiduciary duty, to expand the scope of protection, will be available.

Key Words: agricultural cooperative business organization law asset partitioning fiduciary duty

(责任编辑:郭俊义)

溢缴税款的返还

——《税收征收管理法》第51条的解释论*

刘　勇**

[摘　要]　在存在溢缴税款的场合,《税收征收管理法》第51条规定了纳税人的返还请求权。作为公法上的不当得利,溢缴税款的法律构造类似于民法中的非债清偿。在构成要件方面,第51条区分纳税人请求与税务机关发现两种情形并无必要;纳税人的错误也并不具有要件意味。税务机关原则上应返还溢缴税款及加算金,而在纳税人或纳税机关可能构成侵权行为的场合,则有抵销或损害赔偿的适用可能。通过对"权利得以行使之时"的主观解释,在解释论上可以消除第51条时效期间刚性有余的不足。

[关键词]　溢缴税款　非债清偿　利息　时效

税法学者指出,现行税法仅以民事法律行为的成立作为征收税款的基础,而未考虑法律行为是否生效的问题。① 若法律行为未生效、被撤销或被认定为无效,则当事人因行为成立而缴纳的税款将失去实际的基础;此时就会产生溢缴税款的返还问题。同样的问题还会出现在纳税人为避免欠税而提前纳税的场合,以及纳税人或税务机关错误计算税款之时。对于该问题,现行《税收征收管理法》(以下简称《税收征管法》)第51条规定:"纳税人超过应纳税额缴纳的税款,税务机关发现后应当立即退还;纳税人自结算缴纳税款之日起三年内发现的,可以向税务机关要求退还多缴的税款并加算银行同期存款利息,税务机关及时查实后应当立即退还……"就征税行为而言,其显然为公法行为,但超额纳税之后的"退还"是否仅仅保有公法性质,恐怕并非毫无疑问。对此,学者多主张《税收征管法》第51条的规定是典型的"公法上的不当得利"。② 而按照通说的立场,不当得利难以以统一的理论基础进行说明,应区分各种不同的类型。那么,若第51条的规范基础在于不当得利的话,其具体属于何种类型?进而,上述规定所涉及的"退还"的法律性质为何,以及"退还"的要件构成、法律效果,可能都存在讨论的必要。

基于以上疑问,本文将根据第51条的规范目的,在明确其法律性质的基础上,结合

---

* 本文为2016年省社科基金后期资助项目(16HQ024)的阶段性成果。

** 刘勇,南京大学法学院,法学博士。

① 参见杨城、刘剑文:《民法总则之光与税收的良法善治》,载《中国税务报》2017年3月29日。

② 参见王锴:《我国国家公法责任体系的构建》,载《清华法学》2015年第3期。

《税收征管法》(征求意见稿)①的相关内容,从“要件——效果”的层面展开解释论的作业。为明确讨论对象,本文所称的“溢缴税款”是指纳税人缴纳的超过法定应缴额度的税款。

一、“溢缴税款”的法律性质

基于税务机关的征税行为或纳税人主动缴税的行为,纳税人的部分财产会移转至地方或国家财政。从外观上来看,纳税行为表现为一定数量财产的移转(通常为金钱),即纳税人将其财产“交付”给税务机关。如果着眼于其效果,纳税行为与民事债务人履行债务的行为在直观上是一致的——均是通过“给付”来消灭义务(法定义务或约定义务),因此债法中与给付有关的规范在纳税场合存在适用的可能。

(一)纳税人多缴——非债清偿

根据“税收法定”的原则,纳税人在溢缴税款的限度内并无缴税义务,纳税人在不存在义务的情况下履行了“义务”,其构造与债法中的“非债清偿”极为相似。如果将纳税人的纳税义务理解为其对国家所承担的“债务”,那么将超额纳税理解为“非债清偿”也是可能的。需要说明的是,此时所谓的“非债清偿”并非是“给付得利”的类型之一。按照通说“类型论”的立场,不当得利存在多种基本类型。② 其中,非债清偿并非是完全独立的子类型之一,而是被给付得利所吸收。对此,有学者指出了其中可能存在的“过度抽象”的问题。③ 而在历史上,随着契约法制度的不断完善,非债清偿长期以来是被当作不当得利制度的核心问题的;④在比较法上也具有鲜明的“独立”意味。⑤

征税的场合、征税的对象是当事人的行为或行为的经济后果。在满足税法规定的征税要素之时,不以私法行为的有效作为纳税的前提。因此,有学者认为,征税行为本身具有无因性。⑥ 此时只要考虑纳税是否具有法定的基础而不用考察纳税的“原因”是什么。溢缴税款返还与双务合同无效、被撤销或被解除后的不当得利返还在构造上存在较大的差异,将其作为独立的“非债清偿”进行考察可能一定程度上也符合当下的比较法动向。

超额纳税所形成的“非债清偿”,可能是客观的非债清偿,也可能是主观的非债清偿。在不存在相应纳税义务的场合,纳税人缴纳税款的话,就会构成客观的非债清偿。而在代收代缴的场合,严格地说,均可能构成主观的非债清偿。例如,在保险期间尚未届满前

---

① 征求意见稿相对于现行规定有较大的变动,条文数增加近一半,并于 2015 年年初公开征求意见。但 2015 年 4 月全国人大常委会仅仅修订了《税收征收管理法》中的一个条文。

② 参见王泽鉴:《民法债编总论》(第 2 册),台北,三民书局股份有限公司 1998 年版,第 17 页。

③ 参见李世刚:《法国新债法准合同规范研究》,载《比较法研究》2016 年第 6 期。

④ 参见[日]窪田充見编集:《新注釈民法 15:債権 8——事務管理 · 不当利得 · 不法行為 1》,有斐閣 2017 年版,第 71 ~ 72 页。

⑤ 参见李世刚:《法国新债法准合同规范研究》,载《比较法研究》2016 年第 6 期。

⑥ 参见张晓婷:《论征税行为的无因性》,载《法学家》2007 年第 1 期。

提前购买下一年度的机动车第三人责任强制保险时,保险公司会代收下一年度的车船税。若保险购买后至保险生效前,机动车灭失的,保险公司在不知情的情况下代缴了车船税,则构成了超额纳税。①

(二)税务机关多征——不法原因给付

除了纳税人主动缴纳税款的情形,某些溢缴税款的发生与税务机关超额征税行为有关。税务机关在此超额部分的额度内也并无征税的法定权力,已经违反了"税收法定"的基本原则。若纳税人根据税务机关的此类征收行为缴纳了税款,则该部分税款也成为溢缴税款。若税务机关的征税行为在公法上被认定为"违法",则该部分超额纳税就可能构成不当得利中的"不法原因给付"。

按照传统理论,不法原因给付的构成要考虑给付原因在伦理上的可非难程度。征税行为在公法上被认定为违法的行为自不待言,在征税行为欠缺合理性的场合,也应倾向于认定不法原因给付的成立。而在效果层面,不法原因给付是不当得利返还规则的例外——无法主张返还请求权。但在不法原因仅存于接受给付的一方的场合,例外地承认不当得利返还请求权。② 但是,税务机关超额征税时,并不一定意味着纳税人一方完全不存在不法性。在纳税人虚构买卖逃避债务并与税务机关人员串通的场合,税务机关就此所做出的征税乃至征收滞纳金的决定可能是具有不法性的,但此时仍需就该不法性与纳税人的不法性做出比较,③然后才能认定是否构成不当得利返还的例外的例外。

这样的判断看上去比较欠缺"明快"。而根据"规范目的说",不法原因给付中的"不法"的意味,须按照使法律行为无效的规范的目的来判断;只有在不否定返还请求权就无法实现无效规范目的的场合,才能否定返还请求权。④ 但这样的判断进路可能会陷入"何为法规目的"的讨论之中,构造上虽然比传统理论简明,但多少有脱离不当得利要件构成的意味。

而第 51 条寻求的效果并非是不当得利返还的例外,而是积极的肯定。例外(不法原因给付)的例外(不法原因仅存于接受给付的一方)在效果层面与返还的肯定并无差别,不如在法性质的认定方面不区分超额纳税的缘起,统一以非债清偿来考虑其构成;至于当事人主观样态(归责性)的影响,则纳入判断返还范围的考量因素。⑤

---

① 此处并非全无问题。如果代收是类似于第三方支付,则纳税人是否履行了纳税义务可能需要进一步地说明;若认为税务机关授权第三方收取税款,即纳税人向第三方纳税就已经履行了纳税义务,则可能构成客观的非债清偿。

② 参见王泽鉴:《不当得利》,台北,2009 年自版,第 158~159 页。

③ 有关不法性的比较,可参见[日]金山直樹:《不法原因給付法理の柔軟化に向けて:暴利の消費貸借に対処するために》,《慶應法学》1 号(2004 年)。

④ 参见[日]藤原正則:《不当利得法》,信山社 2002 年版,第 93 页。

⑤ 有可能不法原因仅存于纳税人一方。例如,纳税人基于不法之脱法行为而交税。参见黄茂荣:《法学方法与现代税法》,北京大学出版社 2011 年版,第 312 页。但是,对此存在以纳税人的归责性来限定返还范围,或者税务机关请求损害赔偿的可能,"不法原因给付"并非唯一的选择。

二、第51条的要件构成

(一)客观要件

1. 溢缴税款的存在

只要存在超额纳税的客观事实,即可满足《税收征管法》第51条规定的客观要件之一。所谓的“超额”,是以应缴税额作为比较的基准。除了前文所提及的纳税人多缴税款的情形,在代扣、代缴、代征的场合,同样会有产生溢缴税款的可能。此外,实务中还普遍存在税款“预缴”的情形,在纳税人预先缴纳税款时,该笔税款必然是“超额”的——作为征税基础的法律关系尚未确定。而且,在税款预缴的场合,自溢缴税款产生到征税额确定,会存在一个时间周期,这就会对溢缴税款返还时的利息起算点造成影响。

2. 纳税人请求

《税收征管法》第51条规定的是纳税人向税务机关提出“要求”。所谓的“要求”,从字面上似乎是某种“权力关系”的表达。但很显然,纳税人发动的对税务机关的法律关系很难被认为属于“权力关系”的范畴。因此,第51条所规定的“要求”应解释为纳税人提出“请求”。

实际上,即使是在“纯粹”的私法领域,也存在类似的表达。例如,于2017年10月1日生效的《民法总则》第44条也将私人的权利主张表达为“要求”。① 该条款中的“要求”恐怕只能被理解为私人之间的请求。考虑到法体系内的概念协调,将第51条中的“要求”解释为“请求”应当是必然的。

3. 税务机关发现

《税收征管法》第51条规定的返还“发动”要件包括两种可能:除了纳税人请求外,还包括“税务机关发现”的情形。从逻辑关系上来看,税务机关当然有可能发现所征收的税款存在超额的情形,但问题在于如何认定税务机关的“发现”以及“发现”的具体时点。由于缺乏具体的行政程序性规定,难以从外观上判定税务机关是否发现以及何时发现,这会使纳税人难以证明“税务机关发现”税款超额。

另外,现行《税收征管法》只是规定“纳税人自结算缴纳税款之日起三年内发现的”,可以请求返还,而没有规定税务机关发现溢缴税款的情形是否受到期间限制。从反对解释来看,似乎可以认为税务机关发现的情形不受上述期间限制。然而,若第三人举报超额纳税的话,是否属于“税务机关发现”?若能被视为“税务机关发现”,那么现行法规定的上述期间可能会失去意义——即使3年期间届满,纳税人完全可以通过让他人“举报”自己的方式来规避。因此,有学者指出,“从现实和可行的角度看”,出于稳定法律关系的

① 《民法总则》第44条第3款规定:“人民法院变更财产代管人的,变更后的财产代管人有权要求原财产代管人及时移交有关财产并报告财产代管情况。”第45条第2款也使用了类似表达。

需要,即使税务机关主动退税,也应受一定期间限制。[①] 但是,即便此时适用 3 年的期间限制,但其期间的起算点也无法像纳税人"提出请求"那样清晰确定,仍然会遗留解释上的困难,从而对纳税人的财产利益保护不足。

需要说明的是,《税收征管法》(征求意见稿)删除了相关表达,仅将"纳税人请求"作为唯一的返还发动要件;基于上述的分析,该修改值得肯定。

(二)纳税人"错误"的要否

1. 客观非债清偿:"错误"要件的不要

如果将超额纳税定位为"非债清偿",则继续的问题在于是否以纳税人对超额纳税存在"错误"为要件。例如,我国台湾地区"税捐稽征法"第 28 条所规定的返还对象就为"因适用法令错误或计算错误溢缴之税款"。传统上,非债清偿需要以债务人存在"错误"为要件,并且债务人须对此承担举证责任。但德国民法准备草案取消了债务的错误要件,而是须由给付受领人证明给付人不存在错误;第二草案也基本延续了上述立场。[②] 类似的情形也出现在法国上。法国法院曾要求非债清偿的给付人证明其给付存在错误,理由在于须排除给付人赠与的可能。但随着社会经济发展,赠与不再是典型的情形,因此 1993 年法国最高法院通过判例排除了"错误认识"的要件地位;其目的在于符合平衡与公平的理念,保护给付人。[③]

就《税收征管法》第 51 条而言,该条款在文义上并无有关纳税人主观要件的表达。而且,第 51 条的规范目的在直观上是倾向于保护纳税人的,似乎没有必要在非法定纳税的"利益不均衡"之外附加其他的要件。另外,如果认为溢缴税款的返还具有不当得利返还的性质,那么"纠正不当财产变动"应当被视为优先的考虑,纳税人存在错误不应具有要件层面的意味。

2. 主观非债清偿:"错误"要件的排除

主观非债清偿的场合,给付人要证明其给付系基于错误的认识,且其错误的内容为"将别人的债务误以为是自己的债务"——只有这样,才能推翻给付人与真正的债务人存在特定关系("清偿的原因")的推定。这是为了保护给付受领人对清偿有效性的信赖。[④]

但在为他人缴纳税款的场合,由于纳税并非交易行为,并不存在"交易安全"的保障需求。另外,即便纳税未超额,在并非法定情形(代扣代缴、代收代缴)的场合,"非纳税义务人缴纳税款"本身就可能违反了公法规范。当然,纳税义务人与第三人可以就税款的缴纳主体作出约定,且该约定通常应认定为有效,[⑤]只是无法对抗税务机关。由此可见,为他人缴税而产生溢缴税款时,其返还请求同样不以纳税人存在错误为要件。

---

① 参见刘剑文、熊伟:《税法基础理论》,北京大学出版社 2004 年版,第 326 ~ 327 页。

② 参见[日]窪田充見编集:《新注釈民法 15:債権 8——事務管理 · 不当利得 · 不法行為 1》,有斐閣 2017 年版,第 74 页以下。

③ 参见李世刚:《法国新债法准合同规范研究》,载《比较法研究》2016 年第 6 期。

④ 参见[日]齋藤哲志:《フランス法における返還請求の諸法理》,有斐阁 2016 年版,第 469 页。

⑤ 参见最高人民法院(2007)民一终字第 62 号民事判决书。

（三）消极要件：限定的故意

虽然纳税人的“错误”并非是超额纳税的构成要件，但需要注意的是，除了税务机关自行发现的情形，《税收征管法》第51条规定的是“纳税人自结算缴纳税款之日起三年内发现的”。根据该条款的反对解释，纳税人若是在结算缴纳税款之前就知晓税款超额，那么该情形就不在第51条的射程之内。因此，若税务机关能够证明纳税人存在“超额纳税的故意”，那么纳税人的不当得利返还请求权应被否定。

就非债清偿而言，关注的是“清偿”与债务之间的对应关系，借款人是否出于“自愿”（或故意）并不具有要件方面的意义，仅仅以单纯的“自愿”作为返还请求权的阻却事由并无充分的依据。例如，对于任意支付的超额利息，对此，日本判例采取“认识不要说”，即“任意支付”不以借款人认识到“利息或赔偿额超过限制”或者“超过部分的契约无效”为要件。[①] 但多数学者对此持批判立场，认为任意支付的超额利息不得返还的要件，除了“任意”以外，还应当包括借款人“明知”利息超额或超额约定无效，即所谓“认识必要说”。[②] 最高人民法院《关于审理民间借贷案件适用法律若干问题的规定》第31条原则上否定了借款人的不当得利返还请求权，由于缺乏合同上的约定，借款人获利的正当性将只能来自于借款人“使出借人获利”（施惠）的意图。若借款人不知利息超额，其当然不会具有使出借人获利的意图，出借人的获利也就无从保有了。因此，所谓的“自愿支付”，除了具有自发的给付意思，还应当包括借款人对利息超额或利率约定无效的“明知”。

与此类似，超额纳税的场合，作为消极要件的“故意”应当是“限定的故意”。所谓的“故意”，包括对构成要件的认识（wissen）与对构成要件的意欲（wollen）两方面；前者属于“认知的层面”，后者则属于“意欲的层面”。[③] 超额纳税的场合，作为消极要件的“故意”，仅限于纳税人明知税款超额，仍然自愿缴纳——这是“故意”在“知”的层面的内容。而在“意欲”的层面，则应仅限于纳税人存在使国家“受惠”的意图，否则纳税人仍然可以主张不当得利的返还。单纯地认知到“超额”并非意味着纳税人放弃财产——只要存在抵充可能，超额纳税就可能是一种策略。

三、返还的范围

（一）利息的要否与起算点

1. 利息的要否

返还范围方面，《税收征管法》第51条规定的是“多缴的税款”；在纳税人请求返还

---

① 最判平成2年1月22日。

② 参见［日］幾代通、広中俊雄編集：《新版注釈民法(15)・債権(6)消費貸借・使用貸借・賃貸借——587条~622条》，有斐閣1996年増補版，第60页。

③ 参见［日］岩本尚禧：《民事诈欺の违法性と责任(5)》，《北大法学論集》64卷1号(2013年)。

时,还可以请求加算银行同期存款利息(加算金)。但对于税务机关主动退还的情形,学者认为返还的范围仅限于税款而不及于加算金。① 而《税收征管法》(征求意见稿)第 85 条则仅规定了纳税人请求返还的范围,即包括税款和加算金,并未针对纳税机关主动退还税款的情形作出明确规定。

就金钱给付的不当得利返还而言,学说上存在"恶意限定说"与"当然返还说"的分歧。"恶意限定说"的典型立法例是《日本民法典》第 704 条,规定金钱给付的受益人仅在其恶意的场合才承担返还全部所受利益的责任。而"当然返还说"则认为金钱一般都会产生利息,无论受益人主观样态如何,其都应返还受益及相应利息。② 就我国的司法实务来说,最高人民法院的裁判例支持了后者的立场。③ 现代社会,金钱的利用是普遍的,至少能获得银行同期利息。因此,无论是纳税人请求还是税务机关自行退还,返还范围都应及于加算金。这样的观点在比较法上也能得到支持。④ 在具体计算方面,加算金原则上以银行同期利息为准;但根据《税收征收管理法实施细则》第 78 条的规定,税务机关主动退还税款与纳税人请求退款的,税务机关分别有 10 日与 30 日的办理时限,超出该时限的,应有加算迟延利息的可能。

2. 加算金的起点与终点

《税收征管法》第 51 条规定的利息起算点为"自结算缴纳税款之日"。该起算点为纯粹的客观起算点,并未考虑纳税人、税务机关的主观情形。正如前述,溢缴税款的产生可能基于多种情形,甚至包括纳税人"故意"超额纳税的情形。以唯一、客观的起算点来算定加算金,是否能够在所有场合都满足"公平",是存在疑问的(下文将具体涉及)。

至于加算金的计算终点,财政部、国家税务总局、中国人民银行《关于纳税人多缴税款及应付利息办理退库的通知》(财预〔2001〕502 号)规定,利息的计算终止于"税务机关开具收入退还书之日"。从不当得利的构成来看,上述的规定类似于推定了税务机关的"恶意",也符合"当然返还说"的立场。

(二)税务机关善意或恶意的影响

如果将溢缴税款的返还视为不当得利返还,则在返还范围的考量方面,自然要讨论税务机关(受益人)的主观样态(善意或恶意)对具体范围的影响。

1. 交易安全的不要

在私法不当得利的范畴中,善意地给付受领人原则上仅返还现存利益,而无须就全部利益承担返还义务。该规范的正当性依据在于保护受领人对给付的合理信赖,⑤是针

① 参见刘剑文主编:《税收征管法》,武汉大学出版社 2003 年版,第 212 页。

② 参见[日]藤原正則:《不当利得法》,信山社 2002 年版,第 139 页。

③ 参见《云南旺立达矿业有限公司与李俊生、昌吉市益安煤矿企业借贷纠纷二审民事判决书》,中华人民共和国最高人民法院民事判决书(2014)民二终字第 138 号。

④ 参见黄茂荣:《税法总论:税捐法律关系》,台北,2008 年自版,第 63 ~ 64 页。

⑤ 参见[德]迪特尔·梅迪库斯:《德国债法分论》,杜景林、卢谌译,法律出版社 2007 年版,第 555 页。

对交易安全的保护性装置。但是,就征收税款的行为而言,其本身显然并非交易行为,因此也就不存在"保护交易安全"的必要;上述私法不当得利的规范在税法中并没有适用的空间。这样的结论还可以从另外的角度予以说明。征收税款以及缴纳税款的行为从权利义务结构上可以被理解为"单务行为"。而在单务行为中,交易安全并非主要的考量因素,所以由保护交易安全而产生的规则自然也就没有适用的必要。

2. 金钱的不消灭

即便承认善意对返还范围的影响,但在超额纳税的场合,从纳税行为的特点来看,原则上也无法认为税务机关的善意会缩减返还范围。税款的支付通常体现为金钱的移转,金钱所具有的"一般等价物"性质就决定了其适用规范的特殊性。在不当得利的构造中,通常认为金钱给付的接受与受益人的消费之间并没有因果关系,因此受益人不得主张所受领的金钱已被消费而拒绝返还,即所谓的"金钱的不消灭"。就税收而言,个别纳税人的纳税行为与国家预算编制并没有直接、必然的联系,税收与预算的关系应当是在抽象层面,而非处于具体、个别的税收法律关系中。因此,国家预算支出与个别溢缴税款之间不存在具有法律意义的因果关系,税务机关无法通过主张自身的善意来缩减返还范围。

另外,即使不以不当得利类型论为基础,从"公平一元论"的立场出发,①也能得出类似的结论——由于接受了金钱给付,就受益人的消费而言,原本需要支出的费用节约了。因此,除了纯粹的浪费的场合,在"费用节约"的限度内,受益人承担返还义务。国家的支出须符合《预算法》的规定,很难想象存在将国家的支出认定为"纯粹的浪费"的可能。因此,从"公平"的角度来看,税务机关也不得主张其作为善意受益人而缩减返还范围。

3. 恶意损害赔偿的可能

与此相关的另一个问题在于:若税务机关明知税款超额(恶意)仍然接受纳税人的缴纳,是否会对法律效果产生一定的影响?

在实务中,存在实务机关违法征收溢缴税款,但法院因纳税人的请求未在第 51 条规定的期间内提出而否定利息请求的例子。② 由于原则上排除了税务机关主观因素对返还范围的影响,因此,这里要讨论的是税务机关恶意多征税款或者多收税款的行为是否可能构成侵权行为。学者指出,征税行为本身就带有天然的"侵权性",须符合税法规范才能阻却其违法性。③ 税务机关就超额纳税存在恶意的场合,其显然违反了"税收法定"的基本原则,可以类推适用《税收征管法》第 39 条、第 43 条;在征税行为被认定为违法的场合,还存在适用《民法总则》乃至齐全责任法的可能。④

---

① 有关"公平一元论"的具体内容,可参见王泽鉴:《不当得利》,台北,2009 年自版,第 28 页。

② 参见河南省许昌市中级人民法院行政赔偿判决书(2016)豫 10 行赔终 1 号。

③ 参见李刚:《税法与私法关系总论:兼论中国现代税法学基本理论》,法律出版社 2014 年版,第 152 ~ 154 页。

④ 《侵权责任法》并没有直接规定国家机关的侵权责任,但学者认为,该法第 34 条有关"用工责任"的规定可适用于国家机关工作人员行使公权力过程造成的侵权行为。参见王利明:《侵权责任法研究》(第 2 版)(下卷),中国人民大学出版社 2016 年版,第 94 页。

(三)纳税人归责性的影响

1. 纳税人过失

有学者认为,在申报纳税的场合,若纳税人存在法律错误或计算错误,“可以考虑不加计利息”。① 该观点实际上要表达的恐怕是:纳税人存在过失的场合,缩减其返还请求范围。如果认为溢缴税款的返还构成“不当得利返还”,那么根据不当得利的规范,给付人(纳税人)的过失应当不能直接影响返还范围;上述观点的合理性需要进一步地说明。

对于非债清偿而言,在给付人具有过失且造成受领人损害的场合,存在给付人承担损害赔偿责任的可能。② 此时,可以通过抵销来实现返还金额的缩减。需要指出的是,溢缴税款的返还原则上会对国家造成一定的损害——不考虑行政程序花费的话,至少会有利息的损失。因此,按照不当得利的规则,税务机关对具有过失的纳税人存在请求损害赔偿的可能,从而会缩减返还数额。但此时的返还范围“缩减”也并非直接减少返还数额,在法律性质上是税务机关的损害赔偿请求权与纳税人溢缴税款返还请求权抵销的结果。

2. 纳税人故意

此处所讨论的“故意”,是上文“限定的故意”以外的故意。例如,纳税人在收款前到税务机关开具发票并缴纳税款之时,由于并无实际的收入,该笔税款在获得实际、足额收入之前,就可能构成超额纳税。对此,纳税人不仅是明知的,而且是“意欲”该结果的。

此时,若按照《税收征管法》第 51 条有关加算金的规定予以返还,则其效果等同于纳税人将与税款等额的金钱存在税务机关。而且,“超额纳税”本身就是纳税人追求或放任的结果,以“禁反言”来看待的话,似乎也不应给予纳税人与通常情形同等程度的保护。因此,纳税人存在故意时,返还范围应做一定的缩减,利息的起算时点应适当地推后,从纳税人请求返还时开始起算。③ 当然,此时纳税人也有造成国家(税务机关)损失的可能,如纳税人存在过失的场合一样,税务机关也应有权主张“抵销”。

四、权利行使期间

(一)期间的性质

《税收征管法》第 51 条规定,对于溢缴税款,纳税人“自结算缴纳税款之日起三年内发现的”可以请求返还。我国台湾地区学者认为,该期间的法律性质为消灭时效。④ 我国

---

① 参见刘剑文、熊伟:《税法基础理论》,北京大学出版社 2004 年版,第 334 ~ 335 页。

② 参见[日]齋藤哲志:《フランス法における返還請求の諸法理》,有斐阁 2016 年版,第 470 页以下。

③ 这里也存在从侵权行为的立场来考虑不当得利效果的可能,类似的讨论可参见[日]青野博之:《不法原因給付又は瑕疵ある給付があった場合における不法行為と損益相殺》,《法律時報》NO. 1039。

④ 参见黄茂荣:《税法总论:税捐法律关系》,台北,2008 年自版,第 60 页。

大陆学者也认同此观点。[①] 而司法实务上有裁判认为,第 51 条规定的 3 年期间并没有“中断、中止”的相关规定,因此为不变期间——似乎是认为该期间为除斥期间。[②]

如果认为溢缴税款的返还系基于不当得利,则该期间系针对返还请求权,而非针对形成权。以此为判断的起点,从逻辑上将上述 3 年期间的法律性质认定为消灭时效可能更加合理。若该期间为时效期间,自然就会产生是否适用中断、中止及延长的问题。从“保护纳税人”的规范目的来看,若该期间是不变期间,则纳税人的受保护程度将被大大降低。因此,该期间应适用民法中有关时效中断、中止及延长的规定,以符合其立法宗旨。

(二)期间的起算

《税收征管法》第 51 条规定的期间起算点是客观的“结算缴纳税款之日”。最高人民法院《关于审理民事案件适用诉讼时效制度若干问题的规定》第 8 条规定:“返还不当得利请求权的诉讼时效期间,从当事人一方知道或者应当知道不当得利事实及对方当事人之日起计算。”纳税人在“结算缴纳税款之日”当然知晓征收税款的税务机关,但未必当然了解或应当了解该笔税款属于“溢缴税款”。因此,第 51 条规定的“结算缴纳税款之日”仍需进一步地解释。

一般认为,时效的起算点应当为“权利得以行使之时”。若溢缴税款是因“预缴”而产生,则是否存在最终的溢缴税款须在计税期间届满之后才能明确。若仍然以“结算缴纳税款之日”为 3 年期间的起算点,则事实上缩减了纳税人请求返还的期间。因此,需要从主观角度来看待所谓“权利得以行使之时”,不仅要考虑权利的行使不存在法律上的障碍,并且能够通常地期待纳税人行使该权利。有学者指出,在纳税人“预缴”税款的场合,存在以预缴税款抵销应纳税款的可能。[③] 由于抵销可能的存在,无法期待纳税人在溢缴税款产生之时就请求返还。此种情形之下,第 51 条规定的期间起算点应当为“抵销无可能时”——此时才能合理期待纳税人请求返还溢缴税款。另外,有学者认为,对于法律原因溯及消灭导致税款返还的问题,时效期间起算点应自“引起税收债务溯及消灭的事由发生之日”。[④] 这样的结论也符合“权利得以行使之时”的主观解释。

(三)税务机关援用时效

《税收征管法》第 51 条并未明确规定,在税务机关自行退还溢缴税款的场合,是否适用 3 年的时效规定。学说的立场是倾向于此时税务机关退款不受时效期间限制,即税务机关发现税款溢缴的,嗣后不得主张时效的抗辩。理由在于,若税务机关可主张时效抗辩,则类似的案

---

① 参见刘剑文、熊伟:《税法基础理论》,北京大学出版社 2004 年版,第 337 页。

② 参见广东省云浮市中级人民法院行政判决书(2014)云中法行终字第 14 号。

③ 参见刘剑文、熊伟:《税法基础理论》,北京大学出版社 2004 年版,第 336 ~ 337 页。

④ 同上书,第 339 页。

件会因税务机关是否主张抗辩而产生不同的结果。① 该观点显然立足于“法的安定性”,但对于“法的安定性”概念自身仍然存在相当的争议,②很难作为“理所当然”的依据。

从逻辑构造上看,若税务机关对于溢缴税款的产生具有“归责性”,则从“禁反言”的原理出发,税务机关此时应不得援用时效的抗辩。而在税务机关并无归责性的场合,尤其是在纳税人具有归责性时,若限制税务机关援用时效,则可能会纵容纳税人的机会主义行为。因此,原则上应准许税务机关在其无归责性之时援用时效。也有学者指出,若税务机关可主张时效抗辩,则有违纳税人对课税行为合法性的信赖,而且会激励纳税人尽量采取诉讼方式请求溢缴税款。③ 但溢缴税款返还请求权本身就是赋予纳税人的救济手段,似乎并无理由限制纳税人提出该请求;而且,诉讼的数量很大程度上依赖于税务机关是否及时返还溢缴税款,诉讼数量与纳税人请求数量之间的比例关系也并无实证数据说明。

五、代结语:残留课题

然而,就溢缴税款的返还而言,以上的论述并非问题的全部。在纳税人以物来缴纳税款的场合,若征税行为被认定为违法,则按照《物权法》的规定,该物的所有权应未移转。此时纳税人在不当得利请求之外,还可以主张基于物权的返还;后者将不受第 51 条规定的期间的限制。这样的话,第 51 条的期间就会失去意义。因此,物权变动的具体时点在税法上是否能作出不同的解释,将是未来可能的课题。此外,若溢缴税款的产生是由于纳税人与交易相对人的法律行为存在瑕疵而事后被撤销或被认定为无效,那么税务机关是否能够主张其作为“善意第三人”,而拒绝溢缴税款的返还?这样的问题无论是在《税收征管法》还是其征求意见稿中都无法找到答案。

不可否认的是,税收法律关系具有强烈的“权力关系”的属性,对于私法规范可能具有“天然的免疫力”。但是,学者指出,如果对于税法和私法的类似法律概念采取不同理解,不仅会在一国法秩序内部造成矛盾,还将有害国民的遵法精神,并进一步危害私法自治。④ 还有学者认为,《税收征管法》的进一步发展应当以“保护纳税人”为重心,⑤因此税法与私法均有保护财产权的内在目的,应当尽量坚持对于概念的统一理解。无论是税收还是交易,都会导致财货在不同主体之间的流转,在现象层面具有相当的共性,税法规范与私法规范由此会产生微妙的关联;本文即在此方向上作出的一点尝试。

---

① 参见刘剑文、熊伟:《税法基础理论》,北京大学出版社 2004 年版,第 338 页。

② 参见 Pierre Brunet:《法的安定性(securite juridique)の概念:撞着語法か冗語法か》,德永貴志译,《慶應法学》29 号(2104 年)。

③ 参见黄茂荣:《税法总论:税捐法律关系》,台北,2008 年自版,第 68~69 页。

④ 参见松尾弘:《契約解釈における当事者の「真の意思」:私的自治を支える「意思」の規範的解釈に関する「民法と税法の接点」からの考察》,《慶應法学》15・16 号(2010 年)。

⑤ 参见刘剑文:《〈税收征收管理法〉修改的几个基本问题——以纳税人权利保护为中心》,载《法学》2015 年第 6 期。

The Refund of Overpayment of Tax
—Interpretation of Article 51th of the Law Concerning the Administration of Tax Collection

Liu Yong

Abstract: When one taxpayer overpays the tax money, he can the tax authority to refund the overpayment of tax according to Article 51th of the law concerning the Administration of Tax Collection. As the unjust enrichment in public law, the legal structure of overpayment of tax just likes the condictio indebit. As to the constitutive requirement, it is unnecessary to be divided into two cases as Article 51th. In addition, the mistake of the taxpayer should not influence the achievement of the result. In principle, the tax authority should refund the overpayment of tax and the corresponding interests. When the behavior of the taxpayer or the tax authority could be regarded as a tort, the rule of elimination and damages could be applied. By subjective explanation of "time of the exercise of the right", it is able to remit the inordinate rigidity of Article 51th.

Key Words: overpayment of tax condictio indebit interests limitation

(责任编辑:仁 者)

论商业秘密法下的告密人免责制度
——主要以美国法为借鉴

阮开欣*

[摘　要]　美国近期通过的《保卫商业秘密法案》纳入了告密人免责的规定。告密人免责是泄露商业秘密的侵权例外规则，主要适用于举报、揭发不法行为。告密人免责制度的机理在于协调私人利益和公共利益之间的冲突，有利于商业秘密法的政策目的，有助于遏制违法犯罪行为，从而维护公共利益。鉴于告密人对于公共利益的重要性和单纯免责的局限性，法律还需要告密人的激励和反报复保护机制予以辅助。告密人免责制度的应用需遵循比例原则，告密的对象和方式应当具有必要性和适当性。我国商业秘密法有必要纳入告密人免责制度，对于侵权免责规定宜采取"范例式"加"开放式"的立法模式，并引导当事人在保密协议中加入告密人免责的告知条款，我国对告密人的激励保护机制和相关配套制度还需完善。

[关键词]　《保卫商业秘密法案》　告密人免责　公共利益　比例原则

告密人免责制度(Whistleblower Immunity)在欧美的商业秘密法中已经逐步确立和发展。美国总统奥巴马在2016年5月11日签署的《保卫商业秘密法案》(Defend Trade Secrets Act)①是美国商业秘密法多年来最重大的一次立法改革，其统一建立了美国在联邦层面的民事保护制度，其中较为重要的改革之一则是告密人免责制度的确立。无独有偶，欧盟在2016年4月14日通过了长期备受关注的《商业秘密指令》(Trade Secrets Directive)②，其中第5条(侵犯商业秘密的例外条款)也规定了类似的告密人免责制度。而我国的立法与司法实践在这方面却几乎处于制度空白的状态，欧美商业秘密法的这一最新发展动向值得我国的关注。鉴于商业秘密的私权与公共利益之间所存在的冲突关系，告密人免责制度有必要移植于我国从而对此冲突关系予以协调。本文试图探究美国的告密人免责制度，以期为我国商业秘密法对于该制度的引入和运用提出建议。

---

*　阮开欣，华东政法大学。

①　Public Law No:114 - 153(05/11/2016).

②　Directive(EU)2016/943 of the European Parliament and of the Council of 8 June 2016 on the protection of undisclosed know-how and business information (trade secrets) against their unlawful acquisition, use and disclosure, OJ L157, 15.6.2016.

一、告密人免责的概念

告密人免责是指为了某些合法的目的(主要指举报、揭发不法或不轨行为)而向第三方泄露商业秘密或保密信息的行为人不承担法律责任的规则。该免责的范围不仅包括民事责任,也包括刑事责任(泄露商业秘密在一定条件下构成刑事犯罪),所涉及的民事责任不但包括侵权责任(泄露商业秘密的民事责任),而且包括违约责任(违反保密协议的民事责任)。商业秘密侵权与其他知识产权侵权有所不同的是,后者通常仅针对权利客体的使用行为(如生产、销售、使用专利产品的行为),而前者不仅包括对权利客体的使用行为,还包括对权利客体的盗取和泄露行为(misappropriation)[①],即盗取、泄露和使用商业秘密本身均属于涉嫌侵权的行为。告密人免责主要针对的是泄露商业秘密的行为,在概念上属于侵犯商业秘密的例外或抗辩,同时鉴于其主要出于公共利益的保护,通常称其为商业秘密保护的"公共政策例外"(Public Policy Exception),也有学者称为"公共利益抗辩规则",[②]所涉及的公共利益主要包括公共安全、公共健康和公民基本权利(如知情权、隐私权)的利益。

美国早在1939年的《侵权法重述》第757条的评论d中确立了告密人免责的雏形,其中指出:泄露商业秘密的特权(侵权例外)可能是出于某些公共利益的目的。例如,如果证人根据法律的要求而回答问题需要泄露商业秘密,证人对其回答问题的行为不承担法律责任。该特权还可能是为了保护行为人的利益,如泄露商业秘密是为了对侵权指控作出抗辩。为了防止商业秘密在诉讼的过程中被公开泄露,法院通常应以隐秘的方式获取涉及泄密的证言,并适当地防止证言的记录被公之于众。[③] 美国的司法实践也长期承认告密人的免责特权,并通常引用重述的评论作为法律依据。[④]

1995年的《不正当竞争法重述》(第3版)第40条的评论c再次关于告密人免责作出了权威论述:在某些情况下,出于非商业利用的目的泄露他人商业秘密可能涉及表达自由的利益或其他重要的公共利益。如在司法程序的过程中,根据法律的要求而泄露他人商业秘密的证人不承担法律责任。泄露商业秘密的特权需要考虑个案的综合情况,包括信息的性质、泄露的目的和行为人获取信息的方式。该特权可能成立的情形如泄露的信

---

① "misappropriation"一词包括通过不正当方式获取(acquisition)和违反诚信地泄露(disclosure)商业秘密。See UTSA § 1(2).实际上,无论泄露的对象具有何种性质,即使其具有保密义务,每一次的泄露都会影响商业秘密的权利稳定性,导致保密措施的成本需求增加。

② 参见黄武双:《英美商业秘密保护中的公共利益抗辩规则及对我国的启示》,载《知识产权》2009年第2期。

③ Restatement of Torts § 757,Comment d(1939).

④ See System Operations,Inc. v. Scientific Games Dev. Corp. ,425 F. Supp. 130(D. N. J. 1977);Re v. Horstmann,1987 WL 16710(Del. Super. 1987);United States v. Wallington,889 F. 2d 573(5th Cir. 1989);Lachman v. Sperry-Sun Well Surveying Co. ,457 F. 2d 850(10th Cir. 1972).

息涉及公共健康或公共安全、涉及犯罪或侵权行为,或者与公众存在其他实质性关系。①

美国《保卫商业秘密法案》第 7(B)条[《美国法典》第 18 编第 1833(B)条]关于告密人免责予以更具体明确的规定:(1)个人不应当由于泄露商业秘密而承担联邦或州的商业秘密法下的刑事责任或民事责任,其条件包括商业秘密的披露是以密封的方式直接或间接地向联邦、州或当地的政府或律师作出,且仅仅是为了举报或调查涉嫌违法行为的目的;或在诉讼或其他程序中,所提交的起诉状或其他法律文件中披露商业秘密是以密封的形式作出。(2)对于雇主涉嫌违法进行举报后遭到雇主报复而提起诉讼的,个人可以向其律师披露商业秘密并在诉讼程序中使用商业秘密的信息,其条件是个人提交含有商业秘密的文件是以密封的形式作出;且除非根据法院的命令,个人没有泄露商业秘密。② 欧盟《商业秘密指令》第 5 条也涉及告密人免责的规定:成员国应当保证对于因涉嫌盗取、使用或泄露商业秘密的行为而申请指令所规定的措施、程序和救济予以驳回的情况包括:(1)为了行使欧盟基本权利宪章所规定的表达自由和信息自由的权利,包括媒体的自由和多元性方面;(2)出于保护公共利益的目的而披露不轨行为、侵权行为或违法行为;(3)在必要的情况下,员工向其代理人所作出的泄露,其属于根据欧盟法或国内法下代理人所合法行使的职权;(4)为了保护欧盟法或国内法所确认的合法利益。

还需指出的是,告密人免责制度下的"告密人"通常是直接从权利人那里合法获知商业秘密且具有保密义务的人,其不仅包括商业秘密权利人的雇员,也包括具有合作关系的商业伙伴。《保卫商业秘密法案》第 7(B)(4)条对于"雇员"(employee)作出了广义的定义:本条中的"雇员"一词包括任何与雇主签订合同或提供咨询服务的个人。

二、告密人免责制度的机理和意义

商业秘密法的正当性在于激励科研成本的投入和商业道德的维护,从而促进技术和经济的发展。③ 商业秘密与其他知识产权一样是政策性的产物,其权利边界的确定无不体现私人与公众之间利益平衡。知识产权法律的发展并不是一味地提高私权的保护,而是通过私权和公共利益的平衡,使其更加符合功利性的政策目的。实际上,商业秘密是企业经营中最常用的知识产权,④但在历史发展上其法律体系性的形成却较弱于其他的知识产权,如著作权法中存在较为成熟的合理使用制度,而商业秘密法却长期缺少完善的权利限制的制度。出于公共利益的需要,有些学者也开始呼吁商业秘密限制制度的建立,如 Deepa Varadarajan 教授参照版权法的合理使用制度,提出了"商业秘密的合理使

① Restatement(Third) of Unfair Competition § 40, Comment c(1995).

② DTSA §7, codified at 18 U. S. C. §1833.

③ See Kewanee Oil Co. v. Bicron Corp. 416 U. S. 470, 481 - 82(1974).

④ See James Pooley, Trade Secrets: The Other IP Right, WIPO MAGAZINE 2 (Issue 3 Jun. 2013), http://www.wipo.int/wipo_magazine/en/2013/03/article_0001.html.

用”概念，该开放性的侵权限制标准需要考虑以下因素：(1)被告使用的目的；(2)原告商业秘密的性质；(3)使用原告商业秘密在被告的产品或方法中所占的比例(如被告改进程度越高，越有利于构成合理使用)；(4)被告的使用行为对于原告的激励或市场的影响。①

告密人免责制度是商业秘密法发展过程中必然产生的例外规则，因为在权利限制缺少成熟制度的情况下，对商业秘密保护的加强容易产生私权的滥用，从而损害公共利益并破坏利益平衡，也不利于商业秘密法的政策目的。商业秘密在财产权化之后不再仅依靠保密协议获得合同保护，其财产权的属性已经赋予了权利人更强的保护(如禁令救济和刑事救济)，这同时却滋生了商业秘密的滥用现象从而损害公共利益。由于《保卫商业秘密法案》多方面增强了商业秘密权利人的民事保护力度，许多学者曾对该法案提出反对(当时草案中还未加入告密人免责制度的规定)。例如，David Levine 和 Sharon Sandeen 教授认为《保卫商业秘密法案》会引发“商业秘密流氓”(Trade Secret Troll)的问题，即权利人利用商业秘密侵权诉讼作为威胁，达到滥用权利的目的。② 又如，Zoe Argento 教授也认为法案对于商业秘密保护的增强不利于技术创新、限制员工的自由流动、阻碍竞争以及妨碍公众获得信息的权利。③ 实际上，正是为了协调商业秘密权利人与公众之间的利益冲突，《保卫商业秘密法案》才有机会增加告密人免责制度，从而填补商业秘密的立法中长期缺少权利限制规则这一漏洞。④

在缺乏告密人免责制度的情况下，商业秘密权利人的确会滥用权利从而侵害公共利益(特别是涉及公众健康和公众安全)，最典型的滥用情形是阻碍或抑制告密人对违法行为的举报。1996 年的 Brown & Williamson 烟草公司诉 Wigand 案(以下简称“烟草案”)⑤是轰动美国的一个例子。被告 Jeffrey Wigand 是生物化学领域的博士，他从 1988 年开始在原告的研发部门担任副主管，并期望自己致力于“安全香烟”的研发。被告在工作期间了解到原告向联邦行政部门恶意隐瞒了其产品的健康风险。原告并没有生产销售所谓的健康香烟，而是篡改了尼古丁成分从而增加其香烟的成瘾性。原告在 1992 年解雇了被告，据称其解雇理由是“难以相处”和“讲话太多”。被告之后就向美国的司法部与食品和药物监管局举报原告的违法行为。原告遂在法院提起诉讼，并请求肯塔基州地区法

① See Deepa Varadarajan, Trade Secret Fair Use, 83 Fordham L. Rev. 1401, 1447(2014).

② See David S. Levine and Sharon K. Sandeen, Here Come the Trade Secret Trolls, 71 WASH. & LEE L. R. ONLINE 230(2015). 两位教授还向《保卫商业秘密法案》的赞助者发出了公开信以表示反对。See David S. Levine and Sharon K. Sandeen, *Open Letter to the Sponsors of the Revised Defend Trade Secrets Act*, 2015, Accessed http://cyberlaw. stanford. edu/publications/open-lettersponsors-revised-defend-trade-secrets-act.

③ See Zoe Argento, Killing the Golden Goose: The Dangers of Strengthening Domestic Trade Secret Rights in Response to Cyber-Misappropriation, 16 YALE J. L. & TECH. 172(2014).

④ See Peter S. Menell, Tailoring a Public Policy Exception to Trade Secret Protection, 105 California Law Review(forthcoming), Draft June 14, 2016.

⑤ Brown & Williamson Tobacco Corp. v. Wigand, 913 F. Supp. 530(W. D. Ky. 1996).

院颁布临时禁令来阻止被告的泄密行为。虽然烟草案的当事人最终和解从而取消了临时禁令,但作为被告的告密人却承受了巨大的责任风险和压力。不过,烟草案的告密行为导致了美国烟草行业在健康政策上的转变,美国的烟草公司也由于该违法行为而在之后的诉讼中付出了巨额的赔偿。[①]

对于商业秘密和保密协议的滥用还会妨碍告密人在诉讼中出庭作证从而不利于对违法行为的遏制。例如,在 1998 年判决的 Baker 诉通用汽车公司案[②]中,被告通用汽车公司以商业秘密和保密协议为由禁止其前雇员 Ronald Elwell 在该产品责任的诉讼中作证,联邦第八巡回上诉法院甚至支持了被告的这一请求,但美国最高法院最终受理该案并推翻了上诉法院的判决,肯定了前雇员有权对产品缺陷的责任问题予以作证,从而维护了公共安全。

需要注意的是,告密人的配合和帮助对于政府打击违法犯罪和公共利益的维护具有重要的地位。尤其对于重视公民隐私保护的美国来说,违法犯罪的侦察是相对困难的。[③]而私人的告密通常是执法机关侦破和起诉违法犯罪的关键渠道和证据,告密人的增多可以有效地降低违法犯罪的发生率。[④] 美国警方还普遍采取一种叫作"社区监督"(Community Policing)的策略,即与社区成员的合作办案,从而有效地打击犯罪,维护公众的安全。[⑤] 美国许多执法机构(如美国证券交易委员会、美国环境保护局、美国职业安全和卫生管理局)也开始越来越多地依靠私人提供的证据。[⑥] 在 20 世纪中叶,黑手党在美国的势力非常猖獗,其大范围地渗透于美国的各行各业,从事赌博、欺诈、打劫、洗钱、贿赂、贩毒等黑社会犯罪活动,严重影响美国的经济和社会稳定。而当时美国执法部门对其束手无策的一个重要原因在于该团伙内部遵守"缄默法则"(Omerta Code of Silence),这种严格的组织纪律性使美国执法部门难以获取其犯罪线索或证据。对此,美国国会在 1970 年通过了《组织犯罪控制法案》(Organized Crime Control Act),美国政府开始采取证人保护(Witness protection)计划。黑手党的许多高层人物同意加入该计划,以获得宽大处理作为交换条件而提供犯罪的证据证言,从而导致"缄默法则"的崩溃,黑

---

① See Tobacco Master Settlement Agreement, https://en. wikipedia. org/wiki/Tobacco_Master_Settlement_Agreement.

② Baker v. General Motors Corp. ,86 F. 3d 811(8th Cir. 1996),rev'd,118 S. Ct. 657(1998).

③ See Sherry F. Colb, Innocence, Privacy, and Targeting in Fourth Amendment Jurisprudence, 96 COLUM. L. REV. 1456,1460 - 1461(1996).

④ See Melanie D. Wilson, Prosecutors "Doing Justice" Through Osmosis—Reminders to Encourage A Culture of Cooperation,45 AM. CRIM. L. REV. 67,71 n. 18(2008).

⑤ See Sahar F. Aziz, Policing Terrorists in the Community, 5 HARV. NAT'L SEC. J. 147,155 (2014).

⑥ See Yuval Feldman & Orly Lobel, Decentralized Enforcement in Organizations: An Experimental Approach,2 REG. & GOVERNANCE 165,167 - 68(2008).

手党随后便日趋消亡。[①]

三、对告密人的激励和反报复保护机制

法律单纯对于告密人的免责可能是不够的,其不一定能有效地鼓励告密行为,遏制违法犯罪的目的可能落空。除了经济上的影响,雇主可能会对雇员的告密行为进行报复,甚至骚扰或威胁。告密的雇员可能遭受工作、社交上的压力,甚至影响其朋友或家庭关系。告密人可能进入同行的黑名单,从而影响以后的工作机会。[②] 同事或工作伙伴也可能为了保持与雇主之间的良好关系而躲避或排挤告密人。[③] 甚至有极端的情况是,雇主还威胁和报复告密人的家人和朋友。[④] 那么,鉴于告密人对于公共利益的重要性和单纯免责的局限性,法律还需要激励和反报复保护机制予以辅助,从而充分地鼓励和保护告密人对于违法行为的举报。美国在部分领域采取了告密人的激励和反报复保护机制,并具有成熟的历史经验。

(一)qui tam 规则

美国对于告密人最主要的一种激励保护机制是 qui tam 规则,[⑤]其指私人可以以政府的名义作为原告起诉欺诈政府的被告,并有权从政府的罚金和赔偿中提取一部分的赏金。提起 qui tam 规则之诉的个人主要是告密人,也被称为"相关人"(Relator)。qui tam 规则最早起源于 14 世纪的英国,而美国是在 1863 年的《虚假陈述法案》(False Claims Act)[⑥]中首次纳入了该规则,并在之后的几十年间产生了大量的 qui tam 规则之诉的案件。该法案的背景是由于美国内战期间政府规模与军事开支的扩大,欺诈政府的机会也随之增多。许多人将塞满锯屑的弹药和有缺陷的枪支卖给政府,而政府却很难察觉并施以处罚。[⑦] 该法禁止士兵和平民实施虚假陈述、虚假保证、伪造签名,也对偷盗、贪污挪用和共谋行为,违反者面临 1 ~ 5 年的监禁和 1000 ~ 5000 美元的罚款,还需承担相应的民事

---

① See James B. Jacobs & Lauryn P. Gouldin, Cosa Nostra: The Final Chapter? 25 CRIME & JUST. 129, 131(1999).

② See James Gobert & Maurice Punch, Whistleblowers, the Public Interest, and the Public Interest Disclosure Act 1998, 63 MOD. L. REV. 25, 35(2000).

③ See Jennifer M. Pacella, Inside or Out? The Dodd-Frank Whistleblower Program's Antiretaliation Protections for Internal Reporting, 86 TEMP. L. REV. 721, 754(2014).

④ See Orly Lobel, Citizenship, Organizational Citizenship, and the Laws of Overlapping Obligations, 97 CAL. L. REV. 433, 486 - 87(2009).

⑤ "Qui tam"是拉丁语"qui tam pro domino rege quam pro se ipso in hac parte sequitur"的简写,意思为"代表国王提起诉讼"。See Vermont Agency of Natural Resources v. United States ex rel. Stevens, 529 U. S. 765, 768, n. 1(2000).

⑥ 12 Stat. 696(1863).

⑦ See Cong. Globe, 37th Cong., 3d Sess. 952, 955(1863).

赔偿,提起诉讼的相关人可以获得其中一半的罚金和赔偿作为赏金,另一半则归于政府。

但在 1943 年,司法部长 Francis Biddle 指出了《虚假陈述法案》所导致的"寄生性"现象,即许多人仅仅复制刑事起诉状的内容而另外提起 qui tam 规则之诉,因此他向国会呼吁该法案的废除。不过,美国国会最后仍然保留了《虚假陈述法案》并作出较大的修改,其将相关人的赏金从原来的 50% 减至 25% 以下(政府追究的情况下不超过 10%),还过分限制了政府追究情况下相关人的起诉地位,如果政府已经拥有相关人所依靠的证据或信息,那么相关人不能提起诉讼。①

由于 1943 年的修订法案对于告密人的激励严重削弱,并且美国当时处于冷战期间而承受巨大的军事开支,欺诈政府的现象随即又开始大量滋生。80 年代中期,美国国会估计每年由于欺诈所导致纳税人的损失至少 100 亿美元。② 据一位政府的工程师指称,波音公司销售给五角大楼一个鸭嘴钳的价格高达 748 美元,而类似的鸭嘴钳在普通的五金商店中只销售 7.61 美元。③ 对此,美国国会在 1986 年再次修改《虚假陈述法案》,减少了提起 qui tam 规则之诉的障碍的同时增加了对告密人的激励和保护。1986 年修订法案的改革主要有三个方面:第一,相关人的诉讼地位有所明确和加强。相关人的起诉状必须先以保密的形式发至政府而非被告,从而让政府在被告不知情的情况下有机会调查涉案行为,并决定是否参与。相关人必须提供其所拥有的全部证据或信息以供政府考虑。如果政府决定参与诉讼,它将作为诉讼的主要起诉人,相关人仍然有权参与诉讼,但具有一定的限制。如果政府决定不参与诉讼,相关人有权自行继续诉讼,不过政府之后仍在有合理理由的情形下参与诉讼。④ 第二,对告密人的奖赏有所提高。在政府参与诉讼的情况下,相关人可以根据贡献情形获得 15% 到 25% 的提成作为赏金。而政府不参与的情况下,相关人的赏金则根据贡献情形在 25% 到 30%。被告还需另外向胜诉的相关人支付合理的律师费。⑤ 第三,作为相关人的雇员可以获得反报复保护。如果雇主由于雇员的告密行为而实施报复,如骚扰、扣薪、降职或开除等,雇员有权提起反报复的诉讼,救济的形式包括恢复职位、双倍返还工资和支付合理律师费等。⑥

另外,美国在 2009 年的《欺诈执行和恢复法案》(Fraud Enforcement and Recovery Act)和在 2010 年的《患者保护和平价医疗法案》(Patient Protection and Affordable Care Act)对《虚假陈述法案》进行修订,不同程度上对 qui tam 规则的适用予以扩张和细化。美国目前有 13 个州和华盛顿哥伦比亚特区也各自建立了在州法层面不同版本的《虚假

① Pub. L. No. 213, ch. 377(1943).

② See S. Rep. No. 99 - 345, 99th Cong., 2d Sess. 3(July 28, 1986), 1986 U. S. Code Cong. & Admin. News 5266, 5268.

③ See Fred Hiatt and Rick Atkinson, Air Force Victory is Illusory in the Case of $748 Pliers, Washington Post, Mar. 22, 1985.

④ 31 U. S. C. § 3730(c).

⑤ 31 U. S. C. § 3730(d).

⑥ 31 U. S. C. § 3730(h).

陈述法案》。[①] 据统计,告密人依据《虚假陈述法案》提起的诉讼在2014年超过700件,大部分的被告是银行和其他金融机构。美国太阳信托银行在一起诉讼中支付了4.18亿美元的罚金。[②]

(二)金融证券领域的特别规定

在2001年左右,美国许多大公司的财务欺诈被公开披露(如安然公司的会计丑闻),投资者和公众遭受数以亿计的财产损失,从而对于金融市场的信心大受打击。因此,美国国会在2002年通过了《上市公司会计改革和投资者保护法案》(Public Company Accounting Reform and Investor Protection Act,俗称为《萨班斯法案》(Sarbanes-Oxley Act),该法案加强了证券市场的监管和财务欺诈的惩罚,还纳入了告密人的反报复保护规定:由于他人向执法部门提供关于行为人实施违法或可能违法行为的真实信息,行为人出于报复的意图而故意向他人实施加害行为,包括干扰他人的合法工作或生计,应当根据本法处以罚款、低于10年的监禁或两者并罚。[③]

在2008年,美国的一些大型金融机构陷入了欺诈丑闻(如麦道夫的"庞氏骗局"),这一波丑闻的揭发再次增加了美国政府对于金融欺诈的监管需求。美国国会在2010年通过了《多德弗兰克华尔街改革和客户保护法案》(Dodd-Frank Wall Street Reform and Consumer Protection Act),其中规定了对于举报违反证券法和商品期货交易法的激励和保护。[④] 根据该法案,如果告密人自愿向证券交易委员会或商品期货委员会提供原始的信息并成功导致被举报人处以100万美元以上的罚款,告密人则可以获得其中30%的提成作为赏金;告密人也对于其合法的举报行为享受反报复的保护。[⑤] 与qui tam规则不同的是,该法案下并没有规定告密人以政府的名义提起诉讼,而是创建了一种向行政机关举报的特别程序。证券交易委员和商品期货委员会还据此发布了相应的行政法规,其中均规定了告密人的匿名举报机制。[⑥]

(三)其他激励保护的规定

美国法律还在一些其他领域对于告密人予以不同程度的激励或反报复保护。2006年的《税收减免和健康法案》(Tax Relief and Health Act)中规定,如果行为人违反《国内税收法典》(Internal Revenue Code)而逃税或漏税的数额超过200万美元,那么举报违法行为的告密人可以从中获得15%至30%的提成。[⑦] 1972年的《净水法案》(Clean Water

---

① See James F. Barger, Jr., Pamela H. Bucy, Melinda M. Eubanks, Marc S. Raspanti, States, Statutes and Fraud: An Empirical Study of Emerging State False Claims Acts, 80 Tulane L. Rev. 465(2005).

② See Mahany, Brian, Mortgage Servicers and the Need for Whistleblowers, The National Law Review. Mahany Law(26 February 2015).

③ 18 U.S.C. § 1513(e).

④ Pub. L. No. 111 – 203, § § 748, 922, 124 Stat. 1376, 1739, 1841.

⑤ 15 U.S.C. § 78u – 6; 7 U.S.C. § 26.

⑥ 17 C.F.R. § 240.21F – 7; 17 C.F.R. § 165.4.

⑦ 26 U.S.C. § 7623.

Act)是首个规定对告密人反报复保护的环境保护法律,其禁止雇主解雇或歧视依据该法提起相关程序的雇员。[①] 2009 年的《美国复苏与再投资法案》(American Recovery and Reinvestment Act)[②]和 2002 年的《管道安全改进法案》(Pipeline Safety Improvement Act)[③]也类似地规定了对告密人的反报复保护。

四、告密人免责制度的应用需遵循比例原则

告密人免责制度在于协调私人利益与公共利益之间存在的冲突,并不能过分地偏重公共利益或私人利益任何一方从而导致利益失衡。一方面,告密人不能滥用该免责制度而侵犯商业秘密权人的合法利益;另一方面,法律也应当在一定程度上允许在善意和合理的情况下错误告密的行为,否则会大大限制违法行为的举报从而导致公共利益受侵害。因此,告密人免责制度的应用需遵循比例原则,也就是说,告密人的行为不可超出必要的限度,应具有适当性,在达到举报、揭发违法的效果同时使商业秘密权利人遭受的利益损失尽可能达到最小,从而实现告密人的手段与保护公共利益的目的之间的均衡性。

如果告密人的行为不符合比例原则,那么其泄露商业秘密的行为不能在法律上被免责。法律对于告密者的过分保护甚至可能会导致雇员在离职前故意报复雇主,从而影响企业的正常经营。美国的司法实践则并不允许告密人免责制度的滥用,如以举报不法行为的名义盗取或泄露与举报目的不相关的商业秘密或保密信息,这显然不符合告密人免责制度的初衷。在 2011 年判决的 Cafasso 诉通用动力 C4 系统公司案[④]是一个典型的判例。被告是一家军事技术的服务公司,与美国政府在一个航空项目上存在合作关系,原告 Mary Cafasso 曾作为被告的科研人员,在职期间发现被告没有向政府披露一项新的发明,并认为其违反与政府之间合同的行为构成欺诈。原告在企业内部提出这一问题之后并没有得到任何结果,她随后便被解雇并认为这是由于被告对她行为的报复。为了找出被告涉嫌欺诈的证据,原告在离职前从公司电脑中拷贝了将近 11GB 的数据资料。于是,原告很快在联邦地区法院提起了 qui tam 规则之诉,被告也反诉其侵犯商业秘密和违反保密协议。地区法院作出了即决判决,驳回了原告的起诉(被告的行为不构成《虚假陈述法案》下的欺诈行为),并支持了被告的反诉。联邦第九巡回上诉法院在上诉判决中也拒绝了告密人免责的适用,关键原因在于原告所得盗取的信息是“广泛而无针对性的”(vast and indiscriminate),其一下子无甄别地抓取成千上万的文件的行为是不合理的,公共政策例外不能被宽泛地适用于该情形。[⑤]

---

① 33 U. S. C. § 1367(a).

② Pub. L. No. 111 - 5, § 1553(a).

③ 49 U. S. C. § 60129.

④ U. S. ex rel. Cafasso v. General Dynamics C4 Systems, Inc. ,637 F. 3d 1047(9th Cir. 2011).

⑤ U. S. ex rel. Cafasso v. General Dynamics C4 Systems, Inc. ,637 F. 3d 1047,1062(9th Cir. 2011).

需要指出的是,对于告密人的免责或激励保护机制绝非被用作为侵犯商业秘密或违反保密协议的合法借口。在 2007 年判决的 JDS Uniphase 公司诉 Jennings 案①中,被告 Robert Jennings 是原告的税务顾问,他在与公司的关系恶化之后根据《萨班斯法案》提起了举报调查程序,但该程序最后由于其举报毫无根据而终止。原告随后解除了被告的劳动关系,并以侵犯商业秘密和违反保密协议为由提起诉讼。被告同时提起反诉,称原告违法解除劳动关系和违反《萨班斯法案》,同时依据加州对于告密人保护的公共政策作为侵权抗辩。弗吉尼亚州东部地区法院作出了支持原告的判决,其中指出:商业秘密的侵权人不能简单地以公共政策例外作为借口来规避法律责任,否则雇员都可以轻易地以举报违法行为的理由来获得或泄露商业秘密,保密协议的效力也几乎被架空。对于告密人的激励保护机制也绝非盗取商业秘密或违反保密协议的许可,否则不满意的雇员都会在侵犯商业秘密之后利用激励保护机制提起诉讼,此类诉讼将会像雨后春笋般冒出。②

不过,比例原则并不要求告密人的行为必须是无可挑剔、万无一失的,即使善意告密人的行为存在一点瑕疵,其仍然可能享受法律的免责和保护。例如,告密人违反保密协议的情形下在诉讼中向法院提交了一些相关度不大的证据,这通常不会导致告密人丧失法律的保护。在 2013 年判决的 Siebert 诉基因安全网络公司案③中,相关人在证据开示环节提交了一些不太相关的证据,但这并没有对诉讼产生影响。如果相关人所提交的证据完全没有相关性或给对方当事人产生诽谤性的影响,那么美国法院可以仅仅删除(strike)这部分证据。④

根据比例原则,告密人享受法律免责的重要条件在于告密的对象和方式具有必要性和适当性。第一,告密的对象通常仅包括相关的政府机关、法院或律师。第二,告密的方式需要采取密封的形式。告密人通常在符合以上两点的情况下才尽可能保护商业秘密权利人利益的同时达到遏制违法犯罪的目的,从而较好地协调私人利益与公共利益之间的冲突。《保卫商业秘密法案》关于告密人免责的规定也都明确采纳了这两点要素,该条文的起草者 Peter Menell 教授称之为"密封披露且可信赖中介的例外"(sealed disclosure/trusted intermediary exception)。⑤

政府机关、法院和律师作为告密对象通常符合比例原则。首先,政府机关是打击违法犯罪的必要主体,告密人在向具有管辖权的行政主体举报与商业秘密相关的违法行为是在所难免的。实际上,政府机关在行政管理和执法过程中也必然会涉及私人的一些商业秘密,如向专利局提交的专利申请在公布前仍然属于商业秘密。政府机关对于商业秘密的保护本身具有一定的经验和严格的义务。美国对此有较为完善的法律制度。美国

---

① JDS Uniphase Corp. v. Jennings, 473 F. Supp. 2d 697 (2007).

② JDS Uniphase Corp. v. Jennings, 473 F. Supp. 2d 697, 702 – 04 (2007).

③ Siebert v. Gene Security Network, Inc, 2013 WL 5645309 (2013).

④ U. S. ex rel. Ruhe v. Masimo Corp., 929 F. Supp. 2d 1033 (2012).

⑤ See Peter S. Menell, Tailoring a Public Policy Exception to Trade Secret Protection, 105 California Law Review (forthcoming), Draft June 14, 2016.

在《信息自由法案》(Freedom of Information Act)对于政府的信息公开和管理予以了详尽的规定,长期大量的司法实践也对相关规定予以了细化和完善,其中包括商业秘密免予公开的例外规定。[①] 美国还对违法泄露商业秘密的政府人员施以严格的惩罚,如《美国法典》第 1905 条规定,联邦政府的官员或雇员违法泄露商业秘密,应当处以罚款、或一年以下监禁,或者两者并罚,并应当免除其职务。[②] 其次,涉及商业秘密的诉讼也必不可免,法院作为权威的司法机关对于诉讼过程中所披露的商业秘密通常能提供安全的保障。美国法院对于涉及商业秘密的案件可以采用有专门的"不公开审理程序"(In Camera Procedure)。[③] 最后,律师向告密人提供的法律上的辅助也是必不可少的。律师具有专业的法律素养和职业操守,其对于客户信息的保密工作是值得信任的。美国对于客户与律师之间的保密特权制度也相当完备。[④]

向政府机关、法院和律师的告密通常已经可以达到维护公共利益的目的,超出该范围的告密大多不具有告密人免责制度意义上的必要性。例如,媒体也属于一种常见的告密对象,但由于其难以符合比例原则,向媒体告密大多不属于侵犯商业秘密或违反保密协议的例外。[⑤] 与政府机关有所不同的是,媒体出于竞争的压力更偏向于商业性,新闻报道的目的主要在于吸引公众的注意从而增加其关注度,虽然违法行为的严重性与新闻报道的价值性存在一定的关联度,但媒体的价值取向毕竟与公共利益之间存在一定的偏差。[⑥] 美国司法实践对于向媒体告密的情形通常不会为违反保密义务的告密人提供法律上免责或保护。[⑦]

---

① 5 U. S. C. § 552(b)(3) - (4).

② 18 U. S. C. § 1905.

③ See Air Products and Chemicals, Inc. v. Johnson, 296 Pa. Super. 405, 442 A. 2d 1114, 215 U. S. P. Q. (BNA) 547, 557(1982); Wisconsin Elec. Power Co. v. Public Service Com'n of Wisconsin, 110 Wis. 2d 530, 329 N. W. 2d 178(1983); Curtis, Inc. v. District Court, 186 Colo. 226, 526 P. 2d 1335(1974)(en banc); Premier Lab Supply, Inc. v. Chemplex Industries, Inc., 791 So. 2d 1190(Fla. Dist. Ct. App. 4th Dist. 2001).

④ See Geoffrey C. Hazard, Jr., An Historical Perspective on the Attorney-Client Privilege, 66 CAL. L. REV. 1061(1978).

⑤ 根据告密对象的不同,可以分为内部告密和外部告密,内部告密是在组织内部(如向上级部门),而非向第三人的告密,商业秘密没有向外部泄露的情形通常不涉及商业秘密的侵犯。向媒体告密与向政府机关或律师告密都属于外部告密。See Terry Morehead Dworkin & Elletta Sangrey Callahan, Employee Disclosures to the Media: When Is a "Source" a "Sourcerer"?, 15 HASTINGS COMM. & ENT. L. J. 357(1993).

⑥ See Terry Morehead Dworkin & Elletta Sangrey Callahan, Employee Disclosures to the Media: When Is a "Source" a "Sourcerer"?, 15 HASTINGS COMM. & ENT. L. J. 357, 393(1993).

⑦ See Zaniecki v. P. A. Bergner and Co. 493 N. E. 2d 419(Ill. App. Ct. 1986); Rozier v. St. Mary's Hospital, 411 N. E. 2d 50, 51 - 52(Ill. App. Ct. 1980).

然而,告密对象只是适用比例原则的因素,并非绝对的门槛。在特殊情况下,媒体作为告密对象也可能具有一定的必要性和适当性,从而属于侵犯商业秘密的例外。毕竟政府机关的能力可能具有一定的局限性,并不一定能对于所有违法行为及时制止,媒体可以对其起到监督或辅助的作用。例如,政府机关出现腐败或渎职的问题,告密人无法获得公力救济,或者违法行为对于公共利益的侵害具有时间紧迫性,媒体的传播可以尽快保障公众的知情权等,此时媒体作为告密对象可能更有利于公共利益的维护。

五、对我国的启示

商业秘密法对于创新的激励和商业道德的维护起至关重要的作用,与社会经济的发展有着密切的联系,但相比于其他知识产权法(著作权法、专利法、商标法在我国都有单行立法,且均有较为完善的权利限制制度),商业秘密法在我国的地位明显相对弱势,缺乏体系性。我国对于商业秘密的保护主要依据《反不正当竞争法》第 10 条的简单规定,较细的规定大多散见于一些司法解释和行政法规中,均缺乏商业秘密的权利限制规定。随着我国市场经济的不断发展,我国商标秘密的法律制度亟待完善,告密人免责制度有必要纳入其中,从而填补法律空白并协调利益冲突。

(一)"范例式"加"开放式"的立法模式

笔者认为,对于侵犯商业秘密的告密人免责规定宜采取"范例式"加"开放式"的立法模式。"范例式"规定指明确列举具体的侵权例外情形,如《保卫商业秘密法案》中关于告密人免责的规定。"开放式"规定即采用因素主义而概括性地规定侵权例外,如《不正当竞争法重述》(第 3 版)第 40 条评论 c,其中关于告密人免责的判断因素包括信息的性质、泄露的目的和行为人获取信息的方式。

"范例式"规定有利于法律的确定性和可预测性。Peter Menell 教授指出:告密人是否承担侵犯商业秘密的模糊性会增加告密人所承担的压力,从而潜在地打压了对违法行为的举报,美国之前仅存重述对于告密人免责的"开放式"规定还导致了司法实践中法律适用的混乱,因此有必要建立清晰的避风港来明确告密人的免责。[①] 他所提出的"密封披露且可信赖中介的例外"是值得我国立法所借鉴的"范例式"规定。

不过,"范例式"规定难以穷尽告密人免责的所有情形,因此仍需"开放式"规定予以补充,其中所列的因素可为法院的判断提供参考,使告密人免责的适用具有弹性和周延性,灵活地应对社会活动中各种复杂的情形,从而完备商业秘密的侵权例外制度。

---

① See Peter S. Menell, Tailoring a Public Policy Exception to Trade Secret Protection, 105 California Law Review (forthcoming), Draft June 14, 2016. James Pooley. 教授称赞该避风港规定是适当的。See James Pooley, The Myth of the Trade Secret Troll: Why the Defend Trade Secrets Act Improves the Protection of Commercial Information, 23 Geo. Mason L. Rev. 1045, 1075 (2016).

美国版权法中的合理使用规则是成功的典范,其四因素的“开放式”规定[①]使版权侵权的例外制度更具有公平性。大多数国家的立法缺少合理使用规则,并不有利于版权法激励创作和传播的目的。包括我国在内的许多国家只能“悖于”立法,而在司法实践中实质上承认合理使用规则。例如,我国《著作权法》第 22 条规定封闭式地列举了 12 种权利限制情形,而北京法院却在谷歌数字图书馆案[②]中采用了美国合理使用规则中的四因素,突破了现行立法的封闭式规定。[③] 可见,“开放式”规定对于告密人免责制度也是必需的。

笔者拟提出具体的条文设计以供立法者参考:

在下列情况下,披露商业秘密的行为不构成侵权:(1)仅为了举报、揭发违法行为而向相关行政机关或律师以密封的形式披露商业秘密;(2)基于正当目的,在诉讼中以密封的形式向法院披露商业秘密;(3)其他基于正当目的而披露商业秘密的行为,需考虑的因素包括披露的对象、披露的方式、违法行为的严重性、对公共利益的影响程度等。[④]

(二)增加保密协议中告知告密人免责的引导机制

商业秘密的权利人通常为了自己利益最大化,往往在保密协议中“一揽子”地要求雇员恪守保密义务,而雇员多数处于相对弱势的地位而导致双方信息不对称的结果,这就抑制了雇员知晓其举报违法行为的权利,削弱了告密人免责制度的功能。对此,美国采用了保密协议中告知告密人免责的引导机制。《保卫商业秘密法案》第 7(B)(3)条规定,(1)雇主应当在与雇员之间关于使用商业秘密或其他机密信息的任何合同或协议中,对本条所规定的免责予以告知;(2)如果雇主向雇员提供关于涉嫌违法的举报政策,并提供了对该政策文件的交叉引用,那么其视为雇主符合了(1)款规定的告知要求;(3)如果雇主没有符合(1)款的告知要求,雇主无权在诉讼中向没被告知的雇员主张该法下的惩罚性赔偿或律师费。甚至在金融领域中,美国证券交易委员会对于过分限制告密的保密协议采取强硬抵制的态度,它在其制定的行政法规中禁止雇主使用“一揽子”的保密协议来妨碍雇员向证券交易委员会告密,违反者会被依法追究责任。[⑤] 如在近期的 KBR 公司案[⑥]中,该公司在合同中要求接受公司内部调查的雇员不得泄露谈话内容,否则会受到纪律处分(包括解聘),相关的合同条款被认定违法。

为了完全发挥告密人免责的制度价值,我国也应当引入在保密协议中告知告密人免

---

① 美国合理使用规则的四因素:(1)作品使用的目的和性质,包括该使用行为是否具有商业性或具有非盈利的教育性目的;(2)作品的性质;(3)作品整体上被使用的数量和程度;(4)使用行为对于作品的潜在市场或价值的影响。17 U. S. C. § 107.

② 一审判决:(2011)一中民初字第 1321 号。二审判决:(2013)高民终字第 1221 号。

③ 为了弥补现行立法的漏洞,《著作权法》修订草案在著作权限制的规定中增加了兜底性规定。

④ 如果权利人在这些情况下提起违约之诉的,法院可以依据《合同法》第 52 条认定合同无效。

⑤ 17 C. F. R. § 240. 21F – 17.

⑥ In the Matter of KBR, Inc. , SEC Admin. Proceeding No. 3 – 16466 (Apr. 1, 2015).

责的引导机制，即如果商业秘密权利人在保密协议中没有告密人免责的告知条款，那么在将来的商业秘密侵权诉讼中法院可以对其限制加重赔偿的适用，如不予支持惩罚性赔偿或律师费。当然，该引导机制的成立也必须以其他制度的建立和完善为前提（我国在商业秘密领域尚未纳入惩罚性赔偿）。[①]

（三）完善告密人的激励保护机制和其他配套制度

告密人免责制度的功能实现有赖于相关配套制度的完善。首先，对于告密人的激励保护机制的完善在我国应受到特别的重视。目前我国在这方面的境况相当堪忧，甚至举报人的人身安全都可能受到威胁。据最高人民检察院统计，从20世纪90年代开始，全国每年发生的对证人、举报人报复致残、致死案件，由原来的每年不到500件上升到后来的每年1200多件。[②] 而我国对于公民检举权的保障制度并不健全，在制度运行上存在诸多漏洞和不足。[③] 美国在这方面有许多经验值得我国学习，如我国可以考虑参考美国的qui tam规则，赋予告密人自行向法院提起诉讼的权利，并且从违法所得或罚金中提取一定的比例作为对告密人的奖励。该规则可以激活告密人的积极性，增加对违法行为进行监督和纠正的途径，一定程度上也可以克服行政机关的局限性。但鉴于司法资源的有限性，该规则的适用应当仅限于违法现象尤为严重或对公共利益影响较大的领域。

其次，为了防止商业秘密的二次泄露，我国对于政府机关、法院和律师在这方面的保密制度也有待完善。我国在行政机关对于商业秘密的保护方面没有具体的规定，仅仅《政府信息公开条例》第14条第4款予以规定，“行政机关不得公开涉及国家秘密、商业秘密、个人隐私的政府信息”。但该规定模糊、宽泛，缺乏可操作性。[④] 同样，我国的司法制度和律师制度在保密问题上也几乎处于雏形阶段，这都不利于我国告密人免责制度的确立和运行。

---

① 虽然惩罚性赔偿在我国商业秘密法中目前尚未被纳入，但在我国其他知识产权法的领域已经逐步确立，2014年《商标法》已经纳入了惩罚性赔偿的条款，而《著作权法》和《专利法》的修订草案也均加入了惩罚性赔偿的条款，整个知识产权领域的惩罚性赔偿制度呼之欲出，商业秘密法领域也势在必行。也有学者开始对此进行呼吁。参见胡良荣：《论商业秘密侵权惩罚性赔偿的适用》，载《知识产权》2015年第11期。

② 参见章青山：《证人隐蔽作证——我国刑事诉讼环境下证人保护之必要》，载中国法院网：http://old.chinacourt.org/public/detail.php? id=422639，最后访问日期：2016年9月9日。

③ 参见李志明、潘如新：《论我国公民检举权保障制度的完善》，载《政治与法律》2011年第10期。

④ 参见杨建生：《论美国政府信息公开中商业秘密信息免除公开的司法审查》，载《河南财经政法大学学报》2015年第1期。

Whistleblower Immunity under Trade Secret Law
—Learning from the Experience of U. S. Law

Ruan Kaixin

Abstract: Whistleblower immunity is provided in Defend Trade Secrets Act passed recently by the United States of American. Whistleblower immunity is an exception of misappropriation of trade secrets, mostly in the circumstance of reporting illegal activity. This doctrine is designed to reconcile the conflict of interests between private interest and public interest promoting the policy of trade secret law and contributing to deterrence of illegal activity. Given the importance of whistleblower to public interest and restriction of pure immunity, incentive and anti-retaliation mechanism should be necessary. Application of whistleblower immunity should comply with proportionality doctrine, while the recipient and means of reporting should be essential and appropriate. China should add whistleblower immunity in trade secret law adopting a combination of safe harbor mode and open-ended mode for legislation, and the parties should be encouraged to add notice of whistleblower immunity in the non-disclosure agreement. Incentive and anti-retaliation of whistleblower and other corresponding mechanisms in China should be improved.

Key Words: Defend Trade Secrets Act whistleblower immunity public interest proportionality doctrine

(责任编辑:郭俊义)

环境法学

环境侵权案中“有专门知识的人”若干关键性问题探究*

朱晋峰**

[摘　要]　随着我国对环境污染事件的打击力度加大，如何判定环境侵权案中的专业性问题成为关键。然而，环境损害司法鉴定难以满足环境侵权案中对解决专业问题的需求。“有专门知识的人”作为环境污染诉讼中的重要制度，可以有效解决环境损害司法鉴定对环境侵权案实践应对不足的困境。当然，“有专门知识的人”作为独立的诉讼参与人，参与诉讼仅需要具有相应的环境专业知识即可，提供专家意见也可以“当事人的陈述”的形式在诉讼中作为证据使用。在“有专门知识的人”的程序启动、决定、选任等方面应当避免环境损害司法鉴定存在的困境，同时也不强调“有专门知识的人”必须出庭。同时，限于“有专门知识的人”的特殊性，其在诉讼中有一定程度的倾向性似乎也无可避免。

[关键词]　环境侵权案　有专门知识的人　诉讼地位　实体问题　程序问题

一、问题的提出

环境问题已经成为我国社会公众关心的一项重要议题，雾霾、水污染、土壤污染等事件时有发生，严重影响公众的生存质量。根据环保部发布的《2015中国环境状况公报》的情况，“2015年在我国338个地级以上城市中，空气质量达标的占21.6%；空气质量超标的占78.4%，空气质量超标的城市占据了一大半。此外，平均超标天数比例为23.3%，其中轻度污染天数比例为15.9%，中度污染为4.2%，重度污染为2.5%，严重污染为0.7%。此外，我国地表水的质量也不容乐观，我国967个地表水国控断面（点位）的水质监测显示，较差级的监测点为42.5%，极差级的监测点比例为18.8%，其中较差和极差的监测点比例高达61.3%”。环境生态问题的愈发严重已经引发社会公众和政府对该问题的逐渐重视，一系列相关法律、政策文件也相继发布。与此同时，《民事

---

* 本研究受国家重点研发计划（2016YFC0800707）、国家社会科学基金项目（14CFX070）、上海市司法鉴定专业技术服务平台资助项目（16DZ2290900）的资助。

** 朱晋峰，南京师范大学法学院；司法部司法鉴定科学技术研究所。

诉讼法》第 55 条[①]首次以成文法的形式对民事公益诉讼予以了肯定,强化对环境侵权案件的有效及时处理。

然而,环境污染问题与其他问题差别较大,不仅专业性强,甚至在同一案件中涉及众多专业。例如,在最高人民法院于 2013 年 6 月 18 日公布的首例以投放危险物质罪判决的环境污染案件中,被告人向河中排放含有苯、酚类有毒物质,致使河水被污染,造成 20 多万名居民饮用水困难。[②] 表面上看,该案仅涉及地表水专业,但实际上还牵涉污染领域土壤、地下水、动植物,甚至以此作为饮用水的居民的身体健康等。然而,这些复杂的不同专业叠加在一起,无论对于控辩双方还是法官而言,都是难以掌握的。因而在环境侵权案件中借助专业人士的专业知识帮助诉讼各方解决诉讼中的有关专业性问题也就在所难免。在环境侵权案中,可以解决专业问题的专业人士包括"鉴定人"和"有专门知识的人"两类。鉴于目前有关鉴定人的探讨较多,而在环境侵权案件中两个重要的司法解释最高人民法院《关于审理环境民事公益诉讼案件适用法律若干问题的解释》《关于审理环境侵权责任纠纷案件适用法律若干问题的解释》都规定了当事人可以申请"有专门知识的人"出庭就鉴定意见或者其他专业问题提出意见,加之我国目前关于"有专门知识的人"的立法还过于单薄、缺乏可操作性,环境侵权案件中的"有专门知识的人"与我们诉讼传统的"专家辅助人"在某些问题上还存在较大差别,同时该"有专门知识的人"在环境侵权案中有举足轻重的地步,故本文所探讨的"有专门知识的人"并不包括鉴定人在内。

二、"有专门知识的人"诉讼地位:与特定主体的正确区分

立法和司法解释明确了"有专门知识的人"可以接受控辩双方当事人申请,就鉴定意见或者专业问题提出意见,但是却没有明确"有专门知识的人"在诉讼中的地位,而这恰恰是"有专门知识的人"在诉讼中发挥功能的基础性要素,决定其权利义务、程序运行等内容。对于环境侵权案中"有专门知识的人"的诉讼地位探讨并不多,但是理论界对于专家辅助人诉讼地位探讨却很多。这对探讨环境侵权案中"有专门知识的人"的诉讼地位具有一定借鉴意义。笔者认为,在厘清"有专门知识的人"的诉讼地位之前,有必要对"有专门知识的人"与其他具有类似功能主体的关联进行区分。

(一)"有专门知识的人"与"鉴定人"的关联

在环境侵权案中,环境损害司法鉴定人是指在诉讼活动中运用环境科学的技术或

---

① 2012 年 8 月 31 日,第十一届全国人民代表大会常务委员会第二十八次会议通过的《民事诉讼法》第 55 条规定:"对污染环境、侵害众多消费者合法权益等损害社会公共利益的行为,法律规定的机关和有关组织可以向人民法院提起诉讼。"这是我国首次以成文法的形式规定公益诉讼。

② 参见胡文标、丁月生:《环境污染典型案例公布》,载中国共产党新闻网:http://scitech.people.com.cn/n/2013/0619/c1007-21890294.html,最后访问日期:2016 年 12 月 10 日。

者专门知识,采用监测、检测、现场勘察、实验模拟或者综合分析等技术方法,对环境污染或者生态破坏诉讼涉及的专门性问题进行鉴别和判断并提供鉴定意见的人。其鉴定内容就是环境损害司法鉴定的业务范围。环境损害司法鉴定人必须具有相应的"技术或者专门知识",与此类似,"有专门知识的人"也需要具有与环境技术有关的专业知识,否则其也将失去"专家"的资格。然而,两者也有显著区别,环境损害司法鉴定人必须根据法定条件和程序向省级司法行政机关申请执业资格,并接受同级环境保护部门组织的专家进行的专业技术评审,只有通过后方能取得环境损害司法鉴定人资质、在鉴定机构中从事环境损害司法鉴定相关业务。同时,根据2016年5月1日开始实施的《司法鉴定程序通则》,司法鉴定为鉴定人负责制。且司法鉴定机构只能受理"办案机关"的司法鉴定委托。也即在环境侵权案中,环境损害司法鉴定人必须依据特定技术,独立公正、无偏见地出具意见,向办案机关负责。然而,无论是诉讼法还是相关司法解释,对于"有专门知识的人"都没有规定其必须取得相应的资格,也没有规定法庭或者诉讼相关方需要对"有专门知识的人"是否具有相应的资质证书进行审核。而且"有专门知识的人"是由"当事人"申请通知出庭,因此"有专门知识的人"往往是"当事人"聘请的,在此情况下我们不可能也无须要求其具有超然的"中立地位"。对此,后文将详细论述。

(二)"有专门知识的人"与"专家陪审员""咨询专家"的联系

我国诉讼中的专家具有多种不同的形式,其中"专家陪审员"和"咨询专家"则主要以帮助法官对案件中的专门性问题进行认定为主。有关"专家陪审员",2014年发布的最高人民法院《关于全面加强环境资源审判工作为推进生态文明建设提供有力司法保障的意见》第20条明确规定,充分发挥专家在环境资源审判工作中的作用。并建立环境资源审判专家库,在审理重大疑难案件、研讨疑难专业问题、制定规范性文件时,充分听取专家意见。笔者认为,这在一定程度上明确了当法官在环境资源审判中遇有专业性问题难以解决,或者难以对环境损害司法鉴定进行审查时,可以将其以具有特定专业知识的"陪审员"的形式吸纳为合议庭成员,履行法官的职能。这毫无疑问,"专家陪审员"应当严格依据法律、事实和客观的科学中立对案件中的专业问题进行评判。而"有专门知识的人"并不履行法官职能,而是向聘请他的当事人负责,帮助其就环境侵权案中出现的鉴定意见进行质证,指出其存在的瑕疵甚至错误,或者就环境专业问题提出意见,帮助当事人获取相应的诉讼利益。除此之外,在2009年12月23日《最高法公布对网民31个意见建议答复情况》中,在谈及"关于知识产权审判中技术事实认定的问题"的时候,明确规定:"……专家咨询,指由法官向相关领域的专家就专门性问题进行咨询……只能作为法官认定事实的参考,不能作为证据使用……持中立立场"。其中与"有专门知识的人"显著不同的是,"有专门知识的人"提供的"专家意见经过质证,可以作为认定案件事实的根据",[①]即可以作为证据使用,并且"咨询专家"是应法官邀请就专业问题提出相应的意见,应当具有中立地位,而"有专门知识的人"则不一定需要秉持客观中立的状态。

综上可见,"有专门知识的人"与"环境损害司法鉴定人""专家陪审员""专家证人"都具有显著区别,履行自身的特定职能。在诉讼中,"有专门知识的人"应当有独立的诉讼地位,享有相应的诉讼权利、履行相应的诉讼义务,并不依附于任何人存在,是独立的诉讼参与人。首先,"有专门知识的人"是以其自身特有的专业知识就环境损害司法鉴定提出意见或就专业问题提出意见,而其提出意见仅仅需要依赖自身所掌握的专业知识和科学规律,不受其所受聘的当事人的约束,也不受已有鉴定意见的约束。其次,"有专门知识的人"也不会和有学者认为的和专家辅助人一样具有"双重身份",即既有类似"律师"身份又有类似"证人"身份。笔者认为,任何一诉讼参与人在诉讼中仅有一层身份,仅履行一项职能,当同时存在几项职能和身份时,其必须择一,不能同时进行。"有专门知识的人"一样不可能在诉讼中同时承担两项以上的诉讼职能。再次,"有专门知识的人"也并非证人。根据我国法律规定,证人是知道案件事实情况,能够正确表达的人。证人在诉讼中是就其在案件发生过程中所了解的案件真实情况向法庭所作的陈述,是一种客观陈述。而"有专门知识的人"是在案件发生之后就诉讼各方无法解决的有关环境专业问题对鉴定意见或者其他专业问题发表意见,是一种专业判断。证人和"有专门知识的人"之间存在显著区别。最后,根据司法解释的规定,"有专门知识的人"提出的专家意见经过法庭双方的质证后,可以作为证据。综观我国各类证据形式,凡是能独立提供证据证明案件事实的,均是独立的诉讼参与人,这从另一方面印证了立法者对"有专门知识的人"独立诉讼参与人身份的确认。据此,笔者认为,在环境侵权案中,"有专门知识的人"是作为独立的诉讼参与人参与诉讼的,不依附于任何人存在。

三、"有专门知识的人"实体性问题:环境侵权案中的特殊情形

保障"有专门知识的人"能够得到有效运行,能够帮助当事人对诉讼中的鉴定意见或专业问题提出意见,我们首先必须对"有专门知识的人"的资格、管理、权利义务、证据形

---

① 2015 年 1 月 7 日起实施的最高人民法院《关于审理环境民事公益诉讼案件适用法律若干问题的解释》第 15 条第 1 款明确规定:"当事人申请通知有专门知识的人出庭,就鉴定人作出的鉴定意见或者就因果关系、生态环境修复方法、生态环境修复费用以及生态环境受到损害至恢复原状期间服务功能的损失等专门性问题提出意见的,人民法院可以准许。"2015 年 6 月 13 日起实施的最高人民法院《关于审理环境侵权责任纠纷案件适用法律若干问题的解释》第 9 条同样明确规定:"当事人申请通知一至两名具有专门知识的人出庭,就鉴定意见或者污染物认定、损害结果、因果关系等专业问题提出意见的,人民法院可以准许。当事人未申请,人民法院认为有必要的,可以进行释明。具有专门知识的人在法庭上提出的意见,经当事人质证,可以作为认定案件事实的根据。"

式等问题予以明确。

(一)"有专门知识的人"资格

在环境侵权案中,作为解决环境专业技术问题的"有专门知识的人"是否需要同环境损害司法鉴定人一样具备特定的专业资格是一项基础性议题。

1. 积极要件

笔者认为,对于司法人员委托的所谓专家辅助人实则是作为"专家陪审员",并不需要单独再委托。对于当事人委托的专家,从其诉讼功能来看,主要是帮助其弥补专业知识的不足,对已有鉴定意见进行质证,或者在没有鉴定的情况下对专业问题提出自己的专业判断。故从实质来看,"有专门知识的人"运用的是其自身所掌握的专业知识帮助控辩双方对有关专业意见发表看法,使法官对鉴定意见存疑,从而达到有利于己的诉讼利益。或者即使没有鉴定意见,也能使法官对案件中的专业性问题作出符合自身诉讼利益的裁判,从而帮助当事人更加有效地行使辩护权。可见,只要该"有专门知识的人"所掌握的技能能够满足上述需求即可,而不必一定要求"有专门知识的人"一定要获得某项证书。当然,如果该"有专门知识的人"具有某证书或者资格,则在一定程度上可以证明其具有作为环境侵权案中"有专门知识的人"的资格,但这并不表明没有特定资格或者证书就一定不能承担该项职能。而无论是委托有特定资质的"有专门知识的人"还是委托没有特定资质的"有专门知识的人",最终其效果无论是何,都由委托的当事人自身承担。

2. 消极要件

在环境侵权案中,即使当事人拟委托的"有专门知识的人"具备上述条件,囿于这样或那样的原因,也不意味着该技术人员就一定能为法庭允许以该身份参与到诉讼之中,其还必须接受法庭的审查。例如,在环境侵权案中,如果当事人拟聘请的"有专门知识的人"正在服刑,或者在行业内因为重大过失或者故意违反行业准则或职业道德而受过处分的人,等等。这些人员虽然有能力行使"有专门知识的人"的职能,但是法庭有充足理由怀疑他们会违背自然科学规律或者其他不正当行为,导致诉讼公正性丧失。对此,也不得参与到诉讼当中。当然笔者认为,这种审查只能是否定性审查,即只有符合法定不能作为"有专门知识的人"出庭的条件,否则就应当准许。对于具体不得作为"有专门知识的人"的情形,可以借鉴《意大利刑事诉讼法典》第222条的规定,①结合我国司法实践,如果"有专门性知识的人"具有下列情形之一的,法庭可以排除当事人委托其参与诉讼的资格:(1)未成年人、限制刑事责任能力人、被剥夺政治权利的人;

---

① 《意大利刑事诉讼法典》第222条就明确了四种不得充任技术顾问的情形:(1)未成年人、被禁治产人、被剥夺权利的人、患有精神病的人;(2)被禁止包括暂时禁止担任公职的人、被禁止或者暂停从事某一职业或技艺的人;(3)被处以人身保安处分或防范处分的人;(4)不能担任证人或者有权回避作证的人、被要求担任证人或译员的人。参见《意大利刑事诉讼法典》,黄风译,中国政法大学出版社1994年版,第77页。

(2)在服刑期限内的犯人、被采取强制措施的人;(3)在诉讼中,作为其他诉讼参与人参与诉讼的;(4)在所从事的行业领域内因重大过失或故意违反执业纪律或职业道德受过行业处理、行政处分、刑事处罚的人;(5)其他存在不得作为"有专门知识的人"的情形。对于法庭适用"其他"条款否定"有专门知识的人"的资格的,主要是其参与诉讼当中可能造成诉讼不公的现象。

(二)环境损害司法鉴定人、评审专家担任"有专门知识的人"资格及"有专门知识的人"的管理

在此应当特别予以说明的是,环境损害司法鉴定人以及环境损害司法鉴定机构登记评审专家库专家,①这两类人是否可以接受当事人委托作为"有专门知识的人"参与到诉讼程序当中。

1. 环境损害司法鉴定人是否可以作为"有专门知识的人"

在环境侵权案中,当事人邀请"有专门知识的人"参与到诉讼当中,最为便捷的就是从具有环境损害司法鉴定人资格的人当中选择,一是其长期从事环境损害司法鉴定工作,能够及时准确发现环境侵权案中司法鉴定或者就专业问题提出意见;二是当事人从环境损害司法鉴定人目录当中去选取符合条件的专家辅助其对证据进行质证,而省去从非鉴定人当中去选取"有专门知识的人"的麻烦,因为其还需要对该专家是否真的具有该技能进行"调查",增加不必要的诉累。然而,在此需要明确的是,根据《司法鉴定程序通则》的规定,环境损害司法鉴定人接受委托从事环境损害司法鉴定,必须由司法鉴定机构统一接受委托,且仅能接受公检法等办案机关的委托。并且,《司法鉴定程序通则》对司法鉴定的委托与受理、实施、司法鉴定意见书的出具等内容都予以了明确规定。同时,《司法鉴定机构登记管理办法》《司法鉴定人登记管理办法》等也对司法鉴定机构和人的鉴定活动进行了规定,并明确了相应的责任。那么,就此产生的问题是环境损害司法鉴定人是否可以接受当事人委托作为"有专门知识的人"参与到诉讼当中,以及如果能够接受委托的话,是否要同环境损害司法鉴定人从事环境损害司法鉴定一样,接受上述规则的约束、承担相应的法律责任。对此,笔者认为,如上文所述,当事人委托"有专门知识的人"并不需要有特定资质,当然这也不否认有特定资质,尤其是环境损害司法鉴定人资质的人作为"有专门知识的人"参与到诉讼当中,这不仅便捷还可以减轻当事人诉累。假设,如果不允许环境损害鉴定人作为"有专门知识的人"参与到庭审中,难以想象当事人邀请一个像英美法系专家证人一样不具特定资质而是与汽车修理工、鞋匠一样方式取得

① 环境保护部、司法部于2017年4月24日发布了第17号公告,沈敏等298名专家通过遴选,纳入国家库。并自公告之日起,环境损害司法鉴定登记评审专家库信息平台同时上线启用。在此,需要说明的另外一个问题是,环境损害司法鉴定中与其他司法鉴定存在显著不同的是,为保障环境损害司法鉴定机构的高质量、高水平,防止一些资质条件较差的鉴定机构也从事环境损害司法鉴定业务,司法部、环境保护部于2016年10月12日联合发布了《环境损害司法鉴定机构审核登记评审办法》和《环境损害司法鉴定机构审核登记评审专家库管理办法》,明确申请人申请从事环境损害司法鉴定业务的,必须接受专家库成员组成的专家组的评审,方可从事该业务。

特定专业技能的人作为"有专门知识的人",这样一来不仅会限缩当事人选取"有专门知识的人"的范围,同时会产生不信任的心理,而且其实质质证效果可能也不会特别理想,无论对于委托人还是法庭都无法达到预期效果。

在环境损害司法鉴定人可以作为"有专门知识的人"参与诉讼的情形下,其是否要遵循有关其从事环境损害司法鉴定的规定?如由机构统一受理,接受司法行政机关管理,接受司法鉴定行业协会自律管理等。对此,笔者认为,环境损害司法鉴定人并不需要受上述有关从事司法鉴定规则的约束。一是"有专门知识的人"在法庭上发表意见并不是上述规则约束的司法鉴定活动,即使主体同一,但是不能因此就否定环境损害司法鉴定人可以从事其他诉讼活动的可能。二是"有专门知识的人"的范围包含但不限于环境损害司法鉴定人,如果一部分人接受委托需要接受司法行政机关管理,一部分无须接受管理,显然有违平等性原则。如果由司法行政机关统一管理所有可以作为"有专门知识的人",然限于其范围的不确定性和宽泛性,实践中并不具有可操作性。当然,这并不意味着在环境侵权案中,环境损害司法鉴定人作为"有专门知识的人"参与庭审就不受任何规则的约束。笔者认为,因为司法鉴定人身份的特殊性,尤其是近年来对司法鉴定人诚信建设的日趋重视,对于环境损害司法鉴定人作为"有专门知识的人"的应当受到相应限制。一是应当遵守回避原则。如果拟接受委托的"有专门知识的人",其所在环境损害司法鉴定机构或其本人就此案中的环境问题进行过或参与过司法鉴定,或者作为专家就此案件提供过专家咨询等,就不得再作为"有专门知识的人"参与到庭审之中,避免出现诉讼不公的现象。需要说明的是,即使不是鉴定人,而是其他有专业知识的人,如果其作为专家曾经就此环境问题向环境损害司法鉴定机构提供过专家咨询意见的,也不得作为"有专门知识的人"。二是如果环境损害司法鉴定人作为"有专门知识的人"参与到庭审当中,出现了故意或者重大过失违反法律、法规、规章等行为,或者"有专门知识的人"实施了明显违反了职业道德和执业纪律、违背自然科学规律等可能造成其在日后从事环境损害司法鉴定过程中,对其诚信会造成影响的行为的,法庭可以以"司法建议"的形式抄送鉴定人所在机构、相应司法行政部门,以及司法鉴定行业协会,由其根据具体情况进行处理。

2. 环境损害司法鉴定机构登记评审专家库专家是否可以作为"有专门知识的人"参与诉讼

我国司法鉴定制度起步的标志是 2005 年全国人民代表大会常务委员会通过的《关于司法鉴定管理问题的决定》。在该决定中,明确由司法行政部门对司法鉴定进行管理,但其范围仅包括法医类、物证类、声像资料司法鉴定,对于其他种类的司法鉴定则"根据诉讼需要由国务院司法行政部门商最高人民法院、最高人民检察院"确定。而在决定实施 10 余年来,终在 2015 年 12 月 21 日最高人民法院、最高人民检察院、司法部发布《关于将环境损害司法鉴定纳入统一登记管理范围的通知》中,将环境损害司法鉴定作为第一个"商"类鉴定纳入统一管理范畴。与其他鉴定种类不同的是,环境损害司法鉴定自纳入统一管理之初,就以高标准严格准入门槛,并同环保部联合颁发了《环境损害司法鉴定机构登记评审办法》(2016 年 12 月 1 日起实施)。该办法规定了环境损害司法鉴定机构从事环境损害司法鉴定必须接受专家评审。例如,办法第6条明确司法鉴定机构申请从事环境损害司法鉴定必须接受专家评审组的评审。此外,《环境损害司法鉴定机构登记评审专家库管理办法》(2016年12月1日起实施)对于入选专家库专家的条件从职称、工作年限、知识结构、职业道德等方面予以了全面规定。并且,评审专家库分为国家库和地方库,明确对专家库实行动态管理。

不难发现,评审专家库成员实则也是环境技术方面的专家,甚至是权威专家,对于环境损害有关技术问题能够作出相应的认定。据此,当事人是否可以委托专家库成员作为"有专门知识的人"出庭及其法律后果如何,也就成为环境损害司法鉴定中的特殊事项。笔者认为,同环境损害司法鉴定人是否可以作为"有专门知识的人"同样,我们不应当否定评审专家库专家作为"有专门知识的人"的资格。当然,限于该类专家往往是对机构是否可以从事环境损害司法鉴定的业务进行评审,具有守门员的角色定位。故此,对于该类专家作为"有专门知识的人"参与诉讼也应当予以关注,尤其是责任的承担,以保障其作为"评审专家"的权威性和公正性,否则公众对其参与评审的机构的能力也会产生质疑,甚至影响整个评审专家库专家的形象。笔者认为,对于该类专家担任"有专门知识的人"的也应当注重回避制度的运用,特别是当该专家曾经参加过此案环境损害司法鉴定机构评审的,或者曾经作为专家就此案提供过专家咨询意见的等,可能影响其发表意见公正性的,应当予以回避,排除其作为此案"有专门知识的人"的资格。同样,对于该专家接受当事人委托后作为"有专门知识的人"参与庭审之中,如果其在协助当事人对环境有关技术问题进行质询的过程中,实施了不诚信行为,诸如违反自然规律、违背职业道德等行为的,法庭可以将此情况反馈给环境保护主管部门或者司法行政机关,并可以"司法建议"的形式建议将该专家调整出库。

(三)"有专门知识的人"的权利义务问题

"有专门知识的人"作为独立的诉讼参与人参与庭审,享有自身独立的诉讼权利,同时要承担相应的诉讼义务,只有这样才能充分发挥该制度的应有功能。

1."有专门知识的人"享有的权利

笔者认为,为保障诉讼功能的充分发挥,"有专门知识的人"在庭审中应当享有如下权利:(1)了解案件中有关环境专业问题的权利;(2)询问当事人和证人的权利;(3)与环境损害司法鉴定人进行对质的权利;(4)获得相应报酬的权利,"有专门知识的人"接受当事人委托参与到庭审中,为此一定会付出相应的劳力;(5)拒绝接受委托的权利,"有专门知识的人"在接受委托后,不得随意解除委托,但是对于委托事项违法的或者其他不符合规定的,"有专门知识的人"可以拒绝接受委托或者解除委托;(6)"有专门知识的人"应享有的其他权利,如知晓开庭时间、地点权,发表意见权,等等。

2."有专门知识的人"应承担的义务

"有专门知识的人"接受当事人委托后享有权利,还必须承担一定的义务,以对其行为进行相应规制:(1)帮助当事人对环境侵权案中专业问题提供专业意见的义务;(2)接受法官、当事人等询问的义务;(3)不得随意自行编造专业问题所依据的专业技术知识、相关技术等的义务;(4)不得实施违背法律、阻碍诉讼进程的义务;(5)保守在诉讼活动过程中所知晓的国家秘密、个人隐私及商业秘密的义务;(6)应当遵守的其他义务,包括按时到庭的义务、恪尽职守的义务等。当然,限于环境损害司法鉴定人及评审专家库专家的特殊身份,除要履行上述义务之外,还要承担上文所述的有关义务,在此不再赘述。

(四)“有专门知识的人”提供意见的证据形式问题

“有专门知识的人”作为独立的诉讼参与人进入诉讼当中,帮助当事人对鉴定意见或者就有关环境专业问题发表意见。然而,对于“有专门知识的人”所发表的意见在庭审中是否能作为证据使用,以及作为何种证据,成为另一项重要议题。对此,最高人民法院《关于审理环境民事公益诉讼案件适用法律若干问题的解释》第 15 条、最高人民法院《关于审理环境侵权责任纠纷案件适用法律若干问题的解释》第 9 条明确规定,该专家意见经过质证,可以作为认定事实的根据。同时我国《刑事诉讼法》第 48 条第 1 款规定:“可以用于证明案件事实的材料,都是证据。”也即,在环境侵权案中,“有专门知识的人”在庭审中发表的意见,在经过双方当事人质证和法庭审查之后,可以作为证据使用。然我国《刑事诉讼法》第 48 条、《民事诉讼法》第 63 条、《行政诉讼法》第 33 条对于证据种类采取的是列举式立法形式,即法庭作为认定案件事实的证据必须符合法律规定的证据种类,否则也不能作为证据使用。据此产生的问题是,“有专门知识的人”在庭审中发表的意见属于何种证据种类。上述两则司法解释没有明确。

最高人民法院《关于适用〈中华人民共和国民事诉讼法〉的解释》(以下简称《民诉法解释》)第 122 条就当事人申请专家出庭予以明确。在此需要指出的是,解释规定当事人申请出庭的具有专门知识的人可以就鉴定意见进行质证,或者对案件事实所涉及的专业问题提出意见,其有两项职能。对于专门知识的人就其第二项职能——就“专业问题”提出意见时,其视为法定证据种类的“当事人的陈述”,但是对于其第一项职能发表的意见,是否可以作为证据以及作为何种证据并没有明确。在刑事诉讼中,《刑事诉讼法》仅规定有专门知识的人可以就鉴定意见提出意见,对于没有合适的鉴定机构的专业问题的解决,仅在最高人民法院《关于适用〈中华人民共和国刑事诉讼法〉的解释》第 87 条规定“可以指派、聘请有专门知识的人进行检验”,且检验报告可以作为定罪量刑的“参考”。与民诉法不同的是,对于没有鉴定意见的专业性问题,刑事诉讼并没有规定“有专门知识的人”可以提出意见,也没有肯定其作为证据的资格。法律的不同规定以及对“有专门知识的人”就鉴定意见提出的意见的证据形式的不明确,可能导致在实践中的无所适从。

在环境侵权案中,最高人民法院《关于审理环境民事公益诉讼案件适用法律若干问题的解释》、最高人民法院《关于审理环境侵权责任纠纷案件适用法律若干问题的解释》已经明确将“有专门知识的人”就环境损害司法鉴定意见和就专业问题提出的意见作为证据对待。在证据形式方面,“有专门知识的人”就专业问题提出的意见根据《民诉法解释》的精神,可以作为“当事人的陈述”。对于“有专门知识的人”就鉴定意见提出意见的,其证据形式为何?对此,可能存在几种情形,一是将其作为证人证言,二是将其作为当事人的陈述,三是将其作为与辩护人意见一样的形式,仅仅是帮助当事人对环境损害司法鉴定意见进行质证,不属于证据种类。笔者认为,证人证言是证人就其所了解到的案件事实向法庭所进行的说明,是一种对客观真实情况的描述。然而,“有专门知识的人”就鉴定意见提出的质询意见,其在一定程度上与鉴定人一样,是在诉讼过程中就有关环境专业问题所进行的说明,是一种“意见性证据”,与证人存在本质区别,将其提出的意见作为证人证言有所不妥。对于将“有专门知识的人”的意见作为与辩护意见一样的性质对待,笔者认为,具有一定的合理性,尤其是在“有专门知识的人”对鉴定意见发表质询意见的时候,与律师帮助当事人的诉讼功能具有异曲同工之效,将其作为辩护意见一样的性质具有合理性。但是,在上述司法解释已经明确将其作为证据对待的情形下,将其等同于辩护意见(或代理意见),不作为证据使用,从司法实践角度来看,恐怕更会造成混乱。据此,在此情形下,为避免上述尴尬,同时与“有专门知识的人”就专业问题提出意见的证据形式统一,避免同一主体在同一诉讼程序中就性质相同的内容所做的表述,出现多种不同的证据形式。笔者建议,“有专门知识的人”对鉴定意见提出的意见也作为“当事人的陈述”对待,毕竟其在一定程度上也是弥补当事人在环境污染诉讼中专业知识的不足。当然,要更深层次地解决该问题,协调不同诉讼法之间的矛盾,还需要从我国证据种类的重新划分角度进行考察,才有可能一劳永逸,在此不再赘述。

四、“有专门知识的人”程序性问题

环境侵权案中“有专门知识的人”应当事人邀请作为独立的诉讼参与人参与到庭审当中,必然要遵循特定的诉讼程序。对此,环境侵权责任纠纷解释和民事公益诉讼解释对“有专门知识的人”出庭程序没有规定,《民事诉讼法》也未规定,仅有《刑事诉讼法》第192条明确“有专门知识的人出庭,适用鉴定人的有关规定”。对于环境污染中“有专门知识的人”参与诉讼程序的启动、决定、“有专门知识的人”的选任、审查认证程序等,都需要予以进一步明确。

(一)“有专门知识的人”的启动

最高人民法院《关于审理环境侵权责任纠纷案件适用法律若干问题的解释》、最高人民法院《关于审理环境民事公益诉讼案件适用法律若干问题的解释》明确,当事人可以申请有专门知识的人出庭,人民法院可以准许。可见,在启动权方面,“有专门知识的人”应当由当事人提出申请,由法院最终决定。对于启动理由,笔者认为,作为当事人诉讼权利之一,应当只要其认为在环境侵权案中,有其难以理解或者在法庭审理中其无法独自在环境技术方面行使辩论权的,就可以申请。在申请时间方面,当事人只要在法庭辩论终结前向法庭提出即可,以保障当事人权利行使的充分性及案件中的专业问题能够得到真正解决。在此应当说明的是,上述司法解释明确了法官的释明义务。即对于环境案件中的专业性问题,“当事人未申请,人民法院认为有必要的,可以进行释明”。即法官在庭审中发现案件中有关环境的技术性问题存在疑难,然而当事人又没聘请“有专门知识的人”而可能招致不利益,或者诉讼会产生不公的可能,在此情况下,法官可以向当事人表明该风险的存在,提示其有聘请“有专门知识的人”参与诉讼的权利。当然,最终是否申请聘请“有专门知识的人”还归于当事人自身决定,如果其决定不申请,则将由其承担相应的诉讼不利益。但对于法官在何种情况下必须得履行该释明义务,不履行的后果没有明确，也很难明确，毕竟是否可能对当事人不利还得法官凭借其内心进行初步判定。同时，笔者认为，如果法官确实认定环境侵权案中的环境专业性问题需要专家的帮助，然当事人又不聘请，会对诉讼最终结果明显造成不公的，法官可以邀请合适的环境方面的专家以人民陪审员的身份作为合议庭成员。

(二)“有专门知识的人”的决定

此外，上述司法解释还明确，对于当事人申请“有专门知识的人”出庭的，法官“可以准许”。言下之意，法官也可以不准许。“有专门知识的人”是否出庭的权力最终掌握在法官手中。我国司法鉴定启动权也是类似规定，正如有学者指出：“我国不仅法院可以决定启动鉴定程序，而且公安机关、检察机关都享有鉴定决定权，而被告人不仅没有鉴定决定权，甚至连鉴定申请权都不享有，只能就鉴定结论提出补充鉴定或重新鉴定的请求。”① 为避免申请“有专门知识的人”出庭产生与司法鉴定启动一样的弊端，笔者认为，法官对“有专门知识的人”是否出庭的审查，只能限于消极条件的形式审查。即法官对于当事人申请“有专门知识的人”出庭的，只审查“有专门知识的人”是否存在上文所述不应当出庭的情形，对于没有上述情形的，就应当批准当事人的申请。

(三)“有专门知识的人”的选任

“有专门知识的人”的选任可能直接决定双方和法庭对该环境专业性问题的认定，从而对诉讼裁判的走向发挥决定作用。根据立法精神，在法庭决定同意当事人的申请后，应当由“有专门知识的人”根据其要解决的环境当中的专业问题选取合适的专家帮助，弥补其专业知识的不足。法官对于不符合条件的“有专门知识的人”可以否定其资格，并向当事人说明理由，允许当事人重新聘请符合条件的“有专门知识的人”参与到诉讼当中。当然，限于当事人专业范围的限制等原因，当事人可能无法知晓或者选取合适的“有专门知识的人”，在此情况下，法官可以向当事人提供一定帮助，如告知可以聘请“有专门知识的人”的途径，或者提供部分有相应知识的专家供当事人选择，但不得强制当事人必须委托某专家。此外，“有专门知识的人”参与诉讼中的费用应当由委托人承担，毕竟“有专门知识的人”是帮助委托人就鉴定意见或者专业性问题提供咨询的。

(四)“有专门知识的人”书面提供意见

解释明确“有专门知识的人”接受委托后出庭就专业问题发表意见，然这是否意味着所有的“有专门知识的人”就必须出庭。对此，笔者持否定意见。首先，根据我国立法，鉴定人也不是必须每个案件都出庭，只有那些法庭认为必要或者当事人对鉴定意见有异议的，才需要出庭接受质证，以提高效率。笔者认为，这同样可以适用于环境侵权案中“有专门知识的人”出庭。即对于一些重大、复杂、疑难案件，以及双方当事人对“有专门知识的人”的意见有异议的等，“有专门知识的人”毫无疑问应当出庭。相反，对于“有专门知识的人”是对鉴定意见进行质询而鉴定人又没出庭的，或者双方当事人对该“有专门知识的人”的意见无异议等，在这些情况下“有专门知识的人”就可以不出庭，而仅向法庭提交

① 汪建成：《司法鉴定基础理论研究》，载《法学家》2009 年第 4 期。

书面意见。当然,书面意见应当内容完整,应当但不限于以下几方面:其可以作为“有专门知识的人”的资格;要说明的问题;专家意见所依据的事实;专家意见的科学依据及理由;如果“有专门知识的人”进行过实验的,还应当包括检材的处理、实验程序、所用技术方法、技术标准、技术规范等;检验结果;推理的理由和过程;可以支持该专家意见的其他资料,如著作、论文等,这些可以作为附件向法庭提交。此外,随着科技的进步、新证据的出现等,“有专门知识的人”提出的观点也可能会发生变化,对此其应当立刻将新观点告知聘请他的一方当事人。尤其是与之前意见存在反差,不利于当事人诉讼利益时,更应及时告知当事人。当事人决定是否继续聘请该专家,如果该专家书面意见已经提交至法庭的,在说明理由的情况下,应允许其撤回或作出补充。

五、余论:“有专门知识的人”的倾向性问题

在环境侵权案中,“有专门知识的人”与环境损害司法鉴定人在解决环境技术问题方面具有相同功能,两者不同的是“有专门知识的人”是接受当事人的委托参与诉讼程序之中,而环境损害司法鉴定人是接受办案机关等公权力机关委托参与到诉讼程序当中。对于鉴定人而言,其毫无疑问应当秉承客观、公正、中立、科学的态度就环境有关专业问题进行司法鉴定。然而,“有专门知识的人”是接受当事人委托,其是否也应当保持中立的态度,还是可以像英美法系国家专家证人一样不必保持中立态度?这也是该制度在运行过程中必须予以特别重视的问题,这直接决定“有专门知识的人”的走向。我国对环境案件中“有专门知识的人”的倾向性问题探索还没有,但是对于专家辅助人倾向性问题,在理论界有不同观点。有学者认为,专家辅助人必须有相关的专业知识、必须能够客观公正地提出意见,因而具有回避义务,言下之意,专家辅助人应具备中立立场。① 此外还有学者认为,专家辅助人出庭质疑鉴定意见,虽然需要尊重科学,但他们不可能提出不利于申请人的意见,也不可能具有鉴定人的中立地位,其立场必然带有倾向性。②

笔者认为,在环境侵权案中,“有专门知识的人”接受当事人委托可以有一定的倾向性,但是要有一定的限制。首先,如果“有专门知识的人”在环境侵权案中应当保持中立,当事人必须承担的风险是由其聘请的“有专门知识的人”出于公正的态度,而得到不利于自身的诉讼结果。在此情形下,当事人势必会再三思量,在申请重新鉴定与申请“有专门知识的人”出庭两者之间进行再考虑。立法者想通过“有专门知识的人”解决环境侵权案中有关技术问题(如鉴定费用过高、没有合适鉴定机构、有效质询等)的功能可能也会受到影响。其次,胜诉是诉讼各方所追求的价值目标,作为当事人委托“有专门知识的人”出庭对环境损害司法鉴定意见进行质询或者就专业问题发表意见,其目的显然是为达到胜诉的目标。从

① 参见卢建军:《刑事诉讼专家辅助人制度的建构》,载《中国司法鉴定》2011 年第 6 期。

② 参见孙长永:《论刑事证据法规范体系及其合理构建——评刑事诉讼法修正案关于证据制度的修改》,载《政法论坛》2012 年第 5 期。

此趋利角度来看,当事人在聘请"有专门知识的人"之前肯定会就该专业问题先行咨询专家意见,而从中选取对自身胜诉有帮助的"有专门知识的人",那些不利己的"有专门知识的人"显然是不会聘请的。从另一层面来看,"有专门知识的人"接受当事人委托,拿取委托人一定报酬,也难免在发表专业意见的时候在一定程度上向当事人倾斜。因此,强调"有专门知识的人"在诉讼中必须保持中立地位在实践中恐难以实现。

虽然"有专门知识的人"在参与诉讼中不必完全中立,可以有一定倾向,但这并不意味着"有专门知识的人"就完全可以同英美法系国家专家证人一样,可以不受限制地完全倾向于委托的当事人,否则我国目前诉讼体制恐怕难以满足英美法系那种专家证人制度带来的诉讼成本增加、诉讼效率降低等风险。据此,笔者认为,"有专门知识的人",尤其是鉴定人或评审库专家,帮助当事人提出专业意见时,不得故意违背自然科学规律、违背技术标准、技术操作规范、职业道德等基础性事项。否则,法庭可以决定其不再作为"有专门知识的人"。同时,对于其有违规行为的,可以以司法建议的形式通知其所在单位、行业协会或管理部门等,由其根据具体情节予以处理。

Research on Some Key Issues of "People with Special Knowledge" in Environmental Tort Cases

Zhu Jinfeng

Abstract: Problems about environment have become an important topic of public concern. With our efforts to crack down on environmental pollution incidents, how to determine the professional problems in environmental tort cases becomes the key issue. However, the environmental damage judicial identification is difficult to meet the environmental infringement case to solve the professional problems. "Expertise" as an important system in environmental tort cases can effectively solve the environmental damage judicial identification of environmental tort cases practical difficulties. Of course, the expertise has independent litigation participant, and only need appropriate environmental expertise to provide expert advice that the form can be "the statement of the parties" in the litigation. We should avoid the dilemma of judicial appraisal in the process of starting, deciding, and selecting the "person with specialized knowledge" in environmental tort cases, and it is not necessary to emphasize that "person with specialized knowledge" must appear in court. At the same time, because of the limit of the "People with Special Knowledge," the particularity of its litigation in a certain degree of tendency seems to be inevitable.

Key Words: environmental tort cases　people with special knowledge　litigation status　substantive Issues　procedural Issues

(责任编辑:仁　者)

再议海洋环境资源民事案件的审前程序*

梅　宏**

[摘　要]　建立海洋环境资源民事案件的审前程序既是法院优化配置审判资源、提高审前工作效率的现实需要，也是海洋环境资源民事案件要求程序法"绿化"的因应之策。我国修改《海事诉讼特别程序法》时，应当结合海事案件的特点，规定海事诉讼的审前程序，对海事案件的原告起诉资格审查、送达、保全、答辩、证据交换、庭前会议、繁简分流、审前调解、排期等一系列审前程序内容予以规定，并明确海事法院受理的涉海环境案件的类型，建立海洋环境资源民事案件的诉讼主体资格审查机制、特邀调解机制。

[关键词]　海洋环境资源　民事案件　审前程序　海事法院

为加强海洋环境司法保护，最高人民法院在2016年陆续公布四个司法解释，敦促海事法院及有关人民法院积极行使国家海洋司法管辖权，充分发挥海洋环境司法保护职能。海事法院面临日益增多的海洋环境资源案件，而"案多人少"、谙熟环境法的专家型法官尤其少的情况，使这类新型案件在实际受案后遇到案件类型化不明确、庭前工作准备不足、合理的"繁简分流"难以实现、庭审过程任务繁重、诉讼效率低下等问题，不利于及时有效地保护海洋环境、规范海洋资源开发利用秩序。基于法院调研，笔者认为，建立海洋环境资源案件的审前程序既是法院优化配置审判资源、提高审前工作效率的现实需要，也是海洋环境资源案件要求程序法"绿化"的因应之策。

一、建立、完善海洋环境资源民事案件审前程序的必要性

所谓审前程序，是指法院受理原告起诉后到开庭审理前，法院与当事人依法进行的一系列活动的程序。海洋环境资源民事案件的专业性、复杂性决定了审前程序尤为必要。

最高人民法院《关于充分发挥审判职能作用　为推进生态文明建设与绿色发展提供司法服务和保障的意见》(法发〔2016〕12号)列举的"海洋生态环境保护案件"包括人为造成海洋生态环境严重破坏的犯罪案件、各种行政案件和因海洋污染和生态破坏引发的侵权纠纷案件，此外，还包括学界热议的海洋生态损害国家索赔案件。这些涉及生态、环境因素的

---

* 基金项目：国家社会科学基金项目"海洋生态环境损害赔偿的困境与对策研究"(17BFX127)。

** 梅宏，中国海洋大学法政学院。

海事案件,法律性质各异,法律依据不尽完备,案件受理后所要经历的司法程序也不乏特殊之处。其中,海洋环境侵权案件的复杂性强,争议突出,需要做好开庭前的案件识别工作。

"涉及海洋生态环境损害赔偿的"情形较一般生态环境损害赔偿请求更为复杂,这不仅因为海水的流动性、海洋环境的特殊性决定了海洋生态损害具有迁延性、立体交叉性、持续性等特点,也因为我国的海洋环境管理监督机制不同于陆上环境管理监督体制,从而使《生态环境损害赔偿制度改革试点方案》在"除外规定"中列明:"涉及海洋生态环境损害赔偿的,适用海洋环境保护法等法律规定。"事实上,《海洋环境保护法》(1999 年)中也只有在第 90 条第 2 款中有所规定。问题是,海洋生态损害的求偿主体是否只有代表国家的海洋环境监督管理部门?在涉事企业与海洋行政主管机关达成赔偿协议之后,面对中国生物多样性保护与绿色发展基金会提起的海洋环境公益诉讼,青岛海事法院是否受案并开庭审理?如何确定这一诉讼请求的法律性质?如何协调、对接这一环境公益诉讼与海洋生态损害国家索赔之间的关系?这些问题,学术界尚在研讨,①立法层面未作做出明确规定,对于受案法院而言,更需要通过审前程序的会商,细致分析受理案件的性质、特点及其与相关案件的联系。而审前程序应当有规范化安排,还应当有期限,以免案件"立、审"脱节,久无开庭通告。审前程序的规范化,既是海事法院办理海洋环境资源案件的现实需要,也是审前各项工作法制化的有效保障。

海事法院及有关高级人民法院在办理海洋环境资源案件时,面临不少疑难新问题,如原告主体资格及其起诉顺位的认定、诉前和解、诉前证据保全、先予执行、诉前申请海事强制令等。这些程序问题的及时解决,关系到海洋生态保护、海洋环境污染治理以及海洋资源合理利用的实效。加大预防原则的适用力度,依法及时采取行为保全、先予执行等措施,可预防海洋生态损害的发生和扩大。海水的流动性决定了海洋污染的易扩散性,专业性突出、历时较长的海洋环境损害司法救济虽然有威慑力却是"远水解不了近渴",加之海洋环境治理的广域性、复杂性更使海洋环境资源案件的终审判决难以发挥"后发效应"。于此情形下,海洋环境资源案件的审前程序不仅决定诉讼进程,还对防止海洋生态损害扩大具有重要意义。申言之,海洋环境资源案件的审前程序既是法院依法合理支持专业技术力量通过申请诉前证据保全而及时开展海洋环境保护与保全业务的"应急"阶段,也是法院敦促原被告双方谈判、协议的关键时期。如果原被告双方能够达成海洋生态损害赔偿协议,息讼止纷,敦促责任者按照协议规定的方式、程序和期限履行赔偿责任,为海洋生态修复投入赔付资金,这将有助于从根本上实现海洋环境保护的目标。重大海洋生态损害国家索赔案件备受社会各界关注,越是这类突发的大案、要案,受案法院越应重视审前程序。基于这类案件新且复杂、送达难度大、证据难以提取等特点,受案法院应当通过审前准备工作,着力克服证据交换难等现实困难,力求实现审前调解与和解后撤诉的处理,以缓解庭审压力;对于不能调处部分,通过审前准备,固定证据,归纳焦点,为下一步庭审与裁判打好基础。

---

① 参见竺效:《生态损害公益索赔主体机制的构建》,载《法学》2016 年第 3 期。

二、审前程序的运作流程——以海事法院审理海洋环境资源案件为例

结合当前的立案登记制和法官员额制改革,下面以海事法院为例,对一审海洋环境资源案件审前程序的基本运作流程加以探讨。

海事法院对海洋环境资源案件登记立案后,法院根据法律规定,在立案环节对案件甄别分流。对于繁简程度难以及时准确判断的案件,立案、审判及审判管理部门可及时会商沟通,确保简单案件由人民法庭、速裁团队及时审理,系列性、群体性或关联性案件原则上由同一审判组织审理。

立案环节案件分流之后,审前程序即开始。

首先,审查原告提出的起诉是否属于海事法院受理范围,有无管辖权异议。我国《海事诉讼特别程序法》《民事诉讼法》及其司法解释,特别是最高人民法院《关于海事诉讼管辖问题的规定》(法释〔2016〕2 号)、最高人民法院《关于海事法院受理案件范围的规定》(法释〔2016〕4 号,以下简称 2016《受理案件范围的规定》)与最高人民法院《关于审理发生在我国管辖海域相关案件若干问题的规定(一)》、最高人民法院《关于审理发生在我国管辖海域相关案件若干问题的规定(二)》是当前海事法院确定司法管辖权的重要依据。当事人提起的民商事诉讼、行政诉讼包含前述司法解释规定的海事纠纷的,由海事法院受理。

然后,进入文书送达及诉讼保全、先予执行阶段。按照法律规定,利害关系人可以申请诉前保全和诉讼中的保全,当事人没有提出申请的,人民法院在必要时可以依职权裁定采取诉讼中财产保全措施。人民法院接受申请后,对情况紧急的,必须在 48 小时内作出裁定;裁定采取保全措施的,应当立即开始执行。因情况紧急需要先予执行的,人民法院可以责令申请人提供担保,申请人不提供担保的,驳回申请。当事人对财产保全或者先予执行的裁定不服的,可以申请复议一次。复议期间不停止裁定的执行。法院作出的诉中保全裁定和先予执行裁定可与司法文书一并送达当事人。由于海洋污染治理、生态恢复需要大量资金,为保障海洋环境污染应急处置、海洋监测工作的顺利开展,法院在受理海洋环境资源案件之后,更为重视当事人提出的财产保全、先予执行以及海事请求保全等申请。办案人员在依法送达文书时,书面告知当事人权利义务,按照送达确定的时间进行诉讼答辩。此阶段若出现当事人不按期答辩或者拒不答辩现象,法院可以视具体情况裁定有关当事人答辩失权。案件经双方当事人诉答之后,办案人员一般可以发现双方当事人的各自诉求和明显的争议焦点,为审前程序要进行的案件分流奠定基础。根据当事人诉答情况,审前程序主持人员(多为司法辅助人员)对海洋环境资源案件的类别进行初步界定划分。

一是事实清楚且双方争议不大的海洋环境侵权纠纷,分流至具有审判资格的审前法官进行审前调解,调解达成协议或促成和解撤诉后即可出具司法文书结案;调解达不成协议的则排期开庭(极少数特殊案件另行组织进行证据交换或庭前会议,固定证据、明确争点后再行排期开庭)。

二是证据较多、疑难复杂案件以及当事人众多的案件,分流后由审前程序主持人员指导当事人组织证据交换或主持召开庭前会议,通过细致的审前工作,使双方当事人明

白诉讼输赢概率,在审前程序主持人员引导下达成调解或和解后撤诉,出具法律文书结案;调解不成的则根据证据交换、庭前会议情况确定案件繁简,进行排期开庭。在此阶段,有可能适用证据交换、庭前会议、审前调解等制度,对此我国现行《民事诉讼法》及其司法解释以及最高人民法院《关于人民法院特邀调解的规定》(法释〔2016〕14 号)有所规定,但仍需进一步完善。

三是对于无法审前调解或无须审前准备的案件(如公告送达案件),则直接排期开庭。在审前程序的操作过程中,司法人员诉讼理念的调整处于至关重要的位置。"一步到庭"衍生出庭审不可逾越的观念,审判权在一些审判人员思想上等同于裁决权,这样的诉讼理念显然不适应司法改革的要求。另外,也要谨防再出现追求审前结案而虚置庭审的老问题。有鉴于此,审前程序中的司法工作人员应当确立以"集约型司法"为核心的诉讼理念,既要能够科学、有效地行使立案调查权、诉讼指挥权、主持调解权等权利,又要具有全局性的目光,将审前程序作为海事诉讼中的重要环节考量,切实发挥审前程序基础性准备和终结诉讼的双重功效。审前程序在海事法院海洋环境资源案件审判程序中的流程及其节点,可通过下图一目了然。

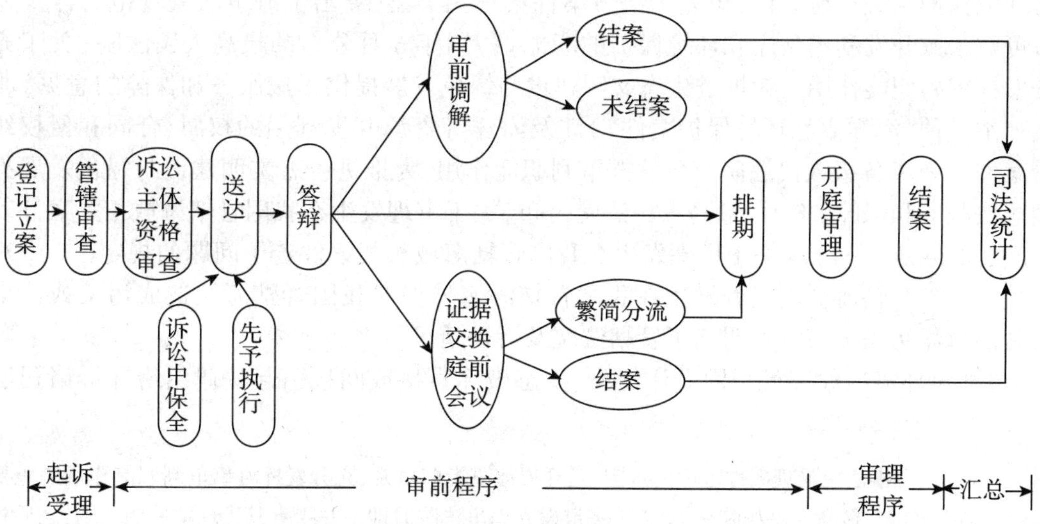

海事法院海洋环境资源案件审判流程图

三、海洋环境资源民事案件审前程序的制度构建

当前,我国《民事诉讼法》仍将"审理前准备"规定在第一审普通程序中,未将"审前程序"单独规定为一章,造成民事诉讼审前程序缺失。《海事诉讼特别程序法》对"海事请求保全""海事强制令""海事证据保全""海事担保"等海事诉讼特别程序以及"管辖"和"送达"作出规定后,在"审判程序"中针对审理船舶碰撞案件的审前程序规定:"原告在起诉时、被告在答辩时,应当如实填写《海事事故调查表》。""当事人应当在开庭审理前完成举证。"

污染海洋环境、破坏海洋生态责任纠纷案件等新增加的案件类型被纳入海事法院受理的“海洋及通海可航水域开发利用与环境保护相关纠纷案件”中,旨在凸显海事法院保护海洋生态的职能。不过,海事法院不仅要受理海洋环境资源案件,还应当创新程序法律制度,以期顺应生态文明建设下法律绿化的趋势,保障法院为推进生态文明建设与绿色发展提供优质司法服务。

下面结合 2016 年公布的几部司法解释、司法文件,从制度建设层面提出具体建议,推动建立海洋环境资源案件审前程序。

(一)明确海事法院受理的涉海环境案件的类型,完善诉讼主体资格审查机制

关于海事法院受理案件范围的规定,是开展海事专门审判、充分发挥海事审判职能作用的重要基础和必要依据。

为充分发挥海事法院审判职能,依法规范海洋开发利用秩序,加强海洋环境司法保护,2016 年最高人民法院公布多个司法解释和司法文件,敦促海事法院及有关人民法院积极行使国家海洋司法管辖权,充分发挥海洋环境司法保护职能。2016 年 2 月,2016《受理案件范围的规定》①扩大了海事审判受理案件范围,将“海洋及通海可航水域开发利用与环境保护相关纠纷案件”单列为海事案件第三大类型,突出了海事法院规范海洋及通海可航水域开发利用秩序和环境保护的职能。② 同年 6 月公布的最高人民法院《关于充分发挥审判职能作用　为推进生态文明建设与绿色发展提供司法服务和保障的意见》明文列举各种“海洋生态环境保护案件”“涉及海洋等资源开发利用的权属、合同和侵权纠纷案件”,要求各级人民法院充分发挥审判职能作用,为推进生态文明建设与绿色发展提供司法服务和保障。8 月,最高人民法院公布《关于审理发生在我国管辖海域相关案件若干问题的规定(一)》、《关于审理发生在我国管辖海域相关案件若干问题的规定(二)》对发生在我国管辖海域内或者发生在我国管辖海域外但对我国管辖海域造成污染或污染威胁的海洋污染损害案件明确了管辖法院及诉讼请求。

“涉海环境案件”,泛指因海洋污染、生态破坏直接或间接引起法律纠纷并诉诸司法

---

① 关于海事法院受理案件范围的规定,是开展海事专门审判、充分发挥海事审判职能作用的重要基础和必要依据。最高人民法院在 1984 年决定设立海事法院时即一并规定其受理案件的范围,之后根据形势发展和实践需要先后于 1989 年、2001 年两次充实修改,重新制定颁布关于海事法院受理案件范围的规定。最高人民法院《关于海事法院受理案件范围的规定》于 2015 年 12 月 28 日由最高人民法院审判委员会第 1674 次会议通过,2016 年 2 月 24 日发布,自 2016 年 3 月 1 日起施行。最高人民法院以前作出的有关规定与本规定不一致的,以本规定为准。

② “海洋及通海可航水域开发利用与环境保护相关纠纷案件”具体包括 15 项案件类型,新增渔业经营、海域使用、环境生态保护以及相关金融、担保方面的纠纷案件等 10 项案件类型,其中第 65 项和第 66 项规定的相关污染案件包括陆源污染等各种污染源引起的污染海洋及通海可航水域环境、破坏海洋及通海可航水域生态责任纠纷案件,但船舶排污造成的损害责任纠纷案件应作为最高人民法院《关于海事法院受理案件范围的规定》第 4 项案件类型受理。参见张勇健等:《〈关于海事法院受理案件范围的规定〉的理解与适用》,载《人民司法(应用)》2016 年第 10 期。

程序的案件。涉海环境案件并不限于前述司法解释、司法文件所概称的“海洋及通海可航水域开发利用与环境保护相关纠纷案件”“海洋生态环境保护案件”,还包括与海洋环境因素有关的海事行政案件、海事特别程序案件等。“涉海环境案件”涵盖了“环境案件”的范围,二者并非子概念与母概念的关系,而是交叉关系,在特定语义中,“涉海环境案件”所包含的案件类型、性质多样化,案件范围超过“环境案件”。

之所以采用“涉海环境案件”这一术语,而非“海洋生态环境保护案件”,出于两点考虑:

首先,尽量兼容2016年《受理案件范围的规定》中的“海洋及通海可航水域开发利用与环境保护相关纠纷案件”。最高人民法院民四庭法官著文指出,海洋及通海可航水域开发利用与环境保护相关纠纷案件,是指除海上货物贸易、交通运输及相关的担保、金融等民商事(传统海事海商纠纷案件)以外,所有海洋及通海可航水域开发利用活动所引起的其他合同、侵权等民商事纠纷案件。可见,这一大类案件并非清一色环境案件,还包括以海洋开发利用设备设施为标的,或与海洋开发利用等海上生产经营相关债权有关的民商事案件,如第58~64项案件。海事法院根据受案范围规定受理案件,重点解决海事专门管辖的案件“入门”问题,适用于案件受理以前阶段。鉴于当事人起诉时法律关系的性质往往尚不能准确界定,受案范围需要根据纠纷相关的原因事实来确定;之后,再根据“案由规定”解决案件纳入法院后的规范审理问题(准确确定争点和正确适用法律),并规范法院的立案、审判和司法统计等工作。有鉴于此,不宜将“海洋及通海可航水域开发利用与环境保护相关纠纷案件”都纳入“涉海环境案件”。事实上,前述第58~64项案件亦不属于最广义的“环境案件”,而是渔业经营、海域使用,以及相关金融、担保方面的民商事纠纷案件。本文界定的“涉海环境案件”虽不限于海洋环境遭受损害的案件,但是,其包含的案件应当与海洋环境或海洋资源、生态因素的变化有关,故其可以包括对2001年最高人民法院《关于海事法院受理案件范围的若干规定》第36项“海洋开发利用纠纷案件”具体分解细化而成的第53~57项案件,但不宜包括新增的第58~64项案件。

其次,“涉海环境案件”应当包括“因不服海事行政机关作出的涉及海洋、通海可航水域开发利用、渔业、环境与生态资源保护等活动的行政行为而提起的行政诉讼案件”,以及第82~85项海事行政案件。2016年《受理案件范围的规定》的亮点之一是明确海事法院对海事行政案件行使管辖权。海事行政诉讼,是指行政管理相对人不服海洋及通海水域行政管理机关的行政行为,或不服复议决定,在法定期限内向法院起诉,由法院根据法定程序对该海事行政争议进行审理和判决的司法活动。涉及海洋动植物物种引进、海岛资源开发、海水养殖场建设、海洋海岸工程建设审批引发的行政案件,专业术语多,要求司法者了解一定的海洋环境科学、环境法学知识。这对较为熟悉海上交通、运输业务的海事审判庭法官而言,又要拓展知识面至海洋环保、资源开发领域。而将这类关涉环境问题的海事行政案件纳入“涉海环境案件”,不仅有助于促进环境审判的“二审合一”乃至“三审合一”,也有助于全面了解海洋环境的不利变化对各种社会关系的影响,通过加强海事司法救济来敦促社会各界保护和保全海洋环境。

综上,涉海环境案件并非仅指环境案件,也不限于2016《受理案件范围的规定》所列举的案件,而是基于现行司法解释、司法文件的规定,对海事法院受理的、与海洋环境有直接或间接关系的各种性质、类型案件的统称。涉海环境案件包括的案件类型可分为四类：

第一类：海洋环境资源民事案件

(一)涉及海洋环境因素的民事私益纠纷案件

1. 因海洋污染和生态破坏引发的侵权纠纷案件；

2. 污染海洋或通海可航水域环境责任纠纷案件；

3. 破坏海洋或通海可航水域生态责任纠纷案件；

4. 海洋开发利用纠纷案件。

(1)海洋、通海可航水域能源和矿产资源勘探、开发、输送纠纷案件；

(2)海水淡化和综合利用纠纷案件；

(3)海洋、通海可航水域工程建设(含水下疏浚、围海造地、电缆或者管道敷设以及码头、船坞、钻井平台、人工岛、隧道、大桥等建设)纠纷案件；

(4)海岸带开发利用相关纠纷案件；

(5)海洋科学考察相关纠纷案件；

(6)海洋或者通海可航水域开发利用、工程建设引起的其他侵权责任纠纷及相邻关系纠纷案件。

5. 涉及海洋资源开发利用的权属、合同和侵权纠纷案件。

(二)以救济环境公益为目的的海洋环境资源民事案件

1. 海洋环境监督管理部门代表国家对破坏海洋生态、海洋水产资源、海洋保护区等造成重大损失行为提起的诉讼；

2. 社会组织依法提起的海洋环境民事公益诉讼案件。

第二类：涉及海洋环境资源保护的行政案件

1. 因不服海事行政机关作出的涉及海洋、通海可航水域开发利用、渔业、环境与生态资源保护、海洋海岸工程建设审批等活动的行政行为而提起的行政诉讼案件；

2. 以有关海事行政机关拒绝履行上述第1项所涉行政管理职责或者不予答复而提起的行政诉讼案件；

3. 以有关海事行政机关及其工作人员作出上述第1项行政行为或者行使相关行政管理职权损害合法权益为由，请求有关行政机关承担国家赔偿责任的案件；

4. 以有关海事行政机关及其工作人员作出上述第1项行政行为或者行使相关行政管理职权影响合法权益为由，请求有关行政机关承担国家补偿责任的案件；

5. 有关海事行政机关作出上述第1项行政行为而依法申请强制执行的案件。

第三类：海洋环境资源刑事案件

1. 非法向海洋排放各类污染物及破坏红树林、滩涂、珊瑚礁等造成海洋生态环境严重破坏的犯罪行为引起的刑事案件；

2. 涉及海洋资源开发利用的刑事犯罪行为而引起的刑事案件。

第四类：与海洋环境损害有关的海事特别程序案件

申请从油污损害赔偿责任限制基金中代位受偿案件。

有必要补充说明上述“以救济环境公益为目的的海洋环境资源民事案件”。2016《受理案件范围的规定》虽未明文规定海洋生态损害国家索赔之诉,但国内海事法院早已依据《海洋环境保护法》第90条第2款受理过此类诉讼,如天津海事法院于2002年12月即已受理由天津市海洋局、天津市渔政渔港监督管理处代表国家提起的“塔斯曼海”轮船舶碰撞海洋油污损害赔偿系列案件。法学界对海洋生态损害国家索赔之诉属于维护国家所有权的诉讼还是公益性质的诉讼尚存歧见,海事法院处理此类案件时不必拘泥于案件的性质界定,而应重点考虑诉讼目的,即以诉讼请求的目的来判断国家索赔是否具有环境案件的性质、特点,进而通过审前法官、专家、当事人、利害关系人的会商机制来协调就同一起海上污染事故或生态损害事件而先后提起的诸项诉讼之间的关系。海洋生态(环境)损害国家索赔与社会组织提起环境公益诉讼,虽然途径不一依据不同,但都是出于同一动机、服务于同一目的:让被破坏的海洋生态(环境)得到恢复。国家索赔是通过行政机关的主动作为,积极参与索赔过程以期尽快达成赔偿协议、尽快组织修复工作,这体现的是海洋行政主管部门履行法律赋予的职责;而由于海洋生态利益缺乏明确的所有权人,基于传统民事侵权的维权诉讼没有实现的途径,环境公益诉讼制度则突破了“直接利害关系”的诉讼要求,为公众维护共享的海洋生态利益提供了途径。海洋生态(环境)损害国家索赔与环境公益诉讼体现了对生态(环境)损害赔偿的两种不同思路,却又殊途同归,通过各自的法律机制来实现共同的目的。由社会组织提起环境公益诉讼能较为全面地兼顾“沉默的”受害主体的利益,促进矛盾的最终解决;而由行政机关代表国家开展索赔能高效地履行维护公众利益的职责,可以期待二者的合作能为海洋生态(环境)损害赔偿创造更为有效的索赔机制。①

总之,对于海事法院受理的涉海环境案件应持广义理解,其中既包括典型的环境公益诉讼,也包括停止环境侵害、赔偿私益损害的侵权诉讼,还包括被一些学者认为的由有关行政机关依据海域国家所有权提起的海洋生态损害国家索赔诉讼。此外,2016《受理案件范围的规定》第110项规定,当事人提起的民商事诉讼、行政诉讼包含本规定所涉海事纠纷的,由海事法院受理。可见,扩大受案范围之后的海事法院受理各种类型的民商事案件、海事行政案件,②包括与海洋环境保护有直接或间接联系的各种案件,③这些案件或因突发性海上污染事故引起巨大社会反响而备受关注,或因牵涉关联案件而不容忽视。随着受案数量、类型增加,特别是一些大案、新案给海事审判带来挑战,海事法院在

① 参见梅宏:《海洋生态环境损害赔偿的新问题及其解释论》,载《法学论坛》2017年第3期。

② 最高人民法院《关于充分发挥审判职能作用 为推进生态文明建设与绿色发展提供司法服务和保障的意见》规定,妥善审理涉及海洋动植物物种引进、海岛资源开发、海水养殖场建设、海洋海岸工程建设审批引发的行政案件。

③ 最高人民法院《关于充分发挥审判职能作用 为推进生态文明建设与绿色发展提供司法服务和保障的意见》规定,“依法惩处非法向海洋排放各类污染物及破坏红树林、滩涂、珊瑚礁等造成海洋生态环境严重破坏的犯罪行为”。待我国法律、司法解释明确规定涉海刑事案件归海事法院管辖后,海事法院受理的案件类型将更加全面。

没有新增审判庭或由海事审判庭分出海洋环境保护审判庭的情况下,为做好案件的识别工作,建议推广专业化审判。在充分考虑法官办案能力、经验及特长等因素的基础上,根据涉海环境案件的不同类型确定审理类型化案件的专业审判组织;推进办案标准化建设,建立专司海洋环境保护案件的审判团队和重大疑难新案件的会商机制,以利于开展各项审前工作(管辖权审查、诉讼主体资格审查、审前调解、庭前会议等),促进涉海环境案件及时得到处理,避免案件受理后久拖不审,反遭诟病。如果经过审前程序,法院认为涉海环境案件确有开庭审理的必要,应当通过审前准备工作,着力克服送达难、证据交换难、争议事项的评估鉴定难等现实问题,缓解庭审压力,避免审判时限过长;对于不能调解的案件,则通过审前准备,固定证据,归纳焦点,为公正、高效的庭审与裁判夯实基础。

(二)完善审前证据交换制度

证据交换是指当事人相互之间就其准备在法庭上适用的证据彼此互换,从而互通有无、公平诉讼的制度。[①] 自最高人民法院《关于民事诉讼证据的若干规定》(法释〔2001〕33号)中确定证据交换制度起,我国证据交换制度正在逐步完善,但对于开展证据交换的标准只限制在"证据较多或疑难复杂的案件"上,且由法院依职权进行,除此之外的一般案件则由当事人申请经法院决定,这里体现了一种双重标准。这种双重标准在立法意义上蕴含着也昭示着某种至深的矛盾和犹豫,反映了我国现阶段民事诉讼中证据交换制度职权主义色彩浓重,往往容易造就法官对证据交换的任意性。[②] 由于证据交换对当事人而言更多属于一种诉讼权利,若过重的职权主义支配势必会侵害当事人的程序性权利。因此,审前证据交换应当被确立为一项制度,且需把握适度灵活性。

当前条件下,证据交换次序应当以法院主导型证据交换为主。根据最高人民法院《关于民事诉讼证据的若干规定》的规定,证据交换需要"审判人员"的主持,其次序的确定由"审判人员"确定,但是这种次序并非"审判人员"的恣意,而是应当综合考量平衡效率与公正、当事人之间诉讼权利义务关系、保证证据交换效益等问题。

最高人民法院《关于民事诉讼证据的若干规定》中有关证据失权的规定因脱离国情实际而形同虚设。在此情形下,建立强制证据出示机制可以防止证据突袭。在强制出示证据机制的设计上,应当注重根据证据失权制度做好惩罚性结果的运用及其尺度把握。在设计证据交换制度过程中,应当赋予当事人在证据交换阶段更多的诉讼权利,并引入更为丰富多样的证据交换手段。可以在证据交换阶段发放"证据交换提示书"告知权利义务,并在法院审判人员主持下签订"当事人诚信交换证据承诺书"以保证证据交换的效果。在证据交换次数上,可适当增加组织次数,但出现新证据即组织交换,又势必造成司法资源的紧张,降低诉讼效率,增加诉讼成本,也不方便当事人诉讼。因此,应当逐步推

---

① 参见汤维建:《民事诉讼证据交换制度的确立和完善》,载《法律科学》(西北政法学院学报)2004年第1期。

② 参见张晋红:《完善民事诉讼审前程序与几个基本关系的定位》,载《广东商学院学报》2003年第5期。

行由律师指导当事人双方进行证据交换,法院只参与最后一次证据交换,证据交换以庭审开始前一段固定期间为限,明确规定证据交换最迟结束时间即可。

(三)完善庭前会议制度

最高人民法院《关于适用民诉法解释》第225条增加了民事诉讼庭前会议的规定。最高人民法院《关于进一步推进案件繁简分流优化司法资源配置的若干意见》进一步提到"发挥庭前会议功能"。不过,在司法实践中,若在庭前会议中全部进行以上活动,势必会使庭前会议无法找准重心。因此,庭前会议应当有一个确定的中心——整理归纳争议焦点,然后进行尚未完成却对庭审开展至关重要的活动。

庭前会议应当以争点整理归纳为中心。民事争点整理程序,是指为实现民事案件集中审理的目标,在审前程序或开庭审理程序中法院和当事人一起按照一定的顺序和方式所进行的明确和固定诉讼标的、案件事实、证据上和法理上争点的一系列活动。[①] 庭前会议应围绕争点整理归纳展开一系列活动,虽然有法院进行主持,但是其规范程度是无法与庭审过程相提并论的,因而庭前会议功能定位上主要是围绕对当事人程序权利的尊重和维护所展开。庭前会议是审前程序与审理程序的衔接点,庭前会议由法官或者受法官指导的法官助理主持召开,解决核对当事人身份、组织交换证据目录、启动非法证据排除等相关程序性事项,通过对审前诉答、证据交换、争点整理等内容进行科学总结,形成过渡性材料,为优质高效的审理程序打下坚实基础。最高人民法院《关于民事执行中变更、追加当事人若干问题的规定》(法释〔2016〕21号)中提出,对于适宜调解的案件,积极通过庭前会议促成当事人和解或者达成调解协议。对于庭前会议已确认的无争议事实和证据,在庭审中作出说明后,可以简化庭审举证和质证;对于有争议的事实和证据,征求当事人意见后归纳争议焦点。

庭前会议的运作方法与审前程序模式密切相关,在职权主义模式下的审前程序要求庭前会议由法院负责召集并进行主持;而当事人主义模式则是由当事人双方在协商一致的情况下,完全由当事人负责运行。合作主义诉讼模式逐渐成为主流的背景之下,庭前会议的运作机制由当事人之间协商进行,但是法院可提供适当的庭前会议场所,适时适度地行使释明权,从而为庭前会议提供专业化指导。本文主张,采取合作主义模式下的庭前会议运作方法,并以会议型争点整理方式为主,但应当坚持效益原则和法院适度控制原则。

(四)完善审前调解制度

民事诉讼审前程序的重要功能之一是通过对简易纠纷的审前调解,或在证据交换、归纳争点的基础上促使当事人和解,以促进案件的快速解决。修订后的《民事诉讼法》及其司法解释均对审前调解和径行调解作出粗线条的规定。最高人民法院《关于人民法院特邀调解的规定》还专门规定了法院特邀调解。

调解原则在我国民事诉讼中运用广泛,诉前调解、庭审中调解、庭审结束后调解在司

---

① 章武生:《我国民事案件开庭审理程序与方式之检讨与重塑》,载《中国法学》2015年第2期。

法实践中都有运行,审前调解自然不应缺席。[①] 审前调解应当遵循自愿合法原则,既要有当事人主动申请法院调解解决纠纷的程序意义上的自愿,又有当事人自愿协商达成调解协议的实体意义上的自愿;既要严格按照《民事诉讼法》所规定进行的程序意义上的合法,又要达成合意符合法律规定的实体意义上的合法。审前程序要有严格的期间限制,其效率价值应当被尊重,故而审前调解的延续不宜过长,召集当事人调解的次数以不超过三次为宜。另外,审前调解可以与证据交换、庭前会议结合进行,以达到节约时间、提高审前程序整体效能的目的。

需要指出的是,对于海洋环境民事公益诉讼案件的审前调解,海事法院在尊重审判规律、坚持司法中立原则的前提下,依法适度强化能动司法,在合理限度内发挥环境公益诉讼的评价指引和政策形成功能,对当事人的处分权进行适度限制,避免因原告诉讼能力欠缺或不作为导致环境公益得不到有效维护。海洋环境民事公益诉讼虽允许当事人自行和解或接受调解,但必须是在查清事实、保证海洋生态恢复责任得以履行的前提下进行。依据最高人民法院《关于审理环境民事公益诉讼案件适用法律若干问题的解释》第25条规定,环境民事公益诉讼当事人若能在审前达成调解协议或者自行达成和解协议,人民法院应当将协议内容公告(涉及国家秘密和商业秘密的除外),征求社会公众的意见,公告期间不少于30日。公告的目的是使公众知晓调解协议或和解协议的内容,以便公众对损害社会公共利益的行为及时行使监督权。公告期满后,人民法院还应依法对协议内容进行审查,对于损害社会公共利益的调解协议或和解协议,人民法院应不予准许,并依法启动庭审程序,及时作出判决;认为调解协议或者和解协议的内容不损害社会公共利益的,应当出具调解书。调解书应当写明诉讼请求、案件的基本事实和协议内容,并应当公开。若当事人以达成和解协议为由申请撤诉的,不予准许。

由于案件内容涉及自然科学的专业领域,不乏超出法官业务知识范围的争点、证据、鉴定报告,故法官有必要在立案前委派或者立案后委托海洋领域的专家依法进行特邀调解工作,促进海洋及通海可航水域的资源、能源开发利用案件获得有效解决。

所谓特邀调解,按最高人民法院《关于人民法院特邀调解的规定》第1条规定,是指人民法院吸纳符合条件的人民调解、行政调解、商事调解、行业调解等调解组织或者个人成为特邀调解组织或者特邀调解员,接受人民法院立案前委派或者立案后委托依法进行调解,促使当事人在平等协商基础上达成调解协议、解决纠纷的一种调解活动。海事法院在受理专业性较强的海洋资源能源开发利用案件之后,有必要在审前程序特邀专家参与司法调解工作,帮助法官更深入地理解涉案的有关海洋科学问题,通过"外脑"为及早解决纠纷寻求帮助。对于当事人来说,诉讼不是目的,尽快解决纠纷,确定海洋资源、能源开发利用的秩序才是真正的需要。审前程序有助于提高司法审理的效率,甚至促成当事人直接达成和解协议。鉴于海岸带开发利用相关纠纷案件、海洋科学考察相关纠纷案

① 曾令健:《迈向集约型司法的民事审前调解》,载《安徽大学学报》(哲学社会科学版)2013年第4期。

件等海洋资源、能源开发利用案件的当事人往往是国有单位、大型企业,也不乏行政管理部门参与诉讼,故审前调解、和解对于当事人定分止争、提高工作效率大有裨益。此外,应当发挥律师在审前程序的作用,积极推动律师参与海事案件调解,预防或化解海事纠纷,促进海事纠纷的诉前分流。

四、结　　语

审前程序不仅发挥着为庭审进行准备等程序性功能,更具有简捷、高效、终结诉讼的功能,在整个司法诉讼活动中发挥着不可替代的作用。为促进海事法院案件审理质量和结案效率的提高,我国《民事诉讼法》应考虑建立、完善民事诉讼审前程序。《海事诉讼特别程序法》则针对海事法院受理的各类海洋环境资源案件的特点,使海洋环境资源案件的审前程序更加专业化、规范化。

Study on the Pretrial Civil Procedure of Marine Environmental Resources

Mei Hong

Abstract: Establishing the pretrial civil procedures of marine environmental resources cases is not only the realistic need that courts optimize the allocation of trial resources and improve the efficiency of pre-trial work, but also the way that marine environmental resources cases require procedural law "green". Contacting the requirements of registration system on matching mechanism and reforms of the judicial resources allocation of the judicial staff system, aiming for the characteristics of marine environmental resources cases accepted by maritime court, clarifying pre-trial procedures normatively can help to improve the efficiency of pre-trial procedures、accurately identify cases and prevent the increasing risks and damage of marine ecological. The present situation of judicature requires our country to improve the system of pretrial procedure of marine environmental resources.

Key Words: pretrial civil procedures　marine environmental protection and resources case　maritime court

(责任编辑:仁　者)

论美国的“私人妨害法”*

陈　伟**

[摘　要]　妨害法是美国环境法的历史基础,20 世纪 70 年代之前的绝大多数涉及环境污染的诉讼在法律上都是通过妨害法来处理的。在缺乏成文环境法的时代,妨害法在美国实际上履行着环境法的功能。作为普通法的妨害法并未因成文环境法的发展而失去司法价值,而是通过环境侵权诉讼对美国成文环境法构成重要补充。妨害可分为具有不同法律性质的私人妨害与公共妨害,私人妨害是指非侵入性地侵犯他人对土地私人使用和享有的利益,而公共妨害则是指对一般大众共同权利的不合理干扰。通过对私人妨害法的历史、概念、分类、构成、抗辩和意义的研究,既可以管窥美国环境法发展的历史切面和当代特点,也可以为我国的环境侵权法提供某些借鉴。

[关键词]　私人妨害　环境侵权　美国环境法　妨害　普通法

引　言

“妨害法”(nuisance law)是英美法系国家“环境侵权法”①中的一个重要分支,在缺少成文环境法(通过立法、执法来控制污染)的时代,妨害法在某种程度上履行着当代环境法的功能(通过诉讼来控制污染)。随着 20 世纪 70 年代以来美国成文环境法的爆炸式发展,“妨害法”,尤其是“私人妨害法”的地位受到了严重挑战。今天,美国的成文环境法已经覆盖了几乎所有可能产生环境问题的领域,空气污染、水污染、危险废物污染等原先可能造成私人妨害的污染都已由相应领域的成文环境法(如《清洁空气法》《清洁水法》《超级基金法》等)所规范、控制,环境状况的改善使私人妨害案件相比于工业化时期大量减少。即便企业产生了妨害行为,也可以由行政部门(如联邦环境保护局)根据成文

---

* 本文系江苏省社科基金项目“江苏省循环经济地方立法研究”(13FXC011)阶段性成果。

** 南京大学法学院,哲学博士、法学博士后。

① 在当代美国的学术语境中,“环境侵权法”(Environmental Torts Law)一般而言仅仅涵盖对环境本身造成损害的侵权行为,并不包括有毒有害物质通过污染环境而对人体造成的损害,后者是由另一法学概念“有毒物质侵权法”(Toxic Tort Law)来统摄。但无论是“环境侵权法”还是“有毒物质侵权法”,都只是法学学者为了研究或理解方便而对一定类型的侵权之学术归类,并非法院或成文法提供的某种法定化的侵权类型。考虑到我国环境法学界的习惯,本文拟在广义下使用“环境侵权”这一概念。

环境法的规定事先处理，或是由成文环境法规定的“公民诉讼”①得以有效率地解决，这使得真正诉至法院的私人妨害案件越来越少。然而，无论是从历史意义、研究价值、弥补成文法漏洞或现实司法功能等方面来看，妨害法的理论和实践潜力都远未被耗尽，妨害侵权仍是“最具特色且最吸引当代学者注意力的财产侵权”。②

我国法学界对妨害法（无论是私人妨害法还是公共妨害法）的研究尚停留在宽泛的原则性介绍上，除了环境法教科书一笔带过地介绍外，较少有论文专门对美国妨害法进行论述或评析。③ 通过后文的研究将会发现，这种研究现状与美国妨害法本身的重要地位与对我国的借鉴意义并不相称，本文拟比较系统地介绍美国私人妨害法的框架，并以此为基础，在适当的方面，将其与我国环境侵权法的某些规定略作比较。

一、“妨害”与“私人妨害”

普罗塞教授曾把“妨害”这个词描述为整个法律大陆中“无法穿越的丛林”（impenetrable jungle），④从普通法的历史上来看，不但当事人被妨害诉讼的复杂性所困扰，律师、法官乃至法律学者长期以来对究竟什么才是（或应当是）法律上的妨害也没有取得一致意见。这种状况并未随着妨害“令状”（writ）⑤制度或之后的妨害“诉因”（cause of action）⑥制度的出现而得到改变，虽然作为一种法律诉因，妨害诉讼在很大程度上获得了某些固定的外在形式，但究竟何种案件才能构成妨害，在不同的时期存在不同的看法。某类案件究竟是否应该以妨害之诉（或是以其他诉因）得到判决或是根本不予受理，与该案件发生的时代和地域都息息相关。妨害在很长时间里成了一个内涵和外延都不太确

---

① 公民诉讼并非普通法上的环境侵权诉讼，而是由联邦成文环境法赋予公民诉权以协助政府环境保护工作的特殊诉讼形式。参见 Cary R. Perlman, *Environmental litigation: Law and Strategy*, American Bar Association, 2009, pp. 321 – 358。

② John C. P. Goldberg, Benjamin C. Zipursky, The Oxford Introductions to U. S. Law: Torts, New York, Oxford University Press, 2010, p. 241.

③ 参见王明远：《美国妨害法在环境侵权救济中的运用和发展》，载《政法论坛》（中国政法大学学报）2003 年第 5 期。然而此文把公共妨害和私人妨害融合起来进行介绍、研究，难免会造成一些理解上的困难。

④ William Prosser, *The Law of Torts*, 4th ed., West Publishing Company, 1978, p. 571.

⑤ “人们必须正确选择合适的令状，否则就不得不面对权利得不到救济的现实。诉讼的开始取决于令状的选择——当事人必须能够证明案件符合某一个已经存在的令状，方可将案件移交到王室法院审理。”项焱、张烁：《英国法治的基石——令状制度》，载《法学评论》2004 年第 1 期。

⑥ “19 世纪令状诉讼形式被废除以后，取而代之的是实体法上的诉因，重要的不再是一项诉讼请求如何正确使用符合不同令状形式要求的词句，而是该项诉讼请求是否具有可支撑的法律依据……不同的诉因体现的是不同的侵权行为类型。”高鸿钧、程汉大主编：《英美法原论》（上），北京大学出版社 2013 年版，第 748 页。

定的概念。20 世纪之后,尤其是美国《侵权法重述(第二次)》(以下简称《重述》)发行以来,虽然法官关于妨害的认定或判决理由仍未统一,但妨害法成为一个内涵比较确定的普通侵权法分支应已无疑义,越来越多的州也已把妨害法写入州法典,使这支古老的普通法分支逐步成文法化。可以说,妨害法虽然仍是法律大陆中的危险丛林,但在这片丛林中已经开辟出了方向明确的道路。

事实上,"妨害"这个词并不仅仅只是一个法律概念,普通法上的"妨害"(nuisance)[①]既是一个有着特定内涵的法律概念,也是一种古老的令状形式,还是仍然活跃在当代司法诉讼实践中的侵权诉因或是侵权行为的一种具体种类(a class of torts),且在各种侵权诉因中,妨害之诉"是最适合用来处理环境问题的诉因"。[②] 有时妨害又指法官判决中的某种理论(theory of nuisance)或判决原则(principle),甚至有学者认为与被告的侵权行为(tortious conduct)相比,妨害更应当被认作一种"侵权责任"(tortious liability)[③]。而当我们提到"妨害法"时,指的其实是侵权法中规范一种具有历史延续性的特定侵权类型(category of torts,legal category)的,由一系列法律原则、构成要件乃至救济形式等组成的侵权法分支(branch)。使问题更为复杂化的是,在普通法发展的过程中,平行发展出了两种在法律性质上相对独立的妨害:"私人妨害"(private nuisance)和"公共妨害"(public nuisance)。前者是指"非侵入性地侵犯他人对土地私人使用和享有(enjoyment)的利益",[④]而后者则是指"对一般大众共同权利的不合理干扰"。[⑤] 从重述对这两个概念的定义可以看出,私人妨害和公共妨害除了共同使用"妨害"一词作为概念名称之外,两者在构成要件和实体内容上并无多少相似之处。对妨害概念的不少误解就在于试图把私人妨害与公共妨害"这两个完全不同的法律概念"[⑥]理解为一个概念的两个方面。实际上,很多理解上的混乱"可以从一开始就在公共妨害与私人妨害之间作出明确区分"[⑦]予以避

---

① 国内法学辞典、教科书、环境法学术著作或论文一般都把"nuisance"翻译为"妨害"。也存在一些例外情况,如《侵权法重述第二版》(许传玺等译,法律出版社 2012 年版)条文部分翻译为"侵扰",《英美法原论》(高鸿钧、程汉大主编,北京大学出版社 2013 年版)翻译为"滋扰"。鉴于"妨害"已经成为法学界的通行译法,本文沿袭此译名。

② Jonathan R. Nash, *Environmental Law and Policy*, New York, Aspen Publishers, 2010, p. 10.

③ "Nuisance is really a field of tortuous liability rather than a single type of tortuous conduct: the feature which gives it unity is the interest invaded—that of the use and enjoyment of land. The tort emphasizes the harm to the plaintiff rather than the conduct of the defendant." R. F. V. Heuston, Salmond on the Law of Torts 50 – 51(17th ed. 1977).

④ Restatement(Second) of Torts(1979), 821D.

⑤ Restatement(Second) of Torts(1979), 821B.

⑥ [美]小詹姆斯·A. 亨德森等:《美国侵权法:实体与程序》(第 7 版),王竹等译,北京大学出版社 2014 年版,第 381 页。

⑦ Marc A. Franklin et al., *Tort Law and Alternatives*, Ninth Edition, New York, Foundation Press, 2011, p. 681.

免。为了明确本文的研究对象——私人妨害，首先要注意的就是私人妨害与公共妨害之间的区别。

首先，从被侵犯的利益来看，私人妨害侵害的一般限于他人对土地的利益，而公共妨害侵犯的则是非常宽泛的公共利益。① 其次，从案件的性质来看，由私人妨害这一诉因导致的只能是民事救济，私人妨害案件一般都是民事性质的案件，而公共妨害则既可能是民事案件也可能是刑事案件。当公共妨害案件涉及州与州之间的利益纠纷时，则成为一个由联邦法院所管辖的联邦案件。② 最后，从原告的构成来看，民事性质的公共妨害案件往往由行政主体（如州政府）提起诉讼，而刑事性质的公共妨害案件则由检察官提起诉讼。当公共妨害行为也侵犯了特定公民个人权利时，③被侵害的公民个人则可以另外提起公共妨害诉讼，这就是所谓的“混合妨害”（mixed nuisance）④。而私人妨害案件的原告当然只能是“私人”。由此可见，虽然私人妨害与公共妨害都可以用来处理环境问题引发的纠纷，但两者显然“具有不同的法律根源”。⑤

为了避免理解上的混乱，本文不准备把这两个并无本质关联的普通法概念融合在一篇文章中论述，而只拟对美国私人妨害法进行研究。这并不是说公共妨害法不重要，恰恰相反，就对当今美国环境法的影响而论，公共妨害可能是一个比私人妨害更为重要、更有意义的概念（诉因），尤其是在跨区域污染和气候变化诉讼中，⑥公共妨害诉讼更是发挥着连成文法都无法取代的作用，此问题应由另文论述。

二、不同类型的妨害

前文已对私人妨害的一般概念作了简要的介绍，下文的任务是更为详细地分析普通法中的“妨害”的概念，所采用的方法是对这个概念进行分类。这些分类不是学者出于学术研究的需要而进行的学理分类，而是基于普通法发展历史中由司法判决逐渐形成的现

---

① 包括但不限于土地使用的利益，如在公共场合裸露下体可能构成公共妨害，但即便这种行为对特定当事人造成精神损害，当事人也不能以私人妨害为诉因提起诉讼，因为这不是有关土地利益的案件。

② 参见 Missouri v. Illinois，200 U. S. 496（1906）。

③ 此时公民被侵犯的权利必须不同于一般公众被侵犯的权利，如传统上在高速路上丢弃废弃物构成公共妨害，一般公众被侵犯的是正常的公路通行权，而当有人因此出了车祸，被侵权人被侵犯的权利则具体到他个人的人身和财产损害，此时他可以就此提起私人诉讼。

④ Bryan A. Garner Editor in Chief，*Black's Law Dictionary*，Tenth Edition，Thomson Reuters，St. Paul，MN，2014，p. 1234.

⑤ Robert V. Perciva，Environmental Regulation：Law，Science，and Policy，Seven Edition，New York，Wolters Kluwer Law & Business，2013，p. 64.

⑥ See Jean-Francois Masson，*Climate Change Litigation and Law*，New York，Nova Science Publishers，2010.

实判例法的分类。通过对这些现实妨害“子概念”的分析,能够更加全面地理解美国妨害法的实质。

1. 妨害与侵入(trespass)。根据普通法的传统,“妨害之诉”与“侵入之诉”分属两种不同类型的侵权诉讼,两者保护的利益并不相同,侵入之诉保护的是原告对土地的排他性占有利益,而妨害之诉保护的则是原告对土地的使用和享有利益。有学者指出,侵入法(the law of trespass)保护的利益“在本质上可能不过是所有人对土地占有的一种感觉(a feeling)”,[①]这也就解释了为何即便侵入者没有对土地所有人造成任何物理上的损害,也可能被要求象征性地赔偿。[②] 而妨害法所保护的利益在本质上则是土地价值本身,必须要求损害已经实际发生或是必然会发生,不能仅仅是一种主观上的“感觉”。虽然有些州的普通法在诉因上并不是太区分妨害与侵入,但严格来说,这种区分是有相当意义的。尤其是在损害赔偿的救济方面,妨害之诉对原告的举证要求显然更高,原告不但要证明行为的存在,还要证明自己的确因被告的行为受到实际的损失,而侵入之诉只要证明侵入行为已经发生即可获得损害赔偿。

需要注意的是,法律概念、行为分类是有特定历史前提的,当特定历史条件不再具备时,概念、行为本身也将发生变化。例如,由于在 United States v. Causby[③] 一案中,联邦最高法院否定了普通法上土地的绝对所有权(cujus est solum est usque ad coelum,土地所有者权利及于地上全部空间),当飞机通过合法航道飞过私人土地时,土地所有人将不能提起侵入之诉,因为侵入之诉的前提是行为人侵入土地所有权人所拥有的土地。在此案后,航道不再属于土地所有人的权利范围,不再为土地权利人所有,成为公共物品。此时,如果因飞机飞行高度过低影响到土地所有人的权利(噪音或震动污染),土地所有人则可以提起妨害之诉。这是侵入之诉转变为妨害之诉的一个实例。

2. 绝对妨害与相对妨害。绝对妨害(nuisance per se)又称作法律上的妨害(nuisance at law),是指“侵害足够严重乃至于任何条件下都构成妨害;或是一种无论在任何地点或环境中本身就构成的妨害”。[④] 例如,被告因为日常矛盾故意在自家院子里焚烧干草,浓烟借着风向吹到原告家里;再如,被告在自己的土地上盖了一堵没有任何其他用处的高墙,其目的就是为了遮挡原告住宅的阳光。这些行为本身(per se)除了妨害,什么也不是,不产生任何社会价值,只是妨害了他人对土地的享有和使用。相对妨害(nuisance per accidens)又称作事实上的妨害(nuisance in fact),是指“因为具体的使用环境或特定的地点才构成的妨害”。[⑤] 例如,工厂的机器发出严重的噪音,如果工厂周边并没有居民居住,

---

① Robert E. Keeton et al., *Tort and Accidental Law*, Fourth Edition, Thomson West Press, 2004, p. 872.

② 参见高鸿钧、程汉大主编:《英美法原论》(上),北京大学出版社 2013 年版,第 749 页。

③ 328 U. S. 256(1946).

④ Bryan A. Garner Editor in Chief, *Black's Law Dictionary*, Tenth Edition, Thomson Reuters, St. Paul, MN, 2014, p. 1234.

⑤ Ibid..

则不构成妨害,如果工厂周边有居住的居民,则有可能构成妨害。相对妨害行为的直接目的并非是为了妨害他人对土地的享有和使用,妨害只是另一种行为的“副产品”。可以看出,绝对妨害与相对妨害的本质区别在于妨害的“社会有用性”,绝对妨害一般是不产生社会价值的纯粹负面妨害,而相对妨害则是具有一定社会价值但同时又对私人或公共利益产生一定负面影响的妨害。[①]

绝对妨害由于不产生任何正面的社会价值,因此法官在救济上适用禁令也就不会有任何压力,禁止一种纯粹的不正义行为无须价值判断。但如果要对相对妨害行为提供禁令救济,法官则往往需要进行价值权衡(虽然不限于经济价值的权衡,但不得不承认经济价值是最为重要的一个权衡砝码),即便认定了妨害行为的确存在也的确造成了原告的经济损失甚至是人身伤害,如果被告产生的社会价值(经济价值)比对原告造成的经济损失大得多,法官也很难(很少)颁发停工禁令。[②] 显然,在当代社会中,妨害案件中的疑难案件基本都是有关相对妨害的案件(法经济学的分析对象一般也限于相对妨害),绝对妨害由于目的的单一性、价值判断的简单性、构成要件的判断又比较容易,因此研究的价值远低于相对妨害。

3. 永久妨害(permanent nuisance)和临时妨害(temporary nuisance)。永久妨害是指“无法以合理的费用减少的妨害”;[③]临时妨害则是指“可以合理的费用或劳力减少的妨害”。[④] 永久妨害和临时妨害的区分并非以“客观上”是否能够减少妨害或恢复土地使用价值为标准,而是更加注重减少妨害或恢复价值的“代价”(合理的费用)。因此,即便一种妨害客观上具有可以被减少的可能性(例如,法院可以颁发停工禁令禁止大型企业的生产以达到减少妨害的目的),但如果法院通过价值判断认为停工禁令不能适用于此种妨害,那么这种妨害一般来说被认作永久妨害而非临时妨害。永久妨害和临时妨害的区分在司法实践中具有重要意义:一旦妨害被认定为永久妨害,那么赔偿金则需要按照土地价值的永久减损来计算;而在临时妨害的案件中,赔偿金则只能按照妨害存在的那段时间被妨害人土地使用价值减少的那部分来计算。

虽然一般来说,现实中的绝对妨害基本上都是临时妨害,如前文所举的烧草和筑墙的绝对妨害案例,只要停止烧草和拆除墙壁即可排除妨害,但也不能排除有的绝对妨害

---

① 《元照英美法辞典》把“nuisance per se”译作“本身妨害”,把“nuisance per accidens”译作“偶然构成的妨害”,从字面看当然没有问题。但从本文对这两个概念的辨析可以看出,“nuisance per se”无论在任何条件下都应当被认作妨害(没有任何正面的社会价值),而“nuisance per accidens”则需要满足一定的条件才能够被认作妨害(有一定的社会价值),因此结合笔者认为把这两种妨害分别翻译为“绝对妨害”和“相对妨害”似乎更能准确地表达原意。参见薛波编:《元照英美法辞典》(缩印版),北京大学出版社 2013 年版,第 987 页。

② See Boomer v. Atlantic Cement Co. ,Ct of App NY(1970).

③ Bryan A. Garner Editor in Chief, *Black's Law Dictionary*, Tenth Edition, Thomson Reuters, St. Paul, MN, 2014, p. 1235.

④ Ibid. .

是永久妨害的情况。例如,被告在自己的土地上堆放危险物品,有证据证明其目的并非储存物品,而只是想对原告使用相邻土地造成负面影响,后来危险物品泄漏,对原告土地造成无法以合理费用恢复的损害(危险物品为难以清除的化学物品或是核污染)。在此案例中,被告的行为既构成绝对妨害又构成永久妨害。同样,相对妨害也既可以是临时妨害又可以是永久妨害,法官的自由裁量权在这里发挥着决定性作用,如果判决相对妨害(企业排污造成邻地污染)案件中被告的行为(排污)构成永久妨害,①实际上在很大程度上也就排除了停工禁令救济的适用,至多适用"减少妨害"这种救济形式;而如果判决被告的行为构成临时妨害,那么法官则有可能适用禁令救济,因为只有当法官认为可以以合理的费用(关停企业排放污染物的工厂)减少或消除妨害时,才会认定为临时妨害。② 在司法实践中,通常是排污企业的污染行为已经严重损害到原告利益且法官通过价值判断(以经济价值判断为主,在一些案例中也不排除安全价值或是仅仅通过抽象的正义考量)认为排污企业的排污行为在价值上不明显高于或低于受损利益时,才会认定为临时妨害。

除以上三个主要分类之外,妨害概念还包括"诱惑妨害"(attractive nuisance),"预期妨害"(anticipatory nuisance, prospective nuisance),"比较妨害"(comparative nuisance)。诱惑妨害和一般的妨害概念区别较大,是指土地所有人(或其他权益人)在土地上堆放、安装、生产或以其他行为设置对未成年人具有吸引力的危险器具、装备、有毒有害物质等,未成年人因好奇等原因被吸引至没有(充分)保护措施的土地从而遭到损害。③ 预期妨害是指尽管尚未发生,但非常可能(very likely)即将发生的妨害。例如,上游邻地所有人已经开始在其土地的河流上修建小型水坝,水流虽尚未截断,但完全可以预期水坝截水设施一旦建成,将对下游土地所有人用水产生极大的负面影响,此时可以认定构成预期妨害,法院可以对预期妨害人颁发禁令。而比较妨害并非一个司法概念,而是某些学者提出的学理概念,意在更加公平地解决传统妨害诉讼案件。传统妨害诉讼的解决方式不是原告胜诉获得赔偿(此时被告败诉),就是原告败诉没有赔偿(此时被告胜诉),而比较妨害则试图在原被告胜败之间寻求一条中间路线,毕竟有些妨害具有一定的社会有用

---

① 这里又要细分为两种情况,一种情况是由于被告的排污行为造成原告土地价值客观上的不可恢复性,如原告土地被无法消除的化学物品永久污染;另一种情况就是类似"Boomer"案(Boomer v. Atlantic Cement Co. ,Ct of App NY 1970)那种无法以合理的费用恢复原告土地的使用价值(因为排污企业不能被关停)。

② 此处的分析着眼于相对妨害(绝对妨害)与临时妨害(永久妨害)的现实"相关性",而不是概念上的逻辑关系。从概念上的逻辑关系来说,相对妨害与绝对妨害的划分标准和临时妨害与永久妨害的划分标准完全不同,前者是以妨害是否具有社会有用性为划分标准,后者则以减少或排除妨害的难易程度为划分标准。有的妨害(如核泄漏造成的妨害)既是绝对妨害又可以构成永久妨害,有的妨害(如污水处理厂因操作失误而把废水排放到邻地水源中)既是相对妨害又可以构成临时妨害。一种相对妨害(绝对妨害)究竟构不构成临时妨害(永久妨害)无法从概念上推导出。

③ 参见张民安:《不动产权利人对未成年人的注意义务——兼论滋扰理论之引入》,载《法商研究》2006 年第 2 期。

性,无论哪方败诉都并非完全解决问题的理想方案。①

三、私人妨害的构成要件

私人妨害的概念和类型可以让我们从总体上了解何为妨害,却不能告诉我们在司法实践中,究竟如何认定一种侵权行为是否构成私人妨害。如何认定妨害涉及私人妨害的构成要件问题。虽然作为普通法的私人妨害法是各州州法,但各州的妨害法仍有相当程度的相似性,基于妨害本身的历史、性质和各州的司法判决,《侵权法重述》对妨害法的构成要件作了一般性的整理,以便于各州参照适用。各州是否适用《侵权法重述》的意见,由法官自由裁量或是由州议会颁布成文妨害法予以参照,《侵权法重述》只是从学理上给出“参考答案”,并不具有成文法的效力。然而,不可否认的是,《侵权法重述》对妨害的定义和要件的整理具有相当的权威性和实用性,在绝大多数的案件中,法官没有不予参照适用的理由。因此本文以《侵权法重述》为蓝本,对私人妨害的构成略作分析。

《侵权法重述》第821D节对私人妨害的定义为“私人妨害是指一种对他人私人使用和享有土地利益的非侵入性侵害”。第821E条指出对于这种侵害,土地占有人、土地用益权人或对土地拥有其他权益的人可以因妨害而获得赔偿(这三者也是拥有诉讼资格的人)。第821F条则给出了妨害构成要件的一个最重要的表述“实质损害”,并非土地权益人遭受的所有“损害”都可能构成妨害,有可能构成妨害的损害必须是“实质损害”(significant harm),②这是构成妨害最一般最基本当然也是现实中最难以界定的“门槛”。对研究妨害构成要件最有参考意义的则是《侵权法重述》第822节对私人妨害责任的一般性界定:

一般规则

一方应为私人妨害承担责任,当且仅当其行为(conduct)是侵犯(invasion)另一方对土地的私人使用和享有利益的法律原因(legal cause),且该侵犯行为符合下述两个条件之一:

(a)故意的且不合理的;

(b)非故意的,但基于适用过失(negligent)或鲁莽(reckless)行为,或异常危险情形、行为的责任规则,是可诉的。

如果原告以妨害本身作为诉因,适用条件(a),如果以其他种类的三种诉因(negligent,reckless,abnormally dangerous conditions)提起诉讼,则只要求证明相应诉因所

---

① Jeff L. Lewin, Comparative Nuisance, Pitt. L. Rev. 1009(1988 - 1089).

② 如何界定实质损害是审理妨害案件的一个难点,虽然有一些一般性的考虑要素,但最终仍应由法官根据个案自由裁量确定。例如,在Weinhold v. Wolff(555 N. W. 2d 454,459 Iowa 1996)一案中,法院认为“如果社区中的普通人认为侵犯是攻击性的(offensive),严重扰民的(seriously annoying)或是无法容忍的,那么侵犯就是实质的”。

需要件而不要求证明妨害是"故意的",此时,应把妨害也列为一个诉因。例如,同时提起过失(negligent)之诉和妨害之诉,只要符合过失之诉的条件则不必证明妨害是故意的。[①]

综合分析以上条文,构成私人妨害的要件可以归纳为:侵权行为(conduct),侵犯的故意性(intentional)与不合理性(unreasonable),损害结果(实质损害)和因果关系(legal cause)。

1. 侵权行为。根据《侵权法重述》第 824 节的规定,侵权行为(conduct)既可以是"作为"(an act)也可以是"不作为"(a failure to act)。作为自不必多言,当一方有责任避免损害结果发生时而没有避免,则其不作为亦可构成妨害所需的"行为"。被告长期不住在自己家里,别人把垃圾扔在其院里,日久腐烂发臭,原告为其邻居,为臭气所扰,提起妨害诉讼,此时若其他要件满足,法官可以认定被告不清理自家院落构成妨害。《侵权法重述》的精神是对行为做广泛的理解,不至于因对行为的定性不明而影响到对妨害的认定。此外,第三人在占有人的土地上施加妨害原告的行为,土地占有人有义务阻止第三人的行为,违反此义务的不作为构成妨害。[②]

值得注意的是,虽然妨害诉讼中的被告(侵权行为人)一般而言是妨害行为产生地的所有人或实际使用人,但有些州的妨害法规定,任何参与产生妨害或维持妨害的主体都可以作为被告,[③]也就是说,妨害诉讼中侵权行为的主体并不一定限于不动产所有或使用人。

2. 损害结果。《侵权法重述》并没有在一般规则中提到损害的严重性这个要件,而是在随后的条文中(第 826 节)把损害的严重性包含在了侵犯的不合理性之中,严重的损害结果是不合理性的必要条件。这和司法实践中的判决是一致的,侵害的程度必须"超过轻微的不便(slight inconvenience)或很小的干扰(petty annoyance)"。[④] 结合《侵权法重述》第 821F 条有关实质损害的表述,构成妨害的损害应当是"实质的具有严重性的损害"。因此,法院在审理妨害案件考虑损害结果时,往往首先考虑的是行为是否"合理",合理的行为即便产生比较严重的损害结果,也可能不构成妨害;反之,不合理的行为即便产生了不太严重的损害结果,也可能构成妨害。这就涉及第三个构成要件中如何认定一个行为是否合理的问题。

此外,妨害造成的损害必须是已经实际发生的,或是如果不采取必要措施则必然发生的,而不能仅仅是原告认为"可能"发生。例如,在 Koll-Irvine Center v. County of Orange[⑤] 案中,法院拒绝了一些商业地产所有人仅仅出于想象的私人妨害诉求,这些所有人"担心"在邻近其财产旁的飞机场上建设飞机油储存罐会影响到他们对财产的使用,其

---

① 原告在提出妨害诉讼时很多情况下往往同时把 negligent 也作为一项诉因,由法官来决定最终的诉因,如在 Rose v. Socony-Vacuum Corp. ,54 R. I. 411,173 A. 627(1934)一案中,法院拒绝了一个农场主对炼油厂污染其水源提起的"妨害诉讼",而认为这应是一个 negligent 诉讼。

② Restatement(Second)of Torts(1979),838.

③ 例如在 Cnty. Of Santa Clara v. Atl. Richfield Co. ,40 Cal. Rptr. 3d 313,325(Cal. Ct. App. 2006)一案中 ,法院认为"妨害责任并不取决于被告是否拥有、占用或控制特定财产,也不取决于他是否处在能够减除妨害的位置;关键的问题是被告是否引发或协助引发了妨害"。

④ Watts v. Pama Manufacturing Co. ,256 N. C. 611,619,124 S. E. 2d 809,815(1962).

⑤ Cal. Ct. App. 1994.

理由是油罐随时“可能”会爆炸。

3. 主观上的故意和侵犯的不合理性。如前文所述，构成妨害必须具有主观上的故意，过失行为不适用于妨害之诉，除非是第822节(b)项的情况。《侵权法重述》第825节[①]界定了何为故意，故意分为直接故意和间接故意，这与大陆法系对故意的理解并无本质不同。除了故意之外，妨害造成的侵犯必须具有“不合理性”。在司法实践中，这远比故意难以认定。《侵权法重述》把侵犯的故意与不合理性合并称为“故意侵犯的不合理性”，作为同一个构成要件。《侵权法重述》第826节对故意侵犯的不合理性进行了界定：

第826节　故意侵犯的不合理性

对他人使用和享有土地的利益实施的故意侵犯是不合理的，如果：

(a)损害的严重性超过了行为人行为的效用，或者

(b)行为造成了严重损害，且对该损害或对他人造成的类似损害进行补偿的经济负担不会使这种行为的延续性受到影响。

可以看出，第826节运用了法经济学的价值比较分析。在认定故意侵犯行为的不合理性时，根据第826节(a)如果行为造成的损害其严重性超出了行为产生的效用(utility)，这种行为就是不合理的。例如，核电厂因核泄漏导致周边土地大面积永久性污染，和该核电厂生产的电力相比，污染的严重性显然远远超过发电产生的电力效用。而根据第826节(b)，如果污染企业对造成的严重损害进行了经济补偿，但这种补偿对企业的规模或利润而言显得微不足道，不足以促使企业因经济补偿而减少或消除妨害，那么企业的排污行为也是不合理的。具体而言，法官在认定损害结果的严重性时应参考下列因素：“涉及损害的程度；涉及损害的特征；法律赋予被侵犯的土地使用或享有利益的社会价值；被侵犯的使用或享有利益对当地特征的适宜性；被侵害人避免损害的负担。”[②]而衡量行为的效用时则应参考以下因素：“法律赋予该行为基本目的的社会价值；该行为对当地特征的适宜性；预防或避免该侵犯的无法实施性(impracticability)。”[③]只有在综合考虑所有这些因素之后，法官才有可能在行为所造成的损害的严重性和行为的效用之间作出权衡。

《侵权法重述》第826节实际上把现实中可能出现的涉及经济价值比较判断的妨害案件都涵括了进来。污染企业损害的严重性大于其行为效用时适用(a)项；而污染企业损害的严重性小于行为产生的效用时适用(b)项。这也就说是，如果企业的生产价值大于其侵犯行为造成的损害，根据(b)项，只有当企业对损害的补偿大到足以促使企业停止或改进其排放行为时，其行为才有可能是合理的，否则企业的行为不具有合理性。

此外，根据《侵权法重述》第831节，如果造成重大损害结果，同时满足下列两个条件，则可以判定一个故意侵犯土地使用和享有利益的行为是不合理的：被侵害的对土地使用和享有的独特利益符合地理环境的性质；侵害行为不符合地理环境的性质。例如，

---

① Restatement(Second) of Torts(1979),825.

② Ibid.,827.

③ Ibid.,828.

在一块适合放牧的地方建造工厂排放废气,对相邻牧场中的奶牛产奶产生了负面影响。虽然工厂和牧场都产生正面的社会价值,但根据土地的地理环境,法官可以判定工厂的排放构成妨害。反过来,如果在一块工业园区,有家钢铁企业转而养牛生产鲜牛奶(当然现实中不太可能发生),并以其他企业排放污废气降低了奶牛的产奶量提起妨害诉讼,则法官根据《侵权法重述》的第831节可以认定其他企业的排放行为不构成妨害。

4. 被告的行为与原告的损害之间具有因果关系。在传统的妨害案件中,涉及的烟尘、恶臭、噪音等这些环境污染,其是否造成损害,因果关系的认定并不存在太大困难。因果关系认定困难的案件是具有科技性、累积性、潜伏性的现代环境污染侵权。例如,以妨害之诉提起的气候变化诉讼、[①]转基因植物污染之诉等。[②] 值得注意的是,美国既未从立法上也没有在《侵权法重述》中硬性分配因果关系的举证责任,因果关系是否存在,其举证责任完全根据实际案情由法官自由分配,并没有一个一般性的刚性规范。[③] 可见,虽然因果关系是构成私人妨害的一个法律要件,但由于这一要件的具体认定在涉及与风险有关的妨害案件中可能十分困难,是一种高度"个案相关"的构成要件,并不适宜用统一的刚性条款或《侵权法重述》进行规范。

四、私人妨害之诉的抗辩事由

并非所有表面上符合私人妨害法构成要件的侵权行为都会被认定为私人妨害,被告也并非对所有被确认为妨害的案件提供完全的赔偿,被告可以对原告的妨害之诉提出抗辩。根据《侵权法重述》的意见,私人妨害的抗辩事由可以归纳为:自然妨害(第840节)、原告过失(第848B节)、自担风险(第840C节)、趋近妨害(第840D节)和第三人妨害(第840E节)。此外,关于达标排污是否构成有效抗辩,《侵权法重述》虽无规定,但基于司法现实的需要,有讨论的必要。在这些抗辩中,自然妨害、原告过失、自担风险为严格的抗辩事由,而趋近妨害、第三人妨害、达标排污能否构成抗辩则应由法官根据实际情况自由裁量,试分别述之。

1. 所谓自然妨害,即原告土地权益所受损害并非由被告或任何第三人的原因造成,而纯属自然原因,"土地占有人对仅由该土地的自然状况给处于土地之外者造成的妨害不承担责任"。[④] 这一规定类似于我国环境侵权法中的"不可抗拒的自然灾害"。需要注

① 虽然以妨害提起气候变化诉讼的侵权诉讼是气候变化诉讼中的重要组成部分,然而,气候变化诉讼并不一定都是侵权之诉。例如,著名的 Massachusetts v. EPA, 549 U. S. 497(2007)并非民事诉讼。颇为悖谬的是,自联邦最高法院在 Massachusetts v. EPA 中判决政府应当规制温室气体之后,有州法院以温室气体排放已由联邦政府规制为由,驳回了原告以妨害提起的气候变化侵权诉讼。参见 California v. General Motors Corp., 2007 Westlaw 2726871(N. D. Cal. September 17, 2007)。

② 参见 David L. Guevara and Frank J. Deveau, American Bar Association, 2012, pp. 96–99。

③ 与之相对,我国《侵权责任法》则在第66条把环境侵权中因果关系的举证责任强行分配给污染者。

④ Restatement(Second) of Torts(1979), 840A.

意的是,如果妨害并非“仅由”自然状况造成,被告的行为(作为或不作为)对造成妨害也起到一定的作用,则被告应按比例承担责任。

2. 原告过失。根据一般法理,妨害完全是由原告自己的过失所造成,被告显然不应承担责任。但根据现代环境侵权法理论,风险社会中的原告基于有限且正常的认知能力,不足以完全避免因自己的行为导致环境损害的发生。就现实发生的妨害案件而言,除了纯粹的自然妨害之外,若无被告(或第三人)的行为,则不可能产生原告的损害,因此被告基于原告过失的抗辩实际上是原告“参与过失”的抗辩,对此被告应按过失比例承担责任。此即“当妨害是由被告的过失行为所造成时,原告的参与过失构成与在其他过失之诉中同等程度的抗辩事由”。[①] 当然,如果妨害是由被告的故意行为所引起,则被告显然不能以原告的参与过失提出抗辩。

3. 自担风险。如果原告自己之前已经同意承担妨害所造成损害的风险,后妨害发生,则被告可以此提出抗辩,构成原告的“自担风险”,即“在妨害之诉中,原告的自担风险构成与其他侵权之诉中同等程度的抗辩事由”。[②] 显然,这里的自担风险只能限于财产损害,及于人身损害的部分无效。

4.《侵权法重述》第840D节对趋近妨害(coming to nuisance)作了规范,“原告在一项干扰其土地的妨害已经存在后才获得或改善其土地这一事实本身不足以禁止原告提起诉讼,但这是确定是否可以就该妨害提起诉讼应当考虑的一个因素”。[③] 原告在知晓妨害存在后仍搬入产生妨害的土地,侵犯了被告的“位置优先权”(priority of location)。[④] 如果工厂已经在某地生产多年,原告之后才购买厂区附近的住房,此时原告提出空气污染妨害诉讼,则工厂有可能以趋近妨害为由提出抗辩。然而,是否接受此抗辩属于法官的自由裁量范围。从《侵权法重述》第840D节的表述可以看出,趋近妨害并非严格的抗辩理由。一般而言,法官不会仅仅因为趋近妨害的存在而允许被告持续其妨害行为而使原告得不到救济,[⑤]除非有证据表明原告趋近妨害的目的就是为了获得妨害诉讼的赔偿金。

---

① Restatement(Second) of Torts(1979),840B(1).

② Ibid.,840C.

③ Ibid.,840D.

④ Perkins v. Madison Cnty. Livestock & Fair Ass'n,613 N. W. 2d 264,271(Iowa 2000).

⑤ Patrick v. Sharon Steel Corp.,549 F. Supp. 1259,11 Fed. R. Evid. Serv. 1764(N. D. W. Va. 1982)(applying West Virginia law),此案案情为原告诉焦炭厂空气污染,焦炭厂运作在先,原告搬入附近在后,法院认为趋近妨害不足以成为被告的抗辩理由。另参见 O'Neill v. Caroline Freight Carriers Corp.,156 Conn. 637,244 A. 2d 372(1962);Lawrence v. Eastern Air Lines,81 So. 2d 632(Fla. 1955);Laflin & Rand Powder Co. v. Tearney,131 Ill. 322,23 N. E. 389(1890);W. G. Duncan Coal Co. v. Jones,254 S. W. 2d 720(Ky. 1953);Susquehanna Fertilizer Co. v. Malone,73 Md. 268,20 A. 900(1890);O'Brien v. City of St. Paul,18 Minn. 176(1872);Forbes v. City of Durant,209 Miss. 246,46 So. 2d 551(1950);Bly v. Edison Elec. Ill. Co.,172 N. Y. 1,64 N. E. 745(1902);Fordham Operating Corp. v. Westchester County,82 Misc. 2d 566,370 N. Y. S. 2d 977(1975)。

趋近妨害仅仅是法官在确认妨害是否存在或寻找恰当救济方式(如是否提供禁令救济)时应当考虑的一个因素,如果法官认为被告的行为是利大于弊的且创造巨大社会价值的相对妨害,那么趋近妨害往往会被法官用来为拒绝适用禁令救济提供论证。[①] 因此,趋近妨害并非一个可以独立适用的法律原则,而是法官根据具体案情形成判决结果之后的辅助论证工具。

5. 第三人妨害。就法律而言,一般并不存在单纯由第三人造成的妨害,因为妨害案件发生于被告土地,被告不太可能不存在监管过失(《侵权法重述》第 838 节对不作为构成的妨害即表达了这种情况)。因此,"除非其可能影响该地区的性质,否则他人参与妨害这一事实并不阻止被告对其自己造成的妨害承担责任"。[②] 所谓第三人的行为影响到该地区的性质,是指第三人的行为不仅仅只是在原有性质的土地上引致妨害,而是通过改变原有土地的性质造成妨害。如果第三人行为影响到该地区的性质,则法官有可能认定被告抗辩成立,由第三人承担责任。

6. 达标排污。关于达标排放是否可以构成有效抗辩,则要根据具体情况具体分析,《侵权法重述》对此并未有任何规定。环境标准系由行政部门为达到一定社会管理目的而制定,虽然标准的制定需要一定的主观能动性,然而唯有在监管、控制的能力达到一定程度的前提下才有可能制定特定的环境标准。如果标准制定出来根本无法达标,或根本就缺少任何可以测量的污染物种类或浓度的能力,则行政机关不可能制定某种标准。行政机关不制定某种标准,或是行政机关制定的标准并不足以防止污染的发生,是否构成阻碍原告获得救济的抗辩理由?答案显然是否定的。如果原告的权利的确受到侵犯,被告以达标排放为由提出抗辩,法官当然不应支持。然而问题并非如此简单,关键在于如何认定原告的权利的确受到侵犯,离开环境标准,很大一部分环境侵权案件将无法认定原告的权益究竟是否遭到了侵犯。在原告并无其他充分证据证明自己权益受到损害的案件中,达标排放虽然在法理上并不构成抗辩理由,但就证据的现实效果而言,达标排放在绝大多数妨害案件中都可以构成减少赔偿的抗辩事由。尤其是当企业排放的污染物已经达标,而且还采用了最佳可得技术对排放的污染物进行了处理时,企业可以此提出抗辩,法院一般不会支持原告提出的停工禁令的救济。[③]

除上述 6 类抗辩理由之外,美国绝大多数州都对农业土地使用行为(如耕种、放牧)实行"妨害豁免"(immunity from nuisance),[④]当被告因农业需要使用土地造成一定的噪

---

① 法官以趋近妨害为理由之一,拒绝提供禁令救济的案例,可参见 Patton v. Westwood Country Club, 18 Ohio App. 2d 137, 47 O. O. 2d 247, 247 N. E. 2d 761(1969); Cf. Spur Industries, Inc. v. Del E. Webb Dev. Co., 108 Ariz. 178, 494 P. 2d 700(1972); Larsen v. McDonald, 212 N. W. 2d 505(Iowa 1973); Ohio River Sand Co. v. Commonwealth, 467 S. W. 2d 347(Ky. 1971)。

② Restatement(Second) of Torts(1979), 840E.

③ Robert V. Perciva, *Environmental Regulation: Law, Science, and Policy*, Seven Edition, Wolters Kluwer Law & Business, New York, 2013, p. 73.

④ 参见 MISS. CODE ANN. § 95 - 3 - 29(2012), N. J. STAT. ANN. § 4:1C - 10。

音、污染、臭气,原告丧失妨害诉讼的胜诉权。[1] 在此,“务农权”(right to farm)优先于原告对土地的使用和享有权。

五、妨害之诉的救济形式

在普通法的历史上,令状制度通常会限制原告可能得到的救济形式,这种情况在令状被诉因所取代之后的很长一段时间内仍然存在。如果原告提出了侵入之诉,那么救济往往仅限于恢复原告土地所有权的专属性;如果原告提出了妨害之诉,那么救济一般限于恢复原告对土地的正常使用;如果提出的是有关身体损害的过失(negligence)之诉,那么救济则限于对身体损害的赔偿。这种根据诉因来限制救济形式的现象在当代美国侵权法上已经越来越不明显,也就说是,现在法院考虑救济的思路是对侵权行为产生的损害提供完全救济,而不是把重点放在符合诉因形式上。因此,即便原告仅仅提出了妨害之诉,法院也有可能满足原告提出的身体损害赔偿,即便妨害之诉传统上仅仅限于对土地价值减损的赔偿。[2] 当然,实际情况往往是原告就一个案件提出复合诉因,在这种情况下,法官也就根本不需要在程序的层面上考虑救济形式的问题了。

《侵权法重述》并未单就私人妨害案件的救济形式给出指导性规范,这很可能是因为无法从立法技术上给出某些可资参照的选择救济形式的规范。适用何种形式的救济因此只能根据具体的案情由法官自由裁量。结合具体案例,在妨害诉讼中最常被适用的救济形式当然是补偿性金钱损害赔偿(damages)和减除妨害(abatement);在有些案例中,停工禁令(injunction)也是一种可以适用的救济形式。在不同的历史时期,不同的地区,针对不同性质的案件,法官适用的典型救济形式并不相同,有时单独适用某种形式的救济,有时混合适用多种形式的救济,一切根据实际情况由法官自由裁量。

1. 赔偿。就当代美国私人妨害法而言,毫无疑问,赔偿金是最常适用的救济形式,赔偿金的具体数额一般限于原告的实际损失。在临时妨害的案件中,赔偿金的数额可确定为已经遭受的损失;在永久妨害的案件中,赔偿金的数额除了已经造成的损失外,还应当包括土地价值在未来的永久损失。法院确定损失数额的方法多种多样,比较常见也比较客观的是土地市场价值因妨害的存在而遭受的减损。[3] 在混合诉因的案件中,如果污染除了造成原告享有土地的权利之外还造成了原告身体的损害,则被告对此也应赔偿。

惩罚性赔偿(punitive damages)虽然一般情况下并不适用于妨害诉讼,但在一些情况

---

① Johnson v. Knox Cnty. P'ship, 728 N. W. 2d 101, 108 – 09(Neb. 2007).

② 并非所有州的妨害诉讼都限于对土地利益的损害,有些州通过判例明确了即便单独的妨害诉讼也可以包括人身损害。“对财产的不合理使用如果损害了他人对自己财产的合理使用和享有或损害了他人的健康,构成妨害。”参见 Miller v. Rohling, 720 N. W. 2d 562, 567(Iowa 2006)。

③ 328 U. S. 256(1946).

特殊的案例中,如在被告以“极度恶劣的行为”[①]故意侵犯原告土地的案件中,法官也可能应原告请求适用此种救济。此外,虽然妨害案件一般并不涉及精神损害赔偿,但并不排除在个别案例中精神损害赔偿的适用。

2. 减除妨害(abatement)要求被告采取适当措施减少或消除妨害。有的妨害适宜彻底消除,有的妨害则适宜逐渐减少。并非所有的妨害之诉都适宜适用减除妨害的救济形式,如已经被认定的永久妨害因为无法以合理的成本减少妨害,多适用于赔偿金的救济,而无法适用减除妨害的救济。

3. 与减除妨害不同,停工禁令(injunction)要求被告立即停止妨害行为(一般为企业的生产行为),而不是给予被告一定期限让其采取措施(如技术手段)来减除妨害。禁令是对原告最为直接也是对被告最为严厉的救济手段。在美国工业化发展的历史中,禁令并不是一种常用的救济手段,尤其是在原告所受损害价值远小于被告因制造妨害而产生巨大价值的案件中“法院会通过各种价值衡量来严格限制原告的权利,不是认定被告的行为不构成妨害就是把原告所能获得的救济限制在赔偿金的范围内”。[②] 在追求经济发展的大背景下,没有多少法官敢于冒险针对大型企业的污染行为颁发禁令,除非污染已经到了无法容忍的地步,或者从经济分析的视角看,当企业污染造成的妨害损失已经接近或超过企业的生产利润时,禁令才能成为一种合适的救济形式。为使法院对妨害诉讼的判决能够产生最优效率,已经有学者提出“补偿禁令”(compensated injunctions)判决方式,当原告认为被告的停工是对自己更有效率的救济方式时,可以“花钱购买”法院对于被告的停工禁令,当法院进行价值衡量后认为这种购买可以产生最佳效率时,便可以“售出”禁令。[③]

六、妨害法的当代意义

20世纪70年代之前,现代意义上的美国环境法律体系尚未建成,但这并不代表当时美国的环境问题没有进入司法程序。可以说,现代成文化的综合性环境法体系建成之前,几乎所有涉及物理媒介的污染(空气、水、土地等)都是通过普通法上的作为一种侵权诉讼类型的“妨害之诉”在司法程序中得以解决的,妨害法几乎是侵权法中唯一与环境保护有关的诉讼类型。[④] “现代环境法最深的理论根源建立在妨害原则(principles of

---

① Zygmunt J. B. Plater, *Environmental law, Nature Law and Society*, New York, Aspen Publishers, 2010, p. 120.

② Jeff L. Lewin, *Compensated Injunctions and the Evolution of Nuisance Law*, Iowa L. Rev. 775 (1985 – 1986).

③ Ibid..

④ 历史上看,侵权法仅仅适合于解决私人之间的权益纠纷问题,而不适合涉及公共利益的环境保护问题,正是妨害法使得侵权法与环境保护之间产生了广泛而深刻的联系。参见 Mark Wilde, *Civil Liability for Environmental Damage: Comparative Analysis of Law and Policy in Europe and the US*, Second Edition, Wolters Kluwer Press, The Netherlands, 2013, pp. 8 – 9。

nuisance)上……妨害诉讼几乎涉及所有主要的工业和城市活动,这些活动今天已成为综合性环境法规调整的范围。”[①]一言以蔽之,普通法中的妨害理论不仅是现代环境侵权法的基础,也是“成文环境法赔偿条款的基础”。[②] 自20世纪70年代以来,成文法已成为美国环境法中的绝对主力,由于今天美国成文环境法所规范的内容已经几乎涉及环境保护的方方面面,普通法的生存空间已受到了极大的压缩。仅仅在那些尚未来得及由成文法所调整的领域,普通法还存在一定的适用机会。在此语境下,研究普通法中与环境保护领域最为相关的妨害法,其当代意义(历史意义前文已多有所述)何在,应当给出适当说明。下文从立法参照、法律解释、司法需求和学术研究四个方面分别述之。

首先,从立法方面来看,妨害法为成文法提供法律原则,在有些州甚至可以直接转化为“成文妨害法”(statutary nuisance)。[③] 例如,北卡罗来纳州长期以来都在“用成文法抽象、规范的语言吸收普通法的妨害概念”,[④]为司法裁判提供更加明晰的妨害概念。而肯塔基州则于1991年直接把妨害法成文化,作为肯塔基州修订成文法(Kentucky Revised Statutes,KRS)的第411章。肯塔基州成文妨害法的立法目的是把与私人妨害有关的普通法法典化。该成文妨害法是对肯塔基州的普通妨害法的全盘吸收,在实体和程序上未加以任何改变。[⑤] 此外,成文妨害法不但为一般公民了解何为妨害提供了极大的便利,对有可能产生污染的企业也起到了更为明确的警示作用,对美国的环境保护具有较大的正面价值,这也是为何越来越多的州制定成文妨害法的重要原因。

其次,从法律适用方面来看,私人妨害法为法官提供更为充分的判决理由和技巧。由于成文法为民选立法机关制定,而普通法只是法官造法,因此成文法的效力要高于普通法。但和肯塔基州的情况相同,在美国其他各州,基于普通法的判例法在法官如何理解乃至适用成文法方面仍然起到无法替代的作用,普通法中的妨害判例因此也不可能失去司法价值。尤其是在对成文妨害法的解释可能产生歧义时,既存的判例法先例在诉讼中的价值将更为明显。这是就已经制定了成文妨害法的州而言,对于那些尚未制定成文妨害法的州而言,普通妨害法是妨害案件的唯一法源,其重要性自不待言。

再次,从司法需求方面来看,妨害法可以弥补成文环境法的漏洞,为法官裁判新类型案件提供法律依据。经过长期的历史发展,普通妨害法已经积累了数量众多的司法判例,从前文的论述也可以看出,妨害原则的灵活性使法官在受理案件和裁判案件时拥有较大的自由裁量空间。律师在提起有关环境侵权诉讼时,如果遇到新类型无法断定究竟

---

① William H. Rogers, Jr. , *Handbook on Environmental Law*, West, 1977, p. 100.

② David L. Guevara, Frank J. Deveau, *Environmental Liability and Insurance Recovery*, American Bar Association, 2012, p. 87.

③ 参见 CAL. CIV. CODE §3479 - 3508. 2 (West 2012); KY. REV. STAT § 411. 500 - 411. 570 (2012); MINN. STAT. §617. 81(2012); N. D. CENT. CODE § 42 - 01 - 02(2012)。

④ David G. Warren, Nuisance Law As An Environmental Tool, Wake Forest L. Rev. 211 (1970 - 1971).

⑤ KY. REV. STAT § 411. 500 - 411. 570(2012).

应当以何种诉因提起诉讼的案件时,首先想到的往往就是"妨害之诉",这在公共妨害案件中尤为明显,因为公共妨害的概念实在是非常宽泛(对公共利益的不合理干扰),对适用领域也没有什么特别限制(不像私人妨害把适用领域限制在了对土地的使用和享有上)。就私人妨害而言,也有不少新类型的案件已经以私人妨害为诉因提起诉讼(以私人妨害诉因提起的气候变化,转基因作物污染等),虽然并非所有的判决结果都确认了妨害的存在,但立法者仍可通过这些法院的判例了解到现实存在的环境问题,以便进一步弥补成文法的不足或漏洞。

最后,从学术研究方面来看,尤其是从法学与经济学的交叉学科法经济学的研究方面来看,妨害法为其提供了比较理想的分析素材。[①] 经济学家对法律分析产生兴趣,最初即源自对妨害案件的经济学分析。科斯在法经济学的奠基之作《社会成本问题》一文中引用、分析了大量有关妨害的案例,[②]在此基础上提出了权利的交互性问题(所谓的科斯第一、第二定律)。科斯定律具体到环境法话语(实际上科斯就是在对环境妨害侵权案例中提出这一定律的核心内容的),即无论法律(法官)赋予污染者有排污的权利(在此情况下污染者无需对污染负责),还是赋予居民有享受清洁环境的权利(在此情况下污染者需要对污染负责),只要交易成文为零,最终市场都能达到最有效率的结果(但显然并非每一方都公平)。当交易成本大于零时,则不同的初始权利分配会产生不同的效率结果。科斯关注的重点并非法官[③]究竟应当如何分配权利(这也是一些学者认为科斯定理是常识性废话的主要原因),而只是提出了"权利交互性"这一概念,只要法官分配好了权利,且交易成本非常小,那么当事人之间就会通过各种形式的谈判达成使资源在市场上最优配置的协议。无论如何看待科斯定理,自《社会成本问题》发表以来,对妨害案件的经济学分析已经成为一个法律分析的典范,这当然是由于妨害案件本身的一些特性便于经济学分析,但也和经济发展与环境保护这一当代社会的重要矛盾有很大关系。当然,科斯本人在后来的文章(如《社会成本问题的注释》)中也指出,由于现实世界中的交易成本往往非常高昂,因此一种权利分配方案肯定会产生比另一种权利方案更优的市场结果,法律制度应当设计成既能减少交易成本又可以能通过初始权利的正确分配达到最优市场配置的结果。

通过经济学的方法分析法官对妨害案件的司法判决,科斯已经得出了一些初步结论,而后续的研究不可谓不丰富。运用经济学的方法既可以从对妨害案件的分析扩展到对其他法律案件、法律现象的分析,也可以从对妨害案件的分析得出一些具有一般性效力的结论,这些研究方法、研究结论并不因为普通妨害法的消失而消失。恰恰相反,由于妨害案件所涉及权利的典型的相互性特征,妨害案件将持续成为法经济学的一个基本实

---

① See George P. Smith, Nuisance Law: The Morphogenesis of an Historical Revisionist Theory of Contemporary Economic Jurisprudence, Neb. L. Rev. 658(1995).

② See R. H. Coase, The Problem of Social Cost, Journal of Law and Economics, Vol. 3(Oct. 1960).

③ 科斯选取的都是普通法案例,分配权利的不是议会,而是法官。

证研究资源。即便是历史上的一些“古老”案件,也由于其代表性,而不断进入法经济学的研究领域。

七、结　　语

虽然随着各个领域成文环境法的不断完善,私人妨害法在当代美国环境法中的地位已不如往昔,但其功能远未到被耗尽的地步。无论是成文妨害法还是普通妨害法,都可以通过私人妨害来弥补其他成文法的漏洞,尤其是在一些新类型的案件中,使法官可以在有关立法缺失的情形下(规制特定污染的法律缺失或是调整特定侵权类型的法律缺失),仍能不失法律依据地作出公正裁判,这大概是妨害法在当代美国环境法中最为重要也无法被其他法律所取代的功能。

通过前文对私人妨害的历史、概念、分类、构成、意义的分析,我们也可看出,我国目前所面临的环境侵权案件中的裁判困境并非特有现象。在美国环境保护的不同阶段,法官在审理妨害案件中所运用的审判原则和裁判方法也一直都在发生着变化。类似的妨害案件,放在美国经济发展的不同时期,完全有可能会得出相反的判决。任何法律都不是生长在逻辑空间中的抽象概念,而是用来解决实际问题的经验工具,妨害法当然也不可能例外。在不同的发展阶段,面对环境保护与经济发展之间的矛盾,没有哪一个社会可以不计成本地绝对偏向哪个方面,法官也不可能不顾及社会发展的实际情况而在所谓的法律体系内部寻找永恒的判决依据——法律无论如何都需要根据现实进行权衡。没有哪方可能具有德沃金意义上的作为“王牌”[①]的绝对权利。这并不是说受保护的法律权利可以被法官或立法者任意定义,而只是说如果一项规则制定得过于超前,则无法在现实中保护下去。

自 1979 年我国《环境保护法》试行到 2014 年 4 月首次大幅度修订,我国环境保护立法工作已经走过了 35 个年头,自 2009 年《侵权责任法》(第八章单列环境污染侵权)颁布以来也有 8 个年头,立法日益增多,环境保护法体系日益完善,但环境问题(环境侵权)非但没有减轻,反倒是愈演愈烈。事实上,具有悠久环保历史的妨害法“没有阻止,甚至没有明显减少 19 世纪英格兰的空气和水污染”,[②]也没有阻止美国 20 世纪 60 年代环境危机的到来。在工业化加速发展的大趋势下,试图用某部法律来阻止环境的恶化,显然不太可能,在当时的情形下,“无法想象法院会阻止或严肃地干涉工业化进程”。[③] 这并不是说环境问题的解决只能依靠历史自身发展的“客观规律”而不需要法律人的努力,而是说法律的功效必须找到历史发展的那个节点,只有在这个节点上,法律才可能真正被实施,法条才可能真正转化为实实在在的“内在制度”。令人庆幸的是,种种迹象已经表明,今

---

① Ronald Dworkin, *Taking Rights Seriously*, Havard University Press, 1977, p. 274.

② Joel Franklin Brenner, Nuisance Lawand the Industrial Revolution, J. Legal Stud. (1974).

③ Ibid..

天的中国已经处在这个节点(污染的高峰期,认识的深化期)之上了。

On American Private Nuisance Law

Chen Wei

Abstract: Nuisance law is the historical foundation of American environmental law. The environmental litigations before the 1970s were almost handled by nuisance law. In the age of lacking statute environmental law, nuisance law actually performed the practical environmental law's functions. As a part of common law, nuisance law does not lose its judicial values when statue environmental law has developed deeply and widely. On the contrary, nuisance law has become the important complement of the American statute environmental law. There are two different kinds of nuisance, private nuisance and public nuisance. Private nuisance is Through the studying on the history, conception, classification, constitution, defense and the meaning of private nuisance law, we could not only understand the history and contemporarycharacteristic of American environmental law but also make some conferences for Chinese environmental law.

Key Words: private nuisance environmental tort American environmental law nuisance common law

(责任编辑:郭俊义)

经济法学

亚投行《环境与社会制度框架》:中企投资南海周边国家基础设施贷款的制度基础[*]

胡晓红[**]

[摘　要]　“这是一个最好的时代,也是一个最坏的时代”,需要全球治理解决全球问题和维护全球经济发展。亚投行正是适应这个时代的要求而应运而生的。作为推动亚洲基础设施互联互通和生产性项目发展的国际组织,亚投行从构建伊始即凸显出其坚持国际法治的基本路径,其发布的环境与社会政策必将引领该行投资项目为实现可持续发展目标作出贡献。我国政府在鼓励企业投资于南海周边国家基础设施项目的同时,应通过强制推行企业环境保护的社会责任,提醒我国企业防范亚投行环境与社会政策而遭遇贷款风险。

[关键词]　亚投行　环境与社会制度框架　企业环境责任

一、亚投行《环境与社会制度框架》:主要内容

(一)亚投行《环境与社会制度框架》基本宗旨

南海周边我国及菲律宾、马来西亚、越南、文莱、印度尼西亚(以下简称其他南海周边五国)均为亚洲基础设施投资银行(以下简称亚投行)成员国。2016年2月,亚投行发布《环境与社会制度框架》,该框架制定的9项宗旨是:(1)体现机构在项目建设中处置环境与社会风险和影响的目标;(2)为亚投行及其股东就项目建设的环境和社会风险及影响提供一套管理经营与信誉风险的强有力的制度框架;(3)确保项目的环境与社会的稳固与可持续性;(4)支持项目在环境与社会方面各项要求显现于所有缔约国决策过程;(5)使各委托方能够辨别与管理项目的环境和社会风险及影响,包括诸如气候变化等;(6)为相关项目的环境与社会信息的公共协商与披露提供一套框架制度;(7)改善开发效率与影响以提高长短期效果;(8)支持委托方通过亚投行对项目融资去实现其管制这些项目的环境与社会国内立法责任(包括成员根据国际条约所应承担的责任);(9)促进开

* 本文受司法部项目(项目编号:16SFB02045)资助。

** 胡晓红,女,南京大学法学院教授,博导。

【注】本文“中企”系“中国企业”简称。

发合作者在环境和社会事务方面的合作。该框架指出:“与可持续发展目标(SDGs)一致,本银行认识到,需要通过平衡和整合方式重视三维可持续发展问题——经济、社会与环境。为了解决亚洲发展挑战问题,本行同意在项目认同、准备以及实施方面同意可持续发展原则。”同时:“由于环境与社会可持续发展原则可能会被有效地融入进政策和项目中,因而本行相信该原则应当成为日常决策过程的组成部分,以及环境和社会风险和影响应当在鉴别、准备和实施、评估所有项目中予以充分考虑。”

《环境与社会制度框架》附含环境与社会政策,该政策包括:环境与社会标准(标准1:环境与社会评估和管理;标准2:非自愿移民;标准3:原住民)、环境与社会例外清单。《环境与社会政策》(ESP)适用范围:适用于所有项目。该政策规定了亚投行监管与报告制度,也对银行客户提出了自评与报告要求:银行要求客户必须实施符合环境社会管理计划或环境社会管理计划框架的项目,需定期向本行报告项目进展情况,包括:环境与社会风险及影响情况,有关健康、安全问题,原住民安置情况等。亚投行监管客户项目的环境与社会风险和影响问题,及时纠正不符合环境与社会政策行为。项目完成后,亚投行需提交环境与社会措施目标实现情况。

(二)亚投行《环境与社会例外清单》基本内容

《环境与社会例外清单》规定了14类不提供金融支持的项目(行为):(1)强迫劳动,或损害剥削童工。(2)根据国内法律或规章、或国际公约或协定、或国际上取消或禁止的规定,任何违法生产或贸易活动,诸如:含有多氯联苯(polychlorinated biphenyis,PCBs)的产品生产或贸易;药物、农业或杀虫剂生产或贸易,以及其他被国际上取消或禁止的有害物质(鹿特丹公约,斯德哥尔摩公约);生产或贸易被国际上取消或禁止的消耗臭氧层的物质(蒙特利尔议定书)。(3)贸易或生产受濒危动植物国际贸易公约(the Convertion on International Trade in Endangered Species of Wild Fauna and Flora,CITES)规制的野生动植物产品。(4)根据国际法禁止的跨境废物运输(巴塞尔公约)。(5)武器和军火的生产或贸易,包括准军事物资。(6)酒精饮料的生产或贸易,不包括啤酒和葡萄酒。(7)烟草生产或贸易。(8)赌博、赌场和相关企业。(9)生产、贸易或使用非粘合石棉样纤维。(10)由保护生物多样性或文化资源的国家立法、国际公约所禁止的行为,诸如波恩公约,拉姆萨尔公约、世界遗产公约和生物多样性公约。(11)商业采伐作业或为使用初级热带雨林或野生森林的采伐设备购买。(12)原木或其他林业产品的生产或贸易,而非可持续管理森林。(13)海洋和海岸渔业活动,诸如大型深海流网捕捞和细筛孔网捕捞,大量损害易损并受保护物种,以及危害海洋生物多样性和栖息地。(14)违反国际海事组织(International Maritime Oragnization,IMO)要求(IMO,防治船舶污染国际公约,海上人命安全公约和巴黎谅解备忘录)的船载石油或其他危险物质。

(三)《环境与社会例外清单》项目类型

就《环境与社会例外清单》而言,属于所谓的“负面清单”,它通过列举14种情形,排除主张亚投行提供金融支持的项目,该14种情形可以分为五大类:第一类是劳工权利保护;第二类是生命健康保护;第三类是文化传统与伦理道德;第四类是平民保护;第五类是生态环境保护。而该清单制定的依据不尽相同。

1. 劳工权利保护。清单强调的“强迫劳动,或损害剥削童工”,是国际劳工组织所确立的核心劳工标准中的两个标准。

2. 生命健康保护。世界卫生组织通过的《烟草控制框架公约》旨在保护成员国公众健康,而制定了该公约。清单将无论是为了“烟草生产”还是为了“烟草贸易”,均将两种项目列入亚投行拒绝提供金融服务例外清单中。

3. 文化传统与伦理道德。例外清单中禁止“酒精饮料的生产或贸易,不包括啤酒和葡萄酒”以及“赌博、赌场和相关企业”项目,主要考虑各成员国文化传统与伦理道德。众所周知,伊斯兰教义明确禁止饮酒、赌博。在 WTODSB 审理的“安提瓜诉美国案”中,上诉机构认定美国有关禁止赌博的国内法是 GATS 第 14 条(a)项意义上的“为保护公共道德或维持公共秩序所必需的措施”。当然,例外清单考虑到现实需要,未将啤酒和葡萄酒列入禁止清单中。

4. 平民生命和财产安全保护。联合国《禁止或限制使用某些可被认为具有过分伤害力或滥杀滥伤作用的常规武器公约》《禁止轻武器国际贸易条约》等国际条约基于对平民保护,对于武器生产、交易及使用均有明确规定。特别是“9·11”后,全球反恐形势紧迫,因而清单禁止“武器和军火的生产或贸易,包括准军事物资”项目,显然具有重要的意义。

5. 生态环境保护。例外清单以 9 种项目将影响大气、土壤、森林、海洋等项目予以规制,其国际公约依据包括:(1)联合国《关于在国际贸易中对某些危险化学品和农药采用事先知情同意程序的鹿特丹公约》,以及《关于持久性有机污染物的斯德哥尔摩公约》;(2)联合国《蒙特利尔破坏臭氧层物质管制议定书》;(3)联合国《濒危野生动植物物种国际贸易公约》;(4)国际劳工组织《安全使用石棉公约》;(5)联合国《保护迁徙野生动物物种波恩公约》《关于特别是作为水禽栖息地的国际重要湿地公约》《保护世界文化和自然遗产公约》《生物多样性公约》;(6)《国际植物新品种保护公约》《国际植物保护公约》等;(7)《海洋渔业的国际公约》《国际捕鲸公约》《联合国海洋法公约》等;(8)国际海事组织《防治船舶污染国际公约》《国际海上人命安全公约》和巴黎谅解备忘录等。

清单所列举的 14 种项目,除第 2 种强调“根据国内法律或规章,或国际公约或协定、或国际上取消或禁止的规定,任何违法生产或贸易活动”外,第 10 种则要求:“由保护生物多样性或文化资源的国家立法、国际公约所禁止的行为。”从文字表述可以揭示:14 种项目中,除了第 2 种和第 10 种外,其余 12 种项目依据有关国际条约纳入例外清单中。然而,亚投行成员中不可能全体一致加入了上述公约,也不可能全体一致制定了内容几乎相同的相关国内法。对于未加入公约的亚投行成员国来讲,亚投行亦需执行《环境与社会例外清单》,其正当性问题如何解决?

二、亚投行《环境与社会制度框架》:法律性质

(一)亚洲基础设施投资银行法律地位

《亚洲基础设施投资银行协定》(Asian Infrastructure Investment Bank Articles of Agreement,以下简称亚投行 AOA)第 45 条“银行法律地位”规定:“银行具有完整的法律

人格,特别是具备以下完整的法律能力:(一)签订合同;(二)取得与处置动产和不动产;(三)提起和应对法律诉讼;(四)为实现宗旨和开展活动采取的其他必要或有用的行动。”第 46 条“司法程序豁免”规定:“一、银行对一切形式的法律程序均享受豁免,但银行为筹资而通过借款或其他形式行使的筹资权、债务担保权、买卖或承销债券权而引起的案件,或者与银行行使这些权力有关的案件,银行不享有豁免。凡属这类案件,在银行设有办公室的国家境内,或在银行已任命代理人专门接受诉讼传票或通知的国家境内,或者在已发行或担保债券的国家境内,可向有充分管辖权的主管法院对银行提起诉讼。二、尽管有本条第一款的各项规定,但任何成员、成员的任何代理机构或执行机构、任何直接或间接代表一个成员或成员的机构或单位的实体或个人、任何直接或间接从成员或成员的机构或单位获得债权的实体或个人,均不得对银行提起诉讼。成员应采用本协定、银行的细则及各种规章或与银行签订的合同中可能规定的特别程序,来解决银行与成员之间的争端。三、银行的财产和资产,不论在何地和由何人所持有,在对银行做出最后裁决之前,均不得施以任何形式的没收、查封或强制执行。”第 51 条“税收免除”第一款规定:“一、银行及其根据本协定拥有的资产、财产、收益、业务和交易,应免除一切税收和关税,并应免除银行缴纳、代扣代缴或征收任何税收或关税的义务。”

(二)亚投行 AOA 法律定位

与其他国际组织相同,亚投行 AOA 既是一个国际条约,也是区域性国际组织的组织章程,它严格规定了:第 1 章宗旨、职能和成员资格;第 2 章资本(包括股本、股本认缴等);第 3 章银行业务运营;第 4 章银行资金;第 5 章治理;第 6 章一般规定;第 7 章成员退出和资格中止;第 8 章银行业务中止与终止;第 9 章法律地位、豁免权、特权及免税权;第 10 章修改、解释和仲裁;第 11 章最后条款。

根据《国际组织年鉴》(1991 年第 28 版)界定,国际组织是由两个以上的国家组成的一种国家联盟或国家联合体,该联盟由其成员国政府通过符合国际法的协议而成立,并且具有常设体系或一套机构,其宗旨是依靠成员国的合作来谋求符合共同利益的目标。① 作为一个正式的国际组织,根据罗伯特·基欧汉的观点,“制度是重要的”(institutions matter)。按照奥利佛·威廉姆森的说法,内部组织(internal organization)和市场机制一样都是治理结构,也称制度安排,是指“管束特定行动模型和关系的一套行为规则”的基本类型。国际组织的内部组织机构的设置没有统一的标准,通常按各自的需要来设计和确立。一般来说,内部机构大致有:议事与决策机构、执行与主管机构、行政与管理机构、辅助与工作机构和司法机构。② 这种稳定的组织机构和行政设施使国际组织能够开展广

① See The Union of International Associations, *Yearbook of International Organizations*, 1990/91, 28th edition, p. 1645.

② 参见王铁崖主编:《国际法》,法律出版社 1995 年版,第 54 ~ 55 页。

泛的功能性的集中活动,国际组织因而能够更有效地降低国际合作中的交易成本。[①] 在"关于为联合国服务而受伤害的赔偿案"(1949 年)中,国际法院明确指出,联合国"是一个国际法主体,能够享有国际权利和负担国际义务,并有能力通过国际请求维护它的权利"。[②] 以此为基点,亚投行作为具有制度性安排的国际组织有完整的、独立的、国际法上的法律人格。

由于亚投行与其他国际组织一样建立了组织建构,因而也具备了制定外部法和内部法的资格与能力。外部法指规范国际组织同成员国、非成员国,以及其他国际组织之间关系的准则,亦即不同国际法主体之间的关系准则。内部法,即由各种不同等级的法律规则组成的法律秩序,内部法律秩序具有鲜明的等级性特点。[③] 这也就是说,"国际组织在其宪法性文件基础上,为了其自身生存与发展需要建立自己的法律和政治秩序。国际组织动态互动法律秩序,包括其成员国、其他实体或个体,诸如雇员,可能因此会制定不同的法律,这些法律构成国际组织次级法律范畴,该次级法律来源于国际组织初级宪法性文件授权和职责,即国际组织作出决定的自治权、建立内部机构秩序的职权。基于次级法律非合约来源,因而,次级法律不是国际法"。[④]

十分明显,亚投行 AOA 为国际条约同时也为该国际组织的组织章程。借鉴学者对于联合国宪章法律性质与地位分析观点,"联合国据以成立的《联合国宪章》是一个独特的国际法律文件。它首先是一个普遍性的国际条约;其次,宪章第 2.6 条有关维持国际和平与安全的义务及于非会员国的规定和宪章第 103 条宪章义务优先的规定表明宪章不仅是一个国际组织的基本章程,也不仅是一个普通的条约,而是国际社会的宪法性法律。"[⑤]《维也纳条约法公约》指出:"……条约为国际法渊源之一。""第二条用语一、就适用本公约而言:(甲)称'条约'者,谓国家间所缔结而以国际法为准之国际书面协定,不论其载于一项单独文书或两项以上相互有关之文书内,亦不论其特定名称如何。"遵守条约是国际法主体的基本义务。因此,作为亚投行成员国以及作为国际组织的亚投行负有共同履行 AOA 职责的国际法上的义务。

(三)亚投行《环境与社会制度框架》法律性质

包括亚投行在内的国际组织制定的内部法是否具有法律上的强制约束力?在考察该问题的同时,有必要类比世界银行的环境政策的效力。世界银行管理部门通过给世界银行员工发布了一系列的操作政策和程序,指导员工项目融资的手段及项目准备和实施

---

① 参见艾伦·施瓦茨:《法律契约理论与不完全契约》,载[美]科斯等:《契约经济学》,李风圣主译,经济科学出版社 1999 年版。

② 《国际组织的法律主体性——历史脉络中的"损害赔偿案"》,[日]小寺彰、孙海萍译,载《北大国际法与比较法评论》2003 年第 2 期。

③ 参见饶戈平:《论全球化进程中的国际组织》,载《中国法学》2001 年第 6 期。

④ Christiane Ahlborn, *The Rules of Interantional Organizations and the Law of International Responsibility*, Accessed March 28, 2016. http://ssrn.com/abstract=1825182.

⑤ 刘衡:《国际法之治:从国际法治到全球治理》,武汉大学 2011 年博士学位论文,第 45 页。

中保护环境和社会利益的步骤,因此这些指导是内部管理的一种形式,是国际组织的内部法,不具有国际法上的拘束力,不是国际环境法的渊源。但是,没有法律约束力并不等于说没有法律效力。它们至少表明了成员国的一致立场,如果某成员国拒绝接受,它会受到来自国际舆论和其他国家的压力。直接宣示某种国际法规则的那些决定,代表各成员国和国际组织的一种普遍的实践和信念,可以作为国际习惯形成的有力证据,最终可能会发展为对成员国产生法律约束力。[①] 就现实描述而言,国际组织内部法应当是由国际组织内部机构——治理结构依据各自职权所制定的各类政策、指南、标准、程序等规则的总称。

亚投行《环境与社会制度框架》"框架 3"指出,本行董事会同意环境与社会政策,以及附随的三个环境与社会标准,包括环境与社会例外清单和术语,作为本框架附件组成部分。该框架 3 昭示了亚投行环境与社会政策,包括:环境与社会标准以及环境与社会例外清单,是由作为亚投行执行机构的董事会决议、通过的,属于国际组织内部法。有学者认为:"国际组织的各主要机构有权依据基本文件作出各项决定、制定各种规则,这些决定和规则对国际组织的内部机构和人员是有拘束力的,这种拘束力是基本文件直接赋予的。而对于成员国而言,除非得到其同意,否则不具有拘束力,特别是动态法律中的国际组织在自己特定的活动领域所形成的有特色的法律原则、规则和制度。"[②]毫无疑问,《亚投行环境与社会制度框架》能够约束该组织董事会、其他管理机构,以及高级管理人员,在该行投资项目审批中该政策与其他政策、规章等一样既体现在该行日常工作程序中,也会反映于该行与客户合同中。但是,从亚投行 AOA 第 23 条和第 26 条的规定可以看出,[③]亚投

① 参见金慧华:《世界银行环境政策的法理分析》,华东政法大学国际法专业 2006 年博士学位论文,第 22 页。

② 同上注。

③ 亚投行 AOA 第 23 条"理事会:权力"第 1、2 款规定:"一、银行一切权力归理事会。二、理事会可将其部分将其部分或全部权力授予董事会,但以下权力除外:(一)吸收新成员和确定新成员加入条件;(二)增加或减少银行法定股本;(三)中止成员资格;(四)裁决董事会对本协定的相关解释或适用提出的申诉;(五)选举银行董事并依照第二十五条第六款决定须由银行负担的董事和副董事的支出及薪酬(如适用);(六)选举行长,中止或解除行长职务,并决定行长的薪酬及其他任职条件;(七)在审议审计报告后,批准银行总资产负债表和损益表;(八)决定银行的储备资金及净收益的配置与分配;(九)修订本协定;(十)决定终止银行业务并分配银行资产;及(十一)行使本协定明确规定属于理事会的其他权力。"第 26 条"董事会权力"规定:"董事会负责指导银行的总体业务,为此,除行使本协定明确赋予的权力之外,还应行使理事会授予的一切权力,特别是:(一)理事会的准备工作;(二)制定银行的政策;并以不低于成员总投票权四分之三的多数,根据银行政策对银行主要业务和财务政策的决策,及向行长下放权力事宜做出决定;(三)对第十一条第二款明确的银行业务做出决定;并以不低于成员总投票权四分之三的多数,就向行长下放相关权力做出决定;(四)常态化监督银行管理与业务运营活动,并根据透明、公开、独立和问责的原则,建立以此为目的的监督机制;(五)批准银行战略、年度计划和预算;(六)视情成立专门委员会;(七)提交每个财年的经审计账目,由理事会批准。"

行《环境与社会制度框架》的制定与通过是董事会根据由亚投行全体成员国参加的理事会授权,且经3/4多数董事同意通过的,因而该制度框架即具有了亚投行全体成员国遵守的效力,成为亚投行内部法。当然,无论是亚投行AOA还是《环境与社会制度框架》对于董事、高级管理人员及其他工作人员,以及成员国违反该框架所应承担的责任并未作出明确规定,因而,本文以为,亚投行成员国、董事、高级管理人员和其他工作人员主要依赖自觉性而主动遵守该框架。

三、亚投行《环境与社会制度框架》:中企投资南海周边五国基础设施贷款的潜在影响

(一)亚投行《环境与社会制度框架》可能产生的影响

我国及其他南海周边五国均为发展中国家,除我国外,其他南海周边五国基础设施建设相对落后,需要引进各类资金予以支持。在我国倡议下成立了亚投行,并且我国企业亦积极参加南海周边五国基础设施建设。据统计,2016年1~10月,我国企业对"一带一路"相关的51个国家非金融类直接投资120.7亿美元,同比下降8.4%,占同期总额的8.3%,主要投向新加坡、印度尼西亚、印度、泰国、马来西亚、老挝、伊朗、俄罗斯等国家地区。① 据报道,我国目前是越南第九大投资国。② 尽管亚投行《环境与社会制度框架》不是国际法法律渊源,但其内部法或次级法律性质,从而会引发世界银行环境政策的等同效应,即对项目所在国产生直接影响——该项目若不符合世界银行环境政策,则世界银行将拒绝该项目。同样,亚投行中国客户若为在南海周边五国基础设施建设申请贷款或融资,经亚投行内部机构严格审核,如果符合其环境与社会政策,则该项目可以取得贷款或融资,否则会遭到拒绝,进而会影响该基础设施建设。因而,亚投行《环境与社会制度框架》该五国对基础设施投资项目和其他生产性项目可能会产生一定的负面影响。

一是对南海周边五国基础设施建设项目产生不利影响。亚投行AOA第1条第1款规定:"银行宗旨在于:(一)通过在基础设施及其他生产性领域的投资,促进亚洲经济可持续发展、创造财富并改善基础设施互联互通……"根据亚投行环境与社会政策要求,亚投行客户需对东道国基础设施项目进行事先环境和社会风险评估,亚投行依照该政策决定是否为项目提供贷款和融资,一旦该行提供贷款或融资,会导致该项目因资金缺乏而无法建设的后果。

二是对我国的项目承包企业产生不利影响。基础设施建设基本当事人通常为发包

① 参见《2016年1~10月我对"一带一路"相关国家投资合作情况》,载商务部对外投资和经济合作司:http://hzs.mofcom.gov.cn/article/date/201611/20161101884398.shtml,最后访问日期:2016年11月30日。

② 参见《中国企业大幅增加在越投资集中在加工和制造业领域》,载环球国际:http://world.huanqiu.com/exclusive/2016-03/8779684.html,最后访问日期:2016年11月30日。

方和承包方,双方签订工程承包合同后,承包方可能会因资金不足而需要向亚投行贷款或融资,亚投行根据其环境和社会政策可能会拒绝提供贷款或融资,进而会产生工程承包合同无法履行的情形,承包方可能因此会承担一定的损失。目前,无论是我国还是其他南海周边五国对于基础设施建设项目,实践中大都要求在东道国投资、设立企业。作为项目承包方的我国企业,需要在东盟某一国先投资设立基础设施建设项目企业,然后才能贷款、建设该项目。若在亚投行贷款经审核不符合其环境与社会政策,则基础设施建设项目难以实施。我国企业受损成为必然。

三是对项目承包方母国——我国产生不利影响。基础设施建设项目承包方母国——我国为了鼓励我国企业积极参与其他南海周边五国基础设施项目建设、投资行为,往往会提供法律、政策支持,利用财政、税收手段激励竞争。但我国项目承包企业因资金短缺致项目无法通过亚投行环境和社会政策评估,而不能履行合同,最终可能会影响我国外汇收入。

(二)《环境与社会例外清单》法律效力

众所周知,可持续发展从一个基本理念发展成为当今经济、社会发展原则已得到国际社会的普遍认可。何为"可持续发展"?1987 年挪威首相布伦特兰夫人在她任主席的联合国世界环境与发展委员会的报告《我们共同的未来》中,把可持续发展定义为"既满足当代人的需要,又不对后代人满足其需要的能力构成危害的发展",这一定义得到广泛的接受。而美国世界观察研究所所长莱斯特 · R. 布朗教授则认为,"持续发展是一种具有经济含义的生态概念……一个持续社会的经济和社会体制的结构,应是自然资源和生命系统能够持续维持的结构"。[①] 在 1993 年 7 月匈牙利诉捷克斯洛伐克盖巴斯科夫—拉基玛洛大坝案中,时任国际法院副院长卫特曼特雷法官在本案个别意见书中认为:"由于可持续发展原则在本案中是一个对于决定相互竞争的因素具有基本意义的原则,又由于它可能在未来的重大环境争端的解决中起重要作用,尽管它只是在最近才引起国际法论著的注意,它需要得到较为详细的考虑……我认为它不仅仅是一个概念,而是一个具有规范价值的以决定本案至关重要的原则。"[②]《建立世界贸易组织马拉喀什协定》亦将"为持续发展之目的扩大对世界资源的充分利用,保护和维护环境"作为 WTO 建立宗旨之一。2014 年联合国贸发会议发布名为《为可持续发展目标投资行动计划》的世界投资报告,报告指出:"在共同的全球性经济、社会和环境挑战的背景下,国际社会正在制定一套可持续发展目标。联合国正与范围尽可能广的利益攸关方一道,制定可持续发展目标……"[③]鼓励"设立可持续发展目标投资开发机构,以便对可持续发展目标部门的银行

① 《可持续发展定义》,载中南大学在线课程平台:http://netclass.csu.edu.cn/NCourse/hep122/study/popup/pop02/02_text_3.htm,最后访问日期:2016 年 7 月 6 日。

② 蔡守秋主编:《环境法案例教程》,复旦大学出版社 2009 年版,第 36 页。

③ 联合国贸发会议:《2014 年世界投资报告(概览)》中文版,要旨第 10 页。

肯担保的项目计划进行开发和推介,并积极地促进这些项目。”①要求:“……必须对可持续发展目标的投资提供支助,从而利用创新金融手段筹集资金,并实现规模经营。”②因而,可持续发展已经成为国际社会普遍接受的一项国际法原则。无论是作为国际金融组织的亚投行还是其成员,均有义务遵守可持续发展原则。

尽管亚投行《环境与社会制度框架》中的例外清单等体现了贯彻实施可持续发展原则,但是,例外清单所罗列的14种投资项目,则大都直接规定了其国际法依据——国际条约。“有约必守”是国际法上的一项原则,《维也纳条约法公约》第26条“条约必须遵守”明确规定:“凡有效之条约对其各当事国有拘束力,必须由各该国善意履行。”该条特别强调条约对其“各当事国”有拘束力,即条约一般对非当事国无拘束力。亚投行显名列举的国际公约包括:鹿特丹公约、斯德哥尔摩公约、濒危动植物国际贸易公约(CITES)、巴塞尔公约、波恩公约、拉姆萨尔公约、世界自然与遗产公约、生物多样性公约、防治船舶污染国际公约、海上人命安全公约和巴黎谅解备忘录等。目前,亚投行创始会员共57个,前列12个国际公约极少由该57国共同参加。因而,从国际公约适用的效力范围看,该12个国际公约对于非参加国无拘束力。前已述及,亚投行环境与社会政策尽管是亚投行工作指南,为国际金融组织内部法,但其仍属于“国际软法”范畴,是“政府间国际组织制订或通过的不具法律约束力的规范性文件”,③是国际金融软法的组成部分。根据社会法学派或现实主义学派观点“……形式上或主观上不具有法律约束力的国际金融软法,在实践中仍可能具有类似于法律所具备的制约与规范人们行为的客观效果”。④ 但从效力等级上来看,国际条约为国际法法律渊源,是国际法院法律适用的主要依据,其效力高于国际金融软法。因此,亚投行成员在未参加上述12个国际公约的情形下,依据亚投行《环境与社会制度框架》,亦需遵守这些条约;同时,就亚投行金融服务职责而言,该框架为亚投行工作指南,其职员有义务遵守该指南,按照例外清单拒绝为某一投资项目提供金融服务。

与国际公约列举相类似,例外清单第2种和第10种投资项目拒绝根据明确指明国内立法和国际公约。当某成员所涉国内法规定与相关国际公约规定不一致时,《维也纳条约法公约》第27条“国内法与条约之遵守”要求:“一当事国不得援引其国内法规定为理由而不履行条约。此项规则不妨碍第四十六条。”⑤则亚投行应优先适用国际公约;而当

---

① 联合国贸发会议:《2014年世界投资报告(概览)》中文版,要旨第12页。

② 同上书,要旨第13页。

③ 廖凡:《论软法在全球金融治理中的地位和作用》,载《厦门大学学报》(哲学社会科学版)2016年第2期。

④ 漆彤:《国际金融软法的效力与发展趋势》,载《环球法律评论》2012年第2期。

⑤ 《维也纳条约法公约》第46条“国内法关于缔约权限之规定”:“一、一国不得援引其同意承受条约拘束之表示为违反该国国内法关于缔约权限之一项规定之事实以撤销其同意,但违反之情事显明且涉及其具有基本重要性之国内法之一项规则者,不在此限。二、违反情事倘由对此事依通常惯例并秉善意处理之任何国家客观视之为显然可见者,即系显明违反。”

一成员既未参加第 2 种和第 10 种情形所指明的国际公约,也无相关国内立法时,亚投行不能拒绝有关投资项目所需要的金融支持。

当然,对于其他 12 种投资项目,亚投行无须考察成员国内法的相关规定,仅依照例外清单即可拒绝某成员客户金融服务申请。

(三)亚投行《环境与社会制度框架》:中企投资南海周边五国基础设施贷款应对

作为亚投行建立的倡议者和持有最多股份的股东,我国既是亚投行《环境与社会制度框架》的制定支持者也应是坚定的实践者,而南海周边五国是亚投行建立的响应者和参加者,也是亚投行《环境与社会制度框架》的制定者。而亚投行的建立与我国推动"一带一路"建设战略息息相关,南海周边其他五国是"一带一路"政策的支持者和推动者。据商务部统计,对外承包工程方面,2016 年 1～10 月,我国企业在"一带一路"相关的 61 个国家新签对外承包工程项目合同 6877 份,新签合同额 843.9 亿美元,同比增长 30.7%,占同期我国对外承包工程新签合同额的 51%;完成营业额 527.4 亿美元,同比增长 5.6%,占同期总额的 46%。[①] 该统计足以说明我国企业海外投资规模与速度提升较快,也准确反映出我国目前奉行的"互利共赢"的负责任大国的对外合作与交流的基本理念。

党的十八大报告庄严承诺:"中国反对各种形式的霸权主义和强权政治,不干涉别国内政,永远不称霸,永远不搞扩张。中国将坚持把中国人民利益同各国人民共同利益结合起来,以更加积极的姿态参与国际事务,发挥负责任大国作用,共同应对全球性挑战。"习近平同志在 2014 年 11 月中央外事工作会议上的讲话指出:"要切实运筹好大国关系,构建健康稳定的大国关系框架,扩大同发展中大国的合作。要切实加强同发展中国家的团结合作,把我国发展与广大发展中国家共同发展紧密联系起来。要切实推进多边外交,推动国际体系和全球治理改革,增加我国和广大发展中国家的代表性和话语权。"外交部长王毅在第 68 届联合国大会一般性辩论发言中宣示:"中国将坚定不移地履行应尽的国际责任和义务。中华民族是勤于任事、勇于担当的民族。尽管中国还是发展中国家,发展任务仍十分艰巨,但作为世界第二大经济体和联合国安理会常任理事国,中国深知自己肩负的责任和国际社会的期待。"[②]毫无疑问,负责任大国是我国对待国际关系的重要的身份定位。该定位对于我国在亚投行环境与社会政策态度、立场方面具有重要的意义。同时,作为当前资本净输出国的我国,鉴于企业在东盟成员国投资基础设施项目提升较快的事实,我国应积极践行亚投行社会与环境政策,具体来讲有以下三点:

1. 坚持可持续发展原则。习近平同志在 2014 年第四次亚信峰会演讲指出:"应该积极倡导共同、综合、合作、可持续的亚洲安全观"。前已述及,可持续发展原则已成为国际

---

① 参见《2016 年 1～10 月我对"一带一路"相关国家投资合作情况》,载商务部对外投资和经济合作司:http://hzs.mofcom.gov.cn/article/date/201611/20161101884398.shtml,最后访问日期:2016 年 11 月 30 日。

② 吴兵:《改革开放以来中国负责任大国身份建构》,载《社会主义研究》2014 年第 4 期。

社会公认的一项经济、社会发展原则,亦应成为各国国内立法和国际公约所确认的一项原则。作为负责任大国,在处理大国关系上亦应坚持该原则。而在有关"一带一路"建设的国内法律、政策中应充分体现该原则,自觉借鉴亚投行环境与社会政策例外清单,调整或协调对外投资、工程承包的法律、法规、政策。

2. 强制推行企业社会责任中的环境责任。2016 年 6 月 1 日,亚洲基金会(Asia Foundation)在其官网发表了一篇题为"中国海外投资的环境和社会影响"的文章。该文提及,在过去 15 年间中国对外直接投资出现爆发式增长,对于建筑业、农业和矿业领域的投资,可能会引起社会和环境问题的担忧。该文称:"东道国现在不仅仅关注这类投资的经济效应,如经济增长,就业机会,更好的基建等,也开始关注对社会和环境的影响。"① 事实上,中国政府秉承"创新、协调、绿色、开放、共享"的发展理念,商务部和环保部于 2013 年发布《对外投资合作环境保护指南》,该指南的制定旨在"指导中国企业进一步规范对外投资合作活动中的环境保护行为,及时识别和防范环境风险,引导企业积极履行环境保护社会责任,树立中国企业良好对外形象,支持东道国的可持续发展"。虽然该指南为"企业自觉遵守"的软法,但是从当前双边投资协定和自由贸易协定有关企业环境责任的条款规定上看,企业社会责任重的环境保护责任已成为兼具道德责任和法律责任的双重属性的社会责任。因此,我国政府对于投资于包括其他南海周边五国在内的亚投行成员国的基础设施项目,应通过双边投资协定和自由贸易协定方式,积极强制推行企业环境责任,这样做既能维护东道国环境利益,又能保护企业的经济利益、保持我国"负责任大国"形象。正如让马克·柯伊考所言,"制度性手段和机制应该超越华丽词藻,有助于把国际治理变成现实。而这就首先要求明确所有参与者的身份及其各自的权力"。②

3. 推动亚投行"内部法"的自觉遵守。俄罗斯总统普京说:"今天,任何一个国家,不管它有多大,有多强,如果它与世界其他国家相隔绝,那它就不可能顺利发展。"③而新自由制度主义认为,在国际体系结构不变的情况下,在国家间交往的交易成本过高,可靠信息不足的情况下,国际制度可以通过提供可靠信息、控制交易成本促进国家以合作为基础提供国际公共产品。④ 亚投行之所以能够在我国倡议下得到包括南海其他周边五国在内的国际社会的积极赞同,就是基于"合作共赢"的理念,以及国际组织固有的为其成员提供国际公共产品的功能。就如《亚洲基础设施投资银行协定》所言:"确信作为旨在支持基础设施发展的多边金融机构,银行的成立将有助于从亚洲域内及域外动员更多的亟须资金,缓解亚洲经济体面临的融资'瓶颈',与现有多边开发银行形成互补,推进亚洲实

① 参见《商务部:走出去企业要积极履环保责任》,载新浪财经:http://finance.sina.com.cn/china/gncj/2016-06-07/doc-ifxsvenx3578378.shtml,最后访问日期:2016 年 11 月 30 日。

② [法]让-马克·柯伊考、刘兆成:《国际组织与国际合法性:制约、问题与可能性》,载《国际社会科学杂志》(中文版)2002 年第 4 期。

③ [俄]普京:《2003 年致联邦会议的国情咨文》,载普京:《普京文集》(2002~2008),中国社会科学出版社 2008 年版,第 23 页。

④ 参见郭秋梅:《国际组织与全球问题治理:功能、模式与评价》,载《东南学术》2013 年第 6 期。

现持续稳定增长。”作为具有完全法律人格的国际组织,亚投行有权制定其“内部法”,以规范银行业务、防范银行风险。“在‘发生学’的意义上,正式国际组织从一开始出现就与国家履行国际协议的问题直接相关,从而体现了它作为一种国家间治理结构的特点。”① 作为新制度经济学中的基本概念,治理结构(governance structure)也可以称为制度安排(institutional arrangement),②是指“管束特定行动模型和关系的一套行为规则”。③ 治理结构或制度安排提供一种结构使其成员的合作获得一些在结构外不可能获得的追加收入,或提供一种能影响法律或产权变迁的机制,以改变个人或团体可以合法竞争的方式。④

亚投行制定的作为治理结构或制度安排的“内部法”,从性质上来讲,可以归属于“软法”。软法通常是指那些不具有法律约束力但又能产生一定法律效果的国际文件。⑤ 尽管软法不具有约束效果,但它却在相当长的时期内对国家的行为起到“准约束”作用。⑥ 亚投行环境与社会政策作为软法,需要其各个成员、亚投行,以及亚投行客户自觉遵守,否则该“软法”的“内部法”就会失去制定的意义。

综上所述,亚投行《环境与社会制度框架》的内部法性质并不会影响亚投行对于其成员投资者申请亚投行提供金融服务项目审核,其会严格执行该政策,对于属于亚投行《环境与社会例外清单》项目,其会拒绝提供金融服务的。而对于包括我国及其他南海周边五国在内的亚投行成员来讲,根据可持续发展原则,应当自觉按照亚投行环境与社会政策要求,审视其缔结或参加的国际公约以及其国内立法,敦促企业投资项目符合该环境与社会政策规定,以便促进作为亚投行成员的东道国的经济与社会的可持续发展。作为负责任的大国,我国亦应积极主动执行亚投行《环境与社会制度框架》,通过国内法律、法规、政策,鼓励我国企业和个人向其他南海周边五国投资符合《环境与社会制度框架》要求的项目。

---

① 田野:《作为治理结构的正式国际组织:一种新制度经济学的视角》,载《教学与研究》2005 年第 1 期。

② See Oliver Williamson, *The Firm as a Nexus of Treaties: an Introduction*, Masahiko Aoki, Bo Gustafson, Oliver Williamson, eds., The Firm as a Nexus of Treaties. London: Sage Publication, 1990.

③ 林毅夫:《关于制度变迁的经济学理论:诱致性变迁与强制性变迁》,载[美]R. 科斯等:《财产权利与制度变迁——产权学派与新制度学派译文集》,上海三联书店、上海人民出版社 1994 年版,第 377 页。

④ 参见[美]R. 科斯等:《财产权利与制度变迁——产权学派与新制度学派译文集》,上海三联书店、上海人民出版社 1994 年版,第 253 页。

⑤ 例如,国际组织、多边外交会议通过的各种决议、宣言、声明、指南、标准或行为守则在内的一些能产生重要法律效果的非条约协议。尽管在国际法中还存在异议,西方一些学者还是认为软法是国际法渊源中的第三种形式。软法的表现形式主要有:建议、标准、行为准则、指南、意见、通知、宣言、框架、行动纲领等。参见万霞:《试析软法在国际法中的勃兴》,载《外交评论》(外交学院学报)2011 年第 5 期。

⑥ 万霞:《试析软法在国际法中的勃兴》,载《外交评论》(外交学院学报)2011 年第 5 期。

Environmental and Social Framework of AIIB: the Legal Foundation of Infrastructure Loan for Chinese Enterprises' Investment in Neighboring Countries of South China Sea

Hu Xiaohong

Abstract: At present time we want a global governance to resolve global issues to maintain global economic development. AIIB has been established to conform to the demands of the times, its objects are to help infrastructure' interconnection among Asia countries. By international law, AIIB publishes its Environmental and Social Framework in order to implement mankind common goal of sustainable development. While our government should encourage our enterprises to invest in neighboring countries of South China Sea, it else forces our enterprises' social responsibility in environmental protection and alerts their risks in AIIB loan.

Key Words: AIIB environmental and social framework enterprises' environmental responsibility

(责任编辑:仁 者)

ICSID 仲裁中投资定义的扩张及其反思
——兼论中国双重身份的应对

汤　霞*

[摘　要]　几乎所有的国际投资协定都对投资进行了界定。在国际投资自由化的大背景下,无论是法律文本中的投资定义,还是ICSID仲裁实践中的投资定义,都呈现出扩张趋势。这一扩张反映了给予投资者充分保护的价值取向,但也会招致投资者滥诉。因此,有必要对ICSID仲裁庭对投资定义进行扩张解释这一现象进行合理限制,实现私人投资者与投资东道国间的共赢。我国目前已兼具资本输出国和输入国双重身份,在投资定义扩张已成为主流的趋势下,我国在投资定义文本的应对上应扩大投资的类型,但要进行合理限制;在投资仲裁实践的应对方面,我国要积极利用ICSID仲裁机制,并善用仲裁的替代性机制。

[关键词]　投资仲裁　ICSID　投资定义扩张　投资协定　适格投资

随着20世纪90年代以来投资协定数量的日益增加,投资者利用这些协定中的投资者—国家争端解决条款(ISDS条款)将东道国诉诸解决投资争端国际中心(以下简称ICSID或中心)的案例比比皆是。究其原因,主要在于ICSID仲裁实践中仲裁庭对投资定义多进行扩张解释和投资协定对投资定义的界定过宽。根据《关于解决国家和他国国民之间投资争端公约》(以下简称《ICSID公约》)建立的ICSID仲裁机制虽较好地平衡了投资者与东道国争端解决机制的灵活性和法律化,并得到不少国家认可,但该仲裁机制也暴露出诸多缺陷。虽然ICSID仲裁机制存在种种缺陷,但其在解决国际投资争端时发挥的作用却不容小觑。

随着我国"走出去"步伐的加快,我国对外投资规模日益扩大,中国已具有资本输入国和输出国的双重身份。我国投资者主动提起ICSID仲裁和我国被动作为应诉者的案件也逐年增多。我国对ICSID仲裁条款经历了从逐案审批到全面同意的模式。目前这种过于开放的接受方式使一些关系国计民生的敏感行业或领域的争端也将被置于中心管辖之下,这不仅不利于保护我国公共利益,也会使我国疲于应诉。为此,本文从ICSID仲裁庭对投资的扩张解释实践和投资协定中投资定义扩张的弊端所带来的"同案不同裁"、①东道国频

* 汤霞,厦门大学法学院国际经济法研究所。

① "同案不同裁"系借用国内法上的"同案不同判"的提法,主要指投资仲裁案件的事实、投资权利或商业情形等相同或相似,但案件裁决结果却截然不同。

繁被诉等问题出发,对投资定义扩张这一趋势进行反思,最终为我国参与 ICSID 仲裁机制和缔结投资协定提供有益借鉴。

一、ICSID 仲裁与投资定义的扩张

随着跨国投资活动的日益增多,投资者与国家间的投资争端也逐年增加。在国际投资领域,大部分国际投资协定都赋予投资者将投资争端提交 ICSID 仲裁庭裁决的权利。ICSID 仲裁庭在审理该类案件时也日益倾向于扩大自身管辖权,其中最主要的路径就是对投资定义进行扩张解释。

(一)ICSID 仲裁实践中对投资定义的扩张解释

随着各国市场的不断开放以及国际社会对外投资法律制度的逐步完善,国际投资领域已发生了重大变化。早期的国际投资中跨国直接投资是主流形式,基本排除间接投资。然而,近年来投资定义和投资形式已因国际投资仲裁实践中的大量案例而得以较大发展。从 ICSID 仲裁实践来看,仲裁庭主要倾向于将包括股权、金融债券和服务[①]等间接投资认定为适格投资,并将国际商事仲裁裁决等纳入间接投资范围,这固然是为了扩大仲裁庭的管辖权,但也导致了投资定义的扩张。

1. 金融票据和服务

除 SGS(Societe Generale de Surveillance SA,SGS)诉巴拉圭案[②]外,ICSID 仲裁庭把金融票据和服务等作为投资的案件还有 10 余个,[③]这说明仲裁庭是将这类经济活动视为投资的。在 SGS 诉巴拉圭案中,双方争议的法律问题在于这类金融票据和服务是否属于投资的范围,仲裁庭对本案是否有管辖权。仲裁庭经审理认为,被申请人并没有承担其在合同下的义务,SGS 提供的包括培训、检验等在内的服务对巴拉圭的经济发展起到了积极作用,完全符合《ICSID 公约》序言和瑞士 - 巴拉圭双边投资协定(简称瑞士 - 巴拉圭 BIT)对投资的定义。而且巴拉圭财政部还专门为履约发行了履行债券,SGS 具有的这种债权请求权也完全符合双方签订的 BIT 中的投资定义,所以该案中涉及的金融债券和服务属于适格投资,仲裁庭对该案有管辖权。可见,该案仲裁庭将瑞士 - 巴拉圭 BIT 中的投资定义解释为包括案件所涉及的金融票据和服务。欧盟和加拿大于 2016 年 7 月达成的《综合性经济贸易协议》(Comprehemsive Economic and Trade Agreement,CETA)明确将金钱请求权或履行

---

① SGS Societe Generale de Surveillance SA v. Paraguay(ICSID Case No. ARB/07/29), Award on Jurisdiction of February 10,2012.

② Ibid. .

③ 这类案件还有 Renee Rose Levy de Levi 诉秘鲁案、Urbaser S. A. And Consorcio de Aguas Bilbao Biskaia Ur Partzuergoa 诉阿根廷案、Railroad Development Corporation(RDC)诉危地马拉案、Million International Operation B. V. and Sentel GSM SA 诉塞内加尔案、Ambiente Ufficio S. p. A. and others 诉阿根廷案、Abaclat and others 诉阿根廷案、Pope&Talbot 诉加拿大案、S. D. Myers 诉加拿大案等。

请求权作为投资,[1]这将为此后的仲裁实践提供依据。

2. 商事仲裁裁决

在 ATA Construction, Industrial and Trading Company(以下简称 ATA)诉约旦案[2]中,双方的争议焦点在于 FIDIC 仲裁庭于 2003 年作出的赔偿裁决是否属于投资。ICSID 仲裁庭认为,申请人的损害赔偿利益遭到司法审查程序的撤销,构成 2006 年 1 月 23 日生效的约旦 - 土耳其 BIT 中的投资。这一问题关涉的不是潜在的合同或履行,而是随后的 FIDIC 仲裁裁决的合法性。[3] 被申请人的行为违反了其应承担的条约下的国际法义务,申请人有权向 ICSID 仲裁庭寻求其在约旦 - 土耳其 BIT 下的权利。此外,申请人的投资包括裁决本身,这构成约旦 - 土耳其 BIT 第 1 条第 2 款项下的金钱请求权和与投资有关的产生财政价值的合法履行。[4]

联合国国际贸易法委员会(UNCITRAL)审理的案件[5]中仲裁庭也认为商事仲裁裁决构成《ICSID 公约》和有关 BIT 下的投资。我们认为,商事仲裁裁决的内容主要涉及债权请求权,这完全符合投资协定中对投资的定义,但其又不同于一般的债权,故而将其列入间接投资的范围并无不当。

3. ICSID 仲裁实践发展的新趋势述评

从仲裁实践来看,大多数仲裁庭[6]认为金融债券和服务、股权以及裁决等属于间接投

---

① Text of the Comprehensive Economic and TradeAgreement - Investment, at http://www.international. gc. ca/trade-commerce/trade-agreements-accords-commerciaux/agr-acc/ceta-aecg/text-texte/08. aspx? lang = eng, Feb. 14, 2017. 英文原文为:(i) claims to money or claims to performance under a contract. For greater certainty, claims to money does not include: claims to money that arise solely from commercial contracts for the sale of goods or services by a natural person or enterprise in the territory of a Party to a natural person or enterprise in the territory of the other Party. the domestic financing of such contracts; orany order, judgment, or arbitral award related to sub-subparagraph(a) or(b).

② ATA Construction, Industrial and Trading Company v. The Hashemite Kingdom of Jordan(ICSID Case No. ARB/08/2), Award of May 18, 2010.

③ Ibid., p. 63.

④ Ibid., p. 69.

⑤ White Industries Australia Limited v. The Republic of India, UNCITRAL, Final Award of November 30, 2011. Frontier Petroleum Services Ltd. v. The Czech Republic, PCA, UNCITRAL, Final Award of November 12, 2010. Chevron Corporation and Texaco Petroleum Corporation v. The Republic of Ecuador, UNCITRAL, PCA Case No. 2009 - 23, Third Interim Award on Jurisdiction and Admissibility of February 27, 2012.

⑥ SGS Societe Generale de Surveillance SA v. Paraguay(ICSID Case No. ARB/07/29), Award on Jurisdiction of February 10, 2012. ATA Construction, Industrial and Trading Company v. The Hashemite Kingdom of Jordan(ICSID Case No. ARB/08/2), Award of May 18, 2010. Philp Morris Brands Sarl, Philip Morris Products S. A. and Abal Hermanos S. A. V. Oriental Republic of Uruguay(ICSID Case No. ARB/10/7), Decision on Jurisdiction of July 2, 2013.

资的范围，应当被视为投资。但仲裁庭也并不是毫无限制地扩张适用，而是根据个案情况来具体判定。总体来说，一项合法的投资还是要满足实质性投入、风险、一定的存续期间这几个基本要件的。至于其他要件就留待仲裁庭确定了。虽然仲裁庭在金融票据和服务及商事仲裁裁决等作为投资的问题上未达成完全一致，但总的趋势是认可这些为投资的。在 ATA 诉约旦案中，仲裁庭认为被申请人约旦的行为违反了其在约旦 - 土耳其 BIT 项下的国际法义务，侵犯了 ATA 公司依据裁决获得的金钱请求权。这一思路在 UNCITRAL 审理的若干案件中也得到了体现。虽然投资定义扩张是近年来的趋势，但国际社会对投资的定义并不是无限扩张的，跨太平洋伙伴关系协议（Trans-Pacific Partnership Agreement，TPP）投资章节中规定投资不包括司法或行政诉讼中的指令或判决，CETA 以明确列举的方式规定了投资的类型，①限制了仲裁庭对投资定义的扩张解释，反映了国际社会对目前投资定义扩张的规制。

（二）投资定义扩张的原因

ICSID 仲裁庭之所以能对投资定义进行扩大解释并导致投资定义扩张有法律层面的原因，但其更深层次的原因则在于经济层面。前者表现为《ICSID 公约》未对投资进行明确界定，后者则是投资自由化的必然要求以及由此导致的投资者与东道国之间的利益保护失衡。

1.《ICSID 公约》与投资定义的扩张

《ICSID 公约》第 25 条第 1 款规定，中心的管辖适用于缔约国（或缔约国向中心指定的该国的任何组成部分或机构）和另一缔约国国民之间直接因投资而产生并经双方书面同意提交给中心的任何法律争端。可见，适格投资是 ICSID 仲裁庭获得管辖权的要件之一，但该条并未给予投资明确的定义，而只是规定了中心管辖权的要件。

该公约在缔约过程中曾有过投资定义，即"投资是指任何金钱或其他具有经济价值的财产的投入，这种投入没有期限，若有，则不得低于五年"，②但饱受各国诟病。后来秘书处也试图对投资进行界定，③但未被缔约国接受。缔约国的理由是：投资定义应交由成员方在具体投资协定的缔约过程中来决定，因为缔约国和另一缔约国国民之间的投资具有多样性，所以对投资的任何定义都无法涵盖所有的投资类型。最后，《ICSID 公约》未对投资进行定义。这一有意的缺失使得 ICSID 的部分仲裁庭为获得管辖权，基于自身裁量权对争端所涉投资协定中的投资进行扩大解释，进而导致投资定义扩张。

---

① Text of the Comprehensive Economic and Trade Agreement, Chapter eight: Investment. at http://www.international.gc.ca/trade-commerce/trade-agreements-accords-commerciaux/agr-acc/ceta-aecg/text-texte/08.aspx?lang=eng, Feb. 14, 2017.

② CHRISTOPH H, SCHREUER. *The ICSID Convention: A Commentary*. U. K., Cambridge University Press, 2001. pp. 121 - 122.

③ 投资是指：(i) 在设立或经营一个工业、农业、商事、金融或服务企业过程中，取得的财产权利或合同权利；(ii) 在任何此类企业中的参与或股份；(iii) 公共或私人实体的金融债务，但不包括那些短期银行业务或融资产生的债务。

2. 投资自由化与投资定义的扩张

经济全球化的深入发展使得各国之间的联系日益密切,国家间的经贸往来日益频繁,跨国投资活动也发展迅速。国家间为实现投资自由化作出了诸多努力,各种国际投资协定也应运而生。从目前世界范围内现存的投资协定来看,大多数的投资协定都采用了开放式的投资定义模式,几乎包含了国际投资实践中的所有财产类型。① 投资协定中投资定义的扩张主要体现在以下三方面:

(1)投资内容的扩张。

长期以来,国际投资法只调整国际直接投资关系,间接投资不属于其调整范围。晚近以来,国际投资条约不再区分直接投资和间接投资,而是为它们提供同等保护。有些 BIT 为了避免争议,甚至将证券投资等间接投资明确作为投资种类。ICSID 的仲裁实践更是充分说明,直接投资和间接投资的区分并非泾渭分明。这是符合国际投资自由化的大趋势的,因为如果将间接投资排除在外,则将对那些希望引进外资来带动本国产业发展的国家来说可能会带来不可估量的影响。

(2)定义投资的方式多样化。

目前世界上的国际投资协定主要包括以资产、企业和商业存在这三种投资定义模式,这些模式涉及的投资种类繁多,为外国投资者和东道国间的投资活动提供了具体而明确的指导。在投资缔约实践中,以"资产"为基础的投资定义模式为绝大多数国家采用。这种模式以"包括但不限于"的方式将投资定义为投资者在另一缔约方领土内投入的"各种资产"。美国 2012 年 BIT 范本即此种定义模式的典型。2012 年签署的中国—加拿大 BIT 即是以"企业"为基础的投资定义的典型,这种穷尽列举式的投资定义类型明确而具体,充分保证了投资的广泛性。还有一些投资协定中只包括"商业存在"②形式的投资。这类协定把投资定义限定得非常狭窄,所以这种定义模式往往只存在于实现服务贸易自由化的协定中。虽然这三种定义方式的立足点不同,但都涉及最基本的权利,如动产和不动产、合同权利、股权、知识产权以及特许协议。这些权利不仅内涵丰富而且会随着实践的发展而不断完善,并可涵盖各种类型的新型投资形式。这种宽泛的投资定义极大地保护了外国投资者的利益,也推动了国际投资的自由流动。

(3)投资保护范围的扩大。

国际投资协定将投资的保护范围从既存投资扩大到投资设立前的活动,这种溯及适用的效力加大了对外国投资者的保护力度,符合资本输出国的利益诉求,有利于在更大范围内吸引外资。同时,国际投资协定还将与投资有关的活动纳入投资的范围,将与贸易有关的领域也列入国际投资协定的保护范围,在美国各个 BIT 范本以及加拿大 2004

---

① 参见张庆麟:《论国际投资协定中"投资"的性质与扩大化的意义》,载《法学家》2011 年第 6 期。

② "商业存在"指任何类型的商业或专业机构,包括为提供服务而在一成员领土内:组建、收购或维持一法人,或创建或维持一分支机构或代表处。See General Agreement on Trade in Services, Article28. [EB/OL]. https://www.wto.org/english/tratop_e/serv_e/gatsqa_e.htm. 2016-12-11.

年投资协定范本中可以很清楚地看出这一变化。

3. 利益保护失衡与投资定义的扩张

投资协定中的规定为投资者提供了将投资争端诉诸 ICSID 的主动权,这一规定体现了西方学者主张的“弱者利益保护”原则,即在投资者—国家争端中,投资者处于弱势地位。但这一原则忽视了投资者可能利用自身的主动权肆意提起投资仲裁,进而损害东道国经济管制权的问题。在 ICSID 仲裁实践中,仲裁庭通过对投资定义进行扩张解释来扩大自身管辖权,这往往使东道国频繁被诉,东道国不得不耗费大量的财力来应对这些争端。有些仲裁庭作出的裁决甚至对东道国的社会公共利益产生重大影响。

这种保护失衡的现状不仅损害了东道国的利益,也反过来阻碍了国际投资仲裁制度的发展,久而久之,东道国会对 ICSID 仲裁机制失去信心。目前,拉美一些国家已经退出了《ICSID 公约》,澳大利亚也宣布在今后缔结的投资协定中不再订立 ISDS 条款。非洲一些国家因其在 ICSID 仲裁庭被诉的案件居高不下而采取了一些反 BIT 的措施,如南非在其 2009 年发布的《BIT 政策框架评审》中表示要分阶段终止其缔结的第一代 BIT。从南非近些年的实践来看,其意欲退回到单纯地用国内法来保护投资。① 由此可见,ICSID 仲裁制度对投资者和东道国利益保护的失衡使其自身面临着被弃用的危机。

二、投资定义扩张的反思

投资定义扩张是近年来 ICSID 仲裁实践的发展趋势,这一新变化是投资自由化的必然要求,固然促进了经济全球化的发展,但也带来了一些负面影响。ICSID 仲裁庭为扩大自身管辖权而对投资定义的扩张解释,投资协定中对投资者利益的偏袒使东道国面临频繁被诉至 ICSID 的风险等。目前国际社会已注意到并正在试图对这一问题进行矫正。

(一)投资定义扩张的积极作用

投资定义的扩张使得各种类型的资产都可以成为适格的投资,反映了资本输入国为吸引外资而采取的各种鼓励措施,从而为投资者提供了强有力的制度保障。投资者在进行跨国投资活动时也可以免除后顾之忧,避免遭受东道国司法不公的戕害。投资自由化有利于减轻或消解市场的扭曲作用,提高投资者享有的非歧视待遇和最低待遇标准,实现内外资的平等对待。投资定义扩张也有助于发展中国家改善国内投资环境,如加强国内法治环境建设和基础设施建设,促进本国经济稳定健康发展,采取措施使本国法律与国际性条约接轨,避免法律适用的冲突等。在国际投资仲裁领域投资定义扩张的背景下,对于广大发展中国家而言,其在作为资本输入国吸引外资的同时要降低外资准入门槛,提高政策的透明度,明确国家安全审查的范围。同时,发展中国家在这一过程中也可以有效利用外资来促进本国产业升级,提升自身的综合实力和国际竞争力。

---

① 参见韩秀丽:《中非双边投资条约:现状与前景》,载《厦门大学学报》(哲学社会科学版)2015 年第 3 期。

(二)投资定义扩张产生的问题

尽管投资定义扩张有一定的积极作用,但在实践中也产生了一些问题。兹分述如下:

1. ICSID 仲裁庭的管辖权盲目扩大

ICSID 仲裁庭取得管辖权往往是通过解释争端是否属于投资协定中的投资来实现的,而世界上大多数国家签订的投资协定都对投资采取的是极为宽泛的定义模式,这为仲裁庭行使管辖权提供了便利。目前世界上的大多数投资协定都规定了 ISDS 条款,同时还规定了"保护伞条款"。实践中仲裁庭往往对"保护伞条款"作扩大解释,即将投资者与东道国间的合同义务上升为条约义务,导致东道国在特定事项上承担的责任加大,这无疑加大了东道国的违约成本。[①] 即使东道国对投资者利益的损害与双方签订的投资合同无关,投资者也可利用投资协定中的"保护伞条款"要求东道国承担违反国际法的国家义务。仲裁庭通过对"保护伞条款"的宽泛解释使自身管辖权得以扩大。此外,投资协定中规定的"岔路口条款"也往往成为投资者挑选法院的依据。以频繁被诉至 ICSID 仲裁庭的阿根廷为例,阿根廷对外签订的投资协定中规定了争端各方应通过磋商和友好谈判的方式解决争端,若争端无法解决时投资者可立即将该争端提交 ICSID 仲裁庭解决而无须用尽东道国当地救济。尽管投资者也可选择东道国国内法院解决,但事实上投资者往往对东道国的法治状况及公正情况心存疑虑,大部分投资者会倾向于选择 ICSID 仲裁庭来解决。[②] 这在一定程度上也为仲裁庭扩张其管辖权创造了条件。

2. 东道国面临频繁被诉的风险

如前所述,当前大部分国际投资协定偏袒投资者的利益而忽视了对东道国利益的保护。国际投资仲裁员将国际商事仲裁的理念作为其裁决案件的法理依据,并将投资者和东道国置于平等的商事关系之中,再加上仲裁员的价值取向往往偏向投资者,所以 ICSID 仲裁裁决结果大多对东道国不利。国际投资协定中偏袒投资者利益的规定对东道国的利益造成了巨大的冲击。由于目前的国际资本流动仍是以发达国家向发展中国家流动为主,所以投资仲裁的商事化是有利于投资者的,发达国家也乐于推动投资仲裁的商事化,旨在更大限度地保护本国投资者。20 世纪 80 年代后期,大部分发展中国家对投资协定的态度也发生了转变,纷纷与发达国家签订自由化的投资协定,[③]甚至把保护投资者的利益与维护东道国的经济主权相提并论。这一商事化倾向增加了东道国被诉至 ICSID 仲裁庭的风险。随着 ICSID 仲裁庭作出的裁决对东道国社会公共利益的无视,国际投资

---

① 参见赵红梅:《投资条约保护伞条款的解释及其启示——结合晚近投资仲裁实践的分析》,载《法商研究》2014 年第 1 期。

② Gustav F. W. Hamester GmbH & Co. KG v. Ghana, ICSID Case No ARB/07/24, Award, 18 June 2010, Desert Line Projects LLC v. Republic of Yemen, ICSID Case No. ARB/05/17, Award, 6 February 2008, Saba Fakes v. Republic of Turkey (ICSID Case No. ARB/07/20), July 14, 2010.

③ 参见单文华:《卡尔沃主义的"死亡"与"再生"——晚近拉美国家对国际投资立法的态度转变及其对我国的启示》,载陈安主编:《国际经济法学刊》(第 13 卷第 1 期),北京大学出版社 2006 年版,第 183 ~ 205 页。

仲裁机制引起了人们的质疑。

3. 对投资的不同解释加剧了"同案不同裁"的结果

投资的确定对于仲裁庭确定其管辖权具有极为重要的作用,但由于仲裁庭对投资定义的解释存在主观主义和客观主义两种标准,所以仲裁庭在裁决案件时可能会出现不同的裁决结果。实践中裁决不一致的结果主要包括以下三种情形:一是事实相同,当事方相同,投资权利情形相似;二是事实不同,当事方不同,投资权利相同;三是投资权利相似,商业情形也相似。这主要是由于投资协定中对投资定义的规定较为模糊,仲裁庭没有足够的先例可以参考,仲裁庭对同一条款的解释出现偏差。有的仲裁庭采用主观主义标准来认定投资,即仲裁庭对投资定义作宽泛的解释,只要符合投资特征的经济活动都可被视为《ICSID 公约》第 25 条项下的投资。在实践中,仲裁庭对投资进行主观主义解释的依据是《ICSID 公约》序言的规定。CSOB 诉斯洛伐克案①的仲裁庭最早采用该种解释方法来确定投资。该案中仲裁庭认为,一项经济活动只要符合《ICSID 公约》序言即旨在促进缔约国经济发展并有助于国际合作即可被视为投资。②《ICSID 公约》中投资定义的缺失是缔约国间互相妥协的产物,仲裁庭应当对缔约双方间的合意予以充分尊重,投资定义不应该为并不被广泛承认的客观标准所限制。有的仲裁庭采用客观主义标准,认为仲裁庭在确定投资是否存在时要根据投资本身含有的特征来判定,也即对投资进行一定的限制。至于投资本身内含哪些特征,在 Salini 诉摩洛哥案③中仲裁庭确立了著名的"Salini 标准",即投资要包含一定的资金投入(contributions)、一定的持续时间(a certain duration of performance of the contact)、承担交易风险(a participation in the risks of the transaction)和有利于东道国经济发展(a significance for the host state's development)。根据《ICSID 公约》第 53 条的规定,ICSID 裁决仅对争端双方具有约束力,不具有先例的作用。仲裁员因其立场或本身的知识背景不同可能采用不同的标准来判断适格投资的范围,结果的不一致往往影响着仲裁庭的管辖权限,导致"同案不同裁"结果的出现,久而久之国际社会对 ICSID 仲裁机制也产生信任危机。

(三)投资定义扩张的矫正

任何事物都有两面,过度自由化必将带来难以预料的风险,很难想象 ICSID 仲裁庭受理的案件有很大一部分都是因投资定义争端而被诉至仲裁庭的,这对东道国的社会公共利益造成了极大影响。所以,国际社会也采取了一些措施来限制这一现象的恶化。

1. 仲裁庭对投资的解释应趋于统一标准——主客观标准相结合

如上所述,《ICSID 公约》对投资定义的缺失以及仲裁庭在解释适格投资时采用不同

---

① Cesko Slovenska Obchodni Banka, a. s. V. Slovak Republic(ICSID Case No. ARB/97/4), Decision on Objections to Jurisdiction of May 24, 1999.

② Ibid., p. 73.

③ Salini Construtoni S. p. A. And Italstrade S. p. A. V. Kingdom of Morocco(ICSID Case No. ARB/00/4), Decision on Jurisdiction of July 23, 2001.

的标准,主观主义标准因其对投资的界定过于宽泛,在实践中为一些国家所诟病。客观主义标准在后来的仲裁实践中经常被其他仲裁庭作为确定投资的依据,但仲裁庭对客观主义解释方法的内容并未达成一致,他们往往或严格遵循或发展或限制“Salini 标准”的适用,①但不可否认的是客观主义解释方法已经为不少仲裁庭所接受。需要注意的是,近年来仲裁庭在确定投资特征时出现了将主客观主义解释方法相融合的趋势。投资的确定对于仲裁庭确定其管辖权具有极为重要的作用,但由于仲裁庭对投资定义的解释标准不同,仲裁庭在裁决案件时可能会出现不同的裁决结果。这一问题已引起了有关各方的高度重视,但近年来仲裁庭运用不同的解释方法来确定投资从而导致仲裁庭有无管辖权的不一致裁决案件不绝于耳。由此,仲裁庭有必要对投资进行统一解释。Malaysian Historical Salvors SDN BHD 诉马来西亚案充分体现了仲裁庭认定投资时采用了主客观标准。② 虽然该裁决后来被撤销,但大多数仲裁庭认为对东道国经济发展的贡献是《ICSID 公约》下适格投资的一个实质性标准。随着仲裁实践的丰富和国家间签订的投资协定的完善,以及学者们对仲裁实践分析的深化,投资协定中的投资定义会得到进一步的阐明和确定,从而减轻仲裁裁决不一致的局面,增加争端双方对仲裁结果的可预见性。③

2. BIT 中的投资定义应符合《ICSID 公约》意旨

仲裁庭对投资定义进行不同解读的实质是他们对双边投资协定中投资定义的解释与《ICSID 公约》第 25 条的关系这一问题产生了分歧。一种观点④认为,《ICSID 公约》第 25 条没有给出投资定义的目的主要是为了将主动权完全赋予双边投资协定的缔约方,所以,仲裁庭在裁决时应优先考虑 BIT 中的投资定义。另一种观点⑤认为,BIT 中的投资定义不应违反《ICSID 公约》第 25 条的目的,也即 BIT 的缔约方对投资定义的自由裁量权

---

① 严格遵循 Salini 标准:Malaysian Historical Salvors, SDN, BHD v. Malaysia (ICSID Case No. ARB/05/10),Decision on the Application for Annulment, April 16, 2009. 发展:Jan de Nul N. V. and Predging International N. V. v. Arab Republic of Egypt (ICSID Case No. ARB/04/13), Decision on Jurisdiction, June 16, 2006. 限制:Consortium Groupement L. E. S. I. – DIPENTA v. People's Democratic Republic of Algeria(ICSID Case No. ARB/03/8),AWARD of January 10,2005。

② Malaysian Historical Salvors SDN BHD v. Malaysia (ICSID Case No. ARB/05/10), Award on Jurisdiction, May 17, 2007, p. 124.

③ 参见郭玉军:《论国际投资条约仲裁的正当性缺失及其矫正》,载《法学家》2011 年第 3 期。

④ 例如,Philippe Gruslin v. Malaysia, ICSID Case No. ARB/99/3. AES Corporation v. The Argentine Republic, ICSID Case No. ARB/02/17. Azurix Corp. v. The Argentine Republic, ICSID Case No. ARB/01/12. Camuzzi International S. A. v. The Argentine Republic, ICSID Case No. ARB/03/2。在这几个案件中,仲裁庭认为投资定义应符合双方间的投资协定即可。

⑤ 例如,SGS Société Générale de Surveillance S. A. v. Republic of the Philippines, ICSID Case No. ARB/02/6. Salini Costruttori S. p. A. and Italstrade S. p. A. v. Kingdom of Morocco, ICSID Case No. ARB/00/4. oy Mining Machinery Limited v. Arab Republic of Egypt, ICSID Case No. ARB/03/11。在这几个案件中,仲裁庭认为投资定义要符合投资协定和《ICSID 公约》的规定。

应在符合《ICSID 公约》第 25 条规定的前提下进行，也即“双重标准”(double-barreled test)原则。实践中，SGS 诉菲律宾案、Salini 诉摩洛哥案、Joy Mining 诉埃及案、Phoenix 案及 MHS 案等大多数仲裁庭都支持了该观点。[①] 这种定义方式在一定程度上可以改善投资定义盲目扩大的现状。

3. 投资符合东道国法律

随着仲裁庭对投资的宽泛解释所带来的负面影响凸显，一些投资协定开始倾向于限制投资的范围，投资协定中采用最多的方式是“符合东道国法律要求”。

(1)符合东道国法律要求的限定

仲裁庭在确定案件管辖权时，首先要确定的就是该项交易是否为投资。对于大部分投资协定中符合东道国法律要求的规定来说，一项交易是符合该投资协定中的投资定义还是符合东道国国内法中对投资的定义这一问题是必须要正视的。仲裁庭[②]普遍认为，符合东道国法律要求是符合投资协定中的投资合法性要求，而非东道国国内法对投资的限制。投资协定中符合东道国法律要求的规定是由缔约双方通过协商一致确立的，不能只适用于一国的国内法。所以，BIT 中的符合东道国法律要求并不意味着东道国国内法对投资协定的取代。虽然 Fraport 诉菲律宾案[③]中仲裁庭认为 BIT 中的符合东道国法律要求可以产生适用国内法的效果，但如果据此否认适用 BIT 的规定，则就使该 BIT 丧失了国际法意义上的适用效果。总之，该仲裁庭并不是说符合东道国法律要求就是要符合东道国国内法，其意旨在于仲裁庭在裁决案件时既要考虑双边投资协定也要考虑东道国国内法，当一项交易不符合东道国国内法时，其在投资协定中也即缺乏合法性了。

(2)东道国法律的范围

由于绝大多数投资协定对符合东道国法律规定得过于模糊，导致了实践中仲裁庭对东道国法律理解的偏差。从仲裁实践来看，仲裁庭对东道国法律的理解主要有以下两

---

① 在 Phoenix 案及 MHS 案中，仲裁庭不仅参考了 BIT 中的投资定义，更考察了《ICSID 公约》序言中的规定。在 Phoenix 案仲裁庭看来：“……作为两个缔约国间的双边安排，双边投资协定对投资的定义不能与《ICSID 公约》规定的定义相矛盾。易言之，缔约国可以肯定或限制 ICSID 的定义，但他们不能为利用 ICSID 机制而扩大该定义。双边投资协定的投资定义以两缔约国同意的标准为根据，但《ICSID 公约》是多边协定，因此双边协定的投资定义不能置 ICSID 的定义于不顾。只有符合 ICSID 的概念，双边投资协定的定义才是可接受的；倘若后者超出了前者的范围，那就不能接受。”

② Salini 诉摩洛哥案中仲裁庭对于符合东道国法律要求的解读具有极为重要的里程碑意义。在该案中，摩洛哥政府指出，意大利—摩洛哥 BIT 项下的符合东道国法律要求是符合摩洛哥的国内法中的投资定义，但仲裁庭认为，该 BIT 重点在于保护投资的合法性，而非摩洛哥国内法对投资的定义。这一解释在以后的仲裁实践中也为其他仲裁庭所接受。同样，在 Saipem 诉孟加拉国案中，仲裁庭也认为，符合东道国法律要求不应理解为符合孟加拉国法律对投资定义的限制；Bayindir 诉巴基斯坦案中，仲裁庭也强调，没有任何理由背离 Salini 案中仲裁庭对符合东道国法律要求的诠释。

③ Fraport AG Frankfurt Airport Services Worldwide v. Philippines(ICSID Case No. ARB/03/25), August 16, 2007.

种:第一,符合东道国法律即要求符合东道国法律的基本原则,然而对于何为法律原则,仲裁庭也莫衷一是;第二,符合东道国法律仅仅要求符合东道国有关外资准入方面的法律即可。对于第一种观点,在 Desert Line 诉也门案[①]中,仲裁庭认为,掩饰所有权的真实权属或虚假陈述等即违反东道国法律基本原则的投资,符合东道国法律要求就是要排除这些违法的投资。在 Inceysa 诉萨尔瓦多案[②]中,仲裁庭认为,符合东道国法律即是要符合《国际法院规约》第 38 条规定的国际法的一般法律原则,只要符合这些原则即为合法的投资。这两个案件以列举的方式在一定程度上明确了符合东道国法律基本原则的要求,但在具体内容上仍未达成一致。对于第二种观点,Saba Fakes 诉土耳其案[③]的仲裁庭认为,符合东道国法律要求投资要符合东道国关于外资准入方面的法律规定,而非东道国所有的法律。若投资者因违反与东道国投资管制无关的法律而被认定为非法投资则是对投资协定和《ICSID 公约》的违反,也阻碍了东道国吸引外资的进程。符合东道国法律应是符合投资设立时东道国有关外资准入的法律,而不是后来新颁布或修改的法律,即东道国不能通过修改国内法的规定来规避其在投资协定下应承担的国家义务。总体而言,一部分仲裁庭倾向于将符合东道国的法律限定为东道国有关投资准入方面的法律。从 Saba Fakes 诉土耳其案来看,即使轻微的违法也不被视为非法的投资,可见仲裁庭对符合东道国法律的理解有扩大化的趋势,这会使仲裁庭的管辖权进一步扩大。

(3)符合东道国法律要求的标准——善意原则

投资协定中对符合东道国法律要求的标准并未规定,仲裁实践中仲裁庭对该标准的认定也不一致。如前述 Fraport 诉菲律宾案和 Phoenix 诉捷克案[④]中仲裁庭认为投资者及其投资应遵循善意原则,这也是符合东道国法律要求的标准。在 Desert Line 诉也门案中,仲裁庭认为,不仅投资者要遵循善意原则,东道国的行为也要符合善意原则的要求,东道国在接受投资后不能拒绝对投资进行保护。如果确因社会公共利益需要而违反合同时,东道国要给予投资者合理补偿。由上述案件可见,ICSID 仲裁庭普遍认为善意原则是符合东道国法律要求的标准,这一标准不仅适用于投资者也同样适用于东道国。

三、投资定义扩张与中国的应对

如上所述,ICSID 仲裁中投资定义的扩张一方面为投资者的海外投资提供了保障,另一方面也使东道国面临频繁被诉的风险。鉴于我国目前已成为兼具资本输出国和输入国双重身份的投资大国,虽然我国的投资对象既包括美国、欧盟在内的发达国家,也包括

---

① Desert Line Projects LLC v. The Republic of Yemen(ICSID Case No. ARB/05/17), Award of February 6, 2008.

② Inceysa Vallisolemtana S. L. V. Republic of EI Salvador(ICSID Case No. ARB/03/26), August 2, 2006.

③ Saba Fakes v. Republic of Turkey(ICSID Case No. ARB/07/20), July 14, 2010.

④ Phoenix Action Ltd v. Czech Republic(ICSID Case No. ARB/06/5), Award of April 15, 2009.

非洲、拉丁美洲等在内的发展中国家,但我国的对外投资主要集中在发达国家。① 从国际投资仲裁实践来看,作为资本输入国,发达国家往往有着良好的商业和政治环境,其完善的投资环境和健全的法律制度更令外国投资者放心,所以其作为被诉方的案件寥寥。作为资本输出国,发达国家在对外签订投资协定时意欲为其投资者提供最充分的保护,所以倾向于扩大投资定义,而这一点也同样适用于我国。我国目前已成为世界第二大资本输入国和第二大资本输出国,②作为资本输入国,我国吸引的外资主要来自发达国家,发展中国家受其自身发展限制,对我国的投资有限,即使发生争端也可通过多种方式解决。但我国必须要考虑自身同发达国家间的差距,对外签订投资协定时不能毫不设限,要对投资定义进行一定程度的限制,以减少或避免投资争端的发生。由此,我国在对外签订投资协定时可以借鉴发达国家的做法,在接受投资定义总体扩大的基础上对其进行一定程度的限制。我国在参与国际投资仲裁实践时也要积极利用现有的 ICSID 仲裁机制,同时还可探索仲裁的替代性机制。

(一)中国对投资定义文本的应对

近年来 ICSID 仲裁实践中投资定义的扩张以及国际投资协定对投资定义的扩大为我国企业积极参与跨国投资活动提供了契机,越来越多的企业可以在境外投资,并可援引投资协定中的 ISDS 条款来维护自身权益。同时,我国政府为了对境外投资活动进行管理也颁布了一些法规与规章,如《境外投资国有资产管理暂行办法》《境外投资项目核准与备案管理办法》等。这些法规与规章对于我国境外投资的管理发挥了重要作用。

1. 总体上扩大投资类型

(1)放宽对境外投资的核准制度

投资定义的扩张极大地促进了我国的境外投资活动,也使越来越多的国内企业走出国门,积极参与国际竞争。对此,我国政府采取了各种措施来减少对企业投资类别的审查和对境外投资活动的过多干预,如将对境外投资的核准制度转变为备案制度,缩减审核的时间和程序等。但我国对国内企业的境外投资活动并非一味地鼓励,这些活动还是要满足我国法律规定的条件的。③ 从我国目前的实践来看,在境外投资的核准事项上,国家发改委和商务部通过分工配合方式共同对境外投资管理发挥作用。尽管二者职能分工不同,但在核准事项和权限划分上难免存在交叉。因此,对于境外投资的核准还需要

---

① 参见《【深度分析】中国企业全球化报告(2015)》,载 360doc 个人图书馆:http://www.360doc.com/content/15/1116/21/19476362_513674292.shtml,最后访问日期:2016 年 12 月 8 日。

② 参见《中国成为世界第二大对外投资国 2022 年或超美国》,载东方财富网:http://finance.eastmoney.com/news/1350,20151109563960662.html,最后访问日期:2016 年 12 月 8 日。

③ 对于境外投资项目,国家发改委规定了核准项目的条件,对资源开发类和大额用汇率项目实行核准管理,现在已经放宽到对投资额在 10 亿美元及以上的境外投资项目和涉及敏感国家和地区、敏感行业的境外投资项目实行核准。商务部对境外投资开办企业也设定了一定的标准,凡须经核准的,只有经过核准后国内企业才能办理关于境外投资的外汇、银行、海关、外事等相关事宜。我国对境外投资项目和开办企业实行分级核准和备案制。

进一步地统筹兼顾,尽可能地对境外投资实行统一化管理,缩小核准范围,减少核准环节,将核准制与登记备案制相结合,完善相关的市场经济配套制度,加快核准制向备案制的过渡。[①] 这些举措都极大地推动了我国境内资本的跨境流动,有利于我国企业提升国际市场份额。

(2)扩大境外投资定义的形式

我国境外投资的新形式也丰富着投资定义的内容。我国企业通过跨国并购、建设—经营—转让(Build—Operate—Tyansfer,BOT)、股权投资、技术、服务出资等新形式在东道国投资大型公共基础设施建设或从事高精端的活动,极大地促进了东道国经济发展,并受到东道国的欢迎。这种放宽的投资形式不仅有利于转移我国过剩的产能和劳动力,也加速了我国企业进行跨国投资活动的步伐。此外,中国法将以现有外国投资之收益进行的再投资亦视为外国投资。该规定之目的在于鼓励外国投资者不将其收益回流至母国。这一政策已被扩展至双边投资协定。例如,2004 年中国 - 芬兰 BIT 在其第 1 条第 1 款中明确规定:"再投资收益应享受与初始投资同样的待遇。"由于我国投资在外国享受的那些诸如减免税等优惠待遇都有一定的期间,所以将收益的再投资视为投资不仅能把这类资金置于 BIT 的保护之下,还使得其能继续享有优惠待遇。这一政策极大地激发了我国投资者从事跨境投资的积极性。

2. 对投资定义进行合理限定

当前我国对外签订的投资协定注重保护外国投资者的利益而忽视对我国社会公共利益的维护,尤其是我国在 1998 年与巴巴多斯签订的投资协定,允许投资者将与投资有关的一切争议都可提交 ICSID 仲裁之后,极大地增加了我国被诉至 ICSID 的风险。此外,我国在对外国投资者将投资争端提交 ICSID 仲裁的处理方式上也由"逐案审批"变为"全面同意"模式,这也大大增加了我国面临的风险。随着我国海外投资的大幅度增加,我国的对外投资政策也发生了改变,参与国际投资的广度和深度也在不断增强。所以,传统的只考虑外国投资者而无视我国利益的做法已不合时宜,投资要以有利于东道国经济发展为前提。另外,我国对符合东道国法律的规定较为模糊,这一方面有待明确。

(1)排除非法投资

ICSID 仲裁庭普遍认为符合东道国法律要求是投资协定对投资的合法性要求,而非投资要符合东道国国内法中对投资定义的限制。通过符合东道国法律要求这一要件把不合法的投资拒之门外,引导投资者在设立投资活动时要遵守东道国法律规定,从而在东道国建立内外资公平竞争的投资环境。我国还应对目前的投资定义方式进行改革,在投资范围方面增加符合东道国法律这一要求,排除非法投资。我国目前正在积极进行改革,2015 年公布的《外国投资法》(草案)中对外国投资的定义进行了明确。该草案最突出的特点就是通过协议控制结构(Variable Interest Entities,VIE)的方式将通过合同、信托等方式控制的境内企业也认定为投资,在很大程度上增强了法律的确定性;同时明确了

① 参见余劲松、陈正健:《中国境外投资核准制度改革刍议》,载《法学家》2013 年第 2 期。

境外交易导致外国投资者取得境内企业的实际控制权的,视为外资。这些外资在进入中国时要遵守我国的相关法律规定,不得损害我国的社会公共利益。

(2)限制投资者滥用投资协定

我国在签订投资协定时,对投资定义条款的设计要防范投资者滥用协定,避免我国被频繁地诉至中心。首先,应避免第三国投资者"搭便车"的情形出现,即将间接投资限定于双边投资协定的缔约方之间,即缔约一方的投资者通过其间接拥有或控制的公司在东道国进行的投资,杜绝第三国投资者的"搭便车"行为。其次,将间接投资扩大至投资者在第三国控制的公司的投资,并采取限制条件,即投资者可提起投资仲裁的条件仅当第三国公司无资格或放弃请求权时。此外,还要借鉴其他投资协定中的拒绝授惠条款,防止在东道国没有从事实质性经营活动的"壳公司"谋取条约利益。

同时,我国在对投资者提请 ICSID 仲裁庭的同意方式上应由全面同意式转为全面同意 + 重要例外模式,切实保护事关我国国计民生的重要行业和领域。我国应在投资者提起 ICSID 仲裁的时间上设置一定的"冷静期",一般为 6 个月。如果投资者与我国在这 6 个月内不能通过谈判或磋商的方式和平解决争端时,投资者可向中心提起仲裁。这一"冷静期"可以促使双方友好地处理争端,避免出现诉至中心后久拖不决的局面。

(3)投资要有利于东道国经济发展

即使"Salini 标准"中的最后一个要素"有利于东道国经济发展"饱受争议,但我国仍愿意接受该标准的适用。我国政府在签订投资协定时应明确有利于东道国经济发展的标准,即不损害东道国的社会公共利益。鉴于我国在签订投资协定时偏重投资者利益,而忽视了投资要有利于东道国经济发展,我国有必要在后续签订投资协定中更谨慎地赋予投资者权利,避免投资者利用其在投资协定中的优势地位滥诉,从而加重东道国应诉的负担。同时,对外国投资者的保护不应过多地让渡我国对经济的管制权,从美、加等发达国家的投资协定范本和其对外签订的 BIT 来看,他们也非常重视对国家利益的保护。我国应认真研究国际上较为成功的投资协定中有关投资者权利的规定,在保护投资者利益的同时对我国公共利益予以兼顾,实现二者的共赢。可喜的是,我国已经认识到了这一点,并采取了有效应对措施。例如,2014 年生效的中国 - 加拿大 BIT 前言明确提出要依据可持续发展原则促进投资。该 BIT 第 33 条一般例外规定也列出了"可持续发展"影响因素的清单,具体包括保护人类及动植物的生命和健康、不违反本协定的东道国法律实施等例外。① 这些例外方面涉及东道国的公共利益,充分体现了对东道国公共利益的维护。

(4)重视东道国法律对投资定义扩张的限制作用

我国目前共签订了 128 个 BITs,仅次于德国的 160 个,成为世界上商签投资协定最

① Agreement Between the Government of Canada and the Government of the People's Republic of China for the Promotion and Reciprocal Protection of Investments. at http://www.treaty-accord.gc.ca/text-texte.aspx? id = 101533, Dec. 20, 2016.

为积极的国家之一。[①] 相较于我国频繁的缔约实践来说,确定适格投资是非常重要的问题,因为缔约方在当代 BIT 和自贸协定(FTA)的投资章节承诺的所有优惠待遇和保证都取决于这一问题。在投资协定文本中加入符合东道国法律这一要求是符合我国现阶段的投资利益的。这既能维护东道国的国内法权威,从源头上提高准入外资的质量,又能使投资者明确投资的范围,避免投资者预期利益的损失。首先,投资者在投资设立前的准入阶段就要明确其投资是否符合东道国国内法,若不符合则直接放弃投资即可,若符合则可和东道国进一步商谈投资事宜。其次,当一项投资设立后,东道国可以根据国内形势的变化对外资进行必要的限制,这并非违反了东道国在投资协定下的国家义务。最后,所涉投资要具有发展性,即有利于东道国的经济发展。东道国吸引外资的目的在于促进本国的经济发展,如果引进的外资有违本国的公共利益,则与东道国的初衷背道而驰了。

(二)中国对投资仲裁实践的应对

当前国际投资仲裁领域投资定义的扩张可能会使我国面临被诉至 ICSID 的诉累,为了应对这一趋势,我国一方面要积极利用 ICSID 仲裁机制,另一方面要积极寻求仲裁的替代性机制来尽快解决争端。

1. 积极利用 ICSID 仲裁机制

鉴于我国已被诉至 ICSID 仲裁庭的事实,我国应该积极利用 ICSID 仲裁机制,维护我国的国家利益。由于仲裁庭在裁决案件时倾向于对投资定义进行扩张解释以扩大自身管辖权,我们应从以下方面应对:

(1)向仲裁庭提供有权解释

我国在积极应诉时应提供缔约双方签订投资协定时的"解释性声明"或"解释性议定书或换文"。因为投资协定是当事方意思表示一致的产物,当事方最了解缔结协定时的意图和协定条文的真实含义,所以缔约方一致的解释即为有权解释,这有效地降低了 ICSID 仲裁庭对协定条款进行扩张解释的可能。仲裁庭依据这一有权解释作出的裁决充分考虑了当事方的真实意图而具有更强的公信力和执行力。

(2)谨慎选任仲裁员并积极进行智库建设

ICSID 仲裁庭作出的裁决(可撤销的情形[②]除外)具有最终的法律效力,而仲裁员的价值取向对裁决结果具有关键作用。我国在应诉时应选任倾向于对投资定义进行限制解释的仲裁员,对那些盲目扩大解释投资定义的仲裁员提出质疑,尽可能挑选在国际上具有良好声誉的仲裁员。同时,我国也应培养自己的法律智库,把我国的价值理念输出

---

① Search ICSID Bilateral Investment Treaties, Database of Bilateral Investment Treaties, at https://icsid. worldbank. org/en/Pages/resources/Bilateral-Investment-Treaties-Database. aspx. ,Dec. 13,2016.

② 《ICSID 公约》第 52(1)条规定的裁决撤销理由包括:(1)仲裁庭的组成不适当;(2)仲裁庭显然超越其权力;(3)仲裁庭的成员有受贿行为;(4)有严重的背离基本程序规则的情况;(5)裁决未陈述其所依据的理由。

到国际投资仲裁实践中，缓解 ICSID 仲裁机制面临的正当性危机。国际法治和国内法治的良性互动使得越来越多的中国学者参与国际投资仲裁实践。而这些实践又反过来推动了我国的政策制定和规则引领。虽然《ICSID 公约》对仲裁员的独立性进行了一系列程序的保障，但公约仍有不完善之处，我国国际法学者的实践将推动 ICSID 仲裁员选任制度的完善。

(3)积极探索对 ICSID 案例的研究

我国学者应该进一步对 ICSID 案例进行系统深入的研究，针对仲裁庭扩大其自身管辖权的表现方式提出应对之策，减少我国被诉至 ICSID 的概率。我国学者们应对 ICSID 成立以来受理的案件进行系统梳理，归纳 ICSID 仲裁庭扩张其管辖权的主要情形，并根据这些情形及我国被诉至 ICSID 的案件事实，提出我国在具体案件及以后的缔约实践中应该注意的问题，为我国的国际投资仲裁立法提供理论依据和现实指导。为了防止仲裁庭进行扩张解释，我们可以对现有的投资协定进行修订，对将要签订的投资协定中的投资定义条款进行限定，压缩 ICSID 仲裁庭行使自由裁量权的空间，并寻求多元化的纠纷解决方式，以求迅速、高效地解决争端，避免我国在投资者提出的骚扰性仲裁中浪费过多的成本。

2. 善用仲裁的替代性机制

如前所述，投资协定在为我国投资者提供国际化的争端解决方式的同时也加剧了我国面临的风险。在仲裁庭普遍对投资定义进行扩张解释的大背景下，我们尤其要注意防止 ICSID 仲裁庭对我国所涉及的投资定义进行扩大解释的可能，并善用“岔路口条款”。由于 ICSID 仲裁机制存在仲裁结果缺乏透明度、仲裁员的价值偏向以及仲裁费用高昂耗时较长、“同案不同裁”等弊端，我们应该探索多元化的争端解决机制来解决我国作为被诉方面临的问题。

(1)司法救济

截至目前，我国在 ICSID 中作为被诉方的案件已有两起，随着我国参与国际投资活动的日益增多，我国作为被诉方的案件也将与日俱增。在我国，外国投资者向我国法院提起的投资者—国家争议通常为行政诉讼，依照我国《行政诉讼法》规定的程序进行。但也不排除我国政府或部门与外国投资者签订合同，通过民事诉讼解决争议的可能。为了减少被诉的概率，我国应该完善国内相关法律制度，构建良好的国内法治环境和投资环境，给予外国投资者不低于我国投资者享有的待遇标准。同时，我国要为外国投资者提供充分及时的法律保护，尽量减少争端。我们需要注意，我国法院行使的是国家司法审判权，对行政争议拥有最终决定权，通过法院作出终审判决后，有关争议在我国法律框架内就得到了彻底解决，不应存在再提交国际仲裁解决的问题。

(2)行政救济

由于我国已被诉至 ICSID，我国在解决争端时应要求外国投资者用尽我国国内行政复议程序，在提交行政复议申请后的一定期限内仍无法解决时，投资者可向 ICSID 提起仲裁请求。由此可知，行政复议为外国投资者将投资争端提交国际仲裁的必经程序。我国《行政复议法》第 31 条对行政复议期限作了规定。在我国，行政复议属于行政机关内部救济,行政复议决定不具有最终的法律效力,投资者对行政复议决定不服仍可提起行政诉讼。根据投资协定的规定,投资者对行政复议决定不服的可提起 ICSID 仲裁。将行政复议前置程序作为国际仲裁的前提条件,可以使我国政府有机会在争议提交国际仲裁前纠正政府部门或下级政府的不当行政行为,尽量在我国国内化解争议,减少不必要的国际仲裁程序。但我们需要注意的一个问题是,如果外国投资者消极拖延申请行政复议的时间,过了这个期限则丧失申请提请行政复议的权利,则投资者自动获得了申请 ICSID 仲裁的权利。这样一来我国设置的行政复议前置程序就被架空了,我们应当谨防这种情况的发生。鉴于投资者与东道国相比处于弱势地位,我国应当保证投资者利益不受公权力的肆意侵犯,把权力关进制度的笼子里,让外国投资者重拾对我国行政复议制度的信任。

(3)友好协商解决

我国法律鼓励争端双方首先通过协商或调解解决争议。我国对外签订的投资协定也都规定了协商程序,即投资者与东道国政府发生争议后应首先通过友好协商方式予以解决。关于协商期限,多数协定规定自协商之日起算 6 个月内,少数协定规定了 3 个月或 1 年,协商不成可采取其他方式解决。[①] 在建立国际经济新秩序的过程中我国创造性地提出了和谐世界观的理念,而友好协商解决争端正是我国这一理念的一部分。我国在 ICSID 中作为被诉方的第一案伊桂兰公司诉中国案[②]中就是通过协商方式解决的,该案最终以申请人的撤诉而告终。协商方式解决争端可以快速地定分止争,有效降低费用,避免提交 ICSID 仲裁时久拖不决的情形出现。

The Expansion of the Definition of Investment in ICSID Arbitration and Its Introspection
—Also on the Response of Double Status of China

Tang Xia

Abstract: Almost all investment agreements give a definition of investment. Under the background of liberalization of international investment, the definition of investment shows a tendency of expansion both in agreements and in ICSID arbitration practice. The expansion of investment definition shows the value orientation of protecting personal property rights. However, it also increases the risk of abusing their rights of litigationby the investors. Therefore, it is necessary to confine the expansion of the definition of investment rationally, so as to make a win-win between investors and the host country. China being a country with

① 参见余劲松主编:《国际投资法》(第 4 版),法律出版社 2014 年版,第 418 页。

② Ekran Berhad v. People's Republic of China, ICSID Case No. ARB/11/15.

double status of capital exporting and importing: with the mainstream tendency of the expansion of the definition of investment, in order to respond the investment treaty, China should enlarge the categories of investment, but we should make reasonable limitations; for the sake of the practice of investment arbitration, China should utilize ICSID arbitration mechanism positively and make use of the alternative mechanism of arbitration effectively.

Key Words: investment arbitration　ICSID　expansion of the definition of investment　investment agreement　qualified investment

（责任编辑：郭俊义）

普惠金融视野下股权众筹平台法律规制之完善

李 华 常继超*

[摘 要] 随着互联网的普及和互联网金融的发展以及中小企业对资本的需求,股权众筹在我国快速发展。而互联网金融监管不足和法律规制的缺失,导致股权众筹平台存在很大风险。美国通过《创业企业扶持法案》以及《SEC股权众筹最终规则》,对集资门户作了详细规定,形成了较为完善的股权众筹平台监管机制。我国股权众筹平台的监管立法滞后,应突出股权众筹平台监管的重要性,严格股权众筹平台市场准入制度,明确股权众筹平台的义务范围,设立安全港,建立合格投资者规则,以期完善股权众筹平台的法律规制,实现投资者利益保护与创业企业对资金的需求的利益平衡。

[关键词] 股权众筹 众筹平台 集资门户注册 豁免投资者保护

伴随着互联网金融的发展,为拓宽小微企业直接融资渠道,支持实体经济发展,股权众筹成为小微企业和初创企业解决融资难的主要途径。通过股权众筹进行融资越来越引起许多创业者的关注。自全球首家股权众筹平台GrowVC的运营,到"天使汇"作为我国首个股权众筹平台的出现,股权众筹呈现良好的发展态势,对于完善多层次资本市场结构具有积极意义。我国互联网金融监管水平与股权众筹平台的发展速度不相适应,股权众筹平台的不规范运行蕴含着极大的法律风险,难以对投资者利益予以保护。为了切实保障投资者的利益,规范股权众筹行为,有必要从互联网金融监管的特殊性出发,探寻股权众筹平台监管的新路径。

一、股权众筹平台的法律地位及其运行机制

股权众筹作为众筹融资方式的一种,是融资人通过网络众筹平台向社会公众宣传其项目,投资者通过众筹平台获取项目信息,对中意项目投入资金,以换取初创企业一定比例股权的融资模式。股权众筹作为"互联网+"时代的产物,是运用互联网技术进行融资的一种新形式。在股权众筹中,众筹发起人(融资人)通过互联网,向个人投资者或投资

* 李华,南京大学法学院副教授,法学博士;常继超,美国威斯康星大学法学院LLM。

机构筹措资金,并以相应股权作为投资回报,[①]其实质上是一种股权融资行为。绝大多数的股权众筹都是由众筹发起人在第三方网络平台发起的,投资者在该第三方平台注册并通过相关资格认证,从而对相关项目展开投资。

在股权众筹法律关系中存在着三方主体,分别是投资者,股权众筹发起人以及第三方股权众筹网络平台(以下简称股权众筹平台)。股权众筹平台在股权众筹法律关系中处于中间人的地位,在股权众筹的过程中发挥着不可替代的作用。首先,股权众筹平台具有提供信息中介服务的功能。投融资双方通过股权众筹平台可以将相应的信息反馈给对方,以进行信息的筛选和项目的选择;其次,股权众筹平台承担着最基本的合规和安全保障服务,通过投资者资格的准入设定和相关审查以及投资信息的披露,股权众筹平台保证着股权众筹行为本身的合法性和安全性;最后,股权众筹平台通过引入第三方来托管或者监管资金,为投融资双方提供托管账户结算服务,指导和协助双方办理相关的文件手续,保证和维持安全可靠的平台稳定性等种种措施,为股权众筹交易的种种需求创造便利条件。[②]

股权众筹平台运行机制通常情况下是通过互联网平台,采取"领投 + 跟投"模式运作,即由拥有投资经验和资质的专业人士或投资机构作为项目的领投人,由拥有资金和投资需求,但是对投资缺少深入了解的投资者作为跟投人。[③] 其基本原理在于从风险承受能力较高、具备成熟投资经验的特定投资者而非一般的投资大众中选择合格投资者。合格投资者的认定标准是要求其必须实名注册,提供真实、准确和完整的身份信息、财产、收入证明等信息;同时还需要在以上信息方面符合一定的条件。而这些信息的交流需要股权众筹平台来完成。正是由于股权众筹平台的特殊地位和独特的运行机制,故金融监管制度的重心应是对众筹平台的监管。

二、我国股权众筹平台监管立法及法律风险分析

(一)我国股权众筹平台监管立法之分析

互联网金融的快速发展,但金融监管立法却并未做出及时回应。互联网金融运营出现的问题凸显了互联网金融监管主体及具体监管措施的缺位,致使日益严重。具体到股权众筹领域,由于其法律性质定义不明,风险控制机制缺失,行业准入门槛及业务定位不明等一系列问题,造成了股权众筹发起人、股权众筹平台以及投资者三方都承担着较大的法律风险。特别是股权众筹平台发展良莠不齐,股权众筹平台的监管主体、法律依据以及具体监管措施有待完善。

---

① Blair Bowman, Jr. A comparative analysis of crowd funding regulation in the united states and Italy, 33 Wis. Int'l. L. J. 318, 3(2015).

② 参见刘明:《美国〈众筹法案〉中集资门户法律制度的构建及其启示》,载《现代法学》2015 年第 1 期。

③ 参见郭勤贵编著:《股权众筹:创业融资模式颠覆与重构》,机械工业出版社 2015 年版,第 46 页。

2014 年 12 月 18 日,中国证券业协会公布了《私募股权众筹融资管理办法(试行)(征求意见稿)》(以下简称《管理办法》),《管理办法》提出了“私募股权众筹”这一概念,即融资者通过股权众筹融资互联网平台以非公开发行方式进行的股权融资活动。并明确了该种“股权众筹”监管的主体为中国证券业协会。① 对于非公开发行,《管理办法》要求该类股权众筹符合《证券法》第 10 条下相关定义,对投资者身份(股权众筹平台实名注册用户)、投资者人数(不超过 200 人)以及有限广告劝诱做出规定。除此之外还参照《私募投资基金监督管理办法》对合格投资者的标准提出了限制。

在股权众筹平台监管方面,《管理办法》将股权众筹平台界定为“通过互联网平台(互联网网站或其他类似电子媒介)为股权众筹投融资双方提供信息发布、需求对接、协助资金划转等相关服务的中介机构”。② 明确了股权众筹平台的准入条件、义务和禁止性规定。③《管理办法》体现了监管层对于股权众筹监管的重视,其规制的主要对象是所谓的非公开发行的“私募股权众筹”,相关的投资者条件以及禁止广告和劝诱等规定无一不体现出私募股权的监管思路。因此,从根本上来看,该管理办法所直接对应的是当前为数众多的,为规避法律风险而以私募股权形式运营的股权众筹平台,而非一般意义下通过互联网向公众发行股权众筹提供服务的股权众筹平台。此外,从效力层级上来说,中国证券业协会是证券业自律性组织,属于非营利性社会团体法人,该《管理办法》仅仅是一份行业协会自律规定,只对会员生效。

中国人民银行、工信部、公安部、财政部、国家工商总局国务院法制办、银监会、证监会、保监会以及国家互联网信息办公室 10 个部委又联合公布《关于促进互联网金融健康发展的指导意见》(以下简称《指导意见》),明确股权众筹融资是指通过互联网形式进行公开小额股权融资的活动。其监管主体是证监会。此外,还特别明确了股权众筹融资必须通过股权众筹融资中介机构平台(互联网网站或其他类似的电子媒介)进行,股权众筹融资中介机构应当履行充分的信息披露义务。但《指导意见》只对股权众筹平台的权利义务作出了概括性的规定。决策者希望绕开互联网融资平台来确定相关金融业态的实质,并将股权众筹视为小微企业股权融资的互联网化,股权众筹平台的作用仅限于展示和传递信息。④

可见,我国互联网金融科技立法滞后,难以适应发展迅猛的互联网金融的挑战。对于股权众筹这一新型的互联网金融,无论从金融监管角度还是从证券监管角度,亟待从立法方面加强对股权众筹的法律规制。

(二)法律风险

1. 证券法违法风险

我国《证券法》把证券发行界定为公开发行和非公开发行两种。《证券法》第 10 条规

① 参见《私募股权众筹融资管理办法(试行)(征求意见稿)》第 4 条。

② 《私募股权众筹融资管理办法(试行)(征求意见稿)》第 5 条。

③ 参见《私募股权众筹融资管理办法(试行)(征求意见稿)》第 6、7 条。

④ 参见彭岳:《互联网金融监管理论争议的方法论考察》,载《中外法学》2016 年第 6 期。

定:“公开发行证券,必须符合法律、行政法规规定的条件,并依法报经国务院证券监督管理机构或者国务院授权的部门核准;未经核准,任何单位和个人不得公开发行证券。有下列情形之一的,为公开发行:(一)向不特定对象发行证券的;(二)向特定对象发行证券累计超过二百人的;(三)法律、行政法规规定的其他发行行为。非公开发行证券,不得采用广告、公开劝诱和变相公开方式。”其中,“公开发行”以及“不特定对象”的概念都比较泛化,[①]在法律没有具体的定义之前,司法机关拥有较大的解释权。

股权众筹运行具备公开发行证券的特征。股权众筹通过互联网平台从公众处进行股权融资。若无投资者准入规则或者没有设置特定的发行人数限定,股权众筹极可能被界定为公开发行证券的行为。一旦股权众筹被认定为公开发行证券,如果没有取得相关部门核准,股权众筹平台存在的合法性基础就不存在。退一步说,即使股权众筹没有被认定为公开发行,如果股权众筹平台没有把握好通过互联网平台进行宣传的,[②]那么其通过互联网媒体公开众筹信息的表象也极有可能触发非公开发行不得采用广告、公开劝诱和变相公开方式的限制。

2. 刑法违法风险

股权众筹从互联网上人数众多的投资者中募集资金,易被司法机关认定为非法集资类犯罪。依据我国《刑法》的相关规定,股权众筹平台可能面临的两类非法集资类犯罪分别是第 176 条的非法吸收公众存款罪以及第 192 条的集资诈骗罪。国务院在《关于进一步做好防范和处置非法集资工作的意见》指出,各类不规范的民间融资介入风险较大的行业领域,非法集资问题日益严峻,影响社会稳定,应完善股权众筹融资监管,促进互联网金融规范发展。

就非法吸收公众存款而言,最高人民法院在 2010 年《关于审理非法集资刑事案件具体应用法律若干问题的解释》确定了非法吸收公众存款罪的四个要件:未经有关部门依法批准或者借用合法经营的形式吸收资金;通过媒体、推介会、传单、手机短信等途径向社会公开宣传;承诺在一定期限内以货币、实物、股权等方式还本付息或者给付回报;向社会公众即社会不特定对象吸收资金。最高人民法院、最高人民检察院、公安部在 2014 年《关于办理非法集资刑事案件适用法律若干问题的意见》中对“向社会公开宣传”作了解释,包括以各种途径向社会公众传播吸收资金的信息,以及明知吸收资金的信息向社会公众扩散而予放任等情形。基于此,股权众筹平台如果没有设置特别的投资者准入规则、没有引入第三方对资金进行监管托管、没有把握好通过互联网平台进行宣传的形式,仅仅根据其本身融资的数额(个人 20 万元以上、单位 100 万元以上)、人数(个人 30 人以

---

① 张明楷认为“不特定性意味着出资者是与吸收者没有联系的人或单位”。参见张明楷:《刑法学》(第 4 版),法律出版社 2011 年版,第 686 页。

② 在实践中,股权众筹平台往往通过要求只有经过审核的网站注册用户,才可以看到相应的众筹项目信息来进行规避。

上、单位 150 人以上),就可能被认定为非法吸收公众存款罪的共犯。[①] 就集资诈骗罪而言,本罪在客观方面需要行为人使用诈骗方法非法集资且数额较大,主观方面需要行为人以非法占有为目的。由于本罪是故意犯罪,如果股权众筹平台和融资人之间恶意串通,制造虚假信息,共同实施犯罪,那么毫无疑问会受到刑法的规制。

3. 合同违法风险

《合同法》第 424 条规定:“居间合同是居间人向委托人报告订立合同的机会或者提供订立合同的媒介服务,委托人支付报酬的合同。”在股权众筹法律关系中存在三方主体,分别是投资者,发起人以及股权众筹平台。股权众筹平台会同融资人和投资者分别订立相应的服务合同,为其提供中介服务,促成二者完成股权融资行为。股权众筹平台处于居间人的地位,除了《合同法》确立的一般义务以外,作为居间人,股权众筹平台具有如实报告的义务:应当就订立合同的有关事项向发起人和投资者进行汇报,如果故意隐瞒与订立合同有关的重要事实或提供虚假情况,损害委托人的利益,那么就要承担相应的损害赔偿责任。[②] 如果股权众筹平台在签订服务合同(往往是格式合同)时,没有处理好同融资人和数量众多的投资者之间的相关法律关系,就有很大的可能会引起居间合同纠纷。

4. 侵犯个人信息和商业秘密的风险

股权众筹平台作为融资人和投资者之间的信息沟通渠道,发起人和投资者在股权众筹平台上面的身份都是实名制。如果该类个人信息或者相关商业机密因网络平台本身的维护或者管理缺陷而发生泄露,很有可能涉嫌侵犯个人隐私或者商业秘密。特别是股权众筹项目涉及专有技术,属于商业秘密范畴。股权众筹平台要对个人信息或商业秘密的泄露承担相应的责任。

三、美国股权众筹平台联邦法律监管之考察

2012 年 4 月 5 日,美国时任总统奥巴马签署通过了《创业企业扶助法》(The Jumpstart Our Business Startups Act),目的在于放宽创业企业和中小型企业的融资限制,拓宽融资渠道。《创业企业扶助法》共分为七章,第三章专门就股权众筹的监管作出规定。

通过第 4(a)(6)(C)条的规定,《创业企业扶助法》限定股权众筹交易只能通过证券经纪商和集资门户进行。证券经纪商的概念在法律中已经有所规定,在《证券交易法》第 3(a)(4)条款中,证券经纪商被定义为“任何涉及为他人账户促成交易的人”。[③] 而集资

---

① 参见最高人民法院、最高人民检察院、公安部《关于办理非法集资刑事案件适用法律若干问题的意见》“四:关于共同犯罪的处理问题”。

② 参见《合同法》第 425 条。

③ Pub. L. 73 - 291, Section3(a)(4).

门户是《创业企业扶助法》首先提出的概念。集资门户在《证券交易法》第3(a)(80)条款中又被定义为“任何在《证券法》第4(a)(6)条下,为他人账户发行或交易证券过程中扮演交易中介角色的人”。[①]

从本质上来看,集资门户作为《创业企业扶助法》新兴提出的概念,其实是对于原有的交易中介(intermediaries)概念的另一细分。[②] 在《证券法》第4A(a)条款中,“交易中介”被定义为“任何涉及为他人账户发行或交易证券过程中扮演交易中介角色的人”。[③]由此可见,交易中介在概念的外延和内涵上都包含证券经纪商以及集资门户。在股权众筹这样的特定小额交易中,证券经纪商和集资门户作为交易中介概念以下的子概念,两者都需要履行《证券法》第4A(a)条款下的各项义务并承担相应的责任。探究其立法原因,根本在于实践中证券经纪商在面对交易金额相对较小的股权众筹时往往表现的并不那么积极,所以才有了《创业企业扶助法》创设的集资门户。其根本用意还是基于促进资本融通的立法考量,试图为股权众筹创造一个相匹配的特殊股权众筹平台。[④]

同股权众筹的监管一致,美国集资门户联邦法律监管的框架,也主要体现在《创业企业扶助法》相关规定以及美国证券交易委员会(SEC)制定的实践规则中。[⑤]《创业企业扶助法》虽然提出了集资门户的概念,并且在其第三章中特别列明了第304条款用以规定集资门户的监管,但只是明确了集资门户的相关定义以及集资门户的豁免制度,制定相关具体措施的任务被下放给了更具有实践经验的SEC,由其通过制定最终规则加以细化。通过梳理《股权众筹建议规则》以及《股权众筹最终规则》,大致可以发现SEC在确定其股权众筹最终规则时,经过特殊考量之后,对于集资门户监管的规则设置主要呈现出以下几个方面的特点:

1. 明确集资门户设立规则,建立有限豁免制度

从集资门户承担的义务和角色来看,其理应被划归为证券经纪商的范畴,需要依照《证券交易法》第15(b)条款中规定的注册程序向SEC进行注册,但由于股权众筹仅限于

---

① Pub. L. 73 – 291, Section3(a)(80).

② See Andrew C. Fink, "Protecting the Crowd and Raising Capital Through the Crowdfund Act", *University of Detroit Mercy Law Review*, 2012.

③ Pub. L. 73 – 22, Section 4A(a).

④ See Brian J. Rubinton, "Crowdfunding: Disintermediated Investment Banking", *SSRN Electronic Journal*, 2011.

⑤ 除此之外,集资门户还必须符合美国金融业监管局(Financial Industry Regulatory Authority, FINRA)的相关监管规定。其原因在于成为集资门户的一个隐性要求就是其注册成为《证券交易法》第15条款下的“全国证券协会成员”,而目前美国唯一存在的全国证券协会就是FINRA。因此FINRA的相关行业规定也理应属于集资门户监管范畴之内,但由于本文对于美国集资门户的监管论述主要是联邦法律层面的,FINRA的相关规则在此不加以论述,具体可见于FINRA的官方网站。

新兴成长公司的融资行为,其实际带来的收益并不会很高。[①] 对其附加注册的要求无异于增添额外的行政和经济压力。从促进股权众筹发展的角度来看,集资门户这一特殊股权众筹平台需要为其量身定做一套新的注册规则。

《创业企业扶助法》对于集资门户监管设置的一大突破,即是对于原有证券经纪商注册制度的突破。通过新增《证券交易法》第 3(h)条款,《创业企业扶助法》要求 SEC 按照规则,有条件或者无条件地豁免集资门户,不要求其按照《证券交易法》第 15(a)(1)条款的要求注册为证券经纪商。前提是集资门户接受 SEC 的审查、执法并遵守相应规则;注册成为第 15 条款下的全国证券协会会员;并且根据证券交易委员会明确的适当规则,受本章其他要求的约束。

在此基础之上,虽然集资门户的豁免制度已经被立法确立,但根据《证券交易法》第 3(h)条款的表述,SEC 依旧可以有条件地豁免集资门户。同时第 3(h)(1)(C)条款也表明这样的豁免制度依旧受"SEC 认为的适当规则"的约束。所以在 SEC 制定的具体规则(《股权众筹建议规则》400 规则)层面,他将集资门户视为"特殊目的券商"(Limited Purpose Brokers),[②]从而建立起有限豁免制度。这种有限豁免制度并不对向 SEC 注册这一行为进行豁免,而是仅仅就注册申报的内容,进行一定程度的豁免。

《股权众筹建议规则》400(a)规则除了明确要求集资门户必须成为美国金融业监管局(FINRA)或其他全国性证券组织的会员外,就规定集资门户必须要向 SEC 或其授权机构进行设立申请,只是这样的设立申请需要提供的信息要求要低于证券交易商的注册要求,其方式是提交一份集资门户表格(form funding portal)。在这份表格中,主要包含 8 个部分,分别是其身份信息(包括主营业地、网站地址、业务联系方式等)、组织结构(包括直接所有人和行政人员)、继承、控制人、信息披露(包括集资门户本身的法律状态以及合规状态、控制方关联企业以及该类企业的合规状态)、非证券业务、第三方存管协议(escrow arrangements)、补偿安排(包括忠诚保险[③])以及撤回申请。一个集资门户需要运营多个网站,如果能够保证在表格上标示了所有的网站名称和网址,也仅需提供一份注册表格。在 SEC 收到的 30 天后或者集资门户成为 FINRA 或其他全国性证券组织的会员后,集资门户的设立申请就会自动生效。与此同时,集资门户表格还可以被修改以及撤回。400(d)规则要求集资门户在停止运营的时候提交一个撤回设立的申请,撤回申请必须包含相关的信息记录。集资门户也可以被继承,但是继承必须在 30 日内重新提

---

① See Edan Burkett, "A Crowdfunding Exemption? Online Investment Crowdfunding and U. S. Securities Regulation", *Transactions the Tennessee Journal of Business Law*, 2011.

② See Rel. No. 33 - 9974; 34 - 76324 [17 CFR Parts200, 227, 232, 239, 240, 249, 269 and 274], p. 257.

③ 在《股权众筹建议规则》400(f)规则中,集资门户在向 SEC 申请时必须购买一份忠诚保险,这份保险的最低保险额不低于 10 万美元,并涵盖每个集资门户的关联人。以帮助在集资门户违反《证券交易法》第 3(a)(80)条款,违法持有、管理、保有或以其他方式掌握投资者的资金或证券时给予投资者相应救济。

交一份集资门户表格。最后,以上所有的集资门户表格内容,除了个人身份信息外,都可以被公开查询。

尽管有建议说这样的设立申请要求依旧太过严苛,对集资门户来说仍旧需要承担很大的行政和财政负担。但本着保护投资者的态度,SEC 在最终规则中还是保留了这样的注册要求,仅仅就一些细节作出了修改,包括但不限于:明确了这样的集资门户表格必须通过电子化数据收集、分析及检索系统(EDGAR)进行正式申报,[①]并且只能向 SEC 进行申报;对于集资门户表格修改必须配有一段解释,以方便投资者或者潜在投资者对修改的信息有一个清晰的了解;将第三方存管协议改为合格第三方协议(qualified third party arrangement),并明确,除了在第三方存管账户中存贮资金外,合格第三方还可以为投资者和发行人的利益在一个账户中保有投资者资金;基于集资门户自身经济承受能力的考量,尽管集资门户上的投资者并不适用美国证券投资者保护公司(Securities Investor Protection Corporation)的保护,取消了集资门户对于忠诚保险的购买义务;对于一些认为一份集资门户表格中多个网站的规定可能使一些集资门户对于其注册身份展开授权或出售从而不利于监管的担忧,SEC 认为这样的规定可以使得集资门户的注册成本最小化。此外,要求继承方重新提交集资门户表格的规定也保证了 SEC 对于集资门户网站的持续监管。因此《股权众筹最终规则》还是采纳了一份集资门户表格中多个网站的规定。

《创业企业扶助法》在建立集资门户的有限豁免制度外,也明确了集资门户的监管职责应当由 SEC 承担。[②] 在 SEC 的具体规则层面,根据《股权众筹建议规则》的 403 规则,集资门户应当允许 SEC 和国家证券业协会就集资门户的商业运营进行检查,检查对象包括了运营地、系统、网络平台和记录。与此同时,404 规则还要求集资门户必须就相关信息保持记录。

可以看出,在《创业企业扶助法》给予 SEC 从严或从宽限定集资门户豁免制度选择权的时候,SEC 毫不犹豫地选择了确立一个有限的豁免制度,这也代表了 SEC 在对待股权众筹这一新兴概念的态度上还是比较保守和谨慎的。同时,SEC 也通过种种细节层面的修改,努力保持保护投资者与促进资本融通之间的动态平衡,充分考虑到了集资门户本身对于行政和经济层面的承受能力。此外,通过放权给 FINRA 进行监管,实际上也为集资门户的监管提供了及时更新和变化的空间。这种多层次的监管体系设置,一方面能够促进集资门户的快速发展,另一方面也能够保护投资者的利益。[③]

2. 划定集资门户义务范围,实现投资者利益和促进资金融通的动态平衡

集资门户的有限豁免制度给其带来了比注册证券经纪商更低的准入门槛,相应地,

---

① See Rel. No. 33 – 9974; 34 – 76324 [17 CFR Parts200, 227, 232, 239, 240, 249, 269 and 274], p. 127.

② See Pub. L. 73 – 22, Section 20/Pub. L. 73 – 291, Section3(h)(1)(C), Section 21, Section 21C.

③ See Jonathan M. Barnett, "Intermediaries Revisited: Is Efficient Certification Consistent with Profit Maximization?", *Journal of Corporation Law*, 2012.

集资门户就需要承担比注册证券经纪商更高的义务设置。如果放任集资门户各自为营,势必会影响立法者最为看重的投资者保护和促进资本融通的动态平衡,从长远来看,易导致整个股权众筹的滥觞。

在《创业企业扶助法》的语境中,集资门户和注册证券交易商都属于交易中介,因此集资门户的法定义务建立在交易中介的义务之上。在充分保护投资者的考虑之下,《证券法》第 4A(2) ~ (12) 条款通过股权众筹交易中介的法定义务规定,规定了集资门户应遵守以下的义务:首先,集资门户需要向自律组织(Self-regulatory Organization)进行注册,根据《证券交易法》第 3(a)(26)条款的定义,自律组织包括了证券交易所、注册证券协会、注册清算机构或者城市证券立法委员会。由于集资门户成立的前提条件即成为 FINRA 或其他全国性证券协会的会员,这一条义务应当被视为对《证券交易法》第 3(h)条款的重申和确认。其次,集资门户需要及时披露相关信息,包括风险提示以及向投资者提供 SEC 依照相关法规认为合理的教育材料;集资门户还要保证每位投资者都能够查阅符合 SEC 标准的投资者教育信息,确保每位投资者都能够完全了解其可能失去所有的投资并确保投资者可以承受这样的损失,能够帮助投资者了解投资创业企业、小企业以及新兴成长企业的一般风险程度,能够帮助投资者了解非流动性风险以及能够帮助投资者了解 SEC 认为合理的其他事项;集资门户还需要采取必要措施以降低股权众筹交易带来的欺诈风险,具体措施包括了对持有发行人 20% 以上股权的董事、高管以及人员的背景和证券合规记录进行审查以及其他 SEC 依照相关法规认为合理的措施;集资门户应当在股权众筹股份被出售给任何投资者前的 21 天内,将发行人的相关信息披露给 SEC 以及潜在的投资者;当募集资金总额超过目标时,集资门户应当确保所有募集的发行项目资金都被提供给发行人,在 SEC 依照相关法规认为合理的情况下,允许所有投资者取消其投资承诺;集资门户应采取 SEC 依照相关法规认为的合理措施确保投资者在 12 个月内的投资总额不超过相关限制;集资门户应采取合理措施保护 SEC 依照相关法规认为的合理措施保护投资者信息;不向泄露潜在投资者信息的个人或团体提供补偿;禁止其董事、高管和合伙人在适用同一平台的项目中拥有任何经济利益。最后,集资门户还需遵循 SEC 规定的其他规则。

通过上述规定,《创业企业扶助法》对于集资门户的法定义务主要体现在三个方面。首先,集资门户应当履行信息披露义务,将相关融资人信息、股权众筹项目信息提供给投资者或者潜在投资者,保证投资者的知情权。其次,集资门户应当完善对投资者的风险和投资教育。由于股权众筹是一种新兴的融资手段,相关投资者又不一定具备完善的投资经验,相应的风险承受能力也较低。集资门户在此意义上应当保证投资者在进行投资之前,都对该行为有一个清晰的认识。最后,集资门户应当尽最大可能地去降低潜在的欺诈风险。通过投资者资格审查、限制其运营以及董事、高管或其他相关人员的行为,集资门户应当建立相应的措施规避此类高度风险。同时我们也应该看到,在集资门户法定义务规则的设置上,《创业企业扶助法》实际上给 SEC 留下了较大的立法和执法空间,许多义务都依赖于 SEC 基于相关法规的合理判断。

在《股权众筹最终规则》中,SEC 承袭《创业企业扶助法》确立的交易中介义务,同样设置了更为细节化的具体规定,涵盖了交易中的一般义务、反欺诈、会计公开、交易要求、发行完成、退出以及重启和向第三方付款。① 集资门户在《股权众筹最终规则》中的法律义务也同等被确立了起来。② 但是,在立法者的眼中,仅仅以中介门户的法律义务来要求集资门户依然不够,所以《创业企业扶助法》和 SEC 相关规则针对集资门户特别创设了额外的要求。

3. 设立禁止性规定,确立安全港规则

《创业企业扶助法》提出了禁止广告和劝诱条款:禁止集资门户提供投资意见或建议;禁止集资门户劝诱购买、销售或吸引购买其网站或平台上提供或展示的发行项目;禁止集资门户因实施此类劝诱行为或根据其网站或门户上所展示或推介的发行项目销售,而对相应雇员、代理人或其他第三方提供补偿;禁止集资门户保有、管理、拥有或以其他方式支配投资者资金或证券;禁止集资门户参与 SEC 依照相关规定认定为非法的其他活动。③

尽管这样的列举式加兜底条款的规定可以避免集资门户与融资人之间、集资门户与投资者之间存在利害关系而导致的潜在欺诈风险,使集资门户的潜在行动被限定在一个合规的区域之内。但在实践中如何对这种额外规定加以应用和判断,依旧是个问题,这也引起了理论界和学界的广泛讨论。④ 为明确禁止性规定下集资门户可进行的活动,SEC 在具体规则的制定层面另行提出了一系列安全港规则。《股权众筹建议规则》402 规则通过列举式规定,列出了 13 项集资门户可行的活动。此外,402 规则也明确了即使集资门户的活动不符合上述可行活动,《证券交易法》第 3(a)(80)条款下的禁止性规定也不会被推定到集资门户之上。同时,相关的反欺诈法规和证券法规也对安全港行为持续适用。

402 规则在充分考虑集资门户自主权重要性的前提下,在一定程度上给予了集资门户行动的自由,但这种自由的基础还是建立在遵守《创业企业扶助法》和《股权众筹最终规则》禁止性规定以及相关证券法规之上。由此可见,立法机构一方面通过禁止性规定明确了集资门户的中立性,防止可能的利害关系而导致的投资者受损;另一方面,立法机关又通过种种细微的调整允许集资门户通过经营和宣传得到很好的发展。这样的立法趋向充分展示美国立法者在谋求投资者保护和促进资本融通动态平衡的深思熟虑。

---

① See Rel. No. 33 – 9974;34 – 76324[17 CFR Parts200,227,232,239,240,249,269 and 274],Rule 300 – 305.

② 《股权众筹最终规则》对于集资门户法定义务的主要内容同上文所述的法定义务并无出入,且部分内容又被下文所述的“其他合规要求”所包含。

③ Pub. L. 73 – 291,Section3(a)(80).

④ See Shekhar Darke,“To Be or Not to Be a Funding Por-tal:Why Crowdfunding Platforms Will Become Broker-Deal-ers”,*Hastings Business Law Journal*,2014,(10),p. 183.

四、普惠金融视野下股权众筹平台之规制

(一)明确股权众筹平台在融资过程中的核心作用

互联网金融具有多人小额和信息公开交流两个特征。互联网金融的价值在于为普通公众提供了一种高风险的投资机会。① 我国金融监管体制呈现出明显的金融抑制特征,故对于新兴的互联网金融,习惯于从传统的金融监管理念出发,仅将股权众筹平台的作用局限于信息的传递和交流,这不利于互联网金融特别是股权众筹的发展。互联网金融的立法缺位,互联网金融网络平台的运行无法可依,难免产生乱象,并且这一乱象在很大程度上影响了金融秩序的稳定和损害广大投资者的利益。在这一背景下,经济层面寻求金融创新和监管方面的抑制矛盾进一步扩大,在一定程度上不利于股权众筹的发展。在明确股权众筹平台核心作用的前提下,只要采取审慎措施,如合理限制筹资者单次和总体筹资数额、投资者互联网投资在本人收入中的比例、允许互联网融资平台提供适当的增信服务等,则相关投资者完全可以承受此类风险,而筹资者也可以利用长尾效应获得足够的资金支持。而在传统的金融模式中,此类融资市场根本没有存在的空间。因此,《指导意见》越是抑制互联网平台在整个融资过程中的核心作用,就越有可能降低此类金融模式的相对竞争优势。蓬勃发展的互联网金融业态极有可能因为《指导意见》的实施而受到严重的打击。② 从长远角度来看,我国股权众筹监管的重点应当是在股权众筹中发挥居间作用的股权众筹平台。

(二)股权众筹平台的设立应经证券监管部门审批

股权众筹平台主要以中介机构身份为股权众筹投融资双方提供服务。同美国不同,我国《证券法》并不存在美国《证券交易法》中的广泛的交易中介概念。发行人向不特定对象发行证券,仅有在法律、行政法规有规定的情况下,才由证券公司承销。在此基础之上,股权众筹平台作为公开发行的交易中介,并不提供传统意义上的承销或保荐服务,只是为投融资双方提供信息发布、需求对接、协助资金划转等服务,对于何种机构承担股权众筹平台义务在法律上并没有明确规定。参考美国关于集资门户的规定,建立相对应的股权众筹平台,由其和证券公司共同承担股权众筹平台的中介义务,符合《指导意见》中关于"股权众筹融资中介机构可以在符合法律法规规定前提下,对业务模式进行创新探索,发挥股权众筹融资作为多层次资本市场有机组成部分的作用,更好的服务创新创业企业"的指导思想。对股权众筹平台的准入要明确股权众筹平台的监管主体,比较合理的选择是由证监会直接负责。除此之外,也可以将其列入证券业协会的会员限制之下,以便于具体实践中的管理。股权众筹平台的设立应当得到证监会的批准。众筹平台准入标准应当从净资产、专业人员、互联网平台及专业技术设施等考虑,以符合保护投资者

---

① 参见彭冰:《股权众筹的法律构建》,载《财经法学》2015 年第 3 期。

② 参见彭岳:《互联网金融监管理论争议的方法论考察》,载《中外法学》2016 年第 6 期。

的基本诉求。但由于股权众筹属于公开发行,面对的是缺乏投资经验和风险承受能力的投资者,具体的要求应当进一步地提高,同时还应当特别强调的是,这类申请信息可以对外进行公示,方便投资者查询。

(三)鼓励民间股权众筹平台的发展

明确股权众筹义务责任范围在肯定准入门槛较低的股权众筹平台基础之上,股权众筹平台监管应当明确证券公司股权众筹平台和民间股权众筹平台两者不同的监管标准。由于股权众筹平台主要以中介机构身份为股权众筹投融资双方提供信息发布、需求对接、协助资金划转等服务,相关义务主要应当是基于其中介地位的信息披露义务、投资者风险教育义务以及反欺诈义务。可以看出,这些义务责任范围规定在《管理办法》中,将来也必将会在监管中得到体现,但这样的规制毕竟不是针对公开发行股权众筹的,因此并不能够完全适用。

基于此,对于准入门槛较低的民间股权众筹平台监管应当得到进一步细化,尤其是相应的披露义务以及广告和劝诱的规定两方面。由于民间股权众筹平台内部合规程序可能并不如正规的证券公司,因此相应的披露义务如果没有特别细化的规则指引,就很有可能造成信息披露不足,导致欺诈等不良结果。相应地,为确保信息披露义务的圆满履行,还应当明确股权众筹平台向监管部门的汇报义务以及自身的信息记录义务。这些监管部门对股权众筹行为进行的整体监管都是必要的。民间股权众筹平台尽管可以允许从事公开发行活动,但如果完全放开其对于众筹项目的广告和劝诱规定,那么反而很容易造成相关信息的泛滥化以及合谋欺诈等问题。关于广告和劝诱的规定,仅允许其对平台自身进行宣传,而不允许其对某一特定股权众筹项目进行宣传。这样的设置也是基于股权众筹的中介定位,由于其并不具体负责项目运作,应当保持绝对中立性,防止可能的利害关系而导致投资者利益受损。

(四)设立安全港规则,保护投资者免受欺诈

对股权众筹平台监管还可以参照美国《SEC 最终条款》有选择地设置一定的安全港规则,明确其可运营范围,实现保护投资者和促进资本融通的动态平衡。股权众筹平台应该遵守禁止广告和劝诱条款:禁止为提供投资意见或建议;禁止劝诱购买、销售或吸引购买其网站或平台上提供或展示的发行项目;禁止股权众筹平台因实施此类劝诱行为或根据其网站或门户上所展示或推介的发行项目销售,而对相应雇员、代理人或其他第三方提供补偿;禁止股权众筹平台保有、管理、拥有或以其他方式支配投资者资金或证券等。通过规范股权众筹平台的行为,设立安全港,保护投资者免受欺诈。

此外,我国可以借鉴美国对集资门户监管的规定,要求股权众筹平台在注册期间必须购买忠诚保证保险(fidelity bond),以增加股权众筹平台的信用保证。在股权众筹平台因破产或陷入财政危机而失去偿付能力时,投资者可以保证得到一定的赔偿。

(五)确立股权众筹平台对合格投资者的审核规则

普通投资者盲目追逐高额利润,未对自身抗风险以及商业判断能力进行正确评价,容易引发社会成本损失与金融秩序混乱。从防范投资者风险的角度,一般要求参与股权众筹的投资者应有别于普通大众投资者,要具有一定额度的净资产并拥有较为丰富的投

资经验和投资知识,具有投资风险的承担能力和追逐利润的判断能力。① 一个不成熟的投资者在对于具有高风险属性的股权众筹项目时,往往缺乏投资风险的判断能力,基于"羊群效应"的盲从会加剧投资者的投资风险。② 合格投资者规则要求股权众筹的投资者必须有别于普通大众投资者群体,需要具有"一定额度的净资产并拥有金融事务的投资经验与知识储备"。换言之,该类群体不仅具有投资的风险承担能力,且具有追逐利润的判断能力。

2017 年 7 月 1 日实施的中国证监会《证券期货投资者适当性管理办法》确立了投资者标准,充分考虑到证券期货的投资者适当性。就股权众筹而言,股权众筹平台应从以下方面来认定参与众筹的人是否是合格的投资者:(1)投资者的收入是否超过一般人的最低生活消费要求。(2)风险识别能力。应从投资者从事的行业,投资者以往成功投资的案例来进行考量其对风险的承担能力。(3)认购金额的要求。为了防止一个项目的投资者过度分散,导致权利义务过于复杂而阻却融资进程。③ 金融市场的产品创新,必须迎合或满足不同风险偏好的投资者的需求,以推动金融市场的创新与企业成长的融资需求,同时防范风险投资教育不足或风险防范能力较低的投资者陷入投资陷阱或认知判断有误引发的社会成本与金融损失。经由合格投资者这一类似防火墙的准入机制,固然不能全然解决投资者损失或受欺诈的风险,但起码在一定程度上起到风险提示与风险阻遏的功能。④ 从互联网金融稳定发展的理念出发,我国的股权众筹平台在运行过程中应依据相关标准,认定合格投资者。

五、结　语

在互联网金融快速发展的时代,股权众筹承载了为小微企业输入"资金血液"的公共政策目标,同时能够实现大众投资的普惠金融的美好愿景,是一个国家多层次资本市场不可或缺的组成部分。股权众筹的核心问题是如何保障投资者的利益,所以,股权众筹的监管首先是对股权众筹平台予以规制。通过对美国集资门户监管的借鉴,结合中国实践,完善我国股权众筹平台监管机制,兼顾投资者利益保护和民间资本对于投资渠道以及创业企业对于资金的渴求,通过市场准入、确定义务范围、设立安全港以及审核合格投资者等方面制度的完善,实现对股权众筹平台的法律规制。

---

① 参见赵玉:《私募股权投资基金合格投资者规则》,载《上海财经大学学报》2012 年第 4 期。

② 参见李华:《我国股权众筹投资者权益保护机制之完善》,载《南京社会科学》2016 年第 9 期。

③ 参见杨东、苏伦嘎:《股权众筹平台的运营模式及风险防范》,载《国家检察官学院学报》2014 年第 4 期。

④ 参见赵玉:《私募股权投资基金合格投资者规则》,载《上海财经大学学报》2012 年第 4 期。

Perfection of the Equity Crowdfunding Platform Regulations from the Perspective of Inclusive Finance

Li Hua, Chang Jichao

Abstract: With the popularization of the Internet, development of Internet finance, small and medium enterprises' growing demand of capital, Equity Crowdfunding is development quite fast in China. However, because of the absence of the relevant Internet Finance regulations, the Equity Crowdfunding Platforms are operating with high risk. In recent years, U. S. has passed Jumpstart Our Business Startups Actand Regulation Crowdfunding, these regulations specifically stipulated on Crowdfunding Platform. In contrast, Chinese Crowdfunding Platform Regulations develop much slower, the importance of the Equity Crowdfunding Platform Regulations should be emphasized, the access system of the Equity Crowdfunding Platform should be stricter and the obligations of the Equity Crowdfunding Platform should be clarified. Besides, the safe harbor and qualified investor rule need to be established. All such means are needed in order to enhance the regulations system of the Equity Crowdfunding Platform, moreover, to balance the protection of the investors' interests and the demand of capital for Startups.

Key Words: equity crowdfunding　crowdfunding platform　funding portal　registration exemption　protection of investors

（责任编辑：郭俊义）

探析英国住房税的福利保障机制:经验及其启示*

陈　融**

[摘　要]　在税收的征收环节完成福利供给是现代税法的发展趋势,也是量能课税原则的制度创新。英国市政税是针对居民住房在保有阶段的财产税,根据《1992 年地方政府财政法》于 1993 年开始适用于英格兰、苏格兰和威尔士地区,由住房使用人交纳给本地基层政府,用于提供地方公共服务。市政税以多重的减免以及专门的税收补贴,弥补了住房税的"累退性",为各类脆弱群体提供周全保护并弘扬友善互助的道德风尚。英国经验对于正在试点中的中国住房税制的启示在于:强化税收与福利的制度联动,兼顾税收的财政组织能力和福利保障功能,扩大应税住房范围以保障税收的起点公平,依据"量能课税"原则建立以人为本的减免机制,通过确定免税面积实现对居住权的保障,通过参考居住人的经济、身体等状况完善对纳税人的福利保障。

[关键词]　市政税　福利保障　住房税　税收减免

广义的福利包括一切美好生活的福祉与繁荣,如公众的健康、和平、道德和安全。①福利保障的传统方式是,政府通过税收等方式筹集财力然后以金钱、实物、服务、代券(如食品券)等方式支付给社会。② 所以公众享有的福利水平与其缴纳的税负额度呈正相关。然而现代税法更趋向于在税收的征收阶段征收环节实现对财政筹集和福利保障的兼顾。在税收征收环节完成福利支出,即"税式福利"(financial welfare)供给,具体途径有二:一是在计算应纳税额时以周全的税收减免(exemption and reduction)项目体现对特定人群的关照和对特殊价值的引导;二是通过给予税额抵扣(tax credit)或纳税补助(tax benefit),以弥补税负给特定对象带来的负担。"税式福利"已构成现代福利国家重要的福利支出形式,它表现为国家税收收入的直接减少,在税法理论上依据"量能课税"原则,彰显了现代税法对实质公平的价值追求,实现了税法在功能上对财政筹集和福利保障的兼顾。

---

* 基金项目:国家社科项目"英美合同效力学说的变迁与实践"(13BFX091)。

** 陈融,华东师范大学,法学博士。

① See BryanA. Garner. Black's Law Dictionary(10th edition), St. Paul, West Publishing Company, 2009, p. 290.

② 参见李易骏:《社会福利概论》,台北,洪叶文化事业有限公司 2011 年版,第 199 ~ 205 页。

本文要探讨的,正是住房税在征收环节实现福利保障的制度设计。住房税,特指针对住房在保有阶段的税收,属于财产税范畴。英国对房屋的税收源起于16世纪的济贫税。① 经过数百年的改革调整,《1992年地方政府财政法》②宣布从1993~1994年财政年度开始对住房开征市政税(Council Tax),③至今已成为英国地方公共服务的主要财政来源之一。④ 英国现代住房税的最大创新就是突破了财产税的刚性,建立了"以人为本"的税收减免和纳税补贴机制,从多角度保障居住人的福利。

就我国而言,"个人所有非营业用房产"在国家法层面尚属免税范围。根据《房产税暂行条例》,只有城市、县城、镇、工矿区的营业性房产才涉及保有阶段的房产税。⑤ 不过,管理层及学界关于全面住房税的探索一直在持续。上海和重庆于2011年开始了住房税试点。⑥ 2013年11月的中共十八届三中全会决定也提出"加快房地产税立法并适时推进改革"。本文将深入分析的是,英国住房税在发挥财政组织功能的同时如何保障纳税人福利的制度经验,并在此视角下对我国现有制度给予检视,以期对我国住房税收制度的完善有所启示。本文的第一、二部分是英国住房税制在福利保障方面的制度经验,第三部分则是在英国经验视角下对我国试点住房税制的反思和完善建议。

一、住房税普遍开征前提下的多元减免机制

英国市政税是由住房使用人交纳给地方政府的用以维持地方公共服务的税费。⑦ 市

---

① 英国"济贫税"(poor rate)确立于16世纪,曾经存在于英格兰和威尔士地区。由教区内拥有住房或土地的人缴纳税收以此为本教区内的贫民提供基本生活保障。《1601年旧济贫法》[the Poor Relief Act 1601(43 Eliz 1 c 2)]和《1834年新济贫法》(Poor Law Amendment Act 1834)都确认了该税种,直到《1925年征税与评估法》(the Rating and Valuation Act 1925)才将单独的济贫税整合到一般地方税中,同时地方基层政府取代教会成为地方税的设定和征收主体,这一传统保留在了当前的英国住房税(市政税)的征收体制中。

② Local Government Finance Act 1992(1992 C 14).

③ "Council"在英国被用来指特定地域的管理机构。英国大多数的地方政府分为两级,即郡级(county council)以及隶属其下的地区级(district council, bourough, or city council)。英国住房税由地区级政府征收,所以依其征收主体被称为council tax,中文文献中常译为市政税。在本文中,市政税等同于英国住房税。

④ 市政税适用于英格兰、苏格兰与威尔士。北爱尔兰依旧保留了依据房屋租赁价值而计征收的房屋税制度。See Geoff Parsons, Tim Rowcliffe Smith, *EG Council Tax Handbook*, Estates Gazette, 2006, p. 3.

⑤ 参见《房产税暂行条例》(2011年修订)。

⑥ 参见《上海市开展对部分个人住房征收房产税试点的暂行办法》(沪府发〔2011〕3号)、重庆市《关于开展对部分个人住房征收房产税改革试点的暂行办法》(2011年1月重庆市人民政府令第247号)。

⑦ See Geoff Parsons, Tim Rowcliffe Smith, *EG Council Tax Handbook*, Estates Gazette, 2006, p. 3.

政税的纳税义务人可能是住房所有权享有者,可能是商业住宅的承租人,也可能是社会保障性住房的居住者或其他合法居住者。应税房产范围覆盖所有用作居住用的房产,包括适合居住的船屋和房车,以及将来用作居住的房产,但旅馆和短期居住用途房产被排除在外。① 国家评估办公室(Valuation Office Agency)对住房的价值分级(valuation band)是市政税制的重要特点。在英格兰和苏格兰,房屋根据其拟定的价值被分为 8 个等级(A–H),威尔士分为 9 个等级(A–I)。② 住房价值等级越高,相应的赋税就越重。各地住房税的参考应税额,被设定为两个或以上应税成年人居住的 D 级房屋每年被征收的税额。③ 其他级次房屋应税金额与 D 级房屋应税金额之比,就是级差系数,级差系数是全国适用的,住房税从 A 级到 H 级逐步提高。

表 1 英格兰苏格兰威尔士的住房等级划分以及级差系数④

价值等级	英格兰(英镑)	苏格兰(英镑)	威尔士(英镑)	级差系数
A	40,000 及以下	27,000 及以下	44,000 及以下	6/9
B	40,001 ~ 52,000	27,001 ~ 35,000	44,001 ~ 65,000	7/9
C	52,001 ~ 68,000	35,001 ~ 45,000	65,001 ~ 91,000	8/9
D	68,001 ~ 88,000	45,001 ~ 58,000	91,001 ~ 123,000	9/9
E	88,001 ~ 120,000	58,001 ~ 80,000	123,001 ~ 162,000	11/9
F	12,001 ~ 160,000	80,001 ~ 106,000	162,001 ~ 223,000	13/9
G	160,001 ~ 320,000	106,001 ~ 212,000	23,001 ~ 324,000	15/9
H	320,001 以上	212,001 以上	324,001 ~ 424,000	18/9
I	—		424,001 以上	21/9

所以,住房所处价值等级、本地 D 级房屋的参考税以及级差系数,是计算住房应纳住房税的关键要素。⑤ 在实践中,每一住房实际承担的税负却受到多种减免机制的影响。

(一)法定的单人折扣与免税人群

前文已述,地区住房税参考税额被设定为两个或以上应税成年人居住的 D 级房屋每

① Local Government Finance Act 1992(1992 C. 14) section 3., section 6, section 75.

② 目前,英格兰和苏格兰住房分级基于该房屋在 1991 年 4 月 1 日的市场价值,威尔士的分级则依据 2003 年 4 月 1 日所做的住房评估价值。

③ 2015 ~ 2016 年度英格兰各地区 D 级住房的参考税额是 1484 英镑,比 2014 ~ 2015 年度的 1468 上涨了 16 英镑即 1.1%。See Department for Communities and Local Government, *Counicl Tax Levels Set by Local Authorities in England* 2015 – 2016(Revised)[PDF], July 15, 2015.

④ See Geoff Parsons, Tim Rowcliffe Smith, *EG Council Tax Handbook*, Estates Gazette, 2006, pp. 8 – 10.

⑤ 每一住房的所属等级可以在国家评估办公室网站上便捷查询:http://www.voa.gov.uk.

年的应纳税额。所以,当实际居住人数不足 2 人时,该房屋内独自居住的应税成年人可获得 25% 的住房税扣减,这就是法定的单人折扣(single person discount)。[①] 不过,很多情况下,住房税应税人在非单独居住的状态下也会享有折扣,原因在于,同住者因其身份而被"折扣减等"(discount disregards),从而不能计作住房税法意义上的居民。根据《市政税(折扣减等)指令》以及《市政税(折扣减等补充条款)条例》[②]以及其他新规定,具有以下特点的同住者,不影响该住房的应税人享有"单人折扣":(1)未满 18 周岁,或者在别处有主要居所的人;(2)处于入职学习或培训阶段的青年人,如学徒、实习护士、在大不列颠政府注册的外国语言助理;(3)年满 18 周岁或 19 周岁但仍接受全日制教育的人;(4)全日制大学生;(5)25 岁以下,从技能培训基金(Skill Funding)和青年学习社(Young People's Learning Agency)获得资助的人;(6)有严重精神障碍者;(7)入住来照顾他人者,且照顾对象非其配偶或子女;(8)外交权豁免人士。[③] 如果某住房内全是上述人士居住,则该房免于征收住房税。

(二)针对残疾人的专门减税方案

残疾人住房价值降级方案(disabled band reduction)的具体内容是,如果某物业是至少 1 名残疾人的主要居所,不论该残疾人是否成年以及是否有市政住房税的应税资格,只要该居所作了适应残疾人居住的设施改建,那么纳税人就有权提出书面申请将住房的价值等级降级,从而达到少交住房税的目的。当然,价值降级优惠对于住房的适应性有特定要求。住房必须满足以下条件之一,且该条件对于居住其中的残疾人的福利有实质性意义:(1)有独立的房间为残疾人使用,并能满足其需求;(2)有额外的卫生间或厨房满足残疾人需求;(3)住房内有充裕的空间供轮椅使用。[④] 通过给残疾人家庭带来额外的税收优惠,该方案切实保障了残疾人的居住生活品质。

(三)对部分住房和特定人群的减免税

《1992 年地方财政法》将 23 种住房列为免税房。《1992 年市政税(免税住房)指令》[⑤]又把这些住房从 A 到 W 给予编号。免税住房可大致分为两类。

第一类税收优惠住房属空置房类别,包括基于特定原因而暂时无人居住的住房(unoccupied dwelling)以及无居住设施的空房(vacant dwelling)。空置房免税理由大致分为几类。有的牵涉到特定法律关系导致限制居住,有的是涉及慈善或宗教,如暂时空置的物业由慈善组织所有(最多免税 6 个月),或者空置物业的即将入住者为职业宗教工

---

① Local Government Finance Act 1992(1992 C 14). Section11.

② Council Tax (Discount Disregards) Order 1992 SI 1992 No 548 (as amended), the Council Tax (Additional Provisions for Discount Disregards) Regulations 1992 SI 1992 No 552(as amended).

③ 载英国政府网:https://www.gov.uk/council-tax/council-tax-exemptions,最后访问日期:2015 年 2 月 9 日。

④ 载英国政府网:https://www.gov.uk/council-tax/discounts-for-disabled-people,最后访问日期:2015 年 2 月 9 日。

⑤ Council Tax(Exempt Dwellings)Order 1992 SI No. 558.

作者。与福利保障紧密相关的因素是,部分住房的免税待遇涉及纳税人及其相关当事人的身体保健,如物业先前的居住者入住医院或看护院而导致其唯一或主要居所空置,或者先前的居住者为了得到身体照顾而移居别处而导致其唯一或主要居所空置,或者先前的居住者为了照顾他人而移居别处而导致其唯一或主要居所空置。当然,原居住者死亡而导致的空置物业也在免税范围。①

第二类获得税收优惠的住房是因为居住者的特殊身份或状况需要税法上的特别保护。其中,编号为 W 类的免税物业特别体现了住房税对亲情伦理的关照。其大意是,某物业内的居住者对于同一物业附属建筑(granny flat)内的居住者有扶养义务,且他们之间有亲属关系,则该附属建筑享有免税待遇。保守党和自由民主党于 2010 年联合执政以后,另给予了附属建筑一项住房税减半的优惠。其适用范围是:附属建筑由主建筑所有权人或承租人使用,或者他们的年老亲属居住,尽管该亲属与主建筑居住人之间没有扶养义务。从 2014 年 4 月 1 日至 2015 年 3 月,大约 2500 户家庭享受到附属建筑半价优惠,共计少支出住房税 130 万英镑。社区及地方政府部部长克雷斯·霍普金斯(Kris Hopkins)认为:此举让家庭成员们可以集中居住又避免了重复缴纳住房税的负担,变革的最终目的是帮助工薪阶层提升生活品质。②

二、针对低收入居住群体的住房税专项补贴

为了缓解住房税给低收入纳税人的压力,根据《1992 年地方财政法》的规定,英国从 1993 年开始针对纳税人的住房税支出实施了特别的财政补助方案,即市政税补贴(Council Tax Benefit,CTB)。③ 严格说来,市政税补贴不属于税收减免范畴,而是政府因为市政税税负而给低收入者的特别福利津贴。

所有住房税的纳税人都有权申请住房税补贴,但必须接受收入审查,如果其核定资产超过了16,000镑,则不得享有补贴。财产审核的计算适用 3000 镑的扣减额,申请人在 3000 镑额度以上的每 250 镑财产则被折算为每周有 1 镑的收入。该笔每周 1 镑的拟定

---

① 需要特别说明的是,关于编号 A 和 C 两类房屋的免税待遇已被取消。A 类房屋是指需要或正在进行维修的房屋,可以获得最长 12 个月的住房税免征。C 类房屋是指完全没有居住设施的空房可获得最长 6 个月的住房税免征。根据 2012 年《福利改革法》[Welfare Reform Act 2012(C.5)Section33(e)],从 2013 年 4 月 1 日起,地方政府有权决定要不要对这两类房屋给予住房税优惠。而且,如果房屋空置达 2 年以上,地方政府还有权在正常的应纳税额之外再加征 50% 的住房税,以此应对房价上涨的市场环境。See Welfare Reform Act 2012(C.5)Section33(e).

② 载英国政府网:https://www.gov.uk/government/organisations/department-for-communities-and-local-government.,最后访问日期:2016 年 12 月 29 日。

③ Local Government Finance Act 1992(C.14)Schedule 9(security:council tax benefit).

收入，与纳税人目前实际收入合计，作为市政税补贴的计算依据。[①] 根据《1992 年住房税补贴一般条例》的附属规定，[②]住房税补贴和应税住房税额都计算到以每星期的支付金额，补贴的最大额度相当于申请人在本星期内的应税额。征税机关根据纳税人的年龄、婚姻状况等事项，并依据固定的比例得出各人可以享有税收补贴的每周"收入保障线"(applicable amount)。如果某星期内申请人的收入或者夫妻双方的共同收入小于或等于"收入保障线"，那么他们将享有 100% 的市政税补贴，[③]也就是说，住房税被补贴全部抵消。那些领取收入支持(income support)及求职补助(jobseeker allowance)的人通常被视为无收入，因此能享受 100% 的住房税补贴。

"第二成年人住房税折扣"(second adult rebate)构成了对市政税补贴的补充。即便应税人的收入高于享有住房税补贴的"收入保障线"，如果他免费接纳了"第二成年人"与其同住，他可能享受到最多 25% 的市政税折扣。该"第二成年人"需满足一定条件：(1)没有与申请人一起承担住房税，即市政税；(2)年龄在 18 岁以上；(3)不是申请人的配偶或子女；(4)因为经济原因没向申请人交付房租。[④] "第二成年人"的低收入是税收折扣的实质条件，他的收入越少，为他提供居所的成年人可以享有的住房税补助就越多。如果第二成年人尚在领取某个福利支持项目，那么纳税人可享有 25% 的住房补贴，相当于该"第二成年人"属于前述免税群体之列。当然，如果"第二成年人"的收入高于某个限额，则纳税补助停止。如果某纳税人可同时享有基于低收入和第二成年人而享有住房税补贴，则选择对纳税人自身更有利的福利方式。[⑤] 显然，"第二成年人住房税折扣"特别体现了法律对申请人的亲戚或朋友的居住关照，有利于在人与人之间建立互助友善的社会风尚。

英国曾有 590 万低收入家庭在享受市政税税额抵扣。不过，根据 2012 年《福利改革法》规定，从 2013 年 4 月起取消这种全国性福利项目，取而代之的是地方性住房税扣减方案，但由中央财政专项支持，支持额度达到先前各地得到的住房税补贴总额的 90%，也

---

① See Geoff Parsons, Tim Rowcliffe Smith. EG Council Tax Handbook, Estates Gazette. 2006, pp. 100 - 103.

② Schedule1 - 5to Council Tax Benefits(regulation) Regulation 1992 SI 1992 No 1814.

③ 举例说明，某夫妻的房子按其所在地区标准及应税价值等级全年应交住房税 1300 镑，平均到每周则是 1300 ÷ 52 = 25 镑，所以最大可能的住房补贴就是每周 25 镑。计算得出他们每周的"收入限额"是 150 镑，如果他们的实际收入是每周 140 镑，那么他们享有 100% 的住房税津贴，从而不用交税。如果该夫妇的收入是 200 镑每周，那么他们享有的补贴就是：(最大可能的住房税补助)25 - (200 - 150) × 20% = 15 镑，这意味着这对夫妇还需要交每周 10 镑的住房税，那么全年需交住房税为 52 × 10 = 520 镑。

④ Claim Form for Housing Benefit and Council Tax Reduction, part 1, part 11, part 18. Accessed February 18, 2016. https://www.oxford.gov.uk/info/20026/housing_benefit_and_council_tax_reduction.

⑤ See Geoff Parsons, Tim Rowcliffe Smith, *EG Council Tax Handbook*, Estates Gazette, 2006, pp. 107 - 108.

就是说,地方财政将为此项目出资10%。[①] 现在,英格兰、苏格兰、威尔士的支持方案都与之前中央统一实施的补贴方案类似。无论是住房的产权人,或是住房承租人,是就业还是无业,纳税人都可以申请市政住房税扣减。纳税人最多可获得100%的扣减额,扣减的数额取决于以下因素:(1)房屋所在地区,因为现在每地方政府有自己的方案;(2)申请人的具体情形,包括收入、孩子数量等;(3)家庭收入状况,包括存款、福利补贴、家庭支出、配偶收入;(4)孩子是否与申请人一起生活;(5)是否有其他成年人与申请人一起生活。[②] 总之,新的改革没有对住房税福利带来影响。按照牛津地区的规定,如果之前是市政住房税补贴领受者,到2013年4月1日会自动被转到扣减方案。而且,新申请人在提交CTRS收入证明时,为未成年子女(不超过15周岁,残疾孩子不超过16周岁)支付的看护费被列为开支扣除项目,这意味着增加了纳税人得到福利的机会。[③]

三、英国经验视角下的本土反思及完善建议

针对住房征收的市政税是不列颠联合王国境内唯一由地方政府设定、征收和使用的税种。[④] 自1993年实施以来,在2014~2015年财政年度,该税的收入构成地方财政支出的24.3%来自市政税收入。[⑤] 尽管,因为地方公共服务成本的增加、房价上涨等因素,市政税的公平性近年也受到批评和重新考量,但该税的完税率在英国各税种中是最高的,在2014~2015年财政年度高达97%。[⑥] 不可否认,以人为本的"税式福利"保障机制,赋予了英国市政税"兼具财产税与所得税的双重属性",这也是市政税成功运行的关键。

诚然,中英两国在人口、地理、经济、文化传统等方面都存在较大差异,但"关于弱势者照顾及人道文化之社会目的",是税收正义的内涵。[⑦] 得益于英国市政税前述"税式福

① 载英国广播公司网:http://www.bbc.co.uk/news/uk-21706978,最后访问日期:2015年4月11日。

② 载英国政府网:https://www.gov.uk/apply-council-tax-reduction,最后访问日期:2016年4月11日,

③ 载英国牛津政府网:http://www.oxford.gov.uk/page render/dec CB/child-care,最后访问日期:2016年10月11日。

④ 住房税的征收机构,在英格兰和威尔士称为"billing authority",在苏格兰称为"levying authority"。

⑤ Department for Communities and Local Government, *Counicl Tax Levels Set by Local Authorities in England* 2015 - 2016 (Revised), July 15, 2015, Accessed December 31, 2016. https://www.gov.uk/government/statistics/announcements.

⑥ Department for Communities and Local Government, *Collection Rates and Receipts of council tax and non-domestic rates in England* 2014 - 15 (*PDF*), *July* 1, 2015, Accessed December 31, 2016. https://www.gov.uk/government/statistics. 例如,前述附属建筑的减免税待遇以及"第二成年人扣减"机制。

⑦ 黄茂荣:《法学方法与现代税法》,北京大学出版社2011年版,第62页。

利”制度经验的启示,本文对我国试行的住房税制度提出以下反思及完善建议。

(一)扩大应税住房范围确立税负的起点公平

根据上海及重庆现行有效的试点办法,上海仅限于“本暂行办法施行之日起本市居民家庭在本市新购且属于该居民家庭第二套及以上的住房和非本市居民家庭在本市新购的住房”。重庆的应税房屋限于个人拥有的独栋商品住宅、个人新购的高档住房,以及在重庆市同时无户籍、无企业、无工作的个人新购的第二套(含第二套)以上的普通住房。而且,狭窄的应税房产范围被赋予相当大的免税面积。[①] 很明显,两地关于应税范围及减免的规定存在以下不足:第一,应税房屋范围小,免税面积大,尤其是上海办法对存量房的全盘免税,使房产税无法发挥筹集财政资金和调节住房分配的功能,最终影响地方财政收入进而无法实现改善公共福利供给的目标。[②] 第二,以户籍为依据的不同应税范围和减免标准,客观上加大了本地居民与外地居民之间以及城乡居民之间新的不平等。[③] 尤其提高了进城务工农民在城市买房安家的难度,有悖于当前城乡一体化的社会建设目标。第三,征收范围和减免依据混杂,涉及套、栋、高档住宅、普通住宅、面积、物业价格等因素,仅是“套”就包含了面积、区位、价值等不确定因素,加大了税负的不公平。

本文认为,英国住房税的普遍开征,既是延续了住房税是居住者公共服务受益对价的历史传统,也符合税法与民法的微妙关系。即税收法律关系往往以某种民事法律权利为基础,但税收在本质上是对纳税人的经济评估,须基于纳税人的财产总和来确定其负税能力,所以税收不必拘泥于权属的特性。英国市政税,以住房使用人为纳税义务人,不问他(她)对住房拥有的是所有权或承租权。具体到我国住房税,即便以房屋所有权为前提,但如果还要附加考察纳税人户籍是否处于其所拥有的房产的地域、纳税人取得所有权的时间先后等因素,则有违住房税的本质和量能课税的基本原则。鉴于我国特有住房制度导致的城市住房产权类型的多样化,当前对所有住房的全面征税肯定存在制度上的

---

① 根据上海市人民政府关于印发《〈上海市开展对部分个人住房征收房产税试点的暂行办法〉的通知》(沪府发〔2011〕3 号):“本市居民家庭在本市新购且属于该居民家庭第二套及以上住房的,合并计算的家庭全部住房面积(指住房建筑面积,下同)人均不超过 60 平方米(免税住房面积,含 60 平方米)的,其新购的住房暂免征收房产税;人均超过 60 平方米的,对属新购住房超出部分的面积,按本暂行办法规定计算征收房产税。”依据重庆市《关于开展对部分个人住房征收房产税改革试点的暂行办法》(2011 年 1 月重庆市人民政府令第 247 号),纳税人在本办法施行前拥有的独栋商品住宅,免税面积为 180 平方米;新购的独栋商品住宅、高档住房,免税面积为 100 平方米。但是,在重庆市同时无户籍、无企业、无工作的个人的应税住房均不扣除免税面积。

② 以上海为例,《上海市开展对部分个人住房征收房产税试点的暂行办法》规定“房产税试点征收的收入将用于保障住房建设”,但 2011 ~ 2015 年,上海房产税占全市税收收入的比重依次仅为 0.77%、0.89%、0.85%、0.83%、0.89%。数据来源于上海市财政局网站:http://www.tax.sh.gov.cn/pub/xxgk/sstj/201505/t20150520_416672.html,最后访问日期:2016 年 12 月 31 日。

③ 葛静:《中国房地产税改革:功能定位、路径选择与制度设计》,经济科学出版社 2015 年版,第 168 页。

掣肘。但是,扩大保有阶段住房税开征范围是可行的,也是必须的。这既有助于完善我国财税体制的不平衡,也符合量能课税原则,也是增进住房税负起点公平的必由之路。

(二)福利保障及量能课税原则下的税收减免

1. 基于居住权保障的特定面积免税

居住权是一个多重概念,狭义上将其定位为私权,指居住权人对其住房及其附属物的占有及使用的权利,广义的居住权是融合了私权、公权与人权的社会福利权概念。《世界人权宣言》《经济、社会及文化权利国际公约》等国际法律文件已将住房权作为生存权、人权的内容加以普遍保护。[①] 联合国"经济、社会和文化权利委员会"于 1991 年专门发表的《第四号一般性意见:适足住房权》规定"适足的住房之人权由来于相当的生活水准的权利,对享有所有经济、社会和文化权利是至关重要的"。由此各国住房税收当以保障"适足住房权"为底线。具体到我国,各地区根据人口及土地资源状况对本地区的住房设定特定人均免税面积,是住房税的应有要件。抛去"本地""首套""高档住宅""独栋""普通住宅""户籍""自有自居"等附加标准,人均免税面积更加简便、公平和具可操作性。总之,在扩大应税范围的前提下设定特定住房免税面积,是实现税负公平和人权保障的合理选择。

2. 基于生存权保障对特殊脆弱群体的减免

住房税负的公平必须从两个层面来考量,一是税负与物业价值是否平衡,二是税负与纳税人的收入是否平衡。对于前述英国的市政税,如果暂且不考虑物业价值上涨并不导致更多公共服务需求等批评性观点,[②]英国市政税法对物业价值分级制在一定程度上实现了税负与物业价值的正相关性。关于税收与收入的平衡显得更加复杂。假如纳税人的收入与其住房价值成正比,那么收入与税收是正比的。但是,居住者收入与其住房价值(面积)还不一定呈正相关性,住房选择除了受制于收入外,还要受到家庭、就业、政策等多因素的影响,物业价值高的居住者有可能并非高收入者。研究表明,英国住房每一价值分级内都包含着相当数量的不同收入水平的群体,处于 A – D 价值低级的住房占了英国全部住房的 80% 以上,容纳了英国 90% 的低收入群体,但是,处于 E、F、G 三个较高等级住房内也有大量的收入低的退休金领取群体。所以,很难得出居住者收入与其居住物业价值的简单对等。[③] 于是,住房税的"累退性"不可避免,即只要住房价值一样,收入越低,承担的税负越重。所幸,市政税的累退性依靠多元的减免措施尤其是市政税补贴得以明显改善。[④] 那么,累退性弊病在我国有何特殊表现又该如何解决呢?本文有如下建议:

---

① 参见《世界人权宣言》第 13 条第 1 款、第 25 条,《经济、社会及文化权利国际公约》第 11 条。

② 杨小强等:《房地产税法之国际比较》,中山大学出版社 2011 年版,第 213 页。

③ Lyons Inquiry Final Report, Published on March 21 2007, Accessed December 31, 2016, http://www.webarchive.org.uk.

④ 杨小强等:《房地产税法之国际比较》,中山大学出版社 2011 年版,第 214 页。

第一,设定住房税额占家庭收入的比例上限。近年房价急剧飙升,假如住房税依据房屋市场价值来计算,那么住房税额可能迅速上涨,远远超过居民收入增长速度,有违量能课税的基本法理。所以对于家庭唯一住房且属于应税范围的纳税人,必须有比例上限的保护。一旦住房家庭住房税额占家庭收入的比例达到限度,则超过部分免予征收。这一"断路器"思路对于我国的特别意义还在于,由于我国住房制度的复杂性,很大比例的存量房属于"房改私房"等特殊产权房,①它们可能面积大,而居住者大多为依赖退休工资的老人,如果不设置"断路器"原理,则税负甚至超过其负担能力,最终引发房产税改革的更大阻力。

第二,对于特定人群基于生存权保障的免税。实现税法规范与福利机制的联动是税法价值的体现。《宪法》第 14 条第 4 款的社会保障权、第 33 条第 3 款的人权条款,以及第 45 条诸多规范联合起来形成生存权保障的法益。②《宪法》第 45 条规定了公民获得物质帮助权的情况。最低生活保障制度是对前述宪法规范的具体实现。③ 根据 1999 年《城市居民最低生活保障条例》,持有非农业户口的城市居民,凡共同生活的家庭成员人均收入低于当地城市居民最低生活标准的,均享有城市居民最低生活保障的权利。最低生活标准是按照当地维持城市居民基本生活所需的衣、食、住费用,并适当考虑水、电、燃煤费用,以及未成年人的义务教育费用。税法对前述宪法法益的落实则是遵循量能课税原则,坚持"基本生活需要不课税"。④ 那么,对领取最低生活保障的群体的免税是住房税制的应有内容。

四、结　语

在快速城镇化、高昂房价以及住房占有不均的现实下,保有阶段的住房税收不仅蕴含财政筹集潜力,也是调控住房资源分配占有的必要杠杆。我国《物权法》也有住宅和经营性用房的分类。⑤ 虽然英国住房税的计税依据是房产的分级价值,但多重的减免及抵扣机制却充分考量纳税人的年龄、收入、入职经历、家庭负担、身体状况、既有财产及伦理

---

① 我国房屋产权多样,市场化住房供给在住房存量中所占比重不到一半,近 60% 为产权残缺房。具体参见葛静:《中国房地产税改革:功能定位、路径选择与制度设计》,经济科学出版社 2015 年版,第 74 ~ 75 页。

② 参见林来梵:《从宪法规范到规范宪法——规范宪法学的一种前言》,法律出版社 2001 年版,第 220 ~ 221 页。

③ 最低生活保障制度在我国的依据包括城市最低生活保障制度和农村最低生活保障制度,鉴于住房税目前尚未在农村范围,所以本文未涉及农村最低生活保障制度。

④ 参见刘志鑫:《论房产税征收对象选择与税收减免——以税负平等为视角》,载《清华法学》2014 年第 5 期。

⑤ 《物权法》第 70 条规定:"业主对建筑物内的住宅、经营性用房等专有部分享有所有权,对专有部分以外的共有部分享有共有和共同管理的权利。"

责任,关照的对象从纳税人本人扩展到配偶、子女、亲属甚至邻里朋友。精心设计的制度对低收入者、残疾人、身体需要照顾的人、全日制学生、刚入职年轻人等脆弱群体给予特别保护,而且,还特别注重激励家庭抚养责任,弘扬互助友善的道德风尚,客观上鼓励人们分享住房,尤其是帮助一些低收入者找到安身之所。相比之下,我国沪渝两地试点规范实在简单粗放,是否纳税以及负担多少的基本依据是住房的面积、取得所有权时间、房屋建筑类别(是否独栋)以及价值(是否高档住宅)等刚性的物业因素,涉及人的因素仅指住房所有权人是否拥有本地户籍。建议未来的住房税制增加对纳税人的经济收入、身体状况家庭负担群体以及情感需求等"属人"因素的考量,增加对最低生活保障领取者、残疾人、精神病人及社会优抚对象的关照,彰显现代税法的福利保障功能。

The Welfare Protection Regime of Council Tax: The Experience and Enlightenment

Chen Rong

Abstract: Council tax in UK is a type of property tax imposed on the dwellings, which started in 1993 according to Local Government Finance Act 1992. It is paid to local councils by local people, mainly occupiers of dwellings, for the services that local authorities and other bodies provide. This tax has been applied in England, Scotland and Wales since 1993. The laws for Council Tax include multiple strategies of tax exemption, reduction, discount and tax benefits, which have mitigated the regressive characteristics of property tax, and have provided overall welfare protection to various fragile groups. For China's House Tax which is just in the stage of experiment, the experience of Council Tax has highlighted the following significance: balance tax's function of financial-raising and welfare-protection, to extend the scope of chargeable house to ensure the starting fairness, to establish strategy to protect taxpayer's residential rights and living welfare.

Key Words: council tax　exemption and reduction　welfare

(责任编辑:仁　者)

诉讼制度

政法传统与司法的治理功能研究

——基于S省一个基层法院60年实践变迁的观察*

李文军**

[摘　要]　自我国的政法传统确立之初,司法就被赋予了社会治理的使命。从新中国成立以来的60余年中,司法发挥了为政权汲取合法性、促进政权对社会资源的占有和支配、促成区域社会的组织化等治理功能。在此过程中,司法与其他公权力也经历了一个从混同到分工的过程。综观60余年的司法治理实践,让司法有权威、更加专业化,是未来司法更好承担治理任务的必经之途。

[关键词]　政法传统　司法　治理　变迁

一、问题的提出及研究对象之确定

"司法"与"治理"之间被建立起一种牢固的联系,与近十余年来"治理"取代"管理"成为中国公权力运行语境中的主流话语有关。就其本源意义来讲,"治理"是西方在20世纪80年代的新公共治理潮流中兴起的统治技术。新公共治理运动作为对"立法——行政"官僚统治的反动,以公共事务民营化和丰富公共治理中的公众参与作为实践核心,意在纠正和弥补官僚制中效力低下和合法性流失的弊端。① 若从这一意义理解,正如有研究者指出的:"当代中国所谓的司法治理,严格来说只是从政治领域借用了治理一词,与新公共治理运动乃至政治领域的治理、善治并无太多的关联。"②不过,如果将观察的视

---

* 本文是教育部2016年度人文社会科学研究青年项目"国家治理视野下我国司法运行模式变迁研究(1949～2014)"(项目号16YJC820017)的阶段性成果,并受四川省创新团队"西部民族法治发展与创新研究"(15TD0049)与西南民族大学研究生学位点建设项目(2017XWD－S301)资助。

** 李文军,西南民族大学法学院。

① 本处的官僚制是韦伯所称的现代管理方式,是指一种以分部—分层、集权—统一、指挥—服从等为特征的组织形态,也是现代社会实施合法统治的行政组织制度,这种组织的成员是专门化的职业管理人员,与国人常说的(带有贬义的)"官僚"内涵不同。

② 参见陈颐:《"司法治理"的中国叙述及其危险》,载《全国外国法制史研究会2015年学术年会论文集》,第703页。

距拉长,我们可以发现,对于共产党政法传统下的司法行为,早有大量学者以“治理”名之。[①] 细究起来,此种“治理”是指一种与西方现代司法模式相对立的司法行为模式。这种司法行为不一定遵守现代司法一些较为原教旨的运行要求——如中立性、被动性、规范的程序性等,而是服务于党政统治目的、旨在使社会纠纷尽可能消弭、进而实现社会成员对政治权威绝对服从的法律事务处理模式。这种行为模式既难称之为完全意义上的“司法”,也和市场经济下对“立法——行政官僚统治”的修正并无太多关联。不过,由于新中国的法制在毛泽东的预设中应该是作为官僚制的对立物出现的,人民司法路线的产生亦有异于解决官僚制的效率低下与合法性流失两方面问题的考虑。就此意义而言,政法传统下的司法与新公共治理语境下的司法也不无相通之处。无论从新中国的政治哲学还是人民司法路线的主张来看,附着于官僚制的现代司法都是其否定的对象,只不过,这种否定大大超出了在市场经济和(西方意义上)现代政治背景下对官僚制反其道而行的程度。这种相通为使用“治理”概念分析我国司法提供了一定的依据,也在一定程度上昭示了中国当下司法的走向及历程。至于司法治理的具体行为,笔者倾向于将其界定为人民法院的审判行为。这样做的理由,一方面是为了使讨论对象集中以提高深入的可能性;另一方面也是因为,虽然人民法院与治理有关的行为并不限于审判案件,[②]但审判案件却是使司法得以与其他公权力行为区别开来的关键要素。故讨论司法治理,应该将审判作为核心对象。另外,我国法院中的审判工作有刑事、民事之分,但长期以来两种审判的同质化程度相对较高。[③] 故笔者在做相关分析时并不将刑事和民事作系统的分类讨论。

对于研究的具体样本,笔者限定为一个县域法院 60 余年来的司法状况考察。这样做的原因,首先是“长时段”研究在观察我国司法时的价值越来越大。现有关于司法治理的研究多关注当下现实,历史主义缺位,对国家治理与司法运行的脉络缺乏清楚交代,从而容易陷入以西方逻辑来解读中国事实的险境。随着新中国法统存续时间的不断延长,其自身的历史变革也逐渐变得丰富,如果注意研究的时间维度,就可能从持续不断的实践过程去发掘潜藏其间的变与不变。在纵向考察延伸至 60 余年的情况下,空间对象就必须进行限制以保证讨论的集中。笔者选择的是西部 S 省的 R 县人民法院。R 县是 S 省人口第一大县,可以保证观察对象的体量足够;并且自新中国成立以来,R 县本身管辖的区域没有发生变化,这可以保证样本的一致性和数据的准确性。R 县人民法院在案卷数量保存方面也很具优势,虽然中间有部分残缺,但相对于其他县域法院而言已算比较完整;又因为其人口基数保证了案件的规模,所以现有案卷仍然可以看作相对齐全的研究资料。R 县人民法院历年刑事案件数和现存案卷数见表 1:

---

① 较具代表性的研究,参见强世功:《法制与治理——国家转型中的法律》,中国政法大学出版社 2003 年版;强世功:《惩罚与法治:当代法治的兴起(1976—1981)》,法律出版社 2009 年版;赵晓力:《通过合同的治理——80 年代以来中国基层法院对农村承包合同的处理》,载《中国社会科学》2000 年第 2 期。

② 参见鲁篱、凌潇:《论法院的非司法化社会治理》,载《现代法学》2014 年第 1 期。

③ 参见王亚新:《论民事、经济审判方式的改革》,载王亚新:《社会变革中的民事诉讼》(增订版),北京大学出版社 2014 年版,第 5 页。

表1 R县人民法院历年刑案数和现存案卷数

年份	1955	1956	1958	1959	1962	1963	1975	1979	1980	1981
刑案数	1605	—	2129	—	447	615	316	—	112	150
案卷数	307	—	1354	—	204	149	207	82	101	141
年份	1983	1988	1992	1996	1997	1998	1999	2003	2008	2012
刑案数	578	282	185	255	252	124	—	174	260	393
案卷数	523	186	181	215	216	162	173	174	260	310

二、司法的治理功能研究

(一)通过司法活动为政权汲取合法性

合法性(legitimacy)是指国家权威和社会秩序被自觉认可和服从的依据。这种合法性的获得取决于民众的共识和政治认同感。[①] 通过司法活动为政权汲取合法性,其内容会根据政权获取合法性之重点的转移而不同。以笔者管见所及,中华人民共和国成立以来,政权获取合法性的着力点可分为保障权利、确立新意识形态、提供安全和发展经济四个方面。由于中国国家治理的整体性,四个方面的内容之间不免存在相互交叉,不可能泾渭分明。笔者取其主流和主要方面,将其与不同的时间阶段以"贴标签"的方式予以结合观察。下面分述之并考察司法在其中的表现与功能。

1. 权利保障。从民国的环境中孕育出的共产党革命,是以外争国权、内争民权为号召的。在中华人民共和国成立之初,保障权利尤其是弱势群体权利是新政权赢取民众认可、获得合法性的重要途径;改革开放后,又继续成为政权道义正当性的体现。在中华人民共和国成立早期,所谓保障权利或人权有其特定含义,主要指的是保障妇女儿童的人身自由权利(包括性的自由权利)。因此,司法主要通过贯彻《婚姻法》、打击侵犯妇女儿童权利的强奸、虐待、溺杀及暴力干涉婚姻自由的行为来实现权利保障。以"贯彻婚姻法运动"初期的1952年来说,R县法院全年刑事收案571件,妨害人身自由权利和名誉(内以强奸罪为最多)案件169件,妨害婚姻家庭案件149件,两者合计占到了全部刑案的56%;如果再加上被归入杀人案件的溺婴犯罪,涉及《婚姻法》的刑事案件比例更高。全年民事案件625件,婚姻纠纷案件533件,达85%以上。案件结构的变化是极为显著的,据统计,1952年刑案中,强奸案是1951年的两倍,通奸案件为三倍;民事案件中,债务纠纷减少了25%,婚姻纠纷则为去年的2.5倍。[②] 在法院看来,此类案件多发一方面说明侵犯妇女儿童权利的情况严重,另一方面也是一种积极的迹象。西南地区受国民党统治时

① 参见俞可平:《治理和善治引论》,载《马克思主义与现实》1999年第5期。

② 参见R县人民法院1952年工作总结。

间久,封建势力浓厚,以往妇女多惧于淫徒恶棍的淫威,或为名节、贞操观念束缚,在被侮辱与被损害之时往往隐忍不言。现在妇女基于对人民政府和人民法院的信任敢于控告,才致使案件数量猛增。[①] 在保障婚姻自由、维护妇女儿童权益过程中,相比于"封建思想严重"的区乡干部,[②]法院相对距生活环境一线较远,工作稍具专业性,于是被寄予较大期望。[③] 根据最高人民法院的指令,R 县法院坚决执行《婚姻法》。并认为,能否采取严肃审慎的态度解决婚姻案件、保护妇女的合法利益,能否积极支持群众(特别是被压迫的妇女群众)反对封建婚姻制度和反动思想的正义斗争,这些都是司法人员在政治上是否愿意彻底反对封建主义的严重考验。为此,法院审判工作就应当对婚姻纠纷特别注意,不能对干涉男女婚姻自由与侵害妇女人身权益的罪行漠视拖延甚至坐视不理。另外在处理婚姻案件时,应邀请妇女团体代表参加陪审,与民政、卫生等部门密切协作,并随时搜集群众反映和解答群众质疑的问题。[④] 这种司法行为的倾向性是较为明显的。以男女双方过错相当的通奸犯罪为例,法院在处理时并非同等看待,而是重点惩罚男方"将妇女视为玩物"的可耻行为(可能更重要的是这种思想),将女方视为仅需教育训诫即可的一时糊涂者。[⑤] 正如有学者所言,中国共产党所领导的阶级革命,其核心内容实为性别革命和代际革命,[⑥]即通过发动旧秩序中极为弱势的妇女和青少年进行;通过对妇女和青少年的特别保护,共产党就有可能掌握一半的人口以及民族的下一代,得到他们的衷心拥护,其合法性就得到了巩固。到了改革开放后,在仍然重视与民生相关的婚姻家庭案件(下文的"三养"案件)的同时,其他弱势群体的保护成为重要关注点。例如,1993 年 S 省高级人民法院指出,要把减轻农民负担作为一项紧急的政治任务,发挥审判职能作用,保护农民合法权益,减轻农民负担。对涉及乱收费、乱摊派、乱罚款,侵犯农民利益的行政案件,要大胆受理,及时妥善处理。通过审判活动,制止"三乱"现象。同时多做行政机关和农村基层政权组织的工作,使其改进作风,协调改善干群关系。对危害农民权益的犯罪如制

---

① 参见 R 县人民法院 1952 年工作总结。

② 区是民国时期设置的介于县和乡之间的一级行政区划,执行机构为区公所。新中国成立初期沿袭了民国的这种建制,后来撤销。

③ 共产党中央在关于保证执行《婚姻法》的相关通知中是将司法机关与区乡干部区别看待的:"在党内有一部分党员,特别是担任区乡政府工作中的某些党员,甚至少数下级司法机关工作中的个别党员,由于受了封建意识的影响或者对一部分群众中干涉男女婚姻自由和虐待妇女以及虐待子女等非法行为,采取袖手旁观的态度。"可见,在党中央看来,司法机关中的封建意识比区乡政府少,也应当比区乡政府少。参见河南省人民检察院编:《司法工作手册》(第 1 辑),河南省人民检察院 1978 年版,第 27 页。

④ 参见张培田主编:《新中国婚姻改革和司法改革史料:西南地区档案选编》,北京大学出版社 2012 年版,第 210 页。

⑤ R 县人民法院 1952 年 3 月刑事审判专题报告。

⑥ See Bianco, Lucien. Peasants Without the Party: Grass-Roots Movements in Twentieth-Century China. Armonk, N. Y: M. E. Sharpe, 2001. 转引自[美]罗威廉:《红雨:一个中国县域七个世纪的暴力史》,李里峰等译,中国人民大学出版社 2014 年版,第 291 页。

造销售贩卖假农药、假化肥和伪劣种子等予以严惩;对涉及农业生产的纠纷及时受理和审结,积极提供有效法律服务。[①] 进入21世纪,拖欠农民工工资案件成为以农业为主的R县法院工作的重要关注点。例如,2008年R县法院共审结"涉农"案件62件,为65位农民工追回工资165万余元,仅某镇法庭1个月就为10名农民工追回工资40余万元。同时对于农村的"三养"(抚养、扶养和赡养)案件和经济确有困难的100件案件当事人缓减免交费用20余万元。[②] 这些体现出,在"三农"等社会问题凸显的过程中,通过保护农村弱势群体的权利来遏制国家合法性的流失,成为司法的重要任务。

2. 确立新的社会主义意识形态。中华人民共和国成立后,以解放者面目存在的国家政权要使自身合法性得到巩固和再生产,就不能仅仅是一次性地把农民从"三座大山"的重压下解放出来,而且还要不断地把他们从形形色色的"阶级阴谋""蜕化变质"危险中拯救出来。[③] 司法的功能被定位为"保护良善、惩治恶棍,使新的革命社会秩序日益安宁与巩固",这种功能主要以两方面的措施实现:其一是对案件进行泛政治化的审判;其二是通过审判,促进意识形态领域的社会主义教育运动、诉苦教育运动等开展,为新的意识形态确立起合法性。

就案件泛政治化的审判而言,首先,是对打击对象有明确的政治定性。比如,R县人民法院1952年打击的罪犯,大多属于"阶级敌人"范畴,如被告44人中,有反革命2人、地主8人、不法富农8人、伪保长5人、社会渣滓14人,普通农民仅7人。到了1962年,情况有所变化,"阶级敌人"的比例小于普通农民,但仍占接近40%,一方面说明新中国成立后各种改造运动的效果,另一方面显示打击"阶级敌人"仍然是司法的重要功能。1962年罪犯成分的具体构成见图1(案件总数为294件):

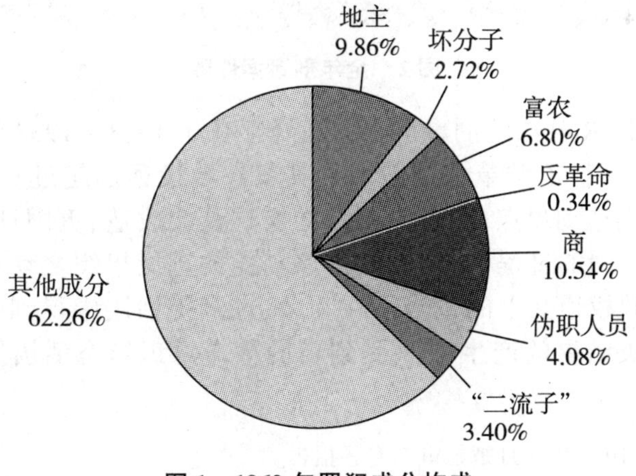

图1 1962年罪犯成分构成

① S省高级人民法院《关于运用审判职能,依法保护农民合法权益,促进农业生产的通知》,1993年。

② R县政法委关于2008年全县政法工作的报告。

③ 参见应星:《大河移民上访的故事》,生活·读书·新知三联书店2001年版,第387页。

其次,是以政治化视角对某些普通犯罪行为进行惩罚。如 R 县人民法院 1952 年审理了一起通奸案件,女方为地主之女,与一名村干部通奸,起初按照通奸案件重于男而轻于女的原则,仅对女方训诫教育了事。后来“深化了认识”,将其性质定为“阶级敌人使美人计”腐蚀干部,因而决定严惩。① 再如 1958 年审理的一起案件,被告人无资质充当兽医,共导致社员三头猪死亡;因其中华人民共和国前为地主身份,法院在审理案件时并未以非法行医或破坏财产等罪名定罪,而是认为里面存在阶级斗争内容,最终定为“地主反攻倒算”。② 在这些案件中,国家权力其实是通过审判在有人“犯事”时借机进入基层,并不仅仅根据特定的犯罪行为就事论事,而是对被查者思想、言论和行为乃至村庄日常生活的全面审查,尤其是对反革命言行的搜寻和治理。③ 这一点可以从 R 县人民法院历年刑事案件的数量变化得到体现,见图 2:

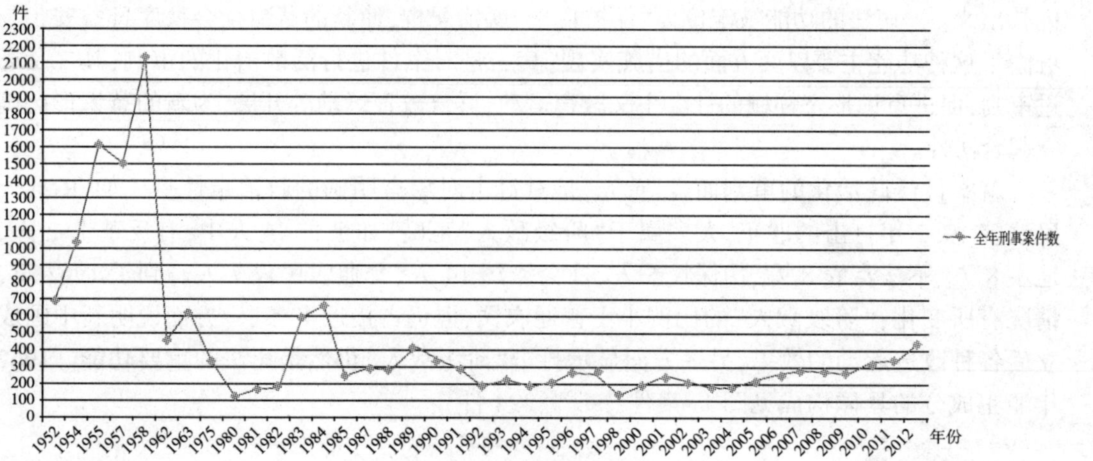

图 2 全年刑事案件数

从图 2 可以看出,R 县法院刑事审判的高峰存在于 1953 ~ 1958 年的 5 年中,这几年正是新政权稳固秩序、打击反革命的阶段。其案件数量远远超过其他时期,在“三面红旗”挂帅的 1958 年则达到顶点,体现了司法在实现社会改造、巩固社会主义意识形态中的作用。在打击反革命的过程中,司法的程序与党的基层组织之动员技术紧密结合,专政对象的罪恶与新政权道义上的正当性在斗争、宣判等话语中得到宣示;广场化的司法使民众都参与到判决结果的产生中,④受到新的革命意识形态话语及其规则、要求的规

① R 县人民法院 1952 年 3 月婚姻审判专题报告。

② R 县人民法院 1955 年刑事案件第 211 号。

③ 参见应星:《村庄审判史中的道德与政治:1951 ~ 1976 年的中国西南一个山村的故事》,知识产权出版社 2009 年版,第 75 页。

④ “司法的广场化”是舒国滢提出的一个描述大众化司法的概念,指的是一种人人直接照面的、没有身份和空间间隔、能够自由表达意见和情绪的司法活动方式。参见舒国滢:《从司法的广场化到司法的剧场化》,载《政法论坛》1999 年第 3 期。

训,从内心产生了对新政权的认同。

巩固新意识形态的另一途径是以审判助推社会主义教育运动。例如,在 1963 年社会主义教育运动开展期间,R 县法院审结了地富反坏分子反攻倒算、造谣、破坏生产和集体经济等案件共 133 件,实行公判处理。在这一法律制裁的过程中,受到惩处的罪犯表面上是确定的地富反坏分子,但事实上国家的惩罚其意不在具体的罪犯,而是罪犯群体中浮现的思想,即与共产主义理想相悖的腐朽没落的封建思想、资产阶级思想和修正主义思想,这些思想不仅地富反坏分子具有,而且也可能出现在任何一个"革命群众"身上。[①] 审判的目的正是为了教育群众提高革命警惕,划清界限。如法院所说,有的群众在看了公判后受到教育,说:"经过这次教育,我们一百年、二百年都要记住,地主富农是我们的敌人,贫下中农是我们的亲人,共产党是我们的恩人。"[②]司法机关通过审判活动,揭示了专政对象的罪恶和新政权在道义上的正当性,对于广大民众也是一种警告。

3. 提供安全主要表现在改革开放之初和 90 年代中期。1980 年时,司法的主题词尚是纠正冤假错案,而到 1981 年,整顿社会治安迅速上升为司法的主要任务。此后,从 1983 年至 1997 年长达 15 年的时间内,"严打"成为法院工作中出现频率最高的主题词。"文革"结束初期,国家存在许多秩序真空,受"打砸抢"遗风影响以及社会原因,杀人、抢劫、强奸、重大盗窃、流氓团伙、拐卖人口等各种重大案件多发,严重影响人民群众的安全感,也引发了政府合法性流失。这时的社会治安形势和犯罪量已接近国家和社会所能承受的最高阈值,治安问题因而直接进入了决策者的决策议程。国家作出了特殊反应,集中动用体制内的治安治理资源,从重从快打击犯罪分子。[③] 此时随着政策松绑,原有的社会与单位调控体系日渐弱化,司法机关的功能则因此而凸显。从 R 县人民法院的工作来看,1982 年全院刑事案件总数仅 167 件,到了 1983 年,这一数字猛增到 578 件,增长 247%。其中,仅 1983 年 8 月中旬开展"严打"以来的 4 个月就收案 466 件,占全年收案总数的 80.7%,案犯达 504 名,相当于近 3 年每年平均判处数的 3 倍以上,其中。杀人、抢劫、强奸、流氓、拐卖人口、强迫妇女卖淫等 7 个方面的重大刑事案件共 119 件,占 25.5%,案犯中判处 6 年以上徒刑的占总数达 63.8%。这一情况持续了 3 年左右,到 1986 年,共受理案件 233 件,判处 199 名犯罪分子,其中属于前述严重刑事犯罪的 95 人,占到几乎一半,45 人被判处 5 年以上有期徒刑。在这一阶段,法院积极参与到"严打"运动中,其权力也被国家和公安、检察等机关一体化行使。这点可以从 R 县法院所处理刑事案件的上诉率得到证明,见图 3:

① 参见强世功:《惩罚与法治:当代法治的兴起(1976—1981)》,法律出版社 2009 年版,第 19 页。

② R 县人民法院 1963 年度刑事审判工作报告。

③ 参见唐皇凤:《常态社会与运动式治理——中国社会治安治理中的"严打"政策研究》,载《开放时代》2007 年第 3 期。

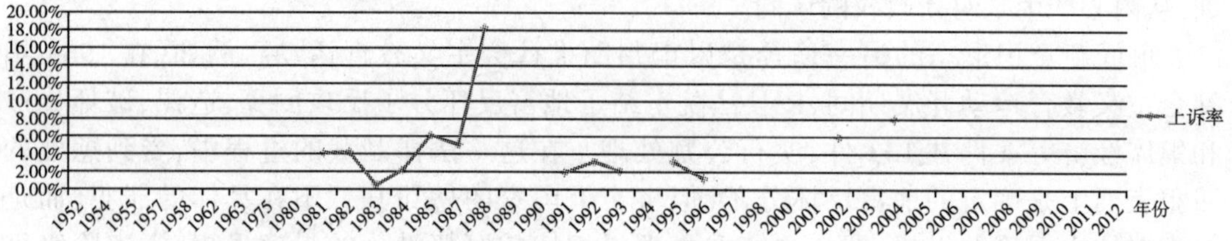

图 3　上诉率

上诉率反映的是犯罪嫌疑人对法院判决的认可程度,一般情况下,这种程度是相对稳定的。换言之,司法权如在正常轨道上行使,则案件数量的变化对上诉率的影响并不明显,R 县法院 60 年的数据也大致印证了这一点。明乎此,则 1983 年上诉率的明显下降就很值得注意。这说明,包括司法在内的国家权力实现了高度的一体化运行,不但检察机关和法院的合作代替了制约,上下级国家机关的一体化也明显加强。在一体化行使的国家权力面前,许多犯罪嫌疑人无力抵抗或者放弃了抵抗。经过这一阶段的严打,一大批严重刑事犯罪分子被严惩,许多为害一方的惯犯、恶势力、流氓团伙受到打击,社会治安形势明显好转,人民群众有了安全感,对政府的认同度得到较大提高。但到了 20 世纪 90 年代中期,随着经济发展引发的社会关系复杂化以及原有社会调控体系的进一步弱化,社会治安再次出现恶化势头,刑事犯罪居高不下。R 县的审判工作根据中央和省里再一次严打部署又有了明显变化。县法院 1995 年刑事案件 189 件涉及 246 人,属于严打对象的 92 件 136 人,占判决总数的 48.7% 和 55.3%,判处 5 年以上徒刑的 86 人,占严打对象的 63.24%。1996 年刑事案件共 228 件 297 人,属于重点打击对象的 125 件 163 人,占判处总数的 59.8% 和 59.48%。① 严打的过程,实际上是国家在特定时期对惩罚进行"个别化"运作的方式。惩罚的目的不再是犯罪行为本身,也不是抽象的"罪",而是指向更广泛的社会秩序或国家利益。国家治理力量通过犯罪这个支点联结发挥作用,通过惩罚犯罪实现对整个社会的治理。② 在国家治理资源匮乏的条件下,严打这种治理方式(包括集中整治、专项斗争)具有历史合理性,集中有限的国家治理资源,解决突出的社会治安问题,是执政党与政府在"实用理性"主导下、面临资源瓶颈问题的理性选择。③ 也增强了群众的安全感,一定程度上重新聚集起政权合法性。

4. 就司法通过助力经济发展赢取合法性这点来讲,主要体现在审判工作为经济建设服务,为企业服务以及通过经济发展改善民生。中华人民共和国成立以后相当长的一段时间内,泛政治化的阶级斗争和以阶级斗争为主要伴随物的生产斗争是民众生活的最主要内容,也是政权赢取合法性的主要途径。但这种途径最大的局限性在于脱离了普通民

① 参见 R 县人民法院 1996 年工作总结。

② 参见强世功:《惩罚与法治:当代法治的兴起(1976—1981)》,法律出版社 2009 年版,第 150 页。

③ 参见唐皇凤:《常态社会与运动式治理——中国社会治安治理中的"严打"政策研究》,载《开放时代》2007 年第 3 期。

众的生存理性。正如有学者指出的："泛政治化的后革命氛围始终只是一种外部文化的渗透物，虽然由翻身所激发出来的政治热情在短时期内有可能会持续高涨，但这种革命激情由于缺乏可持续发展的动力基础终究会消磨殆尽。"①所谓"可持续发展的动力基础"即人基于生存理性对物质的渴望和追求。民众以温饱作为生活目标，公权力就需要发展经济改善民生以赢取合法性。这一点虽然在新中国成立初期的社会主义建设中也有其表现，但直到改革开放之后，经济建设才成为国家的中心工作。尤其是在 1988 年之后，随着单位社会的松动和人民公社的解体，国家权力不再像以前那样无所不及地干涉民众的具体生活，其对社会的治理开始以可见的、可计量的、以经济为中心的治理绩效来体现。② 从 R 县人民法院年度工作的主题词来看，自 1988 年开始与经济建设的关联凸显，具体情况见表 2：

表 2　R 县人民法院近二十年工作总结主题词

年份	1988	1989	1990	1991	1992	1993
年度关键词	坚持"两打"，狠抓民经	一切为经济发展服务	维护社会稳定，深化改革	严打，促进经济发展	改革开放，促进经济发展，严打	促进经济发展
年份	1994	1995	2000	2011	2012	—
年度关键词	促进经济建设，维护社会稳定	严打，社会治安综合治理	为西部大开发提供司法保障	维护金融安全	促进天府新区建设	—

司法系统从 1988 年开始的为经济建设服务之重大转向，是从上到下的一个整体性行为。1988 年 S 省高级人民法院指出，法院要为改革、开放、搞活和为发展生产力服务。"把是否有利于发展生产力作为刑事审判工作的出发点和检验刑事审判工作好与差的标准。只要有利于生产力发展的，我们就要保护，不利于发展生产力的就要反对，破坏生产力发展构成犯罪的，就要给予坚决的打击。"③这一趋向从当年案件的结构变化可以明显看出。R 县人民法院 1988 年刑事案件数量与 1987 年基本持平（自诉案件数量还略有下降），民事案件则上升了 18.4%，经济案件的上升更为惊人，达 4.7 倍，审结的经济案件数上升达 4.9 倍。1989 年经济案件收案数又迅猛增长，达 1988 年的 1.79 倍，审结数则为 1.9 倍。为了适应经济案件数量的猛增，县人民法院对经济审判庭和人民法庭提出了工作量化要求，庭长、审判员全年办案 16 件以上，助理审判员每人审 14 件以上，书记员主办

① 参见唐皇凤：《常态社会与运动式治理——中国社会治安治理中的"严打"政策研究》，载《开放时代》2007 年第 3 期。

② 应星着重研究了国家对农村这种治理趋向的变化。参见应星：《大河移民上访的故事》，生活·读书·新知三联书店 2001 年版，第 382 页。

③ S 省高级人民法院《关于全省刑事审判工作座谈会纪要》，1988 年。

8件以上。法院当年工作总结也讲:“全院干警奋力拼搏,为改革开放、促进经济建设和生产力发展作出了显著成绩。”[①]到了1993年,R县法院提出在工作中做到“五个必须”,首要的即必须坚持审判工作为经济建设服务。[②] 为企业服务是法院服务经济建设的重要内容。法院在处理经济纠纷时积极作为甚至主动服务,促进企业发展,帮助企业渡过难关。例如,1991年R县法院针对一些本地企业与外地纠纷增多的情况,两名院长先后出动,专门组织了8个办案组,17名办案、执行人员和法警奔赴包括西藏、新疆在内的9省区,为本地企业追收货款,处理纠纷。在本地一家瓷厂与省城科研机构就技术经济合同发生纠纷时,法官奔赴省城多次同有关部门及科研技术人员反复联系、磋商,促成双方技术合作,不但缓解了当下纠纷,也促进了企业的经济效益。另外,对于某些经营不善濒临倒闭的企业,在有关部门准备对其财产处理后进行拍卖以偿还贷款的当口,法院通过多方面协调、细致工作,最后使这家企业重新出现了生机。[③] 2003年R县人民法院则主要促进企业产权制度改革,审理大量购销、建筑承包和运输合同纠纷,维护当地经济秩序。在直接为企业服务的同时,妥善处理与经济发展相关的民生问题也是法院服务经济发展的方式之一。在世纪之交的5年内,针对全国经济大环境和R县的小环境,县法院着重处理了涉及企业改制的破产案件和金融案件。由于破产案件的涉及面广,对其审理采取领导精力、审判力量和时间“三集中”,与联系企业的县领导、主管部门及有关职能部门多次协调、共同研究,力图做到积极稳妥,使破产企业职工安居乐业,避免不稳定事件发生。对于其他与民生相关的案件,也给予积极审判。2003年法院将促进农村经济发展、妥善处理涉农案件作为关注的重点,要求“注意制裁违约行为,切实保护农民合法利益”。[④] 2012年结合全国加大对涉及人民生活的生产销售假冒、伪劣产品的打击工作,及时快速审结了一批涉嫌假冒、伪劣产品的案件。对于新设立的经济开发区内的人身损害、民工工资、劳动争议、工伤赔偿、土地拆迁及补偿等涉及民生案件也予以特别注意。同时,开展了“关注民生”专项执行活动。[⑤] 这些案件一方面,是直接规范市场交易秩序,促使市场主体注意自身行为的合法性;另一方面,则注重民生,在自身工作职责内倾斜于市场经济中的相对被剥夺者,使经济发展对部分民众产生的负面影响有所降低。

(二)促进政权对社会资源的占有和支配

司法促进政权对社会资源的占有和支配主要是指通过审判实现社会资源尤其是经济资源向国家积聚。近代中国在世界格局中的落后挨打局面,主要是由于国家能力低下,而国家能力低下主要表现为国家对社会资源的占有和支配能力欠缺。从国民党政权

① 参见R县人民法院1988年、1989年工作总结。

② R县人民法院《1993年工作要点》。

③ R县人民法院:《充分发挥审判职能作用,积极参加社会治安综合治理》,1992年1月4日。

④ 《R县人民法院社会综合治理工作意见》,2003年。

⑤ 根据县法院当年工作总结的描述:“3个月内共传唤被执行人15人次,司法拘留2人,查封扣押财产30余万元,司法救助2人共7000元,努力使涉及职工、民工工资,‘三养’等弱势群体的执行案件基本执行完结,执行现金41.2万元,为16名农民工追回了工资,为2名孩子执行到抚养费。”

开始,中国政府即注重国家对基层社会的汲取和整合,但整个民国时期收效有限。新中国成立后,为了建设强大的民族国家,在增强动员能力的同时,政府首先加强了对经济资源的集中占有,为此,开展了农业合作化运动、实行统购统销等政策。农业合作化及合作社的形成提升了国家从农村获取资源的能力,再结合统购统销等相关措施,引导农产品特别是粮食生产,用于非农业部门的发展,在短期内为工业化的计划提供了资源。正如有西方观察家指出:“从某种意义上来讲,中共是凭借它在土改时期建立起来的信誉来以低价增购(农产品),为大规模的工业化提供动力。”①法院在这一进程的实现中也起到了重要作用,主要通过审判、制裁不合乎这些国家政策的犯罪来实现,如对于抵触、破坏互助合作与统购统销行为的打击;同时还发挥甄别分化功能,即在审理中“分清反革命分子和其他各种犯罪分子的破坏活动与落后农民某些不满行为的界限”,②对涉及公、私利益的案件妥善审判,为充实社会主义国家的物质基础出力。例如,1954 年 R 县人民法院处理了破坏粮食统购统销、棉花统购及互助合作方面的案件共 43 件,并对有教育意义的案件进行了公审、公判,这些案件虽然只占当年刑事案件总数的 4.2%,却在案件中具有中心地位,对相关工作的下一步进展也有较大推动。通过对案件的审判和制裁,使群众意识到配合国家征购、参与合作化是必须的,否则不但道义上可耻,而且要受到国家暴力的打击。在相关案件审判后,据法院称,以前观望、抵触的、隐瞒自己产出的,都纷纷采取行动来积极配合相应工作,认真实报产出,将余粮出售给国家,并且能够揭发他人的类似违法行为、动员他人积极配合工作。除此之外,在运动推行期间,对其他相关犯罪的打击也具有了特别意义。比如,对于当时发生的盗窃案件,法院认为,盗窃行为所造成的后果相当严重:有的合作社财产被盗窃,有的农民因为上山干活或开会时家里的东西被盗,有的互助组耕牛被盗走。这些盗窃活动不但使国家和人民财产遭受损失,也造成农民不愿参加开会,生产情绪不高;互助组和合作社无牛耕种,通过互助组和合作社进行的社会主义受到阻碍,这些都影响到国家的社会主义工业化建设。③ 正因为盗窃已经不是一个简单的侵犯财产权利问题,而是对国家的合作化、工业化等中心工作产生了阻碍,所以不能掉以轻心,必须认真对待、严厉打击,以此保障和推动社会财富向国家集中。到 1955 年,R 县法院受理的破坏经济建设和盗窃公共财产两类犯罪案件合计 690 件,占全部刑事案件 1605 件的 43%。除了破坏统购统销和盗窃之外,对投机倒把的打击也是实现国家对经济资源集中统制的重要内容。以 1962 年为例,可以看出,对侵犯公私财产、破坏经济秩序犯罪的处理占了总案件数的 2/3。其中投机倒把就超过 4 成,见图 4(案件总数为 294 件):

---

① [美]费正清、罗德里克·麦克法夸尔主编:《剑桥中华人民共和国史》(1949~1965),王建朗等译,上海人民出版社 1990 年版,第 175 页。

② 参见最高人民法院、司法部《关于加强司法工作保障农业合作化运动的指示》。

③ 参见 R 县人民法院 1954 年工作报告。

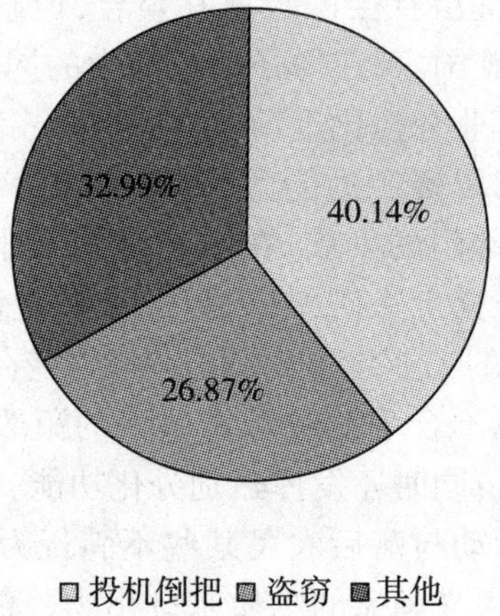

图 4　1962 年盗窃和投机倒把犯罪所占比例(案件总数 294 件)

这种促进政权对社会经济资源占有的作用在改革开放后一直持续。只不过与新中国成立初期较为直观的财富转移和集中不同。改革开放后,一方面,仍然着力保护公有财产、促进财富向国家转移;另一方面,也增加了促进财富增殖的内容,以内涵式发展增强国家财力,实现政权对社会资源的占有。① 例如,1988 年 R 县人民法院根据前几年信贷失控造成大量呆坏贷款无法收回的经济形势,进行贷款合同案件的专项审判,经济案件数猛增至 1987 年的 4.7 倍,达 2180 件。审结诉讼标的额 1164 万元,为国家和银行挽回经济损失 950 万元。其中,仅 1988 年 7 月下旬开展依法收贷专项审判活动以来,4 个月就审结该类案件 1636 件,通过诉讼和非诉讼活动为银行收回逾期贷款 600 多万元。到了 1989 年,除了继续集中一个多月审结借贷纠纷案件 3433 件以外,还专门为清理企业三角债开展专项审判,配合国家层面的治理整顿。法院组织多名干警分成小组到各涉案企业开展专项审判工作,为企业追回多年无法收回的资金 40 余万元,维持了企业的生存。这些为公有财产保护所做的工作,使 R 县法院在当年受到了上级法院和地方政府的表扬。② 1999 年 4 ~ 6 月,R 县人民法院开展了旨在维护基金会财产的基金会融资案件专项审判活动,审结相关案件 1561 件。对于涉基金会融资纠纷案件特事特办、机动灵活,实行受理、审理和审批三优先;同时主动配合区、乡镇党委和政府召开债务人会议,以上法制课的形式引导债务人积极还款。③

(三)促进区域社会的组织化

促进组织化,是法院重要的政治功能之一。它涉及两点:一是政权机构之间的组织

① 改革开放后中国国家经济实力的增强,在相当程度上是基于公有制经济的发展壮大,从这个意义上讲,法院为经济发展所发挥的功能,同时也在促进国家对社会资源的占有。

② 参见 R 县人民法院 1989 年工作报告。

③ R 县人民法院近 5 年工作总结和今后 5 年工作规划(2002 年),R 县人民法院院长在人民代表大会上的报告(2000 年)。

化。法院的司法活动,经常要涉及其他国家机构或配合其他国家机构,通过国家机构之间的分工协作,促进国家政权机构之间的组织化。具体来说,除了法院与公安机关、检察机关日复一日的交往、配合与制约外,法院围绕国家的中心工作开展的司法活动,将使法院与政府机关产生多维度、多层面的交往与联系。“各种机构以国家既定的中心工作为平台,通过不断地对话、协商、博弈、磨合,可以结成更加稳定牢固的组织关系与政治秩序。”①一方面,法院的司法工作要为其他机关的工作提供支持,典型表现如“依法收贷”,甚至为了及时受理城建、国土、工商、征稽等行政机关的执行申请,省内许多法院在前述行政机关设立了执行室。后来虽被最高人民法院严令撤销,②但受理行政机关的执行申请仍是法院特别重视的工作内容。例如,R 县人民法院于 2000 年开展了非诉讼行政案件执行工作,执行了乡政府、计生、税务、城建等机关申请执行的非诉讼行政案件 325 件。2003 年法院又指出,为缓解乡镇政府的经济压力,对新起诉的案件要及时审理执行。③另一方面,当其他国家机关成为司法对象时,这种组织化也在进行,如行政机关本身成为执行对象的情况。2012 年 R 县法院按照最高人民法院要求,开展涉及党政机关的执行积案清理,整理了 14 件涉及党政机关的积案,在向党委汇报争取党委和政府支持后,全部执行完结。④ 同时,在办理其他案件的过程中,许多案件的实际效果之发生,必须仰赖其他掌握资源的部门处置,如国资委之于国企破产、计生部门之于暴力执法侵害公民合法权益等,所以法院在司法过程中也通过交往、协调,划定双方行为效力的边界,凸显法院在社会综合治理中应有的位置;并通过某种程度上的配合与资源交换,确立双方交往的行为模式。

二是促进普通民众的组织化。中华人民共和国成立之前的中国社会,是一个简约治理的社会。民众组织化程度很低,因而有“一盘散沙”之说。1949 年以后,新政权通过包括法律运行在内的途径力图促进民众的组织化,使之向“人民”转化。正如刘小枫指出的,在中国的共产主义革命中,人民话语发挥着重要的动员力。通过人民话语的社会动员,不但使农民向“人民”转化,领导革命的政党自身也由知识人政党向群众政党转变。⑤着眼于动员基层社会的中华人民共和国早期法制运行,以急风暴雨式的阶级斗争为主要指向,如“三反”“五反”、镇压反革命等。在这一过程中,特别强调人民群众的参与。由于对打击对象(地富反坏分子)的确定有民众的参与,打击对象又是根据一个较小的比例

① 喻中:《论中国最高人民法院实际承担的政治功能》,载许章润:《清华法学:“最高法院比较研究”专辑》(第 7 辑),清华大学出版社 2006 年版,第 50 页。

② 在行政机关中设置执行室是当时中国法院系统普遍的做法。1993 年,最高人民法院认定乱设机构为不正之风,故在法发〔1993〕19 号文件中要求纠正。

③ 参见 R 县人民法院 2000 年 1 月在十四届人民代表大会三次会议上的报告,R 县人民法院 2003 年工作总结。

④ R 县人民法院 2012 年工作总结。

⑤ 参见刘小枫:《现代性社会理论绪论》,上海三联书店 1998 年版,第 62 页。

来加以限制。① 这就使大多数人在打击一小部分人的过程中与新政权站在了同一阵线,共同对敌;在 20 世纪 50 年代中后期,逐渐走上正规化道路后,则强调制度化的群众陪审和人民陪审,使人民群众仍可参与到司法活动中来。R 县法院在审判过程中,大量吸收群众参与审判,并在案件处理后进行回访,通过访问干部、群众以及当事人,检查案件处理的妥当性。例如,R 县法院 1962 年审理过一个破坏军婚案,该案中军属自杀,法院判罪犯缓刑 2 年后报请党委批准。在判决执行前,法院干部就地查访,发现群众大多要求从严惩处,于是经审判委员会讨论,加重刑罚后又报请党委和上级重新批示处理。② 这一过程是司法机关、群众与党委的联动,力图使司法审判凝聚尽可能更多的共识,使国家暴力的使用有民众的参与,从而使他们和国家成为命运共同体,同时也受到国家所欲倡导的意识之规训。"革命者"在镇压、打击"反革命"的过程中实现了自身的组织化。司法机关因受到群众意见和党委的双重制约而失去了最终判断权,但也因此减轻了自身责任,转移了风险。最终的权力统一于党委,党委以群众参与制约司法机关的专业化倾向,又以"群众需要教育"而对他们加以约束,使群众自主意志的发挥限定在党认可的范围内。

三、司法治理的制度逻辑

从 R 县人民法院 60 余年司法治理行为的变迁来看,一方面,法院通过审理案件,对具体案件进行评价,从而规范社会行为,引导人们按照某种规则行事;另一方面,法院对案件进行评价的标准不单是法律,更考虑到国家政策与政治目标的需要。此时,法院所意欲的人们据以行事的规则也不单单是法律规则,而是融合了国家基于社会主流价值确定的政策与政治目标。同时,这些规则会在不同的情境中得到遵守或被其他处理取代。也正因为此,法院在审理案件时,其司法行为本身也发生了许多变化,具有自身的特点。仔细分析 60 余年来司法治理的变化,以下的行为及制度逻辑清晰可见。

首先,国家治理策略的变化,使法院在治理体系中经历了从混同到分工的过程。新中国成立初期,基于为政权汲取合法性、增强对社会资源的占有和支配,促进社会组织化等目标,政府注重权力的一体化行使,法院从制度上被确立为政府的组成部分,③因而其行为逻辑从制度层面实现了与行政机关的混同。此时,国家所面临的社会改造任务,由于巨量的历史旧账和毕其功于一役的雄心,显得尤为艰巨。因而国家权力的行使强调整体性,不但制约没有得到重视,甚至连事务上的分工也不免被侵蚀。在推行《婚姻法》、镇

---

① 例如,坏分子的比例一般确定在 5% 左右。参见广东省高级人民法院编:《司法工作文件选编》(1978 年)。

② R 县人民法院 1962 年工作报告。

③ 1951 年《人民法院暂行组织条例》明确规定,各级人民法院是同级人民政府的组成部分。1954 年《人民法院组织法》有所变更,一定程度上体现了上级法院的影响力,但确立的体制仍然是双重领导、地方为主。

压反革命、统购统销等一个接一个的运动中,司法行为从整体上来讲是行使执行权而不是行使判断权的过程。法院的功能与公安机关和检察机关并无太大区别,主要指向对敌人的专政和人民内部犯罪的惩罚。相同的工作目标、相近的工作内容使法院的工作方式也无需与公安、检察机关有明显区别。相反,基于法律出发作出判断经常被批为闹独立性甚至"以法抗党"。这种将国家治理资源作为一个整体动员的方式,虽然有助于短期内产生出强大的治理权力来实现目标,但同时也使"国家"作为一个整体与治理对象处于直接的对立之中,治理行为如若失当,就会培养出大批站在"国家"对立面的反对者。到改革开放以后尤其是20世纪90年代中后期以来,随着市场经济的发展和权利话语的不断深入人心,整体化的治理体系面临越来越大的困局:一方面,市场经济发展的利益驱动使政府要对社会财富进行统制及重新安排(一定时期内这种动向表现得极为强劲),而被权利话语唤醒及迫于生存理性的民众又越来越不能像以前一样忍受对自身利益的侵犯,大量增加的社会纠纷使政府不得不期望纠纷解决渠道的分工与拓宽;另一方面,由于法院的形象与法治这样一种基本价值之间有某种内在的、必然的联系。这样的社会意识促进了人们把纠纷提交给法院处理的倾向,法院在拓宽审判领域的时候也不致在一般社会心理上遇到太大的障碍。[①] 然而这种理想的纠纷解决渠道受到了权力整体化行使带来的困扰。由于对公民个人权利的威胁有相当一部分来自国家机关的侵权行为(甚至可以说一段时期内对公民财产权利的主要威胁来自国家机关),法院作为政府的"自家人",同政府机关一起站在了被侵害人的对立面,其处理纠纷的公正性显然也无法为公众所认同。大量公民因此越过法院直接在更高的行政权威那里寻求救济,不但使国家设计的纠纷解决路线被打乱,也使政府直接面对巨大的维稳压力。在这种情境之下,纠纷向法院分流成为政府的迫切愿望。而要使民众信赖法院作为纠纷解决渠道的公正性,法院的独立面目必须得到彰显。由此,国家的治理策略就必须进行调整,转而重视分工,正视法院的特殊地位,政府在一定程度上实行从司法领域"撤退",并以法院独立性和法治话语规训整个社会。为此,国家在立法上出台《行政诉讼法》《劳动合同法》《物权法》等法律,使与民生相关的纠纷具备可诉性,并通过降低诉讼成本和便民措施引导纠纷向法院分流。走向专业化的司法治理将法院从与当事人对立的位置(如公安和检察院那样)解脱出来,成为置身事外、当事人可以寄予希望的"第三者",从而使治理以迂回、同意的方式实现,减轻了治理对象与国家的紧张。

其次,在整个治理体系中,法院的政治功能及社会地位经历了一个逐步提升的过程。长期以来,在我国治理体系的整个子系统中,政府机关或者说党政机关向来被认为是首脑机关,司法机关服从首脑机关的安排行动。比如,在一个个不同阶段的"中心工作"中,司法机关往往是服务于"中心工作"的大局,制裁不合乎中心工作的违法和犯罪行为。这

---

① 参见王亚新:《论民事、经济审判方式的改革》,载王亚新:《社会变革中的民事诉讼》(增订版),北京大学出版社2014年版,第5页。

既是中国政治体制的安排使然,也含有法院系统主动而为的因素。① 但是,相对于改革开放后来说,在中华人民共和国成立后前30年中,法院系统虽然也积极表明自己在政府主导的治理中不可或缺,但并未使其得到应有的重视。一方面,总体而言,由于维护社会治安是政法机关承担的最主要功能,相比于公安和检察机关,法院在公权力体系中的功能序列始终较低,也就无法在充足的制度空间内彰显其独立性。另一方面,在法治话语被否定的政治环境中,法院作为与这一话语亲缘关系最近的机关,始终受到有意无意的压制。② 到了改革开放以后,由于促进经济发展及保障经济活动有序进行在国家权力功能中的重要性显著上升,从这一功能的发挥而言,法院获得了比公安机关和检察机关更大的作为空间。同时,计划经济和单位社会的解体,也使许多原来由企业主管部门或其他党政机关享有的处理经济纠纷的权能转移到法院,工作量的巨大增长给法院带来了崭露头角的契机。改革开放以来,法院积极能动地面对新形势的挑战,在拓宽审判领域以及多收案、多办案方面付出了极大的努力,法院在人员、经费和设施装备相对增长不大的情况下处理了相当于中华人民共和国成立后30年处理件数若干倍的民事纠纷,以这样的成绩,法院不但得到了相比过去为多的社会资源,也实现了政治地位和社会地位的上升。③ 这种上升又促使法院在治理中寻求独立自主的倾向愈发明显。这不仅表现在治理行为专业化程度的提高,更体现在法院对实现权利保障这一国家治理策略方面的当仁不让。为此,它甚至获得了站在行政机关的对立面采取行动的空间。比如,在20世纪90年代中期,S省高级人民法院院提出对涉及乱收费、乱摊派、乱罚款的侵犯农民利益的案件要大胆受理;再如,2012年按照最高人民法院的要求,各级法院开展的涉及党政机关的执行积案清理。这些在权利保障成为国家治理策略后的行动,一方面,表明法院在重新界定其与行政机关至少是政府职能部门的权属关系;另一方面,在全国各地法院出现的此类实践,和最高人民法院及各上级人民法院的统一安排及支持密不可分。这体现出,在国家治理策略转变的过程中,法院系统顺势而为,通过法官责任制、案件质量考评等机制强化了法院系统本身的科层体系,下级法院受上级法院的影响越来越大,而受同级政府的影响相对削弱,独立性的增强使司法与其他政府行为的差异日渐明显。从R县人民法

① 在中华人民共和国成立前30年,为了寻求在国家治理中的存在感,法院除了通过审判来凸显自己的治理功能和角色外,还有意识地突出群众政治运动的核心地位,将自身的审判职能进一步虚化和弱化。参见时飞:《最高人民法院政治任务的变化——以1950~2007年最高人民法院工作报告为中心》,载《开放时代》2008年第1期。

② 早在边区时期,司法机关即被认为进步"远落于其他部门之后""较其他部门更多地继承了一些旧的传统""老想自成系统",有司法与政治任务脱节的倾向,常机械引用法条而不顾及客观情况,"司法干部保守、宗派的作风也严重存在,因而形成司法部门的孤立,甚至与其他部门对立,引起一般人的某些歧视与不满"。参见《中华人民共和国审判法参考资料汇编》(第1辑),北京政法学院1956年版,第105页、第169页。

③ 参见王亚新:《论民事、经济审判方式的改革》,载王亚新:《社会变革中的民事诉讼》(增订版),北京大学出版社2014年版,第5页。

院历年的改发率可以明显看出这一趋势，见图5：

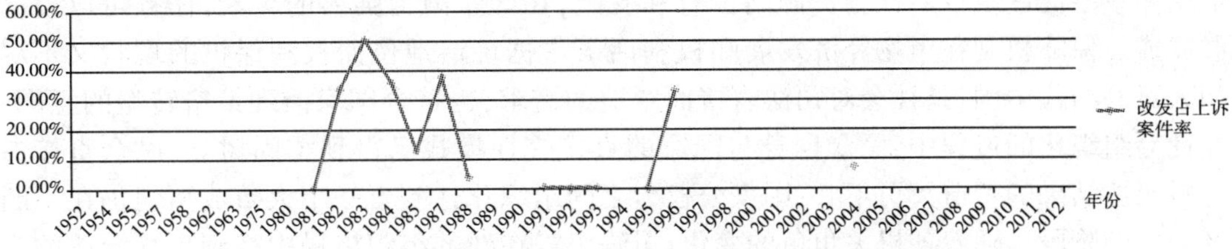

图5　R县人民法院案件改判发回重审占上诉案件比例

从改革开放后R县人民法院案件的改发率变化可以看出，在改革开放初期，改发率尚不算低，有时甚至达到上诉案件的一半（尽管上诉案件数量不多），而且初期几年的变化曲线较为明显；但到1987年以后则明显走低，除了少数两年的变化，始终维持在一个极低的水平，好些年份甚至为零。这主要是法院推行了法官办案责任制以及案件质量考评制度，上级法院的改判和发回重审，会给下级法院的承办法官在考评中带来明显的不利影响。作为对此机制的一种回应，法官在办案时形成了向上级法院请示报告的惯常做法，以此来规避风险。这种做法虽然不符合审级制度设立的初衷，却成功地加强了上级法院对下级法院的影响力，使“双重领导、地方为主”向法院系统内部倾斜。

四、关于未来司法治理图景的管见

在当前中国，法院治理功能的妥当发挥，需要顶层设计中对法院的角色功能有恰当的定位，而这又必须基于对司法治理的任务之精准把握。根据笔者管见，随着60多年来中国社会发生的重大变化，司法发挥治理功能的诸多面向也已相应变化。从总体而言，随着整个社会价值理性的消解，对意识形态合法性的追求已被严重稀释；形式理性及其相应的程序合法性则日益为人重视；由获得实际利益的工具理性所主导的绩效合法性仍然具有重要地位，但其所导致的过度竞争及道德滑坡等弊端也引起了社会的反思。[①] 基于此似可断言，确立新的意识形态已不如从前重要；提供安全是一项常态任务，但基于公安机关和检察机关在这一方面的作用明显优于法院。同时可以预见，人们对社会治安的不满程度在相当长的一段时期，不会达到严重的程度，司法已不再有采取大规模集中动员方式参与的必要。发展经济是中国在未来数十年内坚定不移的工作重心，但政府在其中的角色已逐渐发生转变，更少的干预成为不可逆转的趋势。对于法院而言，作为公权力在经济发展中应保持克制，同时法院财政保障体制的变化使其采取较直接促进经济发

① 关于三种合法性的划分，参见赵鼎新：《国家合法性和国家社会关系》，载《学术月刊》2016年第8期。

展行动的必要性进一步降低。[①] 法院的作用,重在形成经济交往所需的市场行为预期和信用体系。促进政权对社会资源的占有和支配,在国家财力强盛的今天,任务可以说已经完成。保障权利在市场经济发展和权利话语占据统治地位而权利保护的现状又不尽如人意的当代中国,是社会对司法直接而紧迫的需求,也符合国家治理策略转型的意图。在社会组织化的过程中,民众自身与国家的直接交往模式已得到牢固树立,民众直接参与对司法结果的塑造大可不必;国家公权力之间组织化达到了一个大致成型但仍在不断变动中的阶段。随着各机关角色的变化,司法仍需在新的组织格局中找到自身合适的定位。就其趋势而言,法院在整个国家权力体系中的地位必然进一步提升,司法对整个中国改革的能动作用必须强化,才能在根本上解决官僚腐败和侵犯公民权利的问题。[②] 如果以上分析没有大谬,则概而言之,保障权利和政权机构之间的组织化是司法当下仍要承担的治理任务。治理任务的变化,必然要求司法运行方式的进一步转型。在改革开放前,法院的作用被定位为维护社会治安,所以其以前对于处理民事纠纷并不积极甚至横加限制,但社会上并没有出现"告状难"的呼声;而且对案件的拖延处理甚至无穷地说服教育,只要不会导致流血事件发生也不至于引起审判的功能障碍。[③] 然而,当法院的功能转向经济活动的促成与维护时,"告状难"和久拖不决因为影响经济活动的正常开展而被视为必须克服的重大弊端。[④] 这足以说明,法院发挥作用的方式是与其所要发挥的作用相一致的,功能角色发生变化,行为方式自然要相应变化。那么,在保障权利和促进政权机构组织化成为主要治理任务的背景下,法院需要什么样的行为模式以适应这些任务呢? 诚如王亚新教授所指出的:"使司法发挥这一功能(指治理)成为可能的因素包括两个方面:一个方面是包含着从严格区别法律与政治的理论及审判的客观性、中立性等观念形态,一直到对诉讼程序和审判主体采取的一系列制度性限制等在内的社会机制;另一个方面则是以此社会机制为背景的社会上一般人对司法的信任。司法的特殊位置并不意味着法院在社会及政治体系中享有至高无上的地位,也不意味着法律万能。相反,通过诉讼审判活动而发挥的上述特殊作用以及人们对法院的信任,在很大程度上是以司

① 由于一定程度上公共财政保障体系的建立,法院已不再有像 20 世纪 90 年代那样想尽一切办法主动揽案上门提升经济效益的动力。参见左卫民等:《中国基层司法财政变迁实证研究(1949 - 2008)》,北京大学出版社 2015 年版,第 272 ~ 305 页。

② 参见候猛:《中国的司法模式:传统与改革》,载《法商研究》2009 年第 6 期。

③ 应星认为,在中国过去的治理策略中,拖延几乎是一种被制度化的行为。它本身是科层制治理中的矛盾表现。各个行政单位构造成了一张程序技术发育不良、组织垄断性却极高的网络,这张网络极力排除其他社会力量参与问题的解决,而自身又无力及时地、彻底地化解矛盾。拖延就是在这样的背景下出现的,而它一再地出现,造成的一个意外后果则是起到了一种信息过滤的作用,即只有那些矛盾非常尖锐、到了非解决不可地步的纠纷才会进入国家权力的关注范围。参见应星:《大河移民上访的故事》,读书 · 生活 · 新知三联书店 2001 年版,第 379 页。

④ 参见王亚新:《论民事、经济审判方式的改革》,载王亚新:《社会变革中的民事诉讼》(增订版),北京大学出版社 2014 年版,第 7 页。

法的消极性或自我抑制为前提的。”[①]据此申言之，法院行为要出现两个方面的变化：

其一，更加专业化的治理。所谓专业化，主要指法院通过遵循法律逻辑的司法审判活动实现社会秩序的修复。毋庸讳言，当前中国法院参与社会治理远远不限于通过司法行为，还包括治安值班、定点接访、征地拆迁甚至暴力“截访”，这些工作大量占用了法官的工作时间与精力，也使法院在压力下对许多群体性闹访的处理明显缺乏法律依据，或根本不符合法律逻辑。[②] 表面上，这种对于司法逻辑的违背似乎与“案结事了”的国家目的一致，但实际则出于对“权利”和“权力”相对立的固有偏见及“摆平型维稳”的路径依赖。它不但降低了司法的公信力，也使国家治理策略的转型无从实现。建设强大的民族国家一直是中国共产党执政的追求，中国选择市场经济就是为了这一目标的实现。经验已经初步证明，个体权利的逐步增长能够增强国家实力。因而权利保障与国家治理在当下中国具有逻辑上的内在一致性。[③] 在这种情况下，一方面，法院与权利保障的天然亲缘关系使其具有独特的地位，必须与其他政府机关的行为有所区别才能实现权利保障的国家目的。这就要求司法行为必须遵循专业化逻辑，以法律为准据，以正当程序保障规则。另一方面，在国家作为一个整体面对治理对象的利益诉求压力不堪重负时，它希望能够通过公权力机关的内部分工疏解压力，法院要作为有效的疏解渠道，首先，必须表明它与其他政府机关的不同，使公民权利遭受侵犯后可以成为寄予希望的第三方；其次，在处理纠纷的过程中，要让当事人产生所有救济渠道已经得到提供、公权力已属“仁至义尽”的感觉，才能让当事人即使诉求未得到满足也能实现纠纷的终结。为此，遵循专业逻辑，恪守程序正义是使民众认同审判结果的必由之路。[④] 另外一个与此相关的重要问题是，在案多人少的现实下，专业化和程序性是否不能满足纠纷解决的效率要求？事实上，这也是司法大众化论者持以为据的重要因素。但从 R 县人民法院 60 余年案件审结率的变化来看，似乎并非如此，见图 6：

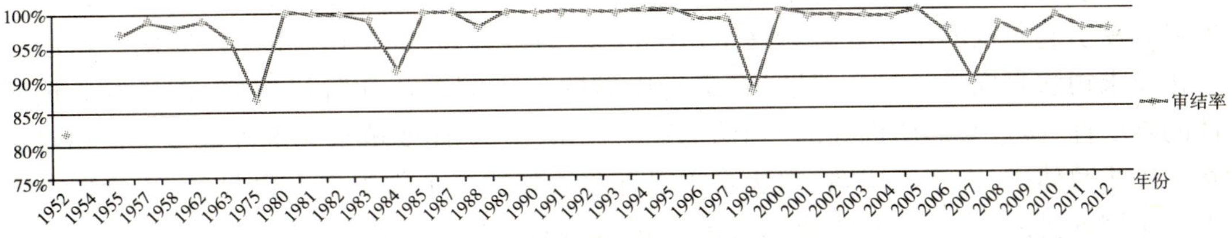

图 6　R 县人民法院历年案件审结率

---

① 参见王亚新：《民事诉讼中的依法审判原则和程序保障》，载王亚新：《社会变革中的民事诉讼》（增订版），北京大学出版社 2014 年版，第 33 页。

② 参见陈柏峰：《群体性涉法闹访及其法治》，载《法制与社会发展》2013 年第 4 期。

③ 参见侯猛：《中国的司法模式：传统与改革》，载《法商研究》2009 年第 6 期。

④ 艾佳慧认为，程序正义在现代陌生人社会中案件真相越来越难以获得的情况下，还可以成为转移司法错误风险、重拾司法尊严并获得民众认同的有效措施。参见艾佳慧：《刑事诉讼的制度变迁与理论发展——从〈刑事诉讼的中国模式〉切入》，载《法律科学》（西北政法大学学报）2011 年第 5 期。

非法证据具体排除论*

张 斌 罗维鹏**

[摘 要] 非法证据的“虚假排除说”和“抽象排除说”对我国司法机关的影响很大。“虚假排除说”只关注证据的真实性而忽视证据的法律属性而且容易造成冤假错案,不应成为我国非法证据排除规则的理论根据。“抽象排除说”关注到证据的法律属性,但其内部性、依附性、形式性决定了“抽象排除说”以一种“办案视角”看待非法证据排除问题,这对被告的权利保障不够彻底。“具体排除说”,以“权利保障视角”看待非法证据排除问题,可以促进我国非法证据排除理念的转型、引导非法证据排除规则的正确确立、解决当前我国非法证据排除规则的操作难题、彻底保障被告人的权利。辩方敢申请、检察机关有回应、法院敢作证据无罪判决是实现“具体排除说”的方式。

[关键词] 非法证据 抽象排除 办案视角 具体排除 权利保障视角

我国非法证据排除规则①的确立,在立法上经历了一个从形式到实质的过程。1979年《刑事诉讼法》第32条和1996年《刑事诉讼法》第43条都曾明确禁止将以刑讯逼供、暴力、威胁、引诱、欺骗和其他方法所获得的证据作为定案的根据,这可以看作是我国非法证据排除规则立法的雏形,但相关规定过于简略且没有相应的排除程序作为支持,导致非法证据排除规则在刑事司法中一直处于“休眠”状态,只具有形式意义,没有实质的操作价值。这种情况一直到2010年最高人民法院、最高人民检察院、公安部、国家安全部、司法部联合出台《关于办理刑事案件排除非法证据若干问题的规定》(以下简称《排除规定》)才得到根本的改观。在这个规定中,立法者意图用一个相对独立的庭审前置的调查程序明确非法证据的提出、调查和排除问题,并将证据排除权同时赋予人民检察院和人民法院。2012年修改的《刑事诉讼法》肯定了《排除规定》的立法意图,增加了检察环节所谓的“审前排除”,将其与《排除规定》确立的庭审阶段通过证据调查的“审判排

---

* 本文系中国法学会2015年度部级法学研究课题“庭审实质化的实现路径研究”[项目编号:CLS(2015)C45]的阶段成果。

** 张斌,四川大学法学院;罗维鹏,四川大学法学院。

① 我国非法证据排除法则的排除对象,主要指言词证据,包括口供、证人证言和被害人陈述。从法理上讲,口供的排除与证言陈述的排除,具有不同的原理和内容。目前非法证据排除讨论较多的问题主要是口供的排除,相当于国外刑事诉讼中所说的自白法则。为便于讨论,本文对此不作实质性区分。

除"并行,同时对公安机关排除非法证据的问题作了原则性规定。这样就形成了所谓的"多元主体分段排除非法证据"的立法格局。[①] 这些立法安排,标志着我国非法证据的排除有了独立的调查程序,也标志着非法证据排除规则在我国刑事司法的实质确立。

但需要注意的是,非法证据排除规则在立法上的实质确立,并不意味着它在司法上的实质效果。早在《排除规定》出台之初,笔者就在明确肯定非法证据排除规则的价值理性,承认它是巨大立法进步的同时,指出它在操作层面会存在难以克服的技术难题和体制矛盾。[②] 7年多的刑事司法实践,尤其是刑事实务中将非法证据排除仅仅看作是遏制刑讯、提升案件办理质量的手段工具的操作理念,以及把大量疑似非法证据当作瑕疵证据处理的操作方法,证实了笔者先前的预判。笔者的直观感受是,非法证据排除"秀"的成分还比较浓厚,立法上实质确立的非法证据排除规则在司法中并没有发挥出实质效果。为此,笔者曾去旁听一起涉毒案件的非法证据调查庭审程序,庭审中合议庭就警察安排线人与犯罪嫌疑人交易毒品是否违反《刑事诉讼法》第151条规定的"不得诱使他人犯罪"展开法庭调查,审判长通知办案民警到庭说明情况。三个半小时以后,审判长宣布"诱惑买毒"行为合法,所获证据可以采用。仅从效果来讲,简单的"诱惑买毒"事实,完全可以通过庭前会议来明确,没有必要启动正式庭审调查程序来不予排除。[③] 本次庭审似乎除了"秀"的原因外,找不到其他合理的解释来说明以上活动的意义。明显的立法漏洞(没有非法证据调查的裁判程序)以及司法实践中有关非法证据排除范围、启动条件、证明责任与标准的把握所存在的种种问题,均表明我国的非法证据排除规则从"形式确立"到"实质效果"还有很长的一段路要走。

本文认为,实务中的非法证据排除规则要具有实质效果,需要有三个保障要素:一是排除程序环境要具有更大的政策支持。《中共中央关于全面深化改革若干重大问题的决定》[④]《中共中央关于全面推进依法治国若干重大问题的决定》[⑤]以及习近平总书记

---

① 参见孙末非:《论多元主体对非法证据的排除》,载《四川大学学报》(哲学社会科学版)2013年第2期。

② 当时认为我国非法证据排除规则存在"定义难""辨别难""提出难""举证难""调查难""对质难""认定难""排除难""协调难""配套难"十大技术难题。参见张斌:《我国非法证据排除规则运用的十大技术难题——兼评〈关于办理刑事案件排除非法证据若干问题的规定〉》,载《中国刑事法杂志》2010年第10期。

③ 这里需要注意,法庭调查的本意是为了"排除"非法证据,实践有时恰好相反,法庭调查常被用来"不予排除"证据。

④ 《中共中央关于全面深化改革若干重大问题的决定》提出:"健全错案防止、纠正、责任追究机制,严禁刑讯逼供、体罚虐待,严格实行非法证据排除规则。"

⑤ 《中共中央关于全面推进依法治国若干重大问题的决定》提出:"全面贯彻证据裁判规则,严格依法收集、固定、保存、审查、运用证据"以及"加强人权司法保障。强化诉讼过程中当事人和其他诉讼参与人的知情权、陈述权、辩护辩论权、申请权、申诉权的制度保障。健全落实罪刑法定、疑罪从无、非法证据排除等法律原则的法律制度。完善对限制人身自由司法措施和侦查手段的司法监督,加强对刑讯逼供和非法取证的源头预防,健全冤假错案有效防范、及时纠正机制。"

的讲话、[①]中央政法委书记孟建柱同志的讲话[②]等都表明了党中央治理违法取证行为的坚决态度。二是排除程序本身要具有更强的操作理性。学界和官方有关限缩非法证据范围、提高调查程序的启动条件、明确调查程序的主要方法、明确调查程序的证明责任分配原则和证明标准的把握,都可以看作是就这一方面的建言献策和司法实践。[③] 三是非法证据排除程序的理念要具有更清晰的发展逻辑。在这方面,非法证据排除的实质效果应当是"具体排除",而非现在是"抽象排除",这涉及非法证据排除理念的发展与定位问题。鉴于前两个问题已有较多讨论和法律政策的解读文章,第三个问题的重视和讨论不太充分,本文就此展开论述。

一、"虚假排除说"的根本缺陷

为什么要排除非法证据?"虚假排除说"是最早出现的一种理论根据。"虚假排除说"的基本思想是刑求取供、违法取证所获得的证据,由于犯罪嫌疑人急于摆脱审讯中的肉体或者精神痛苦,可能进行虚假的供述。刑求取供、违法取证的不合理,就在于违背了刑事诉讼实体真实的目标价值追求,有可能导致冤假错案,因此必须排除非法证据。

"虚假排除说"表现出三种形态:"结果论""真实论"和"整体论"。(1)"结果论",是指"虚假排除说"的审查对象是证据而非取证。证据是取证的静态表现结果,取证是证据获取的动态过程。详言之,刑事证据之所以能够获取,因为它是由有法律资格的取证主体按照法律规定的程序和方法积极探知的结果。然而,"虚假排除说"既不关注取证主体是否合法,也不问取证程序是否得到遵守以及取证方法是否具有法律明确授权,只是强调对于证据本身的审查判断。(2)"真实论",是指"虚假排除说"的审查重心是事实问题

---

① 习近平总书记在《关于〈中共中央关于全面深化改革若干重大问题的决定〉的说明》中强调:"健全错案防止、纠正、责任追究机制,严格实行非法证据排除规则。"另外,还提到推进以审判为中心的诉讼制度改革,"有利于促使办案人员增强责任意识,通过法庭审判的程序公正实现案件裁判的实体公正,有效防范冤假错案产生",这也与严格执行非法证据排除规则的内在要求是一致的。

② 中央政法委书记孟建柱在 2015 年中央政法委工作会议上强调:"强化对当事人和其他诉讼参与人合法权益的制度保障,健全落实罪刑法定、疑罪从无、非法证据排除等制度,完善对限制人身自由强制措施和侦查手段的司法监督,加强对刑讯逼供和非法取证的源头预防。"参见孟建柱:《切实提高政法机关服务大局的能力和水平》,载新华网:http://news. xinhuanet. com/politics/2015 - 01/21/c_1114078733. htm,最后访问日期:2016 年 3 月 17 日。

③ 参见龙宗智:《两个证据规定的规范与执行若干问题研究》,载《中国法学》2010 年第 6 期;何家弘:《适用非法证据排除规则需要司法判例》,载《法学家》2013 年第 2 期;万毅:《关键词解读:非法实物证据排除规则的解释与适用》,载《四川大学学报》(哲学社会科学版)2014 年第 3 期;吴宏耀:《非法证据排除的规则与实效——兼论我国非法证据排除规则的完善进路》,载《现代法学》2014 年第 4 期;陈光中、张小玲:《论非法证据排除规则在我国的适用》,载《政治与法律》2005 年第 1 期;顾永忠:《我国司法体制下非法证据排除规则的本土化研究》,载《政治与法律》2013 年第 2 期。

而非法律问题,这是它强调"结果论"的必然推理。然而,现代证据法将证据的审查判断分为证据能力和证明力两个方面。证据能力主要从取证角度来讲,属于法律问题;证明力主要从证据对待证事实的证明作用来讲,属于事实问题。"虚假排除说"的审查对象是证据而非取证行为,那么它的审查重心自然就是事实问题而法律问题。(3)"整体论",是指"虚假排除说"的审查方法是整体主义的而非个体主义的。整体主义的方法,指证据是否排除需要考虑的重要内容是证据的真实性问题。单个证据的真实性判断,实际上是整体的综合判断,即在与其他证据比较、解释和选择的过程中完成的。不结合其他证据,对特定证据作真实性判断,只能获得与判断主体经验相符的形式真实性,实质真实无法获得。由上述分析可以得出,"整体论"是强调"真实论"的必然推理,"虚假排除说"强调"结果论"就会导致"真实论",强调"真实论"就会导致"整体论"。

"虚假排除说"作为非法证据排除规则早期惯行的理念,采用一种"真实肯定"的态度和做法来处理非法证据,即"凡是经查证属实的证据,即使是通过非法手段获得的,也都可以采纳"。[①] 日本的判例就曾认为:"扣押物品即使在程序上违法也不能改变物品本身的性质和形状,涉及扣押物品形状等方面的证据价值并没有发生变化。"[②]同样,"按照普通法的传统,法官在审判中应当关注的是证据的相关性,而不是获取证据的方式和手段。因此,如果一项证据被认为具有实体上的证据价值,那么,无论它是以怎样的方式获得的,法官通常都会承认其可采性。"[③]可见,"虚假排除说"无视证据还具有法律属性,仅仅考虑证据的事实属性或者自然属性,把它看作是审查证据是否排除的唯一对象和唯一重心。这是关于证据事实属性的排除理论,与现代证据法强调的通过"证据能力"概念限制取证权力滥用、误用的思想完全相悖,而且无视刑事诉讼有关刑事取证的程序法定、令状批准、权利保障和违法效果抑止等基本原则和程序规定。即使退一步讲,从刑事诉讼强调的实体真实的理念来讲,"虚假排除说"也是强调表面真实和形式真实的相对理论。试想,与其他证据能够印证的刑求取供或者违法取证,就一定可以保证口供或者证据真实性吗?如果真是这样,假供、假证就不会出现,冤假错案就不会发生。

正因如此,现代证据法才会将证据能力评价和证明力评价放在同等重要的地位,而且首先考虑证据能力评价这一法律问题。即使需要审查证据的事实属性,也仅仅要求具有最低限度的关联性,即指向的关联和功能的关联,而且是把它们作为法律问题来处理。证据法之所以称为证据法学而非证据学,原因也在于此,也就是说,审查对象是取证程序和方法,审查重心是法律问题,审查方法是单个证据获取是否遵守相关程序规定,以及是否违反了特定取证方法的禁止性规定。这显然与刑事取证要求的程序法定、令状批准、权利保障和违法效果抑止的基本原则高度吻合。在此意义上,"虚假排除说"的根本缺陷是审查逻辑的错误,即非法证据排除是一个法律问题,要求作法律属性的排除,而"虚假

---

① 何家弘、姚永吉:《两大法系证据制度比较论》,载《比较法研究》2003 年第 4 期。

② [日]田口守一:《刑事诉讼法》(第 5 版),张凌、于秀峰译,中国政法大学出版社 2010 年版,第 291 页。

③ 陈瑞华:《比较刑事诉讼法》,中国人民大学出版 2010 年版,第 87 页。

排除说”却把它当作事实问题来处理。

“冤错防止说”是“虚假排除说”的极端表现形式,它不仅存在上文所述的“虚假排除说”审查逻辑的错误,还存在一些自身固有的缺陷。司法实践中多数冤假错案的产生源自于能够产生肉体痛苦、精神痛苦的取证手段与方法,这是学者将我国非法证据排除规则称之为“痛苦规则”①或者视为“中国特色”②的根本原因。“冤错防止说”不是从证据的层面而是从“案件”层面来考虑证据排除问题,所以只要案件不构成冤案、假案或者错案,那么通过肉刑手段获得的证供,仍然可以作整体主义的考虑,实现违法证供的选择与取舍。“所有国家都遵循着‘结果决定制裁’的法则,只要没有造成冤假错案,司法机关内部没有惩罚警察的动力,存在一种弥合警察违法行为的机制,即使制裁也缺乏必要的中立性。”③在“虚假排除说”中,虚假证据是独立排除的对象,不问案件的虚假情况,但在“冤错防止说”中,虚假证据变成了酌情排除的附带性问题,要根据全案基本面的真伪情况来做判断。与“虚假排除说”相比,“冤错防止说”的审查对象更加宽泛——案件而非证据;审查重心更加严格——假案而非假证;审查方法更加随意——考虑案件整体而不是证据个体,它带来的后果是对取证程序与手段的限制更加宽松。

因此,“冤错防止说”不仅审查逻辑错误,发展逻辑同样错误。“痛苦规则”不应成为中国非法证据排除规则的应然特色,“冤错防止说”也不应成为中国非法证据排除的正当理由。

二、“抽象排除说”的不彻底性

“虚假排除说”应当退出历史舞台,诚如田口守一教授指出的非法证据排除规则应当从发现事实真相为中心的证明能力问题转变为以正当程序为中心的证据能力问题,④即从证据的法律属性来评断证据非法与否、排除与否。这之中蕴含两个价值目标:

其一,防止公权力误用、滥用。主要有两个理由:一是就“我者”而言,为了保持司法公正与廉洁。域外的刑事司法机关与侦查机关有严格的区分,“审判中心”的诉讼构造以及法院功能的公正定位,促使法院在审判过程中必须保持公正与廉洁的司法形象,法院不应成为违反宪法者的帮凶,从而使证据排除规则与司法廉洁性密切联系在一起。⑤ 如果法院使用侦查机关通过“非法手段”所获得的刑事证据,显然会让自己公正廉洁的形象

---

① 参见龙宗智:《我国非法口供排除的“痛苦规则”及相关问题》,载《政法论坛》(中国政法大学学报)2013 年第 5 期。

② 参见陈永生:《我国刑事误判问题透视——以 20 起震惊全国的刑事冤案为样本的分析》,载《中国法学》2007 年第 3 期;杨宇冠:《非法证据排除规则研究》,中国人民公安大学出版社 2002 年版,第 237 ~ 238 页。

③ 陈瑞华:《非法证据排除规则的理论解读》,载《证据科学》2010 年第 5 期。

④ 参见[日]田口守一:《刑事诉讼法》(第 5 版),张凌、于秀峰译,中国政法大学出版社 2010 年版,第 291 页。

⑤ Elkins v. U. S. ,364 U. S. 206(1960).

受损,让社会公众怀疑法院的司法公信力。因此,法院具有审查证据的法律资格,审查的对象是取证程序和方法,审查的重心是取证程序和方法是否切实遵守法律,是否违反了相关禁止性规定。不遵守或者违反取证程序与方法,是司法不公正、不廉洁最为重要的表现形式,通过这些手段所获得的证据,当然会被法院拒绝使用。二是就"他者"而言,为了规范侦查机关的取证权力,通过排除证据给予其足够的警醒和提示,遏制警察违法取证行为。[①] 此外,非法证据排除对警察的职业伦理建设也会产生影响。侦查机关肩负发现案件事相,惩治违法犯罪的重任,这同时也构成他的职业良知与伦理。如果侦查人员意气用事、玩忽职守,或者对犯罪嫌疑人刑求取供、违法取证,导致关键证据不能使用而无法对真正犯罪的嫌疑人定罪,这不仅是对他自身工作能力和工作实效的否定,更与其职业操守相悖,有良心的侦查人员会因此而自责或者受到社会公众"故意放纵罪犯"的指责,这是侦查人员无法忍受的。受此影响,侦查人员会时刻注意法院的司法意见,尽量避免违法取证、错误取证而使罪犯逃脱刑事制裁。因此,遵守取证程序和方法,避免采用法律禁止的办法获取证供,成为侦查人员需要时刻注意的工作指南。

其二,保障犯罪嫌疑人的合法权利。例如,美国联邦宪法第四修正案将不受无理由搜查和扣押列为公民的一项宪法权利。在 1914 年的 *Weeks v. U. S.* 一案[②]中,联邦最高法院提到如果一个人的信件和私人文件能够作为指控其犯罪的不利证据,那么第四修正案所宣称的公民不受非法搜查和扣押的权利则无价值可言。之后,在 1984 年的 U. S. v. Leon. 一案[③]中,联邦最高法院表示非法证据排除规则是一种司法创设的救济手段。从这个角度来看,非法证据之所以要排除,一方面,是由于违法取证严重侵害了犯罪嫌疑人接受公正审判的正当权利,违反了正当法律的正当程序原则;另一方面,侦查机关对犯罪嫌疑人合法权利的侵害主要发生在以非法手段取证的过程中。非法证据排除就是要杜绝违法取证的行为,只有彻底排除其违法取得的证据才能保障公民的宪法权利。[④]

以上是现代刑事诉讼非法证据排除规则的双重目标。二者都关注到证据的法律属性并且从违法性的层面排除证据,但是二者的内在逻辑有所不同,本文将其称为有关非法证据的"抽象排除说"和"具体排除说"。

"抽象排除说"和"具体排除说"对待非法证据的基本态度是一致的,即非法证据应当排除。但是,两种理念的理论基础有很大的不同。"抽象排除说",是指法院和侦查机关基于各自的道德义务和职业伦理排除非法证据,将排除非法证据视为遏制违法取证以保证司法廉洁和规范取证权力的重要方法。"具体排除说",是指法院排除非法证据的根本目的是保障被告人的权利,因为违法取证的实质是侵害了被告人在证据过程中应当享有的正当权利,排除非法证据不仅仅是出于保持司法廉洁性这一工作要求。现代刑事诉

---

① U. S. v. Calandra, 414 U. S. 338, 348(1974).

② Weeks v. U. S., 232 U. S. 383(1914).

③ U. S. v. Leon., 468 U. S. 298, 313(1921).

④ Mapp v. Ohio, 367 U. S. 643(1961).

讼法更加注重对被告人的权利保障。因此,如果从遏制违法取证与保障被告人权利两个角度审视,“抽象排除说”站在权力(办案机关)的立场上,将遏制违法取证作为第一性要求,权利保障只是其延伸,是第二位的,二者难以并重,即对被告人而言是一种抽象的权利保障,或者是间接的权利保障。相比之下,“具体排除说”站在权利(被告人)的立场上,将权利保障作为第一性要求,遏制违法取证是其应有之义,二者并重都是审查证据法律属性的具体要求,所以对被告人权利保障的效果是具体的,或者说是直接的、实际的。

当前,我国关于非法证据排除规则的法律文本和实践做法所采取的应当说是“抽象排除说”,这对被告人的权利保障是不彻底的,主要表现为以下三个方面:

第一,“抽象排除说”代表的是办案机关和办案人员的自我要求或者办案要求,是站在自身发展的立场上看待非法证据问题,直接目的不是权利保障。这由“抽象排除说”的内部性所决定。一般情况下,非法证据与办案质量存在负相关性,非法证据越多,存在违法取证和冤假错案的可能性就越大,办案质量就越低。办案质量关系到办案机关和办案人员的绩效考评,特别是对办案人员的薪资水平和职位评定有重要的影响。在此背景下,办案机关和办案人员通常把排除非法证据视为一项工作要求和一种工作能力,目的是为了显示和提高自己的办案水平和业务能力,从而营造积极的社会效果,树立正面的社会形象①以及提高个人的薪资和职位。另外,办案人员把排除非法证据视为自己的职业伦理和职业规范,之所以排除非法证据是因为只有这样才对得起自己法官、检察官和警官的职业良知。以上迹象显示,保障被告人权利并不是办案机关排除非法证据的首要目的。

第二,非法证据排除之诉不具有诉的典型性,辩方的诉权欠缺程序性保障。这由“抽象排除说”的依附性所决定。首先,在形式上,非法证据排除一般不具有独立的排除程序,而是采用“审中审”的方式进行,法院的排除裁定依附于案件的实体判决,甚至多数时候都不会体现在实体判决文书中。其次,审查的对象只是侦查行为,只能解决侦查的证据问题和侦查的后果问题,而对侦查的其他法律后果和侦查行为本身起不到直接性的制裁效果。这容易造成补充侦查的泛滥,从而使补充侦查成为“解救”侦查人员违法取证的方式。最后,对被告人而言,二审法院的审查对被告人不具有上诉的效果。这点在 2010 年的《排除规定》中表现得最为明显,其第 12 条前半部分规定:“对于被告人及其辩护人提出的被告人审判前供述是非法取得的意见,第一审人民法院没有审查,并以被告人审判前供述作为定案根据的,第二审人民法院应当对被告人审判前供述取得的合法性进行审查。”一方面,一审法院没有审查辩方的书面意见就将有异议的供述直接作为定案根

① 从中央领导的讲话和各司法机关出台的文件中可以看出,非法证据排除常被视为办案机关的一项工作要求。例如,习近平总书记从宏观上强调要加强人权司法保障。参见习近平:《关于〈中共中央关于全面推进依法治国若干重大问题的决定〉的说明》,载《人民日报》2014 年 10 月 29 日。中央政法委《关于切实防止冤假错案的规定》(中政委〔2013〕27 号),《公安机关深化执法规范化建设工作任务和阶段目标》,最高人民检察院《关于切实履行检察职能防止和纠正冤假错案的若干意见》等文件中提到的“规范执法行为”“排除非法证据”均是为实现各自的任务所作的内部要求。比较明显的是在最高人民法院《2015 ~ 2019 年全国法院教育培训规划》将“注重拓宽人权保护”作为一项“知识领域的培训”。

据，明显有失程序公正，那么必须由二审法院来干预和纠正。可见，这之中二审法院的目的只是纠正一审法院的这种错误的程序做法，它与通常的被告人就相关程序问题和实体问题的上诉有明显的区别。另一方面，该条规定的二审法院审查的条件仅限于“第一审人民法院没有审查，并以被告人审判前供述作为定案根据的”，换言之，如果一审法院有审查，或者没有审查但也没有作为定案根据，那么二审法院就无需进行合法性审查。这些问题在2017年《排非规定》第38条第1款和第40条虽然有了一些明确规定，但本质问题仍然没有解决，即二审关于排非异议的审查只是在重新审查该证据是否属于非法证据，但未涉及一审针对排非申请的不当审判行为。如此来看，二审法院就审前供述合法性的审查并不是严格意义上的上诉审查，似乎具有更多的“审判监督”的成分。[①]

第三，非法证据排除规则的条文设置与实务操作的形式意义大过实质意义。这由“抽象排除说”的形式性所决定。其一，被告人关于非法证据排除的申请太过形式化。一方面，是启动审查的条件不太实际。例如，《刑事诉讼法》第56条第2款和《排除规定》第20条都要求“犯罪嫌疑人、被告人及其辩护人申请排除非法证据，应当提供涉嫌非法取证的人员、时间、地点、方式、内容等相关线索或者材料。”怎样理解“相关线索或者证据”，根据最高人民法院刑三庭编著的《刑事证据规则的理解与适用》一书指出，其包括“被告人出示的血衣、伤痕、照片、医疗证明、伤残证明、讯问笔录、同监人的证明等刑讯逼供留下的痕迹或者可以显示刑讯逼供发生的时间、地点、方式、内容及涉嫌非法取证的人员等情节的线索或者证据。”[②]这种解读似显理想化，因为如果真的存在刑讯逼供，发生的时间、地点、人员等均处于侦查机关的控制之下，一般情况下被告人能有效出具上述证据是很少见的。另一方面，排非申请的效力不太理想。《排非规定》第34条第1款规定：“经法庭审理，确认存在本规定所规定的以非法方法收集证据情形的，对有关证据应当予以排除。”这种情况下，被告人及其辩护人只是就非法证据提出一种“确认（证据非法）”主张，而非“排除主张”。实际上，对办案人员而言，他们并不在意“确认”与“排除”的区别，被告人是在审前提“确认”还是在庭审提“确认”对办案人员没有实质影响。但是，如果站在被告人的角度来看，二者的区别则很大：庭前确认并排除证据是实质的排除；庭审确认并排除只是一种形式上的排除，因为法官可能早已根据之前的证据形成了内心的确信，也就意味着被告人在庭审中提出非法证据排除很可能不会产生任何实质影响。其二，法庭证据调查的形式化。这因为在办案机关的潜意识中排除证据并非首选。据调查，法院确认证据系非法并且排除的案例极少；相反，在多数案件中，相关证据在经过合法性证明或者补正后得以继续使用，或者“综合考虑本案被告人供述的情况，通过供述的真实性来否认存在刑讯逼供的可能”。[③] 显然，法院是以“能不排除就不排除”的态度对待可能的

---

① 参见龙宗智、夏黎阳主编：《中国刑事证据规则研究》，中国检察出版社2011年版，第118页。

② 张军：《刑事证据规则的理解与适用》，法律出版社2010年版，第319页。

③ 参见吴宏耀：《非法证据排除的规则与实效——兼论我国非法证据排除规则的完善进路》，载《现代法学》2014年第4期。

非法证据,在这种逻辑下,结果可想而知。除此之外,从调查的结果来看,有些办案机关从自身利益出发或者考虑到与其他办案机关的关系,在内部办案质量或者绩效考评的影响下对排除非法证据保持高度的警惕,[①]有时办案机关会担心影响到和其他机关的关系而不愿意排除。尽管一些法院或法官有意排除非法证据,但是在公安机关、检察机关、政法委、舆论媒体等外部因素的影响下也很难做到坚决地排除。

"抽象排除说"的不彻底性反映出,在司法实践中非法证据排除的范围很有限、排除的力度不强、排除的态度不坚决。究其原因:首先,我国尚未构建起"以审判为中心"的诉讼制度,司法的行政化、地方化现象严重,法院尚不独立、法官有时也难以独立裁判,进而导致在对待非法证据的问题上,主审法官很难单纯地针对证据的法律属性而作出排除与否的决定,不论是法官还是法院在排除非法证据时受到其他因素的影响较大。其次,司法机关重查明案件事实、轻维护程序公正,重证据的真实性、轻证据的合法性,又容易陷入"虚假排除说"的错误,有时为了追求所谓的真相而丧失法治的底线。再次,司法机关一直以来以一种"办案视角"看待非法证据排除的问题,把排除非法证据看成是一项工作要求和工作能力的展示,追求的是通过排除非法证据来实现绩效的评比,而不重视通过排除非法证据来保障被告人权利这一内在机制。最后,我国的非法证据排除规则比较形式化,虽然我国已在实质上确立了非法证据排除规则,但是一些条款过于原则化,可操作性不够充分,还未能达到实质的效果。

三、"具体排除说"的理论优势

如前所述,"具体排除说"站在被告人权利保障的立场上,认为违法取证侵害了被告在证据过程中的合法权利,所以要求法院必须依法作出排除非法证据的裁判。现代国家的刑事诉讼不容许以不择手段、不问是非、不计代价的方式发现犯罪事实。鉴于不正讯问对法治秩序会造成根本性动摇,所以发现真实必须退居次位。[②]"虚假排除说"因其仅仅关注证据的真实性问题,不具有解释非法证据排除的正当性,应当首先放弃。因此,下文重点分析"具体排除说"较"抽象排除说"的进步性。

总体而言,"具体排除说"和"抽象排除说"之间根本区别在于,由于立场不同而导致排除非法证据的方式和程度的不同。"抽象排除说"在排除时的态度犹豫、方式间接,相反"具体排除说"的态度坚决、方式直接,对被告人而言是比较实际的。这也是"具体排除说"较"抽象排除说"最大的理论优势和实践价值。具体而言,"具体排除说"表现出以下理论优势:

---

① 笔者了解到,多数基层法院都会遇到这样的情况:面对非法证据,首先判断该证据对定罪量刑的影响力,如果影响不大一般会排除;如果是定案的关键证据,则通常要结合其他证据再做综合考虑,一般不会直接就排除掉。

② 参见林钰雄:《刑事诉讼法》(上册),中国人民大学出版社2005年版,第10~11页。

第一,“具体排除说”有助于促进我国非法证据排除理念的转型。防止公权力滥用、误用与保障被告人的合法权利是排除非法证据的两大目的,二者并重。“抽象排除说”仅侧重前者,“具体排除说”侧重后者。但从实现逻辑上来讲,限制权力不是必然会保障权利,但是保障权利则必然有限制权力的效果,所以只有采取“具体排除说”才能同时实现上述目的。另外,从“办案视角”向“权利保障视角”转换是“具体排除说”的根本要求,站在权利保障的立场上,办案机关要将排除非法证据看作是一个外部事项,即其中的利害关系者是被告人而不是自己。抛开“办案视角”,办案机关的工作能力、工作要求与非法证据的排除与否没有直接关系。换言之检察机关公诉的案件会因为法院否定了某些证据而说明检察机关的工作失误,其实决定工作是否有误的真正因素是是否将违法取得的证据用于公诉。因此,“具体排除说”有助于办案机关站在客观中立的立场上看待非法证据问题。

第二,“具体排除说”有助于引导我国非法证据排除规则的正确确立。只有首先解决立法的理念问题,才能确立正确的法律规则。德国的证据举证禁止和证据使用禁止在客观上成为被告人权利的主要救济机制,①相关经验值得借鉴。要使我国非法证据排除规则同样有此功能则必须明确规则设置的目的——权利保障,如果仍将非法证据排除规则视为办案机关的工作要求,显然会与保障权利产生较大张力,权利保障的目标难以达到。只有“具体排除说”,得以将非法证据排除规则视为是保障被告人权利的规则,要求无论在立法还是在司法实践中都要为被告人着想,让人民群众在每一个司法案件中感受到公平正义,设置明确的权利行使途径和救济渠道,从而实现非法证据排除的真正价值。

第三,“具体排除说”有助于解决我国非法证据排除规则的操作难题。非法证据排除规则的“提出难”“举证难”“调查难”“对质难”“认定难”“排除难”“协调难”均属于法律技术层面的问题。这些问题目前难以解决,是因为现有的问题视角未能摆脱固有的思维模式。实务部门依然站在办案立场上完善非法证据排除规则,认为排除非法证据构成了对刑事诉讼工作顺利进行的阻力,不仅不符合办案人员“宁枉不纵”的日常办案思维,让他们具有额外的案件压力,而且还要求巨额的司法成本投入和极高的讯问技巧。② 学界则在非法证据排除的应然与实然之间作对比,发现条文的缺陷并提出建议。但是,要改变现状,仅仅研究表面是不够的,必须要发现背后的逻辑规律,从根本上解决问题。“具体排除说”在这方面具有优势,它既有助于实务人员抛开“办案视角”,又有助于研究者彻底厘清在完善非法证据排除规则中权力限制与权利保障的逻辑关系,即首先解决证据能力问题再判断证明力,而违法取得的证据不具有合法性,应当直接排除。至于如何绩效考评,如何协调等问题只是办案机关的内部事情,与证据能力无关,更与被告人无关。

第四,“具体排除说”有助于彻底保障被告人的权利。在“具体排除说”中排除非法

---

① 参见[德]克劳思·罗科信:《刑事诉讼法》(第 24 版),吴丽琪译,法律出版社 2003 年版,第 213 ~ 223 页。

② 参见张斌:《我国非法证据排除规则运用的十大技术难题——兼评〈关于办理刑事案件排除非法证据若干问题的规定〉》,载《中国刑事法杂志》2010 年第 10 期。

证据的真正目的是权利保障,行之有效的做法是发现后敢于坚决排除并且给予被告人权利救济的机会,毫无疑问这都是对被告人权利"看得见"的保障。

综上所述,"具体排除说"在法政策、立法和法理三个方面具有明显的比较优势,能够作为学界所主张的为严格实施非法证据排除规则而"转变观念、排除阻力、加强规制"[①]的理论支撑。

四、"具体排除说"的实现方式

在我国当前司法环境下,实现非法证据排除"具体排除说"需要在宏观层面全面贯彻落实《中共中央关于全面推进依法治国若干重大问题的决定》等中央政策文件,保证公正司法,提高司法公信力,特别是推进"以审判为中心的诉讼制度改革",正确定位公检法三机关的关系,实现庭审实质化。在微观层面,一是在认识上转变办案机关对待非法证据排除的态度和立场,从"办案视角"转向"权利保障视角";二是在操作上保证办案机关和辩方对非法证据排除规则可充分运用。实现"具体排除说",宏观上的制度保障是一项涉及个各方面的系统工程,不可急于求成;要解决好司法实践的现实问题,首先要从微观层面加紧进行,因此下文主要提出几点实现"具体排除说"的可操作性建议。

从整体上来讲,办案机关应当正确理解和把握中共十八届三中、四中全会等提到"严禁刑讯逼供、体罚虐待,严格实行非法证据排除规则"以及《刑事诉讼法》和《排除规定》等法律和司法解释的相关规定,对以下两个方面有充分的认识:其一,对内树立"让人民群众在每一个司法案件中感受到公平正义"[②]的基本观念,认识到非法证据排除的本质是为了保障被告人的权利,目的是为了"努力建设一支信念坚定、执法为民、敢于担当、清正廉洁的政法队伍"。[③] 只有这样才能真正实现权力限制的目的。办案机关更不能将排除非法证据视为自己秀业务的机会,如果这样非法证据排除对被告人是没有意义的。其二,对外将非法证据排除的申请看作是辩方的诉讼策略,辩方只是在依法行使诉讼权利。办案机关要认识到辩方提出排除非法证据只是为了减轻或者免除自己罪刑,而对办案机关的绩效考评并无恶意。虽然,排除非法证据会影响到办案机关的绩效以及与其他机关的关系,但办案机关不能一遇到非法证据排除申请就将辩方与自己对立起来,天然地认为排除非法证据是对自己的不利。

具体而言,办案机关应当站在权利保障的立场上,从以下三个方面实现"具体排除论":

第一,法院应当保证辩方敢于提出排除非法证据的申请。首先,不得限制辩方申请

---

① 参见陈光中、郭志媛:《非法证据排除规则实施问题调研报告》,载陈光中主编:《非法证据排除规则实施问题研究》,北京大学出版社2014年版,第46页。

② 《中共中央关于全面深化改革若干重大问题的决定》和《中共中央关于全面推进依法治国若干重大问题的决定》均有此要求。

③ 参见习近平于2014年1月7日出席中央政法工作会议的讲话,载新华网:http://news.xinhuanet.com/politics/2014-01/08/c_118887343.htm,最后访问日期:2016年3月17日。

的范围。虽然《刑事诉讼法》第 56 条第 2 款规定了“申请排除以非法方法收集的证据”，但从定案根据的角度来看，《刑事诉讼法》及其司法解释、《排除规定》还规定了一系例不得作为定案根据的情形，为了实现排除的彻底性，如果辩方就某些瑕疵证据提出排除申请，法院也应当展开调查。其次，在诉讼过程中要认真对待辩方的请求。这是指，要明确辩方提出的非法证据排除申请具有“诉”的特征和样态，特别是对法院而言，要严格依照《刑事诉讼法》第 55 条、第 56 条、[①]最高人民法院《关于〈中华人民共和国刑事诉讼法〉的解释》第 100 条第 1 款、《排非规定》第 25 条、第 30 条、第 33 条的规定，[②]只要辩方能够提供初步证明，法院就“应当调查”相关事实。相反，如果像“杜培武案”那样，当杜培武拿出血迹斑斑的衣服时审判长却让法警收起血衣，说：“不要再纠缠这些问题了”；[③]那么其他案件的辩方还怎么敢再申请排除非法证据？最后，要尊重辩护律师。如果辩护律师在开庭前提出排除申请，必须消除律师的后顾之忧。有时当律师在庭前会议中提交线索或相关材料申请排除非法证据时，控方不是去证明取证行为的合法性，而是把律师提意见的那部分证据删了，再重新去做一份形式、内容合法的证据来替代，这是绝对不可取的。辩方不敢提的另一个原因，由于公检法机关的关系过于密切，律师对其始终抱有戒备心理。[④] 对此，庭前会议只要能够确认存在非法证据则应当排除。如果辩护律师在庭审中提出排除申请，根据《律师法》第 3 条、第 36 条、第 37 条的规定以及《刑事诉讼法》第 14 条的规定，[⑤]只要律师是依法提出的排除主张，办案机关不得阻碍其行使辩护权，更不能像个别案件那样因律师提出排除非法证据的申请而将其带出法庭。[⑥]

第二，检察机关对辩方提出的非法证据排除申请要作程序性回应，而非工作性回应。所谓的“程序性回应”，是指检察机关必须通过正式的程序与合法的方式来说明取证行为

---

① 《刑事诉讼法》第 55 条规定：“人民检察院接到报案、控告、举报或者发现侦查人员以非法方法收集证据的，应当进行调查核实。对于确有以非法方法收集证据情形的，应当提出纠正意见；构成犯罪的，依法追究刑事责任。”第 56 条规定：“法庭审理过程中，审判人员认为可能存在本法第五十四条规定的以非法方法收集证据情形的，应当对证据收集的合法性进行法庭调查。”

② 最高人民法院《关于〈中华人民共和国刑事诉讼法〉的解释》第 100 条第 1 款规定，“法庭审理过程中，当事人及其辩护人、诉讼代理人申请排除非法证据的，法庭应当进行审查”。

③ 参见郭国松、曾民：《〈死囚〉遗书》，载《南方周末》2001 年 8 月 23 日，第 6 版。

④ 参见陈光中、郭志媛：《非法证据排除规则事实问题调研报告》，载陈光中主编：《非法证据排除规则实施问题研究》，北京大学出版社 2014 年版，第 39 页。

⑤ 《律师法》第 3 条第 4 款规定：“律师依法执业受法律保护，任何组织和个人不得侵害律师的合法权益。”第 36 条规定：“律师担任诉讼代理人或者辩护人的，其辩论或者辩护的权利依法受到保障。”第 37 条第 1 款规定：“律师在执业活动中的人身权利不受侵犯。”《刑事诉讼法》第 14 条第 1 款规定：“人民法院、人民检察院和公安机关应当保障犯罪嫌疑人、被告人和其他诉讼参与人依法享有的辩护权和其他诉讼权利。”

⑥ 在浙江省湖州市吴兴区科技局原局长褚某剑涉嫌受贿案中，辩护律师在第一次开庭时要求启动非法证据排除程序而被“赶出”法庭。参见谢海涛：《湖州褚明剑案证据战》，载《新世纪》2011 年第 41 期。

的合法性,不能通过"内部协调""做工作"等途径去让法院"不予排除"证据。这就要求明确检察机关证明方式的有效性问题。具体而言,如果检察机关没有回应辩方提到的某个特定时段的讯问情节及其相关证据,这属于无效的证明方法。要证明不存在刑讯逼供,检察机关只是出具讯问录音录像、笔录资料,申请见证人和讯问出庭作证,而不去证明辩方提出的血衣、伤痕是怎么来的,这种证明也是无效的。因此,必须明确哪些是可以用的证明方法。根据最高人民法院《关于〈中华人民共和国刑事诉讼法〉的解释》第 101 条和《人民检察院刑事诉讼规则(试行)》第 446 条的规定,可用的证明方法包括:宣读讯问笔录或其他证据、播放讯问录音录像、提请侦查人员或其他人员出庭,以及出示羁押记录、出入看守所的健康检查记录、看守管教人员的谈话记录等。检察机关使用了以上证明方法并不意味就一定能够证明取证的合法性,控方的有效证明应当在于回应了辩方的确认主张,并且排除了法官对非法取证的怀疑。最有效的证明方法,应当是提供讯问的全程录音录像,这也是遏制违法取证的直接方式。这里特别强调,提供讯问同步录音录像对职务犯罪取证行为合法性的证明有重要意义。虽然纪检机关不是《刑事诉讼法》所规定的侦查主体,但纪委办案已经成为中国特色,这说明我国的司法实践默认了其办案资格,那么就必须严格规范纪委取证行为,在证明方式上必须做到每个案件都有讯问同步录音录像,不然将否定有关证据的证据能力。

第三,法院坚决排除非法证据,敢作证据无罪的判决。在庭前会议中,如果能确定证据系违法取得的,应当及时排除,不再让该证据流向庭审环节。在审判中,根据合法性存疑的证据的不同情况,经确认属于非法证据的,法院必须坚决排除,该证据不得作为定案的根据。对于瑕疵证据,法院应当严格限制,避免排除的随意性,宁可"能排就排"也要纠正"能不排就不排"的办案思想。瑕疵证据在补正前应当有检察机关的明示申请,如果系瑕疵证据但检察机关未申请补正的,法院应当排除。法院经审查认为不属于瑕疵证据的非法证据,应当排除;经补正的瑕疵证据,仅能取得证据能力,不得直接作为定案根据。对于欠缺真实性保证条件的瑕疵证据不应再进行补正,也应当排除。① 对于"毒树之果",法院应当根据具体情况酌情认定,但在酌情时必须限制"不予排除"的条件,不能仅仅从证据的外观和形式上来断定,即一旦能够认定违法取证与之后取得的证据之间存在因果关系,该证据应当排除。对于重复自白,鉴于我国现行司法体制和刑事诉讼体制中公检法三机关同质性较高,容易产生一种"绑定效应",先前的非法讯问一经实施,其与后续自白之间的因果关系很难被切断。值得一提的是,2017《排非规定》第 5 条已有规定:"采用刑讯逼供方法使犯罪嫌疑人、被告人作出供述,之后犯罪嫌疑人、被告人受该刑讯逼供行为影响而作出的与该供述相同的重复性供述,应当一并排除,但下列情形除外:……"。该条表明,我国已经建立了初步的重复自白排除规则,对此值得肯定。问题在于,该条仅将排除的重复自白限于"采用刑讯逼供方法使犯罪嫌疑人、被告人作出供述",这又极大限制了重复自白排除规则可能的实践效果。因此,根据"具体排除论",法院应当排除的

① 参见纵博:《刑事诉讼中瑕疵证据补正的若干操作问题研究》,载《现代法学》2012 年第 2 期。

重复自白不应限于“刑讯逼供”和“嫌疑人、被告人供述”，应当明确可能涉及重复自白的非法取证行为还包括“威胁”“采取殴打、违法使用戒具等暴力方法”“变相肉刑”。换言之，应当排除一切非法取证行为导致的重复自白，而不仅限于刑讯逼供。此外，应当限制使用《排非规定》第5条的例外规定。该条规定：“侦查期间，根据控告、举报或者自己发现等，侦查机关确认或者不能排除以非法方法收集证据而更换侦查人员，其他侦查人员再次讯问时告知诉讼权利和认罪的法律后果，犯罪嫌疑人自愿供述的。”不妥的是，如果“更换侦查人员”再次讯问时嫌疑人只要自愿供述，该供述将被排除在重复自白的范围之外。这种通过变更讯问者的做法不能消除之前刑讯逼供对被告人造成的心理影响。因此，对法院而言，只要侦查机关的非法取证行为一经查证属实，在侦查阶段形成的所有供述均应无例外的一体排除。最后，非法证据排除的情况还要落实到法院的裁判文书中，或者在实体裁判中说明是否排除，或者单独作出裁定，这是让被告人切实感受到自己权利得到尊重和保障的直接方式。

The Virtual Exclusionary Theory of Illegally Obtained Evidence

Zhang Bin, Luo Weipeng

Abstract: The untruth exclusionary theory of illegally obtained evidence and the indirect exclusionary theory of illegally obtained evidence make a big influence on Chinese Judicial office. The untruth exclusionary theory of illegally obtained evidence only pay attentions to the truth of evidence, while it ignores the legality of evidence and would make mishandled cases, so this theory should not be treat as the theoretical basis of exclusionary rule on illegally obtained evidence. The indirect exclusionary theory of illegally obtained evidence concerns the legality of evidence, but it sees the issues of the exclusionary rule on illegally obtained evidence only with a perspective of working because of its internality, independency and formality. So this theory is not thoroughly for protecting defendants' rights. Only the virtual exclusionary theory, which see the issues of the exclusionary rule on illegally obtained evidence with the right safeguard perspective, would change the philosophy of exclusionary rule on illegally obtained evidence in China, establish the exclusionary rule on illegally obtained evidence correctly, settle the practical problems and protect defendants' rights thoroughly. And how to achieve the theory of virtual exclusionary is that defenses should have the courage to apply their rights, and procuratorates should response to defenses' application, and justicesdare to make acquittal.

Key Words: illegally-obtained evidence　theory of untruth exclusionary　perspective of working　theory of virtual exclusionary　perspective of protecting human rights

（责任编辑：郭俊义）

图书在版编目(CIP)数据

南京大学法律评论. 2017 年. 秋季卷 / 张仁善主编.
-- 北京 : 法律出版社, 2017
ISBN 978 - 7 - 5197 - 1880 - 0

Ⅰ. ①南… Ⅱ. ①张… Ⅲ. ①法律 - 文集 Ⅳ.
①D9 - 53

中国版本图书馆 CIP 数据核字(2017)第 325816 号

南京大学法律评论
(2017 年秋季卷)
NANJING DAXUE FALÜ PINGLUN
(2017 NIAN QIUJIJUAN)

张仁善 主编

责任编辑 屈 瑶
装帧设计 李 瞻

出版 法律出版社
总发行 中国法律图书有限公司
经销 新华书店
印刷 三河市龙大印装有限公司
责任校对 杨锦华
责任印制 陶 松

编辑统筹 学术·对外出版分社
开本 787 毫米×1092 毫米 1/16
印张 21.75
字数 469 千
版本 2017 年 12 月第 1 版
印次 2017 年 12 月第 1 次印刷

法律出版社/北京市丰台区莲花池西里 7 号(100073)
网址/www. lawpress. com. cn
投稿邮箱/info@ lawpress. com. cn
举报维权邮箱/jbwq@ lawpress. com. cn
销售热线/010 - 63939792
咨询电话/010 - 63939796

中国法律图书有限公司/北京市丰台区莲花池西里 7 号(100073)
全国各地中法图分、子公司销售电话:
统一销售客服/400 - 660 - 6393
第一法律书店/010 - 63939781/9782　西安分公司/029 - 85330678　重庆分公司/023 - 67453036
上海分公司/021 - 62071639/1636　深圳分公司/0755 - 83072995

书号:ISBN 978 - 7 - 5197 - 1880 - 0　　定价:69.00 元